"十三五"普通高等教育应用型规划教材

经济法概论

（第5版）

姚 瑶 陈 建 编著

INTRODUCTION TO ECONOMIC LAW

中国人民大学出版社

·北京·

前言

FOREWORD

教育部经济类、管理类专业主干课程推荐教材《经济法概论》自 2005 年出版以来，承蒙广大教师和学生的厚爱，现已更新至第 4 版。出版社的编辑也非常关心教材的使用效果，非常负责任地收集并反馈了许多使用者的建议和意见，依据这些建议及国家法制化建设和当代大学生树立法律意识、正确应用经济法原理之要求，我们对教材再次修订。

本书第 4 版根据《公司法》《商标法》《消费者权益保护法》《民事诉讼法》等法律，企业登记管理、企业信息公示等方面行政法规的最新修改情况以及最高人民法院关于《企业破产法》适用的相关司法解释进行了修订。近几年相关法律修订更为频繁，因此本书的第 5 版相较于第 4 版，有非常大的变动。

首先，对原有内容的修改。本书依据截至 2019 年 12 月 31 日的最新法律法规对上一版内容进行了修订。一是根据《民法总则》和经济法学理论对第 1 章进行了重述，并根据《民法总则》对合同法的相关内容进行了修正。二是全面修订了税收法律制度及反不正当竞争法律制度。三是根据 2019 年 12 月最新修订的《证券法》对第 3 章第 4 节进行了重写。四是结合《公司法》的最新修正与新出台的公司法司法解释以及《商标法》《民事诉讼法》《仲裁法》的最新修正情况，对所涉章节进行了修改。此外，第 5 版还对前版的错误疏漏之处进行了修正。

其次，内容上的增加。考虑到本书的使用对象为经管类的学生，为与相关职业资格考试的知识要求衔接，本书将票据法律制度单列一节并进行了内容扩写。

再次，章节安排上的调整。本书内容不完全局限于法学中的经济法学，也涉及传统民商法的相关内容，本书第 3 章“经济行为法律制度”主要是民商法的相关内容，第 4 章和第 5 章则对应经济法学的两大板块——市场监管法和宏观调控法。

最后，案例与习题的全面更新。本书秉承“实战性”的特点采集了大量结合具体法律法规的应用型案例，根据“应用性”的要求全面更新了练习题。

本书所涉及法律领域众多，囿于篇幅，主要着眼于规则介绍而未深入剖析其中法理。本书适合作为高等院校经济管理类专业的教材，也可作为希望初步全面了解经济法律制度的读者的参考书。

本书的最初版本由南昌工程学院陈建老师统筹完成，在此基础上，由南昌工程学院姚瑶老师完成第5版的修订。南昌工程学院的金鹏涛同学协助查阅了部分文献和资料，在此表示感谢。

由于作者水平有限，编写时间仓促，不足之处，敬请各位专家和读者指正。

编著者

目录

CONTENTS

第1章
法及经济法的基础知识

学习目的和要求

了解法的含义、特征与形式；理解和体会我国的法律体系；理解经济法的概念；掌握民事行为能力、法人、民事法律行为、代理、诉讼时效等制度的基本规定，为后面章节的学习奠定基础。

第1节 法律基本概念

社会的进步与发展离不开社会秩序的有序性、社会组织设立的合理性以及人与人之间关系的协调性。人与人之间、人与组织之间、组织与社会之间的行为可以怎样做、应该怎样做或禁止怎样做，都必须有一种判断的标准，这种标准是引导社会、组织和人们的行为，预测未来行为及其后果的尺度，同时也是制裁违反标准行为的依据。这种标准就是我们要讨论的“法”。

一、法的概念

英国法学家奥斯丁在《法理学的范围》一书中指出：法是一种“命令”（command），而且是一种普遍（general）性质的“命令”。“命令”是一类要求（wish），是一类愿望（desire），其中包含“义务”和“制裁”这两项基本要素。从另外的角度来看，“命令”、“义务”和“制裁”是一个问题的三个方面。就法律而言，知道了“命令”，也就知道了“义务”，也就知道了“制裁”，反之亦然。当然，“命令”的出现，其前提是存在一个制定者，而且存在一个接受者。

在奥斯丁的设想中，这里的制定者基本上是政治意义上的优势者（superior），这里的接受者是政治意义上的劣势者（inferior）。因为实际力量的对比差异，接受者将不得不接受制定者的“制定”，这就是法律上的“强制”（might or enforcement）。正是在这个意义上，人们只能认为表征了“义务”和“制裁”的“强制”是法律制度乃至法学学科的关键词。

英国另一位法学家赫伯特·哈特在奥斯丁的分析法学基础上以法律实证主义为基础，运用概念和语文分析法来研究法的概念的有关问题，系统地阐述了他的新分析法学学说。他在《法的概念》一书中指出：所谓法就是“主要规则与次要规则的结合”，主要规则要求人们从事或不从事某种行为，是设定义务的；次要规则则是辅助主要规则的，是授予权利的。从一定意义上讲，主要规则是主要的，人们可以承认或修改、取消原来的主要规则，也可以决定主要规则的范围或控制其实施。赫伯特·哈特认为在一个小型、简单的前法律社会，仅存在非官方的主要规则，这是一种简单的社会控制形式，它具有不确定性、静态性和用以维护规则的社会压力的无效性三个缺点，要保证一个复杂的社会正常运转，就必须引入次要规则来补充。这是“从前法律世界走向法律世界的一步”，一个无可争议的法律制度将由此形成。赫伯特·哈特认为可以用承认规则消灭不确定性，用改变规则消灭静态性，用审判规则消灭社会压力的无效性。其中，承认规则是最主要的，只有通过承认规则，主要规则才具有法律效力。因此，承认规则是“法律制度的基础”，“提供了用以评价这一制度其他规则的效力的准则”。

赫伯特·哈特指出，一个拥有法律的社会，既有从内在观点出发，接受法律规则并以此为指导的人，也包括持外在观点，必须以武力或武力威胁强行设定这些法律规则的人。“这两部分之间的平衡将取决于许多不同因素。如果这一制度是公正的，并真正关注所有它所要求服从的人的巨大利益的话，它就可以取得和保持大部分人长期对它的忠诚，从而也将是稳定的。相反，这一制度可能是一个狭隘的、排他性的、为了谋求统治集团利益的制度，它可能日益成为压制性的和动摇的，具有消亡的潜在威胁。”以上两种观点的对立也不是绝对的，存在着某种混合。

在法理学研究对象上，赫伯特·哈特同奥斯丁一样，将法分为“应当是这样的法”和“实际上是这样的法”，法理学的研究对象是“实际上是这样的法”。“应当是这样的法”更多地体现了关于正义、道德的要求，“实际上是这样的法”更多地体现了在实际生活中发生效力的规范本身。这二者之间存在着密切的联系。法同道德也有着密切的联系。赫伯特·哈特认为，任何法律都会受到一定社会集团的传统道德的深刻影响，也会受到个人的超过流行道德水平的更开明的道德观点的影响，但不能认为一个法律制度必须符合某种道德或正义，或一个法律制度必须领先服从法律的道德义务，或一定法律制度的法律效力的根据必须包括某种道德或正义原则。法律反映一定道德的要求，尽管事实上往往如此，但不是一个必然的真理。

不同的法学家从不同的视角对法的概念会有不尽相同的解释。如美国社会法学派的代表人物法学家庞德提出的“律令—技术—理想说”；当代美国新自然法学家德沃金提出的“规则—原则—政策说”等。目前我国对法的概念比较认同的解释是：法是由国家制定或认可，并有国家强制力保证其实施的行为规范的总和。其在本质上是上升为国家意志的统治阶级意志，这种意志的内容是由社会物质生活条件决定的。

综上所述，法是由一定物质生活条件所决定的，由国家制定或认可并由国家强制力保证实施的具有普遍效力的行为规范体系，其目的在于确认、保护和发展有利于统治阶级的社会关系和社会秩序。中国特色社会主义法律体系所包括的全部法律规范以及确立的各项法律制度，以体现人民共同意志、维护人民根本利益、保障人民当家做主为基本特征，这是社会主义法律制度与资本主义法律制度的本质区别。

二、法的特征

法的特征是法区别于其他社会规范的特殊属性，其基本特征表现为以下几点。

1. 法是由国家制定或认可的规范

由国家制定或认可是法律规范成立的两种不同方式，也是法律区别于其他社会规范的主要特征之一。制定是指有权制定法律的国家机关在其权限范围内，按一定的法定程序创制不同的规范文件。认可是指有权的国家机关赋予社会上已经存在的有利于统治阶级的行为以一定的法律效力。

2. 法具有国家强制性

一切社会规范都具有强制性，即借助一定的社会力量强迫人们遵守的性质。然而法不同于其他社会规范，它具有特殊的强制性，即国家强制性。法是由国家强制力保证实施的具有普遍约束力的行为规范体系。国家强制力包括军队、警察、监狱、法庭等国家暴力机关，它们给予法的实施以直接保障，但强制力作为实施的终极力量和保证，并不是保证法实施的唯一力量。

3. 法以权利和义务为主要内容

法通过规定人们的权利和义务，以权利和义务机制影响人们的行为。规定权利，可以给人们行为的自由；规定义务，加强了对人们的约束。自由和约束的结合，便确定了人们行为的内容、范围、方式。确立一种带有国家意志性的权利和义务关系，可以达到维护有利于统治阶级的社会关系和秩序的目的。

4. 法是具有普遍约束力的社会规范

任何社会规范都具有约束力，但法与其他社会规范不同，它是一种具有普遍约束力的社会规范。法的普遍性又称法的普遍适用性、法的概括性，是指法作为一般的社会规范在国家权力管辖范围内具有普遍适用的效力特性。当然，法具有普遍性并不等于说法具有绝对性和无限性，法律效力也是有局限的。

三、法的形式

从广义上讲，法的形式包括法的渊源和法的结构。

（一）法的渊源

法的渊源是指国家制定和认可法的各种具体表现形式，是从法的制定、认可的具体来源上看法的形式的总称。由于法所调整的对象的重要性程度不同，制定、认可的国家机关不同，在法律体系中的地位和效力不同，法表现为各种不同的具体形式。我国法的渊源主要有以下几个。

1. 宪法

宪法是我国的根本大法，在法律体系中的效力至高无上。它只能由全国人民代表大会制定，并需要全体代表 2/3 多数通过才有效。宪法由国家元首签署颁布。其名称冠以“宪法”字样。

2. 法律

此处是指狭义上的法律，即仅指全国人民代表大会及其常务委员会制定、颁布的规范性文件，是我国的主要法律渊源之一。其效力仅次于宪法，由国家元首签署颁布。其名称冠以“法”字样。

3. 行政法规

行政法规是国家最高行政管理机关国务院制定、颁布的规范性文件。其效力低于宪法和法律，由国务院总理签署颁布。其具体名称冠以“条例”“决议”“办法”“规定”等字样。

4. 地方性法规

地方性法规是省、自治区、直辖市的人民代表大会及其常务委员会在不与宪法、法律和行政法规相抵触的前提下制定、颁布的规范性文件。

5. 规章

包括部门规章和地方政府规章。国务院各部委，省、自治区、直辖市人民政府，省、自治区人民政府所在地的市和国务院批准的较大的市以及某些经济特区所在地的市的人民政府，在其职权范围内依法制定、颁布的规范性文件为规章。

6. 民族自治地方的自治条例、单行条例

这是指民族自治地方的权力机关依照当地的特点，在法定权限内依法定程序制定的地方性的规范性文件。

7. 特别行政区的法

这是指香港、澳门特别行政区实施的法律，包括其基本法及其立法机关依据基本法制定的法律，以及与基本法不相抵触的原有法律、法令、行政法规和其他规范性文件。特别行政区的法是我国法律的一种特殊渊源。

8. 国际条约

我国签订或加入的国际条约对我国的组织和公民亦具有约束力，它不属于国内法，但也构成我国法律渊源的组成部分。

（二）法的结构

法的结构是由法律规范、法的部门和法律体系三个层次构成的。

1. 法律规范

法律规范是构成法的基本组织细胞，它通常由假定、处理和制裁三部分组成，这三部分即法律规范的构成要素。

（1）假定。又称条件或假定条件，是法律规范中指出适用该法律规范的条件和情况的部分。在实际生活中，只有符合条件的要求，才能适用该法律规范。

（2）处理。又称行为模式，即行为规范本身，是规定人们行为的具体内容、范围、方式的部分。该部分是法律规范最基本、最核心的部分。规定人们应该做什么、不应该做什么，或可以做什么，即权利、义务规定和行为规则本身。

（3）制裁。即法律规范中规定的当违反该法律规范时将承担的法律后果，它是体现国家强制力的部分。

一个完整的法律规范，上述三个部分都是不可缺少的，但不可把法律规范和法律条文等同起来，二者应该是一致的，不过有时出于立法技术上的需要，在具体的法律条文中并不一定将三者都一一列举出来。有的法将假定部分集中规定，有的法将制裁部分集中规定，或在其他法中规定。

法律规范多种多样，按照不同的标准可将法律规范分为不同的类别。按照法律规范的调整方式不同，可将法律规范分为授权性规范、义务性规范和禁止性规范。按照法律规范的强制性程度不同，可把法律规范分为强制性规范和任意性规范。按照法律规范内容确定性程度的不同，可将法律规范分为确定性规范、委任性规范和准用性规范。

2. 法的部门

法是调整社会关系的。按法律规范所调整的社会关系的同类性和关联性，可将同类的或密切相连的法律规范集中起来，即形成法的部门。因此，法是以其调整对象——社会关系——作为基本标准而划分为不同的法的部门，除此基本标准外，还常常辅之以其他标准。

目前，涵盖社会关系各个方面的法律部门已经齐全，各法律部门中基本的、主要的法律已经制定，相应的行政法规和地方性法规比较完备，法律体系内部总体做到科学、和谐、统一，中国特色社会主义法律体系已经形成。按照我国立法实践和法理见解，我国法的部门主要有以下几个。

（1）宪法及宪法相关法。

宪法是国家的根本法，它规定国家的根本制度和根本任务、公民的基本权利和义务，具有最高的法律效力。宪法相关法是与宪法相配套、直接保障宪法实施和国家政权运作等方面的法律规范的总和。宪法相关法主要包括四个方面的法律：1）有关国家机构的产生、组织、职权和基本工作制度的法律；2）有关民族区域自治制度、特别行政区制度、基层群众自治制度的法律；3）有关维护国家主权、领土完整和国家安全的法律；4）有关保障公民基本政治权利的法律。

（2）民商法。

它是规范民事、商事活动的法律规范的总和，所调整的是自然人、法人和其他组织之间以平等地位发生的各种法律关系，可以称为横向关系。我国采取的是民商合一的立法模式。民法是一个传统的法律门类，它所调整的是平等主体的自然人之间、法人之间、自然人与法人之间的财产关系与人身关系。商法是民法中的一个特殊部分，是在民法基本原则的基础上适应现代商事活动的需要而逐渐发展起来的。

（3）行政法。

它是规范行政管理活动的法律规范的总和，包括有关行政管理主体、行政行为、行政程序、行政监督以及国家公务员制度等方面的法律规范。行政法调整的是行政机关与行政管理相对人（公民、法人和其他组织）之间因行政管理活动而发生的法律关系，可以称为纵向关系。在这种管理与被管理的纵向法律关系中，行政机关与行政管理相对人的地位是不平等的，行政行为由行政机关单方面依法做出，不需要双方平等协商。为了正确处理二者的关系，保持行政权力与行政管理相对人合法权利的平衡，行政法的基本原则是职权法定、程序法定、公正公开、有效监督。

（4）经济法。

它是调整因国家从社会整体利益出发对市场经济活动实行干预、管理、调控所产生的法律关系的法律规范的总和。经济法是在国家干预市场活动过程中逐渐发展起来的一个法律门类，它与行政法和民商法的联系很密切，往往在同一个经济法中包括两种不同性质的法律规范，既有调整纵向法律关系的，又有调整横向法律关系的，因而具有相对的独立性。

（5）社会法。

它是规范劳动关系、社会保障、社会福利和特殊群体权益保障方面的法律关系的总和。社会法是在国家干预社会生活过程中逐渐发展起来的一个法律门类，所调整的是政府与社会之间、社会不同部门之间的法律关系。

（6）刑法。

它是规范犯罪、刑事责任和刑事处罚的法律规范的总和。刑法是一个传统的法律门类，与其他法律门类相比，具有两个显著特点：一是所调整的社会关系最广泛；二是强制性最严厉。

（7）诉讼与非诉讼程序法。

它是规范解决社会纠纷的诉讼活动与非诉讼活动的法律规范的总和。我国的诉讼制度分为刑事诉讼、民事诉讼、行政诉讼三种。解决经济纠纷，除通过民事诉讼制度“打官司”外，还可以通过仲裁这种非诉讼的便民途径。

3. 法律体系

一般来说，法律体系是指一个国家的全部法律规范按照一定的原则和要求，根据不同法律规范的调整对象和调整方法的不同，划分为若干法律部门，由这些法律部门及其所包括的不同法律规范所形成的相互联系的有机的统一整体。法律体系不是法律规范的简单堆砌，不同法律部门、不同效力层级的法律规范不能矛盾和互相冲突，应当做到相互配套、协调一致、和谐统一。法律体系还要与国家的经济社会生活相适应，能够满足国家当前的经济社会发展的需要。一个国家的法律体系通常是在这个国家一定的历史发展阶段形成的，它取决于国家的社会性质和实际国情。

第2节　经济法概述

一、经济法的概念

（一）经济法概念的语源

早在1755年，法国空想社会主义者摩莱里在其所著《自然法典》一书中就使用了“经济法”一词。1843年法国另一位空想社会主义者泰·德萨米在其所著《公有法典》一书中也使用过“经济法”这个词。当时，他们是从社会产品分配或节约的角度，从自己设想的公有制中提出经济法这个概念，并无现实基础，只是一种天才的设想，与现代经济法的概念迥异。现代经济法是在 19 世纪末 20 世纪初资本主义从自由竞争向垄断过渡时期出现的。垄断、外在性和社会不平等是内生于自由竞争市场却又是市场自身无法解决的问题，市场失灵是客观存在的，需要依赖国家权力通过限制垄断、校正外在性和转移收入的方法来弥补市场缺陷，以达到社会整体福利的增长。经济法作为新的政策思想和法律工具，正在为当代国家所倚重、所利用。德国学者首先使用了经济法这一概念，此后，该词不仅出现在许多国家的法学著作中，而且出现在有些国家颁布的法律中。我国首次使用“经济法”一词是在 1979 年，之后在全国人民代表大会文件、中共中央文件和国务院文件中相继使用，与此同时，在我国的法学教材、专著、论文、工具书等文献中也广泛地使用了这一概念。

（二）经济法的调整对象

经济法是一个新兴的法律部门，它的调整对象、调整范围如何确定，一直是中外法学界争论的问题。经济法的调整对象与经济法的概念是紧密相关的，经济法学界关于经济法概念的争论与分歧也反映在对经济法调整对象的认识上。目前对经济法的概念存在以下不同的学说：(1) 经济关系协调说。认为经济法调整国家协调本国经济运行过程中发生的特定经济关系。(2) 需要国家干预说。认为经济法调整需要由国家干预的经济关系。(3) 经济管理和市场运行关系说。认为经济法的调整对象是经济管理关系和市场运行关系，经济法是国家为了克服市场调节的盲目性和局限性而制定的，是调整全局性的、社会公共性的且需要由国家干预的经济关系的法律规范的总称。(4) 国家调节说。认为经济法调整国家在调节社会经济过程中因国家调节引起的、以国家（其代表者）为一方主体的社会关系。(5) 社会公共性说。认为经济法调整发生在政府、政府经济管理机关和经济组织、公民个人之间的以社会公共性为根本特征的经济管理关系。

在法学研究的学术传统中，部门法的调整对象实际上是准确定义该部门法概念的关键。在法学学科内部，对于经济法与民商法、行政法的界分存在的模糊与争议之处，其实可以归结为这样一个问题：经济法是否具有独立的调整对象。一种有较大影响的观点认为，界定一个法是不是独立的法的部门，标准只有一个，那就是看该法有没有自己特定的调整对象。例如，调整平等的民事主体之间的人身关系、财产关系的法为民法，调整犯罪及刑罚的法为刑法，就是因为它们都有自己的调整对象。以这一观点为前提，又有否认经济法具有独立调整对象的“否定说”和承认经济法具有独立调整对象的“肯定说”两种观点。持“否定说”者认为经济法不构成独立的法律部门，持“肯定说”者承认经济法构成独立的法律部门。在经济法与民商法、行政法的“地盘之争”中，相关论证多从目的、任务、价值等层面论述三者的区别，尽管这些论述不无道理，但是一旦涉及独立调整对象问题就难免陷入“交叉”“密切联系”等难以明确界分的尴尬之中。在论证经济法与民商法相互独立时，认为经济法主要调整行政管理性经济关系，民法主要调整平等主体的法人、公民之间的财产关系和人身关系，这又很难将经济法与行政法完全隔绝开；在论证经济法与行政法相互独立时，认为行政法主要调整国家行政机关与企事业单位、社会团体和公民个人之间以及国家行政机关内部在行政管理活动中所形成的各种社会关系，这种行政管理关系是非物质利益的社会关系，经济法所调整的是物质利益关系，又会与民商法在调整对象上产生纠葛。经济法与民商法之间的外延争议主要发生在商法领域，而且一般是发生在一些具体的亚部门法领域，如证券法。事实上，在一个法律部门中规定使用各种法律调整方法进行综合调整早已是大量的现实，立法者为了达到对某一类社会关系的有效调整，往往在同一法律中综合使用民事、行政、刑事等各种调整方法。调整对象的“独立”并不意味着“绝对专有”，应理解为一种“共性”。从“共性”的角度来讲，上述学说普遍认同经济法的调整对象是国家管理（调节、协调、干预）经济而发生的社会关系。经济法区别于其他部门法的特征不在于活动领域的独有性，而在于调整对象统一于国家管理经济关系这一共性，在这种管理中所发生的经济管理关系具有社会公共性，它是经济法调整对象区别于其他部门法的重要特征。我国经济法所调整的经济关系实质上就是国家与市场之间的经济关系，这种关系是非常广泛的。经济法是对“市场失灵”与“政府失灵”的双重矫正之法，并非旨在对某个自然人或法人进行直接控制和个别保护，而是着眼于社会整体的市场监管规制和宏观经济调控。因此，我们说经济法是一个独立的法的部门。

（三）经济法责任

是否存在独立的经济法责任也常常作为判断经济法是不是独立法律部门的依据之一。经济法责任的独立性是指经济法责任与其他部门法责任在内外部特征方面是否存在实质性的差异。与民法、行政法、刑法相对应的分别有民事法律责任、行政法律责任和刑事法律责任，似乎经济法也需要一个专属于自己的责任形态，这种观点未免偏颇。责任形态只是法律责任独特性的一个表现方面，责任主体、责任构成、责任内容也是体现法律责任特殊性的重要因素。我国有七大法律部门，但是法律责任形态只有三种，即民事责任、行政责任和刑事责任。民事责任包括停止侵害，排除妨碍，消除危险，返还财产，恢复原状，修理、重作、更换，继续履行，赔偿损失，支付违约金，消除影响、恢复名誉，赔礼道歉等表现形式。行政责任是指行政领导机关对违反经济法规的单位或个人，依行政程序给予的处分。对单位可以采取批评、警告、停业整顿、吊销营业执照等处分方法；对公民可以采取警告、记过、记大过、降级、降职、撤职、留用察看和开除等处分方法。刑事责任是对违反经济法律法规，造成严重后果，触犯了国家刑律的经济犯罪分子，依法给予的刑事制裁措施。刑事责任不只限于自然人，也适用于法人和社会组织。经济法责任的特殊性表现在形式上的复合性、保护法益的社会性以及度量上的非均衡性（对弱者的特别保护）。经济法责任在形式上的复合性是指经济法责任主体在承担责任时可能需要同时承担多个具有不同性质的法律责任。保护法益的社会性和度量上的非均衡性突出体现在惩罚性赔偿的应用上。民法上的赔偿损失是一种填补性责任，目的在于对已经造成的权利侵害和财产损失给予填补的救济。传统私法中强调对等补偿，在经济法领域扩大适用惩罚性赔偿恰巧是一种发展趋势，例如我国《消费者权益保护法》《食品安全法》中的多倍赔偿规定。

（四）经济法与相关部门法的区别

经济法的出现不仅意味着一个新的与传统法律部门大不相同的部门法的诞生，更是一种新的法律思潮，是一种从世界观到方法论都与传统法律思想大不相同的法律思潮。经济法在对经济关系的调整过程中，确实有一系列不同于传统法律部门的特性和机制功能。对经济法本质属性和特点的认识必须从其产生的社会经济根源以及法的自身历史演变的规律中去认识。我们可以从经济法与相关部门法的区别来认识经济法。

首先从经济法与民商法的区别来看。民法、商法在调整平等主体之间社会关系中追求私益，经济法在对经济实现社会整体调节中追求社会公共利益。民法、商法以平等协商、不告不究的方式保护公民、法人的个别权利，但在维护社会公共利益上则是消极的，它们只是规定和强调不得损害社会公共利益，经济法则主动地、旗帜鲜明地去维护社会公共利益，并将实现社会公共利益作为己任。民商法是调整平等主体之间财产关系与人身关系的法律，经济法是调整国家干预、协调、管理经济的法律，在经济法中国家是恒定的一方主体。

再从经济法与行政法的区别来看。行政法调整行政关系而不调整经济管理关系；在调整方法上，行政法通常用命令与服从的方式来保障行政权力的组织性和规范运作。经济法是一种带有指导性特点的法律，有着大量的“软法”规范——宏观调控法上的指导性、劝导性法律规范以及市场监管法上的鼓励性、奖励性规范。

二、本书的范围和体系

“经济法”这一概念的法学意义被特定化为与民商法、行政法等部门法相并列的法律部门以及与其相对应的经济法学学科。然而，本书是面向经济类、管理类专业的经济法课程，因此本书内容不完全局限于法学中的经济法学，同时也涉及传统民商法的相关内容，呈现的是“与经济相关的法”之义。本书的主要内容包括：(1) 经济组织法。这方面的经济法主要包括各类企业法、公司法、破产法以及相关的工商管理法等。(2) 经济活动法。指在国家对市场主体的活动进行组织、管理和监督过程中所发生的经济关系，主要包括合同法、担保法等。(3) 经济管理法。指国家对市场进行宏观调控和市场监管所涉法律规范。宏观调控法包括金融调控法律制度、国有资产管理法律制度、财政预算法律制度、税收法律制度、价格法律制度、会计和审计法律制度、产业政策法律制度等。市场监管法包括竞争法律制度、消费者权益保护法律制度、产品质量法律制度、金融监管法律制度等。

第 3 节 法律关系

一、法律关系的概念与特征

（一）法律关系的概念

法律关系是一种社会关系，社会关系是人们在社会生活中形成的人与人之间的关系。并非一切社会关系都是法律关系，只有受某种法律规范确认和调整的特定社会关系才能成为法律关系。因此，法律关系是指现行法律规范在调整社会关系的过程中形成的、由不同层次的法律关系构成的有机联系的整体，或者说是由法律规范所确认和调整的人与人之间具有权利和义务内容的社会关系。它由法律关系主体、法律关系内容和法律关系客体三要素构成。

不同的社会关系由不同的法律规范来调整，形成不同的法律关系，包括调整平等主体之间的财产关系和人身关系的民事法律关系，调整行政管理关系而形成的行政法律关系，调整犯罪与刑罚关系而形成的刑事法律关系等。经济法律关系是法律关系的一种。

（二）法律关系的特征

1. 法律关系是一种思想社会关系

马克思、恩格斯认为，社会关系分成物质关系和思想关系。物质关系是人们维持生存的活动的形式（结果），主要是生产关系，是社会的经济基础；思想关系则是不以人的意志为转移而形成的物质关系的上层建筑，它是由社会的物质关系所决定的，属于上层建筑的范畴。因此，法律关系是一种思想社会关系。

2. 法律关系是一种意志关系

法律关系的形成和存在依赖体现在法律法规中的统治阶级的意志，如由于合同的签订而产生的法律关系，就是通过签订合同的各方表示意见一致而形成的。

3. 法律关系是一种权利和义务关系

任何一种法律关系都是依靠法律关系主体行使权利和履行义务来实现的。权利和义务构成法律关系的具体内容。

二、法律关系的构成要素

法律关系是由主体、内容和客体三部分构成的，此三者即法律关系的构成要素。

（一）法律关系的主体

法律关系的主体是指法律关系的参加者，即依法享有权利和承担义务的当事人。其中，享有权利的一方称为权利主体，承担义务的一方称为义务主体。

1. 法律关系主体的种类

（1）自然人。自然人既包括本国公民，也包括居住在一国境内或在境内活动的外国公民和无国籍人。

（2）法人。法人是具有民事权利能力和民事行为能力，依法独立享有民事权利和承担民事义务的组织。法人是法律上拟制的人。《中华人民共和国民法总则》（以下简称《民法总则》）将法人分为营利法人、非营利法人与特别法人。以取得利润并分配给股东等出资人为目的成立的法人为营利法人。营利法人包括有限责任公司、股份有限公司和其他企业法人等。为公益目的或者其他非营利目的成立，不向出资人、设立人或者会员分配所取得利润的法人，为非营利法人。非营利法人包括事业单位、社会团体、基金会、社会服务机构等。特别法人包括机关法人、农村集体经济组织法人、城镇农村的合作经济组织法人、基层群众性自治组织法人。

（3）非法人组织。非法人组织是不具有法人资格，但是能够依法以自己的名义从事民事活动的组织。非法人组织包括个人独资企业、合伙企业、不具有法人资格的专业服务机构等。

2. 法律关系主体的民事权利能力和民事行为能力

自然人从出生时起到死亡时止，具有民事权利能力，自然人的民事权利能力一律平等。自然人的民事行为能力存在三种情况：（1）完全民事行为能力人。18 周岁以上的自然人为成年人，成年人为完全民事行为能力人，可以独立实施民事法律行为。16 周岁以上的未成年人，以自己的劳动收入为主要生活来源的，视为完全民事行为能力人。（2）限制民事行为能力人。8 周岁以上的未成年人以及不能完全辨认自己行为的成年人为限制民事行为能力人，实施民事法律行为由其法定代理人代理或者经其法定代理人同意、追认，但是可以独立实施纯获利益的民事法律行为或者与其年龄、智力、精神健康状况相适应的民事法律行为。（3）无民事行为能力人。无民事行为能力人包括不满 8 周岁的未成年人、不能辨认自己行为的成年人（8 周岁以上的未成年人），无民事行为能力人由其法定代理人代理实施民事法律行为。

自然人从事工商业经营，经依法登记，为个体工商户；个体工商户的债务，个人经营的以个人财产承担，家庭经营的以家庭财产承担，无法区分的以家庭财产承担。农村集体经济组织的成员，依法取得农村土地承包经营权，从事家庭承包经营的，为农村承包经营户；农村承包经营户的债务以从事农村土地承包经营的农户财产承担，事实上由农户部分成员经营的以该部分成员的财产承担。

法人的民事权利能力和民事行为能力，从法人成立时产生，到法人终止时消灭。一般来说，法人的行为能力和法人的权利能力具有一致性的特点，且两者同始终。不同的法人权利能力可以有很大的差异，其权利能力的内容取决于法人的性质、宗旨和经营范围。

（二）法律关系的内容

法律关系的内容是指法律关系主体间在一定条件下依照法律或约定所享有的权利和承担的义务，是人与人之间利益的获取或付出的状态。这是法律关系的核心，直接体现了法律关系主体的利益和要求。

1. 权利

权利是指法律关系主体在法定范围享有的自己为一定行为或不为一定行为以及要求他人为一定行为或不为一定行为的资格。以民事权利的作用为标准，可分为支配权、请求权、抗辩权、形成权。支配权是对权利客体进行直接的排他性支配并享受其利益的权利。支配权的行使无须其他人积极义务的配合，只要容忍、不行使同样的支配行为即可。人身权、物权、知识产权中的财产权等属于支配权。请求权是特定人请求特定他人为一定行为或不为一定行为的权利。请求权人对权利客体不能直接支配，其权利的实现有赖于义务人的协助，没有排他效力。抗辩权是能够阻止请求权效力的权利。抗辩权主要是针对请求权的，通过行使抗辩权，一方面可以阻止请求权效力，另一方面可以使权利人能够拒绝向相对人履行义务。合同履行中的三种抗辩权、一般保证人的先诉抗辩权皆属此类。形成权是依权利人单方意思表示就能使权利发生、变更或者消灭的权利。撤销权、解除权、追认权、抵销权等都属形成权。

2. 义务

义务是指经济法主体必须进行某种经济活动或不进行某种经济活动，以满足对方合法要求的约束。具体表现为义务主体为了权利主体合法权益的实现而必须为一定行为或不为一定行为的活动，否则要承担法律责任。

（三）法律关系的客体

法律关系的客体是指法律关系主体享有权利和承担义务所共同指向的对象。客体是确立权利和义务关系性质和具体内容的依据，也是确定权利行使与否和义务是否履行的客观标准。如果没有客体，权利和义务就失去了依附的目标和载体，也不可能发生权利和义务。因此，客体是法律关系不可缺少的要素之一。法律关系客体可分为物、行为以及智力成果。

1. 物

经济法上所说的物，是指具有一定经济价值、能为人力所支配并且符合法律规定的物质资料。作为经济法律关系客体的物，可以从不同的角度划分为：（1）生产资料和生活资料；（2）限制流通物和不受限制流通物；（3）固定资产和流动资金；等等。

2. 行为

行为是指人的有意识的活动，包括作为和不作为。经济法律关系客体的行为是指经济法律关系主体为达到一定经济目的所进行的行为。它包括经济组织管理行为、完成一定工作的行为和提供一定劳务的行为。经济组织管理行为是指经济法主体行使经济组织管理权和经营管理权所指向的行为，如经济决策行为、审查批准行为、生产经营行为等。完成一定工作的行为是指经济法主体的一方利用自己的资金和技术设备为对方完成一定的工作任务，对方根据完成工作的数量和质量支付一定报酬的行为。提供一定劳务的行为是指提供一定劳务或服务满足对方的需求而对方支付一定酬金的行为。

3. 智力成果

智力成果是指人们通过脑力劳动创造的能够带来经济价值的精神财富。智力成果是一种精神形态的客体，是一种思想或者技术方案，不是物，它是一种知识财富，主要包括专利、商标、专有技术、著作权等无形财产。

三、法律关系的变动原因——法律事实

法律事实是指符合法律规范的规定，能够引起法律关系产生、变更和终止的客观事物。

法律事实可以分为行为和事件两大类。行为是指以法律主体意志为转移，能够

引起法律后果，即引起法律关系发生、变更和终止的人们有意识的活动。例如，合同的签订就可以在当事人之间发生权利和义务关系，它是引起经济法律关系发生、变更和终止的最普遍的法律事实。按行为性质又分为合法行为和违法行为，合法行为受法律确认和保护，违法行为不受法律的确认和保护，相反还会受到法律的制裁。事件是指能够引起法律关系发生、变更和终止，不以人的意志为转移的客观事实。事件可以是自然现象，如地震、洪水、台风等非人为因素造成的自然灾害，也可以是某些社会现象，如战争爆发、重大政策的改变等，虽然由人的行为引起，但其出现在特定法律关系中，并不以人的意志为转移。

第 4 节　民事法律行为和代理制度

一、民事法律行为制度

（一）民事法律行为的概念和特征

民事法律行为是民事主体通过意思表示设立、变更、终止民事法律关系的行为。民事法律行为具有以下特征：

（1）以意思表示为要素。意思表示是指行为人将进行法律行为达到某种预期法律后果的内在意思表现于外的行为。意思表示是法律行为的核心要素，有没有意思表示是表意行为与非表意行为（事实行为）的重要区别。

（2）以设立、变更或终止权利和义务为目的。民事法律行为是有目的的行为，这一特征使得民事法律行为区别于其他法律事实，例如侵权行为虽然也会导致一定的法律后果，但并非行为人自己主张，而是由法律规定的。

（二）民事法律行为的分类

民事法律行为可以从不同角度做不同的分类。

1. 单方民事法律行为和多方民事法律行为

单方民事法律行为是根据一方当事人的意思表示而成立的法律行为。该法律行为仅有一方当事人的意思表示而无须他方的同意即可发生法律效力，如委托代理的撤销、债的免除、无权代理的追认等。

多方民事法律行为是两个以上的当事人意思表示一致而成立的法律行为。该法律行为的当事人为两个以上，不仅各自需要进行意思表示，而且意思表示还需一致。

2. 有偿民事法律行为和无偿民事法律行为

有偿民事法律行为是指当事人互为给付一定代价（包括金钱、财产、劳务）的法律行为，如买方为获得对方的货物而支付价款、承揽人为获得对方的报酬而提供劳务等。

无偿民事法律行为是指一方当事人承担给付一定代价的义务，而他方当事人不承担相应给付义务的法律行为，如无偿委托、无偿消费借贷等。

3. 负担行为与处分行为

负担行为是指以发生债权债务为内容的法律行为，亦称为债权行为。负担行为包括单独行为及契约，如捐助、买卖、租赁等。处分行为是指直接使某种权利发生、变更或消灭的法律行为。处分行为包括物权行为和准物权行为。物权行为如所有权的移转、抵押权的设定、所有权的抛弃；准物权行为如债权让与、债务承担与债务免除等。负担行为只是产生债务或变更债务，处分行为则直接导致权利的转移和消灭。

4. 诺成性民事法律行为和实践性民事法律行为

诺成性民事法律行为是指仅当事人意思表示一致即可成立的法律行为，如买卖、承揽、委托等。实践性民事法律行为是指除当事人意思表示一致以外，还需交付标的物才能成立的法律行为，如赠与、借贷、寄存保管、运输等。

5. 要式民事法律行为和不要式民事法律行为

要式民事法律行为是指法律规定必须采取一定的形式或者履行一定的程序才能成立的法律行为。不要式民事法律行为是指法律不要求采取一定形式，当事人自由选择一种形式即可成立的法律行为。该类法律行为的形式可由当事人协商确定。

6. 主民事法律行为和从民事法律行为

主民事法律行为是指不需要有其他法律行为的存在就可以独立成立的法律行为。从民事法律行为是指从属于其他法律行为而存在的法律行为。如当事人之间订立一项借贷合同，为保证该合同的履行，又订立一项担保合同，其中，借贷合同是主合同，担保合同即为从合同。从民事法律行为的效力依附于主民事法律行为；主民事法律行为不成立，从民事法律行为则不能成立；主民事法律行为无效，则从民事法律行为亦当然不能生效。但是，主民事法律行为履行完毕，并不必然导致从民事法律行为的效力丧失。

（三）意思表示

（1）意思表示的生效。以对话方式作出的意思表示，相对人知道其内容时生效。以非对话方式作出的意思表示，到达相对人时生效。以非对话方式作出的采用数据电文形式的意思表示，相对人指定特定系统接收数据电文的，该数据电文进入该特定系统时生效；未指定特定系统的，相对人知道或者应当知道该数据电文进入其系统时生效。当事人对采用数据电文形式的意思表示的生效时间另有约定的，按照其约定。无相对人的意思表示，表示完成时生效。法律另有规定的，依照其规定。以公告方式作出的意思表示，公告发布时生效。

（2）意思表示的形式。行为人可以明示或者默示作出意思表示。沉默只有在有法律规定、当事人约定或者符合当事人之间的交易习惯时，才可以视为意思表示。

（3）意思表示的撤回。行为人可以撤回意思表示。撤回意思表示的通知应当在意思表示到达相对人前或者与意思表示同时到达相对人。

（4）意思表示的欠缺与瑕疵。意思表示欠缺，也称非真意的意思表示，是指表示行为与效果意思不一致的情况，包括单独虚伪表示、通谋虚伪表示和重大误解。有瑕疵的意思表示，也称非自愿的意思表示，是指一方以非法手段使对方作出违背真实意思的意思表示，包括欺诈、胁迫和显失公平。

（四）民事法律行为的效力

法律行为的成立是指某种行为因符合民事法律行为的构成要素而视为一种客观存在。法律行为的有效是指客观存在的民事法律行为因符合法定有效要件而取得法律所认可的效力。已成立的法律行为不一定必然发生法律效力，只有具备一定有效要件的法律行为才能产生预期的法律效果。民事法律行为的效力分为有效、无效、可撤销和效力待定四种情形。无效的或者被撤销的民事法律行为自始没有法律约束力。民事法律行为部分无效，不影响其他部分效力的，其他部分仍然有效。民事法律行为无效、被撤销或者确定不发生效力后，行为人因该行为取得的财产，应当予以返还；不能返还或者没有必要返还的，应当折价补偿。有过错的一方应当赔偿对方由此所受到的损失；各方都有过错的，应当各自承担相应的责任；法律另有规定的，依照其规定。

1. 有效民事法律行为

具备下列条件的民事法律行为有效：（1）行为人具有相应的民事行为能力；（2）意思表示真实；（3）不违反法律、行政法规的强制性规定，不违背公序良俗。

意思表示不真实的情形有如下几种：一是意思和表示故意不一致，这构成真意保留或通谋虚伪；二是意思和表示非故意不一致，此为重大误解；三是意思表示不自由，这种情形表现为欺诈和胁迫。意思表示不真实会使得民事法律行为无效或效力瑕疵，下文将详述。

2. 无效民事法律行为

无效民事法律行为是指欠缺法律行为的有效要件，行为人设立、变更和终止权利和义务的内容不发生法律效力的行为。无效民事法律行为有如下几种情形：（1）因欠缺行为能力而无效。无行为能力人实施的民事行为以及限制民事行为能力人依法不能独立实施的民事行为即属此类。（2）虚假表示的民事法律行为在双方当事人之间无效。虚假表示的特征是当事人双方都不想使其行为发生法律上的效力。（3）违反法律、行政法规的强制性规定（但是该强制性规定不导致该民事法律行为无效的除外）和违背公序良俗的民事法律行为无效；行为人与相对人恶意串通，损害他人合法权益的民事法律行为无效。

3. 可撤销的民事法律行为

可撤销的民事法律行为主要是因意思表示不真实而起，包括如下情形：（1）基于重大误解实施的民事法律行为，行为人有权请求人民法院或者仲裁机构予以撤销。（2）一方以欺诈手段，使对方在违背真实意思的情况下实施的民事法律行为，受欺诈方有权请求人民法院或者仲裁机构予以撤销；第三人实施欺诈行为，使一方在违背真实意思的情况下实施的民事法律行为，对方知道或者应当知道该欺诈行为的，受欺诈方有权请求人民法院或者仲裁机构予以撤销。（3）一方或者第三人以胁迫手段，使对方在违背真实意思的情况下实施的民事法律行为，受胁迫方有权请求人民法院或者仲裁机构予以撤销。（4）一方利用对方处于危困状态、缺乏判断能力等情形，致使民事法律行为成立时显失公平的，受损害方有权请求人民法院或者仲裁机构予以撤销。

有下列情形之一的，撤销权消灭：（1）当事人自知道或者应当知道撤销事由之日起一年内、重大误解的当事人自知道或者应当知道撤销事由之日起三个月内没有行使撤销权；（2）当事人受胁迫，自胁迫行为终止之日起一年内没有行使撤销权；（3）当事人知道撤销事由后明确表示或者以自己的行为表明放弃撤销权。当事人自民事法律行为发生之日起五年内没有行使撤销权的，撤销权消灭。

4. 效力待定的民事法律行为

效力待定的民事法律行为是指虽已成立，但因当事人缺乏行为能力、代理权限或处分权，其效力能否发生尚不确定，有待于其他行为或事实使其确定的民事法律行为。例如，限制民事行为能力人实施的与其年龄、智力、精神健康状况不相适应的民事法律行为，在得到法定代理人同意或者追认前就处于效力待定的状态。相对人可以催告法定代理人自收到通知之日起一个月内予以追认。法定代理人未作表示的，视为拒绝追认。民事法律行为被追认前，善意相对人有撤销的权利。撤销应当以通知的方式作出。

（五）附条件和附期限的法律行为

1. 附条件的法律行为

这是指在法律行为中指定一定的条件，把该条件的成就（或发生）或不成就（或不发生）作为法律行为效力的发生或终止的根据。法律行为中所附的条件可以是事件，也可以是行为；但是能够作为法律行为所附条件的事实必须具备以下条件：

（1）是将来发生的事实，已发生的事实不能作为条件。

（2）是不确定的事实，即条件是否必然发生，当事人不能肯定。

（3）是当事人任意选择的事实，而非法定的事实。

（4）是合法的事实，不得以违法或违背道德的事实作为所附条件。

（5）所限制的是法律行为效力的发生或消灭，而不涉及法律行为的内容，即不与行为的内容相矛盾。

2. 附期限的法律行为

这是指在法律行为中指明一定的期限，把期限的到来作为法律行为生效或终止的依据。期限是必然到来的事实，这与附条件的法律行为所附的条件不同。法律行为所附期限可以是明确的期限，如某年某月某日，也可以是不确定的期限，如“某人死亡之日”“果实成熟之时”等。

二、代理制度

代理是指代理人在代理权限范围内以被代理人的名义与第三人实施的、法律后果直接归属于被代理人的行为及其相应的法律制度。

1. 代理行为的法律特征

（1）代理是一种法律行为。代理不仅在被代理人与代理人之间确立代理关系，在代理人与第三人之间实施的也是具有法律意义的、可能产生法律后果的法律行为。

(2) 代理是代理人以被代理人名义进行的。也就是代理人和相对人（第三人）发生法律关系时，代理人以被代理人的名义进行民事行为。如果代理人以自己的名义进行民事行为，则成了信托或者行纪行为。

(3) 代理是代理人在代理授权范围内所为的独立意思表示。即代理人不是被代理人的传话筒或者扩音器，他有权根据具体情况，为了争取被代理人的最大利益，审时度势，做出合理的独立意思表示。当然，这种代理行为必须是在代理授权范围内进行。

(4) 代理人在代理授权范围内进行代理的法律后果归属于被代理人，即代理行为产生的权利或者责任均由被代理人承担。但是，代理人知道或者应当知道代理事项违法仍然实施代理行为，或者被代理人知道或者应当知道代理人的代理行为违法未作反对表示的，被代理人和代理人应当承担连带责任。代理人不履行或者不完全履行职责，给被代理人造成损害的，应当承担民事责任；代理人和相对人恶意串通，损害被代理人合法权益的，代理人和相对人应当承担连带责任。

(5) 依照法律规定、当事人约定或者民事法律行为的性质，应当由本人亲自实施的民事法律行为，不得代理。

2. 代理的种类

由于代理权产生的根据不同，可以把代理分为法定代理和委托代理。

(1) 法定代理。这是指基于法律规定产生代理权的代理，如父母对未成年子女的代理权。这种代理权的范围与当事人的实际权利相当，但不能损害被代理人的合法权益。

(2) 委托代理。这是指基于当事人委托的意思表示产生代理权的代理。委托代理授权可以采用书面形式，也可采用口头形式，但法律规定用书面形式的，应当采用书面形式。委托代理授权采用书面形式的，授权委托书应当载明代理人的姓名或者名称、代理事项、权限和期间，并由被代理人签名或者盖章。

在委托代理中，一般应由代理人亲自完成代理行为，但代理人为被代理人的利益，并且取得本人同意（在紧急情况下除外），也可转托他人代理。这时，可以把原来在本人与代理人之间存在的代理关系称为“本代理”，把受转托的他人与本人之间的代理关系称为“复代理”。复代理人虽是由本代理人选任的，但他也是本人的代理人，他在授权范围内所为的代理行为的法律后果同样直接归本人承受。转委托代理经被代理人同意或者追认的，被代理人可以就代理事务直接指示转委托的第三人，代理人仅就第三人的选任以及对第三人的指示承担责任。转委托代理未经被代理人同意或者追认的，代理人应当对转委托的第三人的行为承担责任，但是在紧急情况下代理人为了维护被代理人的利益需要转委托第三人代理的除外。

3. 几种特殊的代理行为

(1) 自己代理。代理人不得以被代理人的名义与自己实施民事法律行为，但是被代理人同意或者追认的除外。

(2) 双方代理。代理人不得以被代理人的名义与自己同时代理的其他人实施民事法律行为，但是被代理的双方同意或者追认的除外。

（3）职权代理。执行法人或者非法人组织工作任务的人员，就其职权范围内的事项，以法人或者非法人组织的名义实施民事法律行为，对法人或者非法人组织发生效力。法人或者非法人组织对执行其工作任务的人员职权范围的限制，不得对抗善意相对人。

4. 无权代理和表见代理

（1）无权代理。狭义上的无权代理包括：1）行为人没有代理权；2）超越代理权；3）代理权终止后的代理行为。无权代理未经被代理人追认的，对被代理人不发生效力。相对人可以催告被代理人自收到通知之日起一个月内予以追认。被代理人未作表示的，视为拒绝追认。行为人实施的行为被追认前，善意相对人有撤销的权利。撤销应当以通知的方式作出。行为人实施的行为未被追认的，善意相对人有权请求行为人履行债务或者就其受到的损害请求行为人赔偿，但是赔偿的范围不得超过被代理人追认时相对人所能获得的利益。相对人知道或者应当知道行为人无权代理的，相对人和行为人按照各自的过错承担责任。

（2）表见代理。表见代理属于广义无权代理的一种，其与狭义无权代理在法律后果上截然不同：行为人没有代理权、超越代理权或者代理权终止后，仍然实施代理行为，相对人有理由相信行为人有代理权的，代理行为有效。

5. 代理的终止

委托代理因下列情况的出现而终止：（1）代理期间届满或者代理事务完成；（2）被代理人取消委托或者代理人辞去委托；（3）代理人丧失民事行为能力；（4）代理人或者被代理人死亡；（5）作为代理人或者被代理人的法人、非法人组织终止。

法定代理在出现以下情况时终止：（1）被代理人取得或者恢复完全民事行为能力；（2）代理人丧失民事行为能力；（3）代理人或者被代理人死亡；（4）法律规定的其他情形。

被代理人死亡后以及作为被代理人的法人、非法人组织终止后，有下列情形之一的，委托代理人实施的代理行为有效：（1）代理人不知道并且不应当知道被代理人死亡；（2）被代理人的继承人予以承认；（3）授权中明确代理权在代理事务完成时终止；（4）被代理人死亡前已经实施，为了被代理人的继承人的利益继续代理。

第5节　诉讼时效

一、诉讼时效的概念

诉讼时效是指权利人在法定期间内不行使权利，即丧失请求人民法院保护其权利的权利。法律对仲裁时效有规定的，依照其规定；没有规定的，适用诉讼时效的规定。诉讼时效消灭的是一种请求权而不消灭实体权利。诉讼时效期间届满后，义务人同意履行的，不得以诉讼时效期间届满为由抗辩；义务人已自愿履行的，不得请求返还。诉讼时效属于国家法律的强制性规定，当事人均不得对其内容做任何修改，当事人违反法律规定，约定延长或者缩短诉讼时效期间、预先放弃诉讼时效利益的，人民法院不予认可；诉讼时效的期间、计算方法以及中止、中断的事由由法律规定，当事人约定无效。

部分请求权不适用诉讼时效的规定，包括：(1) 请求停止侵害、排除妨碍、消除危险；(2) 不动产物权和登记的动产物权的权利人请求返还财产；(3) 请求支付抚养费、赡养费或者扶养费；(4) 依法不适用诉讼时效的其他请求权。

二、诉讼时效的种类与起算

(一) 诉讼时效的种类

(1) 普通诉讼时效。根据《民法总则》第 188 条规定，向人民法院请求保护民事权利的诉讼时效期间为三年。

(2) 特别诉讼时效。这是指法律另有规定的情形。如《合同法》第 129 条规定因国际货物买卖合同和技术进出口合同争议提起诉讼或者申请仲裁的期限为 4 年。

(3) 最长诉讼时效。自权利受到损害之日起超过 20 年的，人民法院不予保护；有特殊情况的，人民法院可以根据权利人的申请决定延长。

(二) 诉讼时效期间的起算

诉讼时效期间自权利人知道或者应当知道权利受到损害以及义务人之日起计算。法律另有规定的，依照其规定。《民法总则》对此还新增了两点内容：一是无民事行为能力人或者限制民事行为能力人对其法定代理人的请求权的诉讼时效期间，自该法定代理终止之日起计算；二是未成年人遭受性侵害的损害赔偿请求权的诉讼时效期间，自受害人年满 18 周岁之日起计算。

三、诉讼时效的中止、中断与延长

(一) 诉讼时效的中止

在诉讼时效期间的最后六个月内，因发生一定的法定事由而使权利人不能行使请求权，暂时停止计算诉讼时效期间，自中止时效的原因消除之日起满六个月，诉讼时效期间方才届满。也就是说，一旦发生诉讼时效中止事由，无论耽误多久，一律补六个月。这些事由有：(1) 不可抗力；(2) 无民事行为能力人或者限制民事行为能力人没有法定代理人，或者法定代理人死亡、丧失民事行为能力、丧失代理权；(3) 继承开始后未确定继承人或者遗产管理人；(4) 权利人被义务人或者其他人控制；(5) 其他导致权利人不能行使请求权的障碍。

(二) 诉讼时效的中断

诉讼时效的中断是指在诉讼时效进行中，因发生一定的法定事由，致使已经经过的时效期间统归无效，从中断、有关程序终结时起，诉讼时效期间重新计算。这些事由有：(1) 权利人向义务人提出履行请求；(2) 义务人同意履行义务；(3) 权利人提起诉讼或者申请仲裁；(4) 与提起诉讼或者申请仲裁具有同等效力的其他情形。

法律规定或者当事人约定的撤销权、解除权等权利的存续期间，除法律另有规定外，自权利人知道或者应当知道权利产生之日起计算，不适用有关诉讼时效中止、中断和延长的规定。存续期间届满，撤销权、解除权等权利消灭。

（三）诉讼时效的延长

《民法总则》规定最长诉讼时效经过后，有特殊情况的，人民法院可以根据权利人的申请决定延长。

本章小结

本章是经济法的基本理论部分。法是由国家制定或认可，并由国家强制力保证实施的行为规范的总和，其在本质上是上升为国家意志的统治阶级意志，这种意志的内容是由社会物质生活条件决定的。法是由国家制定或认可的规范，具有国家强制性，它以权利和义务为主要内容，是具有普遍约束力的社会规范。我国的法律体系包括宪法及宪法相关法、民商法、行政法、经济法、社会法、刑法和诉讼与非诉讼程序法七个门类。经济法是国家调整一定范围内的经济关系的法律规范的总称，通过经济法和其他法律部门的比较可知，经济法是一个独立而重要的法的部门。经济法律关系是法律关系的一种，它和其他法律关系一样，都由主体、客体和内容要素构成。经济法律关系的产生、变更或者终止是由法律事实引起的，包括行为和事件两大类。民事法律行为制度、代理制度、诉讼时效制度是与经济法密切联系的基础性法律制度。

思考训练题

选择题

1. 下列各项中，属于行政法的是(　　)。

A.《中华人民共和国公司法》

B. 中国人民银行制定的《人民币银行结算账户管理办法》

C. 上海市人民代表大会常务委员会制定的《上海市技术市场条例》

D. 国务院制定的《总会计师条例》

2. 甲是乙公司采购员，已离职。丙公司是乙公司的客户，已被告知甲离职的事实，但当甲持乙公司盖章的空白合同书，以乙公司名义与丙公司洽购100吨白糖时，丙公司仍与其签订了买卖合同。根据合同法律制度的规定，下列表述中，正确的是(　　)。

A. 甲的行为构成无权代理，合同效力待定

B. 甲的行为构成无权代理，合同无效

C. 丙公司有权在乙公司追认合同之前，行使撤销权

D. 丙公司可以催告乙公司追认合同，如乙公司在一个月内未作表示，合同有效

3. 下列关于诉讼时效起算的说法中，错误的是(　　)。

A. 定有履行期限的债务的请求权，当事人约定债务分期履行的，诉讼时效应当分期分别起算

B. 未定有履行期限的债务的请求权，债权人第一次要求债务人履行义务时就被债务人明确拒绝的，诉讼时效从债务人明确拒绝之日起算

C. 人身伤害损害赔偿的诉讼时效期间，伤害明显且侵害人明确的，从受伤之日起算

D. 请求他人不作为的债权的请求权，诉讼时效从义务人违反不作为义务时起算

4. 下列关于法律主体权利能力的表述中，正确的是(   )。

A. 权利能力是指权利主体能够通过自己的行为取得权利和承担义务的能力

B. 自然人的权利能力可分为完全权利能力、限制权利能力与无权利能力

C. 权利能力以行为能力为前提，无行为能力即无权利能力

D. 营利法人、非营利法人与特别法人均具有权利能力

5. 甲公司和乙公司签订买卖合同，向乙公司购买 3 台机器设备，总价款为 60 万元，该买卖合同法律关系的主体是(   )。

A. 签订买卖合同　　B. 甲公司和乙公司

C. 60 万元价款　　D. 3 台机器设备

6. 甲向乙借款 1 万元，借款到期后甲分文未还，在诉讼时效期间内发生的下列情形中，能够产生时效中断效果的是(   )。

A. 乙在大街上碰到甲，甲主动向乙表示将在 3 日内先支付约定的利息

B. 乙以特快专递发送催款函件给甲，甲签收后未拆封

C. 甲遇到车祸，变成了植物人，且没有法定代理人

D. 乙向人民法院申请支付令

7. 甲向乙借款 1 万元，借款期为 1 年。半年后，乙出国深造，4 年后回来，向甲要求还款，甲还款了。后甲听朋友说，该款已经过了诉讼时效期间，要求乙返还，乙不返还。甲诉至法院，对甲的诉讼请求，人民法院正确的做法是(   )。

A. 不予支持　　B. 予以支持　　C. 不受理　　D. 受理

8. 下列关于各种法律渊源效力层级由高到低的排序中，正确的是(   )。

A. 宪法、行政法规、部门规章、法律

B. 宪法、法律、部门规章、行政法规

C. 宪法、行政法规、法律、部门规章

D. 宪法、法律、行政法规、部门规章

9. 根据《民法总则》的规定，(   )以上的未成年人为限制民事行为能力人，实施民事法律行为由其法定代理人代理或者经其法定代理人同意、追认，但是可以独立实施纯获利益的民事法律行为或者与其年龄、智力相适应的民事法律行为。

A. 10 周岁　　B. 8 周岁　　C. 14 周岁　　D. 6 周岁

10. 根据《民法总则》规定，向人民法院请求保护民事权利的诉讼时效期间为(   )。法律另有规定的，依照其规定。

A. 4 年　　B. 3 年　　C. 5 年　　D. 2 年

11. 下列规范性用语中属于任意性规范的是(   )。

A. 公司为公司股东或者实际控制人提供担保的，必须经股东会或者股东大会决议

B. 当事人订立合同可以采取书面形式、口头形式或其他形式

C. 公司应当依法设置会计账簿

D. 票据的出票日期应当使用中文大写

12. 下列情形可以成立表见代理的是(   )。

A. 在行为人超越代理权的情况下，相对人在签约时并未对行为人的权限尽合理的审

查责任

B. 代理关系终止后被代理人未采取合理措施公示代理关系终止的事实并收回委托授权书，导致相对人不知道代理关系终止而仍与代理人实施民事法律行为

C. 张三私刻甲培训机构公章、私自制作招生代理牌匾、盗印培训合同若干，擅自以甲机构的名义招生，李四等考生见张三持有公章及代理牌匾，遂与张三签订合同并交付报名款，后张三携款逃跑

D. 行为人无代理权，但相对人对行为人的身份并未进行核实，对交易方式异常也未予以注意

案例分析题

【案例1】

甲公司向乙公司催讨一笔已过诉讼时效期限的10万元货款。乙公司书面答复称："该笔债务已过时效期限，本公司本无义务偿还，但鉴于双方的长期合作关系，可偿还3万元。"甲公司遂向法院起诉，要求偿还10万元。乙公司接到应诉通知后书面回函甲公司称："既然你公司起诉，则不再偿还任何货款。"

问题

乙公司是否应当偿还债务？

【案例2】

一个新上任的总经理对一个上门讨债的客户说："我是这个企业的法人，我又没有欠你的债，讨债去找老经理，我们的老法人已退休了。"

问题

总经理的这番话是否有道理？

【案例3】

甲每天都要从自家果园摘一车杏拉到市里去卖。这天夜里，甲的儿子突然生病，第二天早上，甲找到本村的运输专业户乙，二人商量，由乙将甲的50箱杏拉到市里随行就市卖掉，卖完抽5%给乙作为报酬。于是乙把甲的50箱杏装上车，拉到市里去卖。不想途中天降大雨，道路泥泞不堪，乙的车陷入一大坑中无法继续前行。适逢同村的丙开车经过此地，乙怕车在坑中一时半会儿出不来，杏今天再卖不出去就要烂掉，于是赶紧拦住丙，请他帮忙把杏拉到市里卖掉。在此期间，乙试图联系甲，但未联系上。丙把杏拉到市里已是下午，批发高峰已过，丙看到杏是熟透的，担心捂的时间一长会烂掉，于是降价1/3出售。事后乙把丙给的卖杏款扣除5%后给了甲，甲一算自己损失几百元，便提出乙擅自让丙卖杏，造成较大损失，乙不该再拿5%的报酬，而且应赔偿自己的损失。乙则称杏是丙降价处理的，只能怪丙，讲好的5%的报酬自己不能少拿。为此，甲诉至法院。

问题

乙委托丙卖杏的行为是否有效？甲的损失由谁承担？

思考题

1. 从调整对象、法律责任、基本原则等各方面来理解经济法这一法律部门的特点。
2. 《民法总则》带来了哪些制度上的创新？

第 2 章

经济组织法律制度

学习目的和要求

掌握企业法的基本原理；掌握我国公司设立，公司资本，内部治理，股东权利与义务，公司合并与分立、解散和清算等法律制度，注意区分有限责任公司与股份有限公司的规则差异；掌握普通合伙人与有限合伙人在权利和义务方面的不同；了解我国个人独资企业和合伙企业的设立、财产、事务执行、解散和清算等法律规定。

第 1 节　市场准入法律制度

一、市场准入法律制度概述

(一) 市场准入制度的含义

市场准入制度是有关国家和政府准许公民和法人进入市场，从事商品生产经营活动的条件和程序规则的各种制度和规范的总称。它是商品经济发展到一定历史阶段，随着市场对人类生活的影响范围和程度日益拓展和深化，为了保护社会公共利益的需要而逐步建立和完善的一种制度。

市场准入制度是国家对市场进行干预的基本制度，它作为政府管理的第一环节，既是政府管理市场的起点，又是现代市场经济条件下的一项基础性的、极为重要的经济法律制度。

(二) 市场准入制度的立法模式

在不同国家或同一国家不同的历史发展时期，由于经济发展水平、政治经济制度、文化历史背景等方面的差别，政府对进入市场从事生产经营活动的立场也大不一样，与此相关的立法也存在重大的差别，形成了不同的市场准入立法模式。概括起来，大致有以下几种。

1. 自由放任模式

即国家对主体进入市场采取不干预政策，任何人以任何方式进入市场，从事生产经营活动，都不被法律禁止。一般认为，早期自由资本主义时期，西方一些国家曾采取这样的立法模式。

2. 特许主义模式

特许设立原则是指由专门法律或命令准许主体进入市场，它主要用于通过设立企业进入市场的情形。采取这种方式准许设立企业主要有以下形式：

（1）由国家元首发布命令而设立；

（2）经国家特许的方式设立；

（3）由国家立法机关制定特别法律许可设立。

特许主义模式对企业设立限制过于严格，在现代国家中很少运用。

3. 准则主义模式

准则设立原则是指由法律规定企业设立的必要条件，只要按照法定条件设立企业，不必经过行政批准，企业即可登记成立。为防止这一原则的滥用，许多国家一方面用法律严格规定设立企业的条件，另一方面加强法院及行政机关对企业设立的监督，纯粹的准则主义模式很少。

4. 行政许可主义模式

行政许可主义又称核准主义，指企业经国家行政机关批准才能设立。核准原则的特点是可以防止企业的滥设，但如果适用范围过大，则不利于企业的设立，因此，这一原则的施行范围日益缩小。

5. 混合模式

即根据市场主体的性质或市场主体拟从事的市场经营活动的类型等具体情况，分别采用行政许可主义和准则主义。我国实行的就是混合模式。

（三）市场准入制度体系的基本形式

市场准入制度是个多层次的制度体系，包括以下三个层面的制度。

1. 一般市场准入制度

这是市场经营主体进入市场从事市场经营活动必须遵守的一般条件和程序规则。

2. 特殊市场准入制度

这是规定市场经营主体进入特殊市场从事经营活动所必须具备的条件和程序规则的制度。

3. 涉外市场准入制度

包括一国对外国资本进入国内市场规定的各种条件和程序规则以及一国对本国资本进入国际市场规定的各种条件和程序规则。

二、一般市场准入的工商登记制度

（一）工商登记的含义

工商登记是政府在对申请者进入市场的条件进行审查的基础上，通过注册登记，确认申请者从事市场经营活动资格，使其获得实际营业权的各项活动的总称。

工商登记是一种政府认可行为，未经政府认可，即未经登记取得营业执照而擅自以市场经营主体的名义从事生产经营活动，将构成非法经营。

（二）工商登记制度的基本功能

工商登记制度之所以必要，是因为这一制度具有以下基本功能。

1. 规范市场主体，使市场主体普遍具备从事市场经营活动的能力

通过登记制度，使每一市场主体在进入市场之前就具备作为市场主体的基本条件，否则不准入场，从而为稳定市场秩序、保证市场功能的充分发挥奠定了基础。

2. 掌握市场主体的基本情况，保证国家对市场经营活动进行有效的管理与监督

如果没有市场主体登记等市场准入制度，国家便不可能全面了解市场主体，更谈不上有效地管理和监督市场主体合法经营。

3. 公开市场主体的基本情况，保护消费者和其他市场经营主体的利益

通过市场登记等市场准入制度，将市场主体的基本情况告知公众，让消费者和其他经营者对交易对象有一个基本的了解，在此前提下，市场交易活动才能有序进行。

（三）工商登记的基本类型

根据现行法律规定，我国工商登记有两种：一是企业法人登记；二是营业登记。

1. 企业法人登记

拟设立的企业符合法人条件的，可以申请企业法人登记。通过企业法人登记，领取营业执照后，该企业便可以作为独立的法人获得经营权。

2. 营业登记

不具备法人条件的经济组织不能申请企业法人登记，但可以申请营业登记。营业登记不能使登记的经济组织获得法人资格，但可以使其获取营业资格。经登记取得执照后，该经济组织可以在登记的范围内从事市场经营活动。

（四）登记机关

工商登记机关是工商行政管理部门。

（五）登记程序

根据 2013 年 12 月 28 日第十二届全国人民代表大会常务委员会第六次会议通过的修改《公司法》的决定，国家工商行政管理总局对《中华人民共和国企业法人登记管理条例施行细则》《外商投资合伙企业登记管理规定》《个人独资企业登记管理办法》《个体工商户登记管理办法》作了相应修改：实收资本不再作为工商登记事项，登记时也无须提交验资报告，同时简化了市场主体住所（经营场所）登记手续。

工商登记的一般程序包括：

1. 申请与受理

企业法人开业登记一般由企业组建负责人向有管辖权的登记机关提出申请，独立承担民事责任的联营企业办理企业法人登记的，由联营企业的组建负责人申请。

2. 审查

登记机关审查的内容包括两个方面：第一，申请人提交的材料是否真实、合法、有效；第二，申请登记的企业、其他组织或个人是否具备法律规定的应予注册登记的各项条件。

3. 核准

经审查符合核准注册条件的，应当做出核准通知书，通知申请人已经核准注册，不符合条件的，也应及时通知申请人。

4. 发照

经审查核准的，登记机关应通知申请人本人、法定代表人或其他负责人领取营业执照，申请登记的企业法人或公司即告成立，并取得实际的经营权。申请人可以凭营业执照刻制印章，开立银行账户，申请纳税登记，并开业从事登记范围内的生产经营活动。

三、特殊市场准入的审批许可制度

（一）审批许可制度的概念

审批许可制度是指国家有关部门对社会成员直接设立企业和其他类型的经济组织进行特定的生产经营活动进行审查，在符合法律规定的条件下，准许其进入某种市场，从事生产经营活动的一种市场准入制度。

（二）审批许可制度的适用范围

审批许可制度主要适用于从事特定类型的生产经营活动。

特定范围内的市场经营活动是指与社会公共利益密切相关的经济活动。与社会公共利益相关的经济活动是指对国家主权、社会公共安全、人民群众身心健康、社会经济的总体发展等可能带来直接影响的经济活动。

从现行立法的规定来看，需要经有关部门审查才能设立的企业主要包括：(1) 药品生产企业和药品经营企业；(2) 金融组织；(3) 外商投资企业；(4) 文物经营企业；(5) 计量器具的生产、修理企业；(6) 食品生产经营企业和食品摊贩；(7) 烟草经营企业；(8) 化学危险品经营企业；(9) 麻醉药品经营企业；(10) 广告经营企业；(11) 通信服务经营企业；(12) 锅炉压力容器生产企业；等等。

（三）审批许可机构

审批许可机构根据市场主体经营的商品服务类别的不同而有差别。从事药品生产经营的，由卫生行政部门负责审批；金融业经营机构的设立，由中国人民银行负责审批；从事证券业务的，由证监会审批；设立外商投资企业的，由对外经济贸易行政部门审批；从事文物经营的，由文物管理部门审批；从事计量器具生产、修理的，由技术监督行政管理部门审批；从事食品生产经营的，由卫生行政部门审批；从事烟草业经营的，由烟草专卖行政管理部门审批。

（四）审批许可的效力

无论是立法特许、专项审批还是许可证的颁发，都说明国家已经认为拟设立或已经存在的企业或其他经济组织符合从事特定市场经营活动的条件，从而允许其从事此方面的活动。审批许可后，设立相关企业的行为以及从事特定范围内的生产经营活动的行为，便成为合法的行为。获得审批许可设立的市场主体或者获得审批许可经营的市场主体便有权从事审批许可范围内的生产经营活动。

四、企业信息公示

要处理好政府与市场的关系，使市场在资源配置中起决定性作用和更好地发挥政府作用，必须对传统的市场准入方式进行改革，在监管方式上，应体现宽进严管的趋势，改过去只重视入门监管为全过程的监管，重点放在构建市场主体信用信息公示体系、完善信用约束机制、促进社会诚信建设上。在注册资本登记制度改革后，企业年检制度也改为企业年度报告公示制度。与之相关，国务院于 2014 年颁布了《企业信息公示暂行条例》，该条例自 2014 年 10 月 1 日起施行。

《企业信息公示暂行条例》对企业公示信息的规定有：一是建立企业年度报告公示制度。《企业信息公示暂行条例》明确企业年度报告的报送期间、公示程序和公示载体，并把年度报告内容限定为能够直接反映企业经营状况的基本信息，对于企业资产总额、主营业务收入、利润总额等信息，由企业自主选择是否公示。二是建立企业信息即时公示制度。规定企业应当自信息形成之日起 20 个工作日内，通过企业信用信息公示系统向社会公示有限责任公司股东或者股份有限公司发起人认缴和实缴的出资额、出资时间、出资方式等信息，有限责任公司股东股权转让等股权变更信息，行政许可取得、变更、延续信息，知识产权出质登记信息，受到行政处罚信息以及其他依法应当公示的信息。三是明确企业对其公示信息的真实性、及时性负责。

对政府而言，一是明确政府部门的公示义务。规定工商行政管理部门应当公示其在履行职责过程中产生的企业注册登记、备案，动产抵押登记，股权出质登记，行政处罚以及其他依法应当公示的信息；其他政府部门应当公示其在履行职责过程中产生的行政许可准予、变更、延续，行政处罚以及其他依法应当公示的信息。二是明确政府部门对其公示信息的真实性、及时性负责。规定政府部门发现其公示的信息不准确的，应当及时更正；公民、法人或者其他组织有证据证明政府部门公示的信息不准确的，有权要求政府部门予以更正。

《企业信息公示暂行条例》对企业不按照规定公示信息的行为规定了以下约束措施：一是设立经营异常名录制度。企业未按照规定的期限公示年度报告、未按照工商行政管理部门责令的期限公示有关企业信息，或者公示企业信息隐瞒真实情况、弄虚作假的，由县级以上工商行政管理部门列入经营异常名录，通过企业信用信息公示系统向社会公示，并区别情况承担相应的法律责任。二是设立严重违法企业名单制度。对被列入经营异常名录满 3 年仍未履行公示义务的企业，由国务院工商行政管理部门或者省、自治区、直辖市人民政府工商行政管理部门列入严重违法企业名单，并通过企业信用信息公示系统向社会公示。被列入严重违法企业名单的企业的法定代表人、负责人，3 年内不得担任其他企业的法定代表人、负责人。三是建立部门联动响应机制。规定县级以上地方人民政府及其有关部门应当建立健全信用约束机制，在政府采购、工程招投标、国有土地出让、授予荣誉称号等工作中，将企业信息作为重要考量因素，对被列入经营异常名录或者严重违法企业名单的企业依法予以限制或者禁入。此外，为鼓励企业重塑信用，《企业信息公示暂行条例》还建立了信用修复制度。

《企业信息公示暂行条例》还建立抽查制度和举报制度。国务院工商行政管理部门和省、自治区、直辖市人民政府工商行政管理部门应当按照公平规范的要求，根据企业注册号等随机摇号，确定抽查的企业，组织对企业公示信息的情况进行检查。公民、法人或者其他组织发现企业公示的信息虚假的，可以向工商行政管理部门举报，接到举报的工商行政管理部门应当自接到举报材料之日起20个工作日内进行核查，予以处理，并将处理情况书面告知举报人。

第2节　公司法律制度

公司是社会经济组织中最主要的一种企业形式，对其行为的规范尤为重要。我国的公司法是建立社会主义市场经济体制的一部重要法律，它的制定和实施，对于规范市场主体的组织行为和交易行为，深化企业改革，建立现代企业制度，加快转换企业经营机制，明晰产权关系，完善企业法人制度，培育市场体系，转变政府职能具有举足轻重的作用。

一、公司法概述

（一）公司的概念、特征和种类

1. 公司的概念

公司是依照公司法组建并登记成立的以营利为目的的企业法人。

《公司法》第2条规定：“本法所称公司是指依照本法在中国境内设立的有限责任公司和股份有限公司。”这一条强调了两点：一是公司的设立必须是在中国境内；二是依法设立的仅是有限责任公司和股份有限公司。

2. 公司的特征

（1）公司以营利为目的。以营利为目的是指以取得利润并分配给股东等出资人为目的。这一营利性特征是公司区别于国家机关、事业单位及社会团体的主要标志。

（2）公司是法人。公司具有民事权利能力和行为能力，法律地位独立于股东和管理人员。《公司法》规定，公司作为企业法人享有法人财产权，公司以其全部财产对公司的债务承担责任。公司的财产虽然源于股东的投资，但股东一旦将财产投入公司，便丧失对该财产直接支配的权利，只享有公司的股权，由公司享有对该财产的支配权利，即法人财产权。投资于公司的财产需要通过对资本的注册与股东的其他财产明确分开，在公司成立后股东不得抽逃投资，或者占用公司的资金、财产。公司的法人财产权既是公司作为法人对外承担责任的基础，也是公司对股东履行责任的基础。《公司法》作出如下规定：1）公司向其他企业投资或者为他人提供担保，按照公司章程的规定由董事会或者股东会、股东大会决议，公司章程对投资或者担保的总额及单项投资或者担保的数额有限额规定的，不得超过规定的限额。2）公司为公司股东或者实际控制人提供担保的，必须经股东会或者股东大会决议，接受担保的股东或者受实际控制人支配的股东，不得参加上述规定事项的表决，该项表决由出席会议的其他股东所持表决权的过半数通过。实际控制人是指虽不是公司的股东，但通过投资关系、协议或者其他安排，能够实际支配公司行为的人。3）公司可以向其他企业投资；但是，除法律另有规定外，不得成为对所投资企业的债务承担连带责任的出资人。

（3）公司股东承担有限责任。公司的债权人一般情况下不得向公司股东求偿，有限责任公司的股东以其认缴的出资额为限对公司承担责任；股份有限公司的股东以其认购的股份为限对公司承担责任。例外的情况是，为了防止股东滥用有限责任，《公司法》同时规定了"公司法人人格否认"制度。公司法人人格否认制度是指如果公司股东滥用公司法人独立地位和股东有限责任，逃避债务，严重损害公司债权人利益的，应当对公司债务承担连带责任。滥用公司法人人格的行为包括利用公司的设立、变更逃避债务，母公司对子公司的无度操纵、财产混同、业务混同造成人格混同等情形。另外，《公司法》规定公司股东滥用股东权利给公司或者其他股东造成损失的，应依法承担赔偿责任。公司的控股股东、实际控制人、董事、监事、高级管理人员不得利用其关联关系损害公司利益，违反规定给公司造成损失的，应当承担赔偿责任。关联交易损害公司利益的，履行法定程序不能豁免关联交易赔偿责任。高级管理人员是指公司的经理、副经理、财务负责人、上市公司董事会秘书和公司章程规定的其他人员。

3. 公司的种类

（1）无限公司、两合公司、股份两合公司、有限责任公司、股份有限公司。这是以公司股东的责任范围为标准进行的分类。《公司法》规定的公司只包括有限责任公司和股份有限公司两种。

（2）人合公司、资合公司及人合兼资合公司。这是按照公司信用基础的不同进行的分类，并且只是学理上的分类。凡公司的经营活动着重于股东个人条件的，即为人合公司，其信用基础是股东个人的信用而不是公司资本的多少。凡公司的经营活动着重于公司资本数额的，即为资合公司，其信用基础是公司资本的多少而不是股东个人的信用。人合兼资合公司是指同时以公司资本和股东个人信用作为信用基础的公司。

（3）母公司、子公司。这是依据公司之间的关系进行的分类。当一个公司拥有另一个公司的股份达到一定的比例时，该公司便控制了另一个公司，该公司便成为被控制公司的母公司；反之，如果一个公司的一定比例的股份被另一个公司拥有，从而被其他公司控制，那么该公司便成为控制公司的子公司。子公司虽然被母公司控制，但子公司仍然是独立法人，独立承担民事责任，拥有独立的财产、独立的组织结构。

(4) 总公司与分公司。这是按照公司内部组织关系进行的分类。总公司是管辖公司全部下辖组织的具有独立法人地位的总机构，分公司是总公司领导下的不具有法人资格的分支机构。分公司没有独立的财产，不具有独立的民事主体地位，不能独立承担民事责任，应由总公司来承担民事责任。

(二) 公司法的概念和主要特征

1. 公司法的概念

公司法是规定公司的设置、组织、活动、解散及其对内对外关系，规范公司的组织和行为，保护公司、股东和债权人的合法权益，维护社会经济秩序，促进社会主义市场经济发展的法律规范的总称。

公司法规范的对象是企业，是公司设立、变更、解散及内部机构组织和管理的规范；公司法也是行为法，它规范了与公司组织特点密切相关的股票和公司债券的发行、转让等公司行为。公司法主要由具有强制性的法律规范组成，体现了国家对微观经济生活的干预。我国的《公司法》是1993年12月29日第八届全国人民代表大会常务委员会第五次会议通过的，并于2005年10月27日第十届全国人民代表大会常务委员会第十八次会议进行了较大规模的修订，2006年1月1日起施行。2013年12月28日第十二届全国人民代表大会常务委员会第六次会议对《公司法》中的资本制度做了根本性的修改，2018年10月26日第十三届全国人民代表大会常务委员会第六次会议《关于修改〈中华人民共和国公司法〉的决定》修订了股份回购制度。最高人民法院相继在2006年、2008年、2010年、2017年和2019年公布了五个司法解释：《最高人民法院关于适用〈中华人民共和国公司法〉若干问题的规定（一）》（以下简称公司法司法解释（一））、《最高人民法院关于适用〈中华人民共和国公司法〉若干问题的规定（二）》（以下简称公司法司法解释（二））、《最高人民法院关于适用〈中华人民共和国公司法〉若干问题的规定（三）》（以下简称公司法司法解释（三））、《最高人民法院关于适用〈中华人民共和国公司法〉若干问题的规定（四）》（以下简称公司法司法解释（四））与《最高人民法院关于适用〈中华人民共和国公司法〉若干问题的规定（五）》（以下简称公司法司法解释（五））。公司法司法解释（一）是在公司法修订后不久出台的，只有6条，内容比较简单，主要对公司法实施中的一些具体问题如旧法与新法的衔接问题、股东代表诉讼原告资格问题做出解释。从公司法司法解释（二）开始，相关的公司法司法解释呈现出针对某一专题出台一个系统的司法解释的特点，公司法司法解释（二）围绕的是公司解散清算专题，公司法司法解释（三）针对的是公司设立、出资、股权确认等问题，公司法司法解释（四）涉及公司决议效力、股东知情权、利润分配权、优先购买权和股东代表诉讼五个方面纠纷案件审理中的法律适用问题，公司法司法解释（五）就股东权益保护等纠纷案件适用法律问题作出规定。

2. 公司法的主要特征

(1) 从公司法的内容看，公司法是一种组织法与行为法相结合的法律。公司法既规定了公司的组织形式、组织机构及其活动规范，又规定了公司的行为规则和对外责任。

（2）从公司法的体例看，公司法是一种实体法与程序法相结合的法律。公司法既有公司组织和行为中的实体权利义务的规定，如股东、董事会、监事会、清算组等的权利和义务，公司设立的条件等，又有大量的程序法性质规定，如公司的设立、变更、终止的程序等。因此，公司法既是实体法，又是程序法。

（3）从公司法的规范性质看，公司法是一种强制性规范与任意性规范相结合的法律。公司法既体现了国家对市场主体的干预，这些规范主要表现为强制性规范；又为当事人的自治预留了大量空间，如2005年《公司法》修改中增加了大量“公司章程另有规定的除外”的规定，加大了任意性规范的适用空间。

（三）股东权利

股东权利是股东基于股东资格对公司及其组织机构享有的权利。股东权利可分为参与管理权和资产收益权。前者又称共益权，后者又称自益权。参与管理权是股东依法参加公司事务的决策和经营管理的权利，如股东大会参加权、提案权、质询权、表决权、股东大会召集请求权、知情权等。资产收益权是股东依法从公司取得利益或处分自己股权的权利，主要为股利分配请求权、剩余财产分配权、增资认购优先权、股份质押权和股份转让权等。各项股东权利在后面的章节中会逐一涉及，这里仅对股东知情权作详细介绍。

《公司法》第33条、第97条赋予了股东查阅、复制公司章程、决议等文件材料的权利。公司不得以公司章程、股东间协议等方式实质性剥夺股东的法定知情权。

有限责任公司的股东可以要求查阅公司会计账簿。股东要求查阅公司会计账簿的，应当向公司提出书面请求，说明目的。公司有合理根据认为股东查阅会计账簿有不正当目的，可能损害公司合法利益的，可以拒绝提供查阅，并应当自股东提出书面请求之日起15日内书面答复股东并说明理由。下列情形可认定为股东查阅公司会计账簿有不正当目的：（1）股东自营或者为他人经营与公司主营业务有实质性竞争关系业务的，但公司章程另有规定或者全体股东另有约定的除外；（2）股东为了向他人通报有关信息查阅公司会计账簿，可能损害公司合法利益的；（3）股东在向公司提出查阅请求之日前的3年内，曾通过查阅公司会计账簿，向他人通报有关信息损害公司合法利益的；（4）股东有不正当目的的其他情形。

（四）公司机关会议决议的效力

1. 决议效力瑕疵

（1）决议不成立。

股东会或者股东大会、董事会决议存在下列情形之一，当事人主张决议不成立的，人民法院应当予以支持：1）公司未召开会议的，但依据《公司法》第37条第2款或者公司章程规定可以不召开股东会或者股东大会而直接作出决定，并由全体股东在决定文件上签名、盖章的除外；2）会议未对决议事项进行表决的；3）出席会议的人数或者股东所持表决权不符合公司法或者公司章程规定的；4）会议的表决结果未达到公司法或者公司章程规定的通过比例的；5）导致决议不成立的其他情形。

（2）决议无效。

公司股东会或者股东大会、董事会的决议内容违反法律、行政法规的无效。

（3）决议可撤销。

股东会或者股东大会、董事会的会议召集程序、表决方式违反法律、行政法规或者公司章程，或者决议内容违反公司章程的，股东可以自决议作出之日起60日内，请求人民法院撤销。但会议召集程序或者表决方式仅有轻微瑕疵，且对决议未产生实质影响的，不属于可撤销的决议。

2. 确认决议无效或者撤销决议的法律后果

股东会或者股东大会、董事会决议被人民法院判决确认无效或者撤销的，公司依据该决议与善意相对人形成的民事法律关系不受影响。

二、有限责任公司的法律规定

（一）有限责任公司的设立

1. 设立有限责任公司应当具备的条件

（1）股东符合法定人数。有限责任公司由50个以下的股东共同出资设立。新修订的《公司法》中新增了一人有限责任公司形式。

（2）有符合公司章程规定的全体股东认缴的出资额。

有限责任公司的注册资本为在公司登记机关登记的全体股东认缴的出资额。2013年《公司法》修订的核心内容就是注册资本由实缴登记制改为认缴登记制，并取消法定最低注册资本。股东（或发起人）可以自主约定注册资本总额，自主约定公司设立时的首次出资比例，自主约定出资方式和货币出资比例，自主约定缴足出资的出资期限。

法律、行政法规以及国务院决定对有限责任公司注册资本实缴、注册资本最低限额另有规定的，从其规定。注册资本要求有例外的如《证券法》对证券公司最低注册资本的规定、《商业银行法》对设立商业银行最低注册资本的规定、《保险法》对保险公司最低注册资本的要求、《国际货物运输代理业管理规定》有关设立国际货运代理公司最低注册资本的要求等。

股东以货币出资的，应当将货币出资足额存入有限责任公司在银行开设的账户；以非货币财产出资的，应当依法办理其财产权的转移手续。

股东可以用货币出资，也可以用实物、知识产权、土地使用权等可以用货币估价并可以依法转让的非货币财产作价出资，但是，法律、行政法规规定不得作为出资的财产除外。对作为出资的非货币财产应当评估作价，核实财产，不得高估或者低估作价。法律、行政法规对评估作价有规定的，从其规定。股东不得以劳务、信用、自然人姓名、商誉、特许经营权或者设定担保的财产等作价出资。

（3）股东共同制定公司章程。设立有限责任公司，必须依照《公司法》的规定制定公司章程。股东应当在公司章程上签名、盖章。公司章程对公司、股东、董事、监事、经理具有约束力。

有限责任公司章程应当载明下列事项：公司名称和住所；公司经营范围；公司注册资本；股东的姓名或者名称；股东的出资方式、出资额和出资时间；公司的机构及其产生办法、职权、议事规则；公司法定代表人；股东会会议认为需要规定的其他事项。

（4）有公司名称，建立符合有限责任公司要求的组织机构。

（5）有公司住所。

2. 瑕疵出资的法律责任

股东应当按期足额缴纳公司章程中规定的各自所认缴的出资额，否则除应当向公司足额缴纳外，还应当向已按期足额缴纳出资的股东承担违约责任。

有限责任公司成立后，发现作为设立公司出资的非货币财产的实际价额显著低于公司章程所定价额的，应当由交付该出资的股东补足其差额；公司设立时的其他股东承担连带责任。

公司成立后，公司、股东或者公司债权人以相关股东的行为符合下列情形之一且损害公司权益为由，请求认定该股东抽逃出资的，人民法院应予支持：（1）制作虚假财务会计报表虚增利润进行分配；（2）通过虚构债权债务关系将其出资转出；（3）利用关联交易将出资转出；（4）其他未经法定程序将出资抽回的行为。

3. 股权的取得与证明

股东认足公司章程规定的出资后，由全体股东指定的代表或者共同委托的代理人向公司登记机关报送公司登记申请书、公司章程等文件，申请设立登记。公司登记机关对符合法律规定条件的，予以登记，发给公司营业执照，对不符合法律规定条件的，不予登记。公司营业执照签发日期为有限责任公司成立日期。公司营业执照应当载明公司的名称、住所、注册资本、经营范围、法定代表人姓名等事项。有限责任公司成立后，应当向股东签发出资证明书。有限责任公司应当置备股东名册，记载于股东名册的股东可以依股东名册主张行使股东权利。公司应当将股东的姓名或者名称向公司登记机关登记；登记事项发生变更的，应当办理变更登记。未经登记或者变更登记的，不得对抗第三人。

（二）有限责任公司的组织机构

1. 股东会

（1）股东会的职权。有限责任公司股东会由全体股东组成。股东会是公司的权力机构，依法行使下列职权：决定公司的经营方针和投资计划；选举和更换非由职工代表担任的董事、监事，决定有关董事、监事的报酬事项；审议批准董事会的报告；审议批准监事会或者监事的报告；审议批准公司的年度财务预算方案、决算方案；审议批准公司的利润分配方案和弥补亏损方案；对公司增加或者减少注册资本作出决议；对发行公司债券作出决议；对公司合并、分立、解散、清算或者变更公司形式作出决议；修改公司章程；公司章程规定的其他职权。

（2）股东会的议事规则。股东会会议分为定期会议和临时会议。定期会议应当依照公司章程的规定按时召开。代表 1/10 以上表决权的股东，1/3 以上的董事、监事会或者不设监事会的公司的监事提议召开临时会议的，应当召开临时会议。

股东会会议由股东按照出资比例行使表决权，但是公司章程另有约定的除外。股东会对公司增加或者减少注册资本、分立、合并、解散或者变更公司形式做出决议以及修改公司章程的决议，必须经代表2/3以上表决权的股东通过。

2. 董事会或执行董事

(1) 董事会的职权。有限责任公司设董事会，其成员为3～13人。董事会对股东会负责，行使下列职权：负责召集股东会，并向股东会报告工作；执行股东会的决议；决定公司的经营计划和投资方案；制定公司的年度财务预算、决算方案，利润分配方案，弥补亏损方案，增加或者减少注册资本及发行公司债券的方案；拟定公司合并、分立、变更公司形式、解散的方案；决定内部管理机构的设置；决定聘任或者解聘公司经理及其报酬事项，并根据经理的提名决定聘任或者解聘公司副经理、财务负责人及其报酬事项；制定公司的基本管理制度；公司章程规定的其他职权。

(2) 有限责任公司的执行董事和董事会的议事规则。股东人数较少和规模较小的有限责任公司，可以设一名执行董事，不设董事会。执行董事可以兼任公司经理。执行董事的职权由公司章程规定。有限责任公司不设董事会的，执行董事为公司的法定代表人。董事会会议由董事长召集和主持。董事会应将所议事项的决定做成会议记录，出席会议的董事应在会议记录上签名。

(3) 董事任期。董事任期由公司章程规定，但每届任期不得超过3年。董事任期届满，连选可以连任。董事任期届满未及时改选，或者董事在任期内辞职导致董事会成员低于法定人数的，在改选出的董事就任前，原董事仍应当依照法律、行政法规和公司章程的规定，履行董事职务。

公司与董事之间实为委托关系，因此双方均有任意解除权，公司可以随时解除董事职务，无论任期是否届满，董事也可以随时辞职。为平衡双方利益，公司解除董事职务应合理补偿，以保护董事的合法权益。

3. 有限责任公司的经理（总经理）

有限责任公司设经理，经理由董事会聘任或解聘。经理主要行使下列职权：主持公司的生产经营管理工作，组织实施董事会决议；组织实施公司年度经营计划和投资方案；拟定公司内部机构设置方案、公司的基本管理制度；等等。

4. 有限责任公司的监事会或监事

有限责任公司设监事会，其成员不得少于3人。股东人数较少或者规模较小的有限责任公司，可以设1～2名监事，不设监事会。

监事会或监事的职权包括：(1) 检查公司财务；(2) 对董事、高级管理人员执行公司职务的行为进行监督，对违反法律、行政法规、公司章程或者股东会决议的董事、高级管理人员提出罢免的建议；(3) 当董事、高级管理人员的行为损害公司的利益时，要求董事、高级管理人员予以纠正；(4) 提议召开临时股东会会议，在董事会不履行《公司法》规定的召集和主持股东会会议职责时召集和主持股东会会议；(5) 向股东会会议提出提案；(6) 依照《公司法》第151条的规定，对董事、高级管理人员提起诉讼；(7) 公司章程规定的其他职权。

(三) 一人有限责任公司

《公司法》规定，一人有限责任公司的设立和组织机构适用特别规定，没有特别规定的，适用有限责任公司的相关规定。这些特别规定具体包括以下几个方面：

(1) 一个自然人只能投资设立一个一人有限责任公司，该一人有限责任公司不能投资设立新的一人有限责任公司。

(2) 一人有限责任公司应当在公司登记中注明自然人独资或者法人独资，并在公司营业执照中载明。

(3) 一人有限责任公司不设股东会。法律规定的股东会职权由股东行使，当股东行使相应职权作出决定时，应当采用书面形式，并由股东签字后置备于公司。

(4) 一人有限责任公司的股东不能证明公司财产独立于股东自己的财产的，应当对公司债务承担连带责任。

(四) 国有独资公司

国有独资公司是指国家单独出资，由国务院或者地方人民政府授权本级人民政府国有资产监督管理机构履行出资人职责的有限责任公司。国有独资公司是特殊形式的有限责任公司，其投资人只能是国家授权投资的机构或国家授权的部门。

(1) 国有独资公司章程由国有资产监督管理机构制定，或者由董事会制定报国有资产监督管理机构批准。

(2) 国有独资公司不设股东会，由国有资产监督管理机构行使股东会职权。国有资产监督管理机构可以授权公司董事会行使股东会的部分职权，决定公司的重大事项，但公司的合并、分立、解散、增减注册资本和发行公司债券，必须由国有资产监督管理机构决定；其中，重要的国有独资公司合并、分立、解散、申请破产的，应当由国有资产监督管理机构审核后，报本级人民政府批准。上述所称重要的国有独资公司，按照国务院的规定确定。

(3) 国有独资公司设立董事会，依照法律规定的有限责任公司董事会的职权和国有资产监督管理机构的授权行使职权。董事会成员中应当有公司职工代表。董事会成员由国有资产监督管理机构委派，但是，董事会成员中的职工代表由公司职工代表大会选举产生。董事每届任期不得超过 3 年。董事会设董事长 1 人，可以设副董事长。董事长、副董事长由国有资产监督管理机构从董事会成员中指定。

(4) 国有独资公司设经理，由董事会聘任或者解聘。国有独资公司经理的职权与一般有限责任公司经理的职权相同。

(5) 国有独资公司的董事长、副董事长、董事、高级管理人员，未经国有资产监督管理机构同意，不得在其他有限责任公司、股份有限公司或者其他经济组织兼职。

(6) 国有独资公司设监事会，其成员不得少于 5 人，其中职工代表的比例不得低于 1/3，具体比例由公司章程规定。监事会成员由国有资产监督管理机构委派，但是，监事会中的职工代表由公司职工代表大会选举产生。监事会主席由国有资产监督管理机构从监事会成员中指定。

（五）有限责任公司的股权转让

1. 有限责任公司股权转让的一般规定

有限责任公司股东转让股权，包括股东之间转让股权、股东向股东以外的人转让股权和人民法院强制转让股东股权几种情形。

（1）有限责任公司的股东之间可以相互转让其全部或者部分股权。公司章程对股权转让另有规定的，从其规定。

（2）股东向股东以外的人转让股权，应当经其他股东过半数同意。股东应就其股权转让事项以书面或者其他能够确认收悉的合理方式通知其他股东征求同意，其他股东自接到书面通知之日起满30日未答复的，视为同意转让。其他股东半数以上不同意转让的，不同意的股东应当购买该转让的股权；不购买的，视为同意转让。经股东同意转让的股权，在同等条件下，其他股东有优先购买权。两个以上股东主张行使优先购买权的，协商确定各自的购买比例；协商不成的，按照转让时各自的出资比例行使优先购买权。对“同等条件”的判断包括转让股权的数量、价格、支付方式及期限等因素。转让股东未就股权转让事项征求其他股东意见，或者以欺诈、恶意串通等手段，损害其他股东优先购买权的，其他股东有权要求以实际转让的同等条件优先购买该股权。但其他股东自知道或者应当知道行使优先购买权的同等条件之日起30日内没有主张，或者自股权变更登记之日起超过一年的除外。

股东以外的股权受让人，因股东行使优先购买权而不能实现合同目的的，可以依法请求转让股东承担相应民事责任。

公司章程对股权转让另有规定的，从其规定。

（3）人民法院依照法律规定的强制执行程序转让股东的股权时，应当通知公司及全体股东，其他股东在同等条件下有优先购买权。其他股东自人民法院通知之日起满20日不行使优先购买权的，视为放弃优先购买权。

2. 异议股东股份回购请求权

有下列情形之一的，对股东会该项决议投反对票的股东可以请求公司按照合理的价格收购其股权：（1）公司连续5年不向股东分配利润，而公司该5年连续盈利，并且符合公司法规定的分配利润条件的；（2）公司合并、分立、转让主要财产的；（3）公司章程规定的营业期限届满或者章程规定的其他解散事由出现，股东会会议通过决议修改章程使公司存续的。

自股东会会议决议通过之日起60日内，股东与公司不能达成股权收购协议的，股东可以自股东会会议决议通过之日起90日内向人民法院提起诉讼。

3. 自然人股东资格的继承

自然人股东死亡后，其合法继承人可以继承股东资格，但是，公司章程另有规定的除外。

三、股份有限公司的法律规定

股份有限公司的设立可以采取发起设立或者募集设立的方式。发起设立是指由发起人认购公司应发行的全部股份而设立公司；募集设立是指由发起人认购公司应发行股份的一部分，其余股份向社会公开募集或者向特定对象募集而设立公司。

（一）股份有限公司的法律特征

股份有限公司以资本联合为基础组成，是典型的资合公司，其将资本划分为等额股份，通过发行股票筹集资本。股份有限公司公开程度较高，有较多的公开义务，股东人数没有最高限制，股票转让较为自由。我国《公司法》规定的有限责任公司与股份有限公司主要存在以下区别。

（1）设立方式不同。有限责任公司只能以发起方式设立，公司资本只能由发起人认缴，不允许向社会筹集。股份有限公司既可以发起设立，也可以募集设立。

（2）股东人数上下限不同。有限责任公司的股东人数无下限规定，仅作了 50 人以下的上限规定，允许设立一人有限责任公司和国有独资公司。股份有限公司对发起人的股东人数有上下限的规定，为 2 人以上 200 人以下，而且须有半数以上的发起人在中国境内有住所。

（3）股权的表现形式不同。有限责任公司股东以出资证明书作为股权表现形式，出资证明书必须采取记名方式，通常为纸面形式；股份有限公司股东以股票作为股权表现形式，股票可以采取纸面形式，但目前通常为无纸化形式。

（4）股权转让方式不同。有限责任公司的股东转让其股权受到一定法律限制，除公司章程另有规定外，在股东之间可以自由转让其全部或者部分股权；对于股东向股东以外的人转让股权的，法律有限制性规定。股份有限公司的股票以自由转让为原则，股票还可以依法在证券交易所上市交易。

（5）组织机构不同。有限责任公司的组织机构设置较股份有限公司更为灵活，如公司股东人数较少或者规模较小，可以不设董事会，只设一名执行董事，可以不设监事会，只设 1～2 名监事；股份有限公司则必须设置股东大会、董事会、监事会。

（6）公司所有权与经营权分离程度不同。有限责任公司的两权分离程度较低，其股东多通过出任经营职务直接参与公司的经营管理，决定公司事务。股份有限公司尤其是向社会公众发行股票的股份有限公司，两权分离程度较高，因此必须强调组织机构与法人治理机制的完善，法律也对其规定较多强制性义务。

（7）信息披露义务不同。股份有限公司具有开放性，负有法律规定的信息披露义务，其财务状况和经营情况等要依法进行公开披露，以保障社会投资者的利益。有限责任公司则因其为非公众公司而不受此限制。

（二）股份有限公司的设立

1. 设立公司应当具备的条件

（1）发起人符合法定人数。设立股份有限公司，应当有 2 人以上 200 人以下为发起人，其中须有半数以上的发起人在中国境内有住所。

（2）有符合公司章程规定的全体发起人认购的股本总额或者募集的实收股本总额。股份有限公司采取发起设立方式设立的，注册资本为在公司登记机关登记的全体发起人认购的股本总额。在发起人认购的股份缴足前，不得向他人募集股份。股份有限公司采取募集方式设立的，注册资本为在公司登记机关登记的实收股本总额。法律、行政法规以及国务院决定对股份有限公司注册资本实缴、注册资本最低限额另有规定的，从其规定。

（3）股份发行、筹办事项符合法律规定。

（4）发起人制定公司章程，采用募集方式设立的，章程经创立大会通过。

（5）有公司名称，建立符合股份有限公司要求的组织机构；有公司住所。

2. 公司章程的制定

设立股份有限公司，必须依照公司法制定公司章程。股份有限公司章程应当载明下列事项：公司名称和住所；公司经营范围；公司设立方式；公司股份总数、每股金额和注册资本；发起人的姓名或者名称、认购的股份数、出资方式和出资时间；董事会的组成、职权和议事规则；公司法定代表人；监事会的组成、职权和议事规则；公司利润分配办法；公司的解散事由与清算办法；公司的通知和公告办法；股东大会认为需要规定的其他事项。

3. 发起人的出资和股份的公开募集

以发起设立方式设立股份有限公司的，发起人应当书面认足公司章程规定其认购的股份；以募集方式设立股份有限公司的，发起人认购的股份不得少于公司股份总数的35％。

发起人可以用货币出资，也可以用实物、知识产权、土地使用权作价出资。以发起设立方式设立股份有限公司的，发起人应当书面认足公司章程规定其认购的股份，并按照公司章程规定缴纳出资。以非货币财产出资的，应当依法办理其财产权的转移手续。以募集方式设立股份有限公司的，除发起人按规定认购的股份以外，其余股份应当向社会公开募集。发起人向社会公开募集股份时，必须向国务院证券管理部门递交募股申请；未经国务院证券管理部门批准，发起人不得向社会公开募集股份。

发起人不依照前款规定缴纳出资的，应当按照发起人协议承担违约责任。

发起人认足公司章程规定的出资后，应当选举董事会和监事会，由董事会向公司登记机关报送公司章程以及法律、行政法规规定的其他文件，申请设立登记。

4. 公司创立大会

发起人应当自股款缴足之日起30日内主持召开公司创立大会。创立大会由发起人、认股人组成。

创立大会应有代表股份总数过半数以上的发起人、认股人出席，方可举行。创立大会行使下列职权：（1）审议发起人关于公司筹办情况的报告；（2）通过公司章程；（3）选举董事会成员；（4）选举监事会成员；（5）对公司的设立费用进行审核；（6）对发起人用于抵作股款的财产的作价进行审核；（7）发生不可抗力或者经营条件发生重大变化直接影响公司设立的，可以作出不设立公司的决议。

发起人、认股人缴纳股款或者交付抵作股款的出资后，除未按期募足股份、发起人未按期召开创立大会或者创立大会决议不设立公司的情形外，不得抽回其股本。

（三）股份有限公司的组织机构

1. 股东大会

（1）股东大会的性质和职权。股份有限公司由股东组成股东大会，股东大会是公司的权力机构。《公司法》第 37 条关于有限责任公司股东会职权的规定，适用于股份有限公司股东大会。

（2）股东大会的议事规则。股东大会应当每年召开一次年会。有下列情形之一的，应当在两个月内召开临时股东大会：1）董事人数不足法律规定人数或者公司章程所定人数的 2/3 时；2）公司未弥补的亏损达实收股本总额 1/3 时；3）单独或者合计持有公司 10%以上股份的股东请求时；4）董事会认为必要时；5）监事会提议召开时；6）公司章程规定的其他情形。股东大会会议由董事会依法召集，董事长主持。

股东出席股东大会，所持的每一股份有一表决权，但是公司持有的本公司股份没有表决权。股东大会做出决议，必须经出席会议的股东所持表决权的半数以上通过。股东大会对公司合并、分立、增减注册资本或者解散公司做出决议，以及修改公司章程的决议，必须经出席会议的股东所持表决权的 2/3 以上通过。

2. 董事会

（1）董事会的构成。股份有限公司设董事会，其成员为 5～19 人。董事会成员中可以有公司职工代表。董事会中的职工代表由公司职工通过职工代表大会、职工大会或者其他形式民主选举产生。职工董事不由股东决议任免，因此不存在股东大会决议解除其职务的情形。

董事会设董事长一人，可以设副董事长。董事长和副董事长由董事会以全体董事的过半数选举产生。股份有限公司中董事会职权和董事任期的规定与有限责任公司的相关规定相同。

（2）董事会召开的程序。董事长召集和主持董事会会议，检查董事会决议的实施情况。副董事长协助董事长工作，董事长不能履行职务或者不履行职务的，由副董事长履行职务；副董事长不能履行职务或者不履行职务的，由半数以上董事共同推举一名董事履行职务。

董事会每年度至少召开两次会议，每次会议应当于会议召开 10 日前通知全体董事和监事。代表 1/10 以上表决权的股东、1/3 以上董事或者监事会，可以提议召开董事会临时会议。董事长应当自接到提议后 10 日内召集和主持董事会会议。董事会召开临时会议，可以另定召集董事会的通知方式和通知时限。

（3）董事会的议事规则。董事会会议应有过半数的董事出席方可举行。董事会作出决议，必须经全体董事的过半数通过。董事会决议的表决实行一人一票。董事会会议应由董事本人出席；董事因故不能出席，可以书面委托其他董事代为出席，委托书中应载明授权范围。董事会应当对会议所议事项的决定作成会议记录，出席会议的董事应当在会议记录上签名。董事应当对董事会的决议承担责任。董事会的决议违反法律、行政法规或者公司章程、股东大会决议，致使公司遭受严重损失的，参与决议的董事对公司负赔偿责任，但经证明在表决时曾表明异议并记载于会议记录的，该董事可以免除责任。

3. 经理

股份有限公司设经理，经理由董事会聘任或者解聘。经理对董事会负责，行使下列职权：主持公司的生产经营管理工作，组织实施董事会决议；组织实施公司年度经营计划和投资方案；拟定公司内部管理机构设置方案；拟定公司的基本管理制度；制定公司的具体规章；提请聘任或者解聘公司副经理、财务负责人；决定聘任或者解聘除应由董事会决定聘任或者解聘以外的负责管理人员；董事会授予的其他职权。经理列席董事会会议。

4. 监事会

股份有限公司设监事会，其成员不得少于3人。监事会应当包括股东代表和适当比例的公司职工代表，其中职工代表的比例不得低于1/3，具体比例由公司章程规定。监事会中的职工代表由公司职工通过职工代表大会、职工大会或者其他形式民主选举产生。董事、高级管理人员不得兼任监事。

监事会设主席一人，可以设副主席。监事会主席和副主席由全体监事过半数选举产生。监事会主席召集和主持监事会会议；监事会主席不能履行职务或者不履行职务的，由监事会副主席召集和主持监事会会议；监事会副主席不能履行职务或者不履行职务的，由半数以上监事共同推举一名监事召集和主持监事会会议。

监事的任期每届为3年，任期届满，连选可以连任。监事会依照《公司法》第53条和第54条规定行使职权，对公司日常经营管理活动进行监督。

监事会每六个月至少召开一次会议。监事可以提议召开临时监事会会议。监事会决议应当经半数以上监事通过。

（四）股份有限公司的股份发行和转让

1. 股份发行

公司股份的外在表现形式是股票。股票是公司签发的证明股东所持股份的凭证。

股份发行实行公开、公平、公正的原则，必须同股同权，同股同利。股票发行价格可以等于票面金额，也可以超过票面金额，但不得低于票面金额。股票可以为记名股票，也可以为无记名股票，但公司向发起人、国家授权投资的机构、法人发行的股票，应当为记名股票。

公司发行新股，必须依照公司法规定的条件和程序进行。

2. 股份的转让

相对于有限责任公司，股份有限公司股份转让的特点就是以自由转让为原则，以法律限制为例外。股东持有的股份可以依法转让。股东转让其股份，必须在依法设立的证券交易场所进行或者按照国务院规定的其他方式进行。这里着重介绍股份有限公司股份转让的限制性规定。

(1) 对发起人转让股份的限制。发起人持有的公司股份，自公司成立之日起1年内不得转让。

(2) 对非公开发行股份转让的限制。公司公开发行股份前已发行的股份，自公司股票在证券交易所上市交易之日起 1 年内不得转让。

(3) 对董事、监事、高管转让股份的限制。公司董事、监事、高级管理人员应当向公司申报所持有的公司的股份及其变动情况，在任职期间每年转让的股份不得超过其所持有公司股份总数的 25%；所持公司股份自公司股票上市交易之日起 1 年内不得转让。上述人员离职后半年内，不得转让其所持有的公司股份。公司章程可以对公司董事、监事、高级管理人员转让其所持有的公司股份作出其他限制性规定。

(4) 对公司收购自身股份及质押的限制。

为促进公司建立长效激励机制、提升上市公司质量、稳定资本市场预期，2018 年 10 月 26 日第十三届全国人民代表大会常务委员会第六次会议对《公司法》第 142 条作了修改，进一步完善了股份回购制度。

一是补充完善允许股份回购的情形。公司不得收购本公司股份，但是，有下列情形之一的除外：①减少公司注册资本；②与持有本公司股份的其他公司合并；③ 将股份用于员工持股计划或者股权激励；④股东因对股东大会作出的公司合并、分立决议持异议，要求公司收购其股份；⑤将股份用于转换上市公司发行的可转换为股票的公司债券；⑥上市公司为维护公司价值及股东权益所必需。

二是适当简化股份回购的决策程序。公司因前述第①项、第②项规定的情形收购本公司股份的，应当经股东大会决议；公司因第③项、第⑤项、第⑥项规定的情形收购本公司股份的，可以依照公司章程的规定或者股东大会的授权，经 2/3 以上董事出席的董事会会议决议。

三是提高公司持有本公司股份的数额上限，延长公司持有所回购股份的期限。公司收购本公司股份后，属于第①项情形的，应当自收购之日起 10 日内注销；属于第②项、第④项情形的，应当在 6 个月内转让或者注销；属于第①项、第⑤项、第⑥项情形的，公司合计持有的本公司股份数不得超过本公司已发行股份总额的 10%，并应当在 3 年内转让或者注销。

四是补充上市公司股份回购的规范要求。上市公司收购本公司股份的，应当依照《中华人民共和国证券法》的规定履行信息披露义务。上市公司因前述第③项、第⑤项、第⑥项规定的情形收购本公司股份的，应当通过公开的集中交易方式进行。

为防止变相违规收购本公司股份，《公司法》第 142 条规定“公司不得接受以本公司的股票作为质押权的标的”。

3. 上市公司

上市公司是指所发行的股票经国务院或者国务院授权证券管理部门批准在证券交易所上市交易的股份有限公司。

上市公司必须按照法律、行政法规的规定，定期公开其财务状况和经营情况，在每个会计年度内要求半年公布一次财务会计报告。

股份有限公司的财务会计报告应当在召开股东大会年会的 20 日以前置备于本公司，供股东查阅；以募集方式设立的股份有限公司必须公告其财务会计报告。

四、公司董事、监事、高级管理人员的资格和义务

（一）公司董事、监事、高级管理人员的资格

《公司法》第146条规定，有下列情形之一的，不得担任公司的董事、监事、高级管理人员：（1）无民事行为能力或者限制民事行为能力；（2）因贪污、贿赂、侵占财产、挪用财产或者破坏社会主义市场经济秩序，被判处刑罚，执行期满未逾5年，或者因犯罪被剥夺政治权利，执行期满未逾5年；（3）担任破产清算的公司、企业的董事或者厂长、经理，对该公司、企业的破产负有个人责任的，自该公司、企业破产清算完结之日起未逾3年；（4）担任因违法被吊销营业执照、责令关闭的公司、企业的法定代表人，并负有个人责任的，自该公司、企业被吊销营业执照之日起未逾3年；（5）个人所负数额较大的债务到期未清偿。

公司违反前款规定选举、委派董事、监事或者聘任高级管理人员的，该选举、委派或者聘任无效。董事、监事、高级管理人员在任职期间出现上述所列情形的，公司应当解除其职务。

（二）公司董事、监事、高级管理人员的义务

公司董事、监事、高级管理人员应当遵守法律、行政法规和公司章程，对公司负有忠实义务和勤勉义务。公司董事、监事、高级管理人员不得利用职权收受贿赂或者其他非法收入，不得侵占公司的财产。

《公司法》第148条规定，公司董事、高级管理人员不得有下列行为：

（1）挪用公司资金；

（2）将公司资金以其个人名义或者以其他个人名义开立账户存储；

（3）违反公司章程的规定，未经股东会、股东大会或者董事会同意，将公司资金借贷给他人或者以公司财产为他人提供担保；

（4）违反公司章程的规定或者未经股东会、股东大会同意，与本公司订立合同或者进行交易；

（5）未经股东会或者股东大会同意，利用职务便利为自己或者他人谋取属于公司的商业机会，自营或者为他人经营与所任职公司同类的业务；

（6）接受他人与公司交易的佣金归为已有；

（7）擅自披露公司秘密；

（8）违反对公司忠实义务的其他行为。

公司董事、高级管理人员违反上述规定所得的收入应当归公司所有。

公司董事、监事、高级管理人员执行公司职务时违反法律、行政法规或者公司章程的规定，给公司造成损失的，应当承担赔偿责任。

公司股东会或者股东大会要求董事、监事、高级管理人员列席会议的，董事、监事、高级管理人员应当列席并接受股东的质询。董事、高级管理人员应当如实向监事会或者不设监事会的有限责任公司的监事提供有关情况和资料，不得妨碍监事会或者监事行使职权。

（三）股东诉讼

1. 股东代表诉讼

股东代表诉讼，也称股东间接诉讼，是指当董事、监事、高级管理人员或者他人的违反法律、行政法规或者公司章程的行为给公司造成损失，公司拒绝或者怠于向该违法行为人请求损害赔偿时，具备法人资格的股东有权代表其他股东，代替公司提起诉讼，请求违法行为人赔偿公司损失的行为。股东代表诉讼的目的是保护公司利益和股东整体利益，而不仅仅是个别股东的利益。为保护个别股东利益而进行的诉讼是股东直接诉讼。

根据侵犯人身份的不同与具体情况的不同，提起股东代表诉讼有以下几种程序。

（1）公司董事、监事、高级管理人员的行为给公司造成损失时股东代表公司提起诉讼的程序。董事、高级管理人员的行为给公司造成损失时，有限责任公司的股东、股份有限公司连续 180 日以上单独或者合计持有公司 1%以上股份的股东，可以书面请求监事会或者不设监事会的有限责任公司的监事向人民法院提起诉讼。

监事的行为给公司造成损失时，前述股东可以书面请求董事会或者不设董事会的有限责任公司的执行董事向人民法院提起诉讼。

监事会、不设监事会的有限责任公司的监事，或者董事会、执行董事收到前款规定的股东书面请求后拒绝提起诉讼，或者自收到请求之日起 30 日内未提起诉讼，或者情况紧急、不立即提起诉讼将会使公司利益受到难以弥补的损害的，前款规定的股东有权为了公司的利益以自己的名义直接向人民法院提起诉讼。

（2）其他人的行为给公司造成损失时股东提起诉讼的程序。公司董事、监事、高级管理人员以外的其他人侵犯公司合法权益，给公司造成损失的，有限责任公司的股东、股份有限公司连续 180 日以上单独或者合计持有公司 1%以上股份的股东，可以通过监事会或者监事、董事会或者董事向人民法院提起诉讼，或者直接向人民法院提起诉讼。提起诉讼的具体程序，依照上述股东对公司董事、监事、高级管理人员给公司造成损失的行为提起诉讼的程序进行。

公司法司法解释（五）扩展了股东代表诉讼的适用范围，将关联交易合同的确认无效和撤销纠纷也纳入其中。

2. 股东直接诉讼

这是指股东对董事、高级管理人员违反规定损害股东利益的行为提起的诉讼。《公司法》第 152 条规定，公司董事、高级管理人员违反法律、行政法规或者公司章程的规定，损害股东利益的，股东可以向人民法院提起诉讼。

五、公司债券的法律规定

（一）公司债券的含义和特征

公司债券是指公司依照法定程序发行、约定在一定期限还本付息的有价证券。公司债券属有价证券，可分为记名债券、不记名债券等。公司债券的特征有：

（1）公司债券的发行主体只限于股份有限公司、国有独资公司和两个以上的国有企业或者两个以上的国有投资主体设立的有限责任公司，其他任何人都不能发行公司债券；

（2）公司债券是一种有价证券，是持有人拥有一定财产的证明；

（3）公司债券注有还本付息日期；

（4）公司债券须依法定程序发行；

（5）发行公司债券筹集的资金，必须用于审批机关批准的用途，不得用于弥补亏损和非生产性支出。

（二）发行公司债券的条件和程序

《公司法》第153条指出，公司发行公司债券应当符合《中华人民共和国证券法》规定的发行条件。上市公司经股东大会决议可以发行可转换为股票的公司债券，但应当报请国务院证券管理部门批准。公司债券可转换为股票的，除具备发行公司债券的条件外，还应当符合股票发行的条件。

1. 发行公司债券的条件

（1）股份有限公司的净资产额不低于人民币3 000万元，有限责任公司的净资产额不低于人民币6 000万元。目的是保证发行债券的公司要有足够的偿还能力。

（2）累计债券余额不超过公司净资产额的40%。

（3）最近3年平均可分配利润足以支付公司债券1年的利息。可分配利润是指公司依法缴纳各种税款、弥补亏损、提足法定公积金后所余的利润。

（4）筹集的资金投向符合国家产业政策。

（5）债券的利润不得超过国务院限定的利率水平。

（6）国务院规定的其他条件。

（7）前一次发行的公司债券尚未募足，或对已发行的公司债券或其债务有违约或者延迟支付本息的事实，且仍处于继续状态的，不得再次发行公司债券。

2. 公司债券的发行程序

（1）由公司的权力机关做出决议。国有独资公司发行公司债券，由国家授权投资机构或者国家授权的部门做出决定。

（2）报请国务院证券管理部门批准。报请时，应提交公司登记证明、公司章程、公司债券募集方法、资产评估报告等有关文件。

（3）公告公司债券募集办法。

（4）公司债券的制作必须符合法定要求。

（三）公司债券的管理和转让

公司债券必须载明公司名称、债券票面金额、利率、偿还期限等事项，并由董事长签字、公司盖章。

公司债券可以转让，转让价格由转让人与受让人约定。公司债券在证券交易所上市交易的，按照证券交易所的交易规则转让。记名债券的转让由持有人以背书方式依照法律法规进行，同时将受让人的名称及住所记载于公司债券存根。无记名债券的转让，由持有人在法定转让场所交付给受让人后即发生法律效力。

六、公司财务会计的法律规定

财务会计是公司从事经营活动的一项基础工作。首先，它有利于保护投资者和债权人的合法利益，了解公司的各种生产经营状况，通过财务会计报告和报表反映资产状况、资产运营状况和债权人的债权状况，正确核算经营成果，合理分配利润，保证公司财产的完整。其次，有利于吸收社会投资。由于公司财务会计制度的规范化和公开化，社会各界能很方便地了解公司的经营状况和盈利能力，作出投资决策。最后，有利于政府宏观调控。公司在国家统一的财务会计制度规定下筹集、分配资金，真实、完整地反映公司的经营状况，有利于政府有关部门获得信息、掌握情况，制定切实可行的政策，达到宏观调控的目的。

（一）公司财务会计要求

（1）公司应当按照法律、行政法规和国务院财政部门的规定建立本公司的财务、会计制度。

（2）公司应当在每一会计年度终了时编制财务会计报告，并依法经会计师事务所审计。财务会计报告包括资产负债表、利润表、现金流量表、所有者权益变动表和附注。

（3）有限责任公司应当按照公司章程规定的期限将财务会计报告送交各股东。股份有限公司的财务会计报告应当在召开股东大会年会的20日之前置备于本公司，供股东查阅。公开发行股票的股份有限公司必须公告其财务会计报告。

（4）公司除法定的会计账簿外，不得另立会计账簿。对公司资产，不得以任何个人名义开立账户存储。

（二）公司利润分配

1. 相关概念

（1）利润。利润是指企业在一定时期（通常为一个会计年度）内生产经营的财务成果。包括营业利润、投资净收益以及营业外收支净额。

（2）公积金。公积金分为盈余公积金和资本公积金两类。盈余公积金是从公司盈余中提取的公积金，分为法定公积金和任意公积金两种。公司的法定公积金用于弥补公司的亏损、扩大公司生产经营或者转为增加公司资本。公司分配当年税后利润时，应当提取利润的10%列入公司法定公积金。公司法定公积金累计额为公司注册资本的50%以上的，可以不再提取。公司的法定公积金不足以弥补以前年度亏损的，在依照规定提取法定公积金之前，应当先用当年利润弥补亏损。公司从税后利润中提取法定公积金后，经股东会或者股东大会决议，还可以从税后利润中提取任意公积金。法定公积金转为资本时，所留存的该项公积金不得少于转增前公司注册资本的25%。

资本公积金是直接由资本原因形成的公积金。股份有限公司以超过股票票面金额的发行价格发行股份所得的溢价款以及国务院财政部门规定列入资本公积金的其他收入（如法定财产重估增值、接受捐赠的资产价值等），应当列为公司资本公积金。公司的资本公积金不得用于弥补公司的亏损。

（3）股利。股利是按股份支付给持股人的公司盈余。投资人向公司投资就是为了多获得股利。每年分派股利的多少也是公司经营状况和信誉的象征。

2. 公司利润分配顺序

根据我国公司法及税法等相关法律的规定，公司应当按照如下顺序进行利润分配：

（1）弥补以前年度的亏损，但不得超过税法规定的弥补期限。

（2）缴纳所得税。即公司应依我国《企业所得税法》规定缴纳企业所得税。

（3）弥补在税前利润弥补亏损之后仍存在的亏损。

（4）提取法定公积金。

（5）提取任意公积金。

（6）向股东分配利润。

公司弥补亏损和提取公积金后所余税后利润，有限责任公司按照股东实缴的出资比例分配，但全体股东约定不按照出资比例分配的除外；股份有限公司按照股东持有的股份分配，但股份有限公司章程规定不按持股比例分配的除外。

公司股东会、股东大会或者董事会违反规定，在公司弥补亏损和提取法定公积金之前向股东分配利润的，股东必须将违反规定分配的利润退还公司。公司持有的本公司股份不得分配利润。

分配利润的股东会或者股东大会决议作出后，公司应当在决议载明的时间内完成利润分配。决议没有载明时间的，以公司章程规定的为准。决议、章程中均未规定时间或者时间超过一年的，公司应当自决议作出之日起一年内完成利润分配。决议中载明的利润分配完成时间超过公司章程规定时间的，股东可以自决议作出之日起60日内请求人民法院撤销决议中关于该时间的规定。

七、公司合并、分立、增资、减资

（一）公司的合并与分立

公司合并可以采取吸收合并或者新设合并。一个公司吸收其他公司为吸收合并，被吸收的公司解散。两个以上公司合并设立一个新的公司为新设合并，合并各方解散。

公司合并应当由合并各方签订合并协议，并编制资产负债表及财产清单。公司应当自作出合并决议之日起10日内通知债权人，并于30日内在报纸上公告。债权人自接到通知书之日起30日内，未接到通知书的自公告之日起45日内，可以要求公司清偿债务或者提供相应的担保。

公司合并时，合并各方的债权、债务应当由合并后存续的公司或者新设的公司承继。

公司分立，其财产作相应的分割。公司分立应当编制资产负债表及财产清单。公司应当自作出分立决议之日起10日内通知债权人，并于30日内在报纸上公告。

公司分立前的债务由分立后的公司承担连带责任。但是，公司在分立前与债权人就债务清偿达成的书面协议另有约定的除外。

公司合并或者分立，登记事项发生变更的，应当依法向公司登记机关办理变更登记；公司解散的，应当依法办理公司注销登记；设立新公司的，应当依法办理公司设立登记。

（二）公司注册资本的减少与增加

公司需要减少注册资本时，必须编制资产负债表及财产清单。公司应当自作出减少注册资本决议之日起10日内通知债权人，并于30日内在报纸上公告。债权人自接到通知书之日起30日内，未接到通知书的自公告之日起45日内，有权要求公司清偿债务或者提供相应的担保。有限责任公司增加注册资本时，股东认缴新增资本的出资，依照公司法关于设立有限责任公司缴纳出资的有关规定执行。股份有限公司为增加注册资本发行新股时，股东认购新股，依照公司法关于设立股份有限公司缴纳股款的有关规定执行。

公司增加或者减少注册资本，也应当依法向公司登记机关办理变更登记。

八、解散与清算

（一）公司解散

根据《公司法》第180条的规定，公司解散的原因有：（1）公司章程规定的营业期限届满或者公司章程规定的其他解散事由出现；（2）股东会或者股东大会决议解散；（3）因公司合并或者分立需要解散；（4）依法被吊销营业执照、责令关闭或者被撤销；（5）人民法院依照本法第182条的规定予以解散。

公司有上述第（1）种情形的，可以通过修改公司章程而存续。上述第（5）种情形又称为司法解散，其适用条件是：公司经营管理发生严重困难，继续存续会使股东利益受到重大损失，通过其他途径不能解决，持有公司全部股东表决权10%以上的股东可以请求人民法院解散公司。2008年5月5日《最高人民法院关于适用〈中华人民共和国公司法〉若干问题的规定（二）》对如何认定“公司经营管理发生严重困难”作了进一步细化：1）公司持续两年以上无法召开股东会或者股东大会，公司经营管理发生严重困难的；2）股东表决时无法达到法定或者公司章程规定的比例，持续两年以上不能作出有效的股东会或者股东大会决议，公司经营管理发生严重困难的；3）公司董事长期冲突，且无法通过股东会或者股东大会解决，公司经营管理发生严重困难的；4）经营管理发生其他严重困难，公司继续存续会使股东利益受到重大损失的情形。

股东提起解散公司诉讼应当以公司为被告。经人民法院调解公司收购原告股份的，公司应当自调解书生效之日起6个月内将股份转让或者注销。股份转让或者注销之前，原告不得以公司收购其股份为由对抗公司债权人。公司被依法宣告破产的，依照有关企业破产的法律制度实施破产清算。

（二）公司清算

除公司合并、分立豁免清算外，其他公司解散的情形都需清算。公司清算是指解散的公司清理债权债务、分配剩余财产、了结公司的法律关系，从而使公司归于消灭的程序。

1. 清算组

公司解散时，应当依法进行清算。根据《公司法》第183条的规定，公司应当在解散事由出现之日起15日内成立清算组。有限责任公司的清算组由股东组成，股份有限公司的清算组由董事或者股东大会确定的人员组成。逾期不成立清算组进行清算的，债权人可以申请人民法院指定有关人员组成清算组进行清算。

清算组在清算期间行使下列职权：(1) 清理公司财产，分别编制资产负债表和财产清单；(2) 通知、公告债权人；(3) 处理与清算有关的公司未了结的业务；(4) 清缴所欠税款以及清算过程中产生的税款；(5) 清理债权、债务；(6) 处理公司清偿债务后的剩余财产；(7) 代表公司参与民事诉讼活动。

清算组在公司清算期间代表公司进行一系列民事活动，全权处理公司经济事务和民事诉讼活动。清算组成员应当忠于职守，依法履行清算义务。清算组成员不得利用职权收受贿赂或者其他非法收入，不得侵占公司财产。清算组成员因故意或者重大过失给公司或者债权人造成损失的，应当承担赔偿责任。

2. 清算工作程序

(1) 登记债权。清算组未按照法律规定履行通知和公告义务，导致债权人未及时申报债权而未获清偿，清算组成员对因此造成的损失承担赔偿责任。债权人申报债权，应当说明债权的有关事项，并提供证明材料。清算组应当对债权进行登记。在申报债权期间，清算组不得对债权人进行清偿。

(2) 清理公司财产，制定清算方案。公司解散时，股东尚未缴纳的出资均应作为清算财产。股东尚未缴纳的出资，包括到期应缴未缴的出资，以及分期缴纳时尚未届满缴纳期限的出资。清算组在清理公司财产、编制资产负债表和财产清单后，发现公司财产不足清偿债务的，应当依法向人民法院申请宣告破产。人民法院指定的清算组在清理公司财产、编制资产负债表和财产清单时，发现公司财产不足清偿债务的，可以与债权人协商制作有关债务清偿方案。债务清偿方案经全体债权人确认且不损害其他利害关系人利益的，人民法院可依清算组的申请裁定予以认可。

(3) 清偿债务。公司财产在分别支付清算费用、职工的工资、社会保险费用和法定补偿金，缴纳所欠税款，清偿公司债务后的剩余财产，有限责任公司按照股东的出资比例分配，股份有限公司按照股东持有的股份比例分配。清算期间，公司存续，但不得开展与清算无关的经营活动。公司财产在未按上述规定清偿前，不得分配给股东。

(4) 公告公司终止。公司清算结束后，清算组应当制作清算报告，报股东会、股东大会或者人民法院确认，并报送公司登记机关，申请注销公司登记，公告公司终止。

公司未经清算即办理注销登记，导致公司无法进行清算，债权人有权要求有限责任公司的股东、股份有限公司的董事和控股股东，以及公司的实际控制人对公司债务承担清偿责任。

第3节　个人独资与合伙企业法律制度

一、个人独资企业法律制度

为了规范个人独资企业的行为，保护个人独资企业投资人和债权人的合法权益，维护社会经济秩序，促进社会主义市场经济的发展，第九届全国人民代表大会常务委员会第十一次会议于1999年8月30日通过了《中华人民共和国个人独资企业法》(以下简称《个人独资企业法》)，于2000年1月1日起施行。为了确认个人独资企业的经营资格，规范个人独资企业登记行为，国家工商行政管理局于2000年1月13日公布了《个人独资企业登记管理办法》，自公布之日起施行。

(一) 个人独资企业的概念与法律特征

1. 个人独资企业的概念

个人独资企业是指依照《个人独资企业法》在中国境内设立，由一个自然人投资，财产为投资人个人所有，投资人以其个人财产对企业债务承担无限责任的经营实体。简言之，就是由一个自然人单独投资并经营的企业。

2. 个人独资企业的法律特征

(1) 个人独资企业是一个自然人投资的企业形式。这同需要由两人以上的多数人共同投资设立的合伙企业与公司企业相区别，而且该投资人仅限于自然人，非自然人单独投资设立企业的在法律上均不是个人独资企业。

(2) 个人独资企业的投资者对企业的所有事务享有绝对的支配权与控制权。

(3) 个人独资企业的一切经营成果或后果由投资者单独享有或承担，即企业的资产、收益归其所有，亏损由其承担，投资人以其个人财产对企业债务承担无限责任。

(4) 个人独资企业是非法人企业，企业只是自然人进行商业活动的特殊形态，投资人的人格与独资企业的人格并未分离，这是它同法人型企业的本质区别。

(二) 个人独资企业的设立

个人独资企业必须依《个人独资企业法》及其他有关法律的规定设立。

1. 设立个人独资企业应当具备的条件

(1) 投资人为一个自然人。法律、行政法规禁止从事营利性活动的人，如公务员，不得作为投资人申请设立个人独资企业。

(2) 有合法的企业名称。其名称中不得使用“有限”、“有限责任”或者“公司”字样。

(3) 有投资人申报的出资。

(4) 有固定的生产经营场所和必要的生产经营条件。从事临时经营、季节性经营、流动经营和没有固定门面的摆摊经营，不得登记为个人独资企业。

(5) 有必要的从业人员。

2. 申请设立登记

申请设立个人独资企业，应当由投资人或者其委托的代理人向个人独资企业所在地的登记机关申请设立登记。投资人申请设立登记，应向登记机关提交下列文件：(1) 投资人签署的个人独资企业设立申请书；(2) 投资人身份证明；(3) 生产经营场所使用证明；(4) 登记机关规定提交的其他文件。委托代理人申请设立登记的，应当出具投资人的委托书和代理人的合法证明。个人独资企业不得从事法律、行政法规禁止经营的业务；从事法律、行政法规规定须报经有关部门审批的业务，应当在申请设立登记时提交有关部门的批准文件。

登记机关应当在收到设立申请文件之日起15日内做出核准登记或不予登记的决定。予以登记的，发给营业执照；不予登记的，发给企业登记驳回通知书，说明理由。

个人独资企业营业执照签发之日为个人独资企业成立日期，在此之前，投资人不得以个人独资企业名义从事经营活动。个人独资企业要设立分支机构的，在分支机构所在地的登记机关申请登记，领取营业执照。

（三）个人独资企业投资人的权利与义务

1. 投资人的权利

个人独资企业投资人对企业的财产享有所有权，即可以依法占有、使用、受益、处分，对企业的生产经营活动有完全的决策权和控制权，其有关权利可以依法进行转让或继承。个人独资企业可以依法申请贷款，取得土地使用权，并享有法律法规规定的其他权利。

2. 投资人的义务

(1) 应当依法设置会计账簿，进行会计核算。

(2) 招用职工的，应依法与其签订劳动合同，保障职工的劳动安全，按时、足额发放职工工资。

(3) 应当按国家规定参加社会保险，为职工缴纳社会保险费。

(4) 依法纳税。

(5) 个人独资企业应以个人财产对企业债务承担无限责任；如投资人在申请设立登记时明确以家庭共有财产作为个人出资的，应当依法以家庭共有财产对企业债务承担无限责任。

（四）个人独资企业的解散和清算

1. 个人独资企业的解散

《个人独资企业法》第26条规定，个人独资企业有下列情形之一时，应当解散：(1) 投资人决定解散；(2) 投资人死亡或者被宣告死亡，无继承人或者继承人决定放弃继承；(3) 被依法吊销营业执照；(4) 法律、行政法规规定的其他情形。

2. 个人独资企业的清算

个人独资企业解散，由投资人自行清算或者由债权人申请人民法院指定清算人进行清算。投资人自行清算的，应当在清算前15日内书面通知债权人，无法通知的，应当予以公告。债权人应当在接到通知之日起30日内，未接到通知的应当在公告之日起60日内，向投资人申报其债权。个人独资企业解散后，原投资人对个人独资企业存续期间的债务仍应承担偿还责任，但债权人在 5 年内未向债务人提出偿债请求的，该责任消灭。

个人独资企业解散的，财产应当按照下列顺序清偿：首先是所欠职工工资和社会保险费用；其次是所欠税款；最后是其他债务。

清算期间，个人独资企业不得开展与清算目的无关的经营活动。

（五）违反《个人独资企业法》的法律责任

1. 个人独资企业设立中的违法责任

投资人以提交虚假文件或采取其他欺骗手段，取得企业登记的，责令改正，处以5 000 元以下的罚款；情节严重的，并处吊销营业执照。

2. 个人独资企业违法经营的法律责任

（1）个人独资企业在生产经营活动中使用的名称与其在登记机关登记的名称不相符合的，责令限期改正，处以 2 000 元以下的罚款。

（2）个人独资企业涂改、出租、转让营业执照的，责令改正，没收违法所得，处以3 000 元以下的罚款；情节严重的，吊销营业执照。

（3）伪造营业执照的，责令停业，没收违法所得，处以 5 000 元以下的罚款；构成犯罪的，依法追究刑事责任。

（4）个人独资企业成立后无正当理由超过 6 个月未开业的，或者开业后自行停业连续 6 个月以上的，吊销营业执照。

（5）未领取营业执照，以个人独资企业名义从事经营活动的，责令停止经营活动，处以 3 000 元以下的罚款。

（6）个人独资企业登记事项发生变更时，未按法律规定办理有关变更登记的，责令限期办理变更登记；逾期不办理的，处以 2 000 元以下的罚款。

（7）个人独资企业违反法律规定，侵犯职工合法权益，未保障职工劳动安全，不缴纳社会保险费用的，按照有关法律、行政法规予以处罚，并追究有关责任人员的责任。

3. 个人独资企业清算中的违法责任

个人独资企业及其投资人在清算前或者清算期间隐匿或转移财产，逃避债务的，依法追回其财产，并按照有关规定予以处罚；构成犯罪的，依法追究刑事责任。

4. 有关国家机关的违法责任

登记机关对不符合法律规定条件的个人独资企业予以登记，或者对符合法律规定条件的企业不予登记的，对直接责任人员依法给予行政处分；构成犯罪的，依法追究刑事责任。

登记机关的上级部门的有关主管人员强令登记机关对不符合法律规定条件的企业予以登记，或者对符合法律规定条件的企业不予登记的，或者对登记机关的违法登记行为进行包庇的，对直接责任人员依法给予行政处分；构成犯罪的，依法追究刑事责任。

5. 其他规定

投资人委托或者聘用的人员管理个人独资企业事务时违反双方订立的合同，给投资人造成损害的，承担民事赔偿责任。

投资人委托或者聘用的人员违反法律禁止性规定，如利用职务上的便利，索取或者收受贿赂、侵占企业财产、挪用企业资金或借贷给他人，擅自将企业资金以个人名义或者以他人名义开立账户储存，擅自以企业财产提供担保，未经投资人同意，从事与本企业相竞争的业务或者同本企业订立合同或者进行交易，未经投资人同意，擅自将企业商标或者其他知识产权转让或许可他人使用，泄露本企业的商业秘密等行为，侵犯个人独资企业财产权益的，责令退还侵占的财产；给企业造成损失的，依法承担赔偿责任；有违法所得的，没收违法所得；构成犯罪的，依法追究刑事责任。

二、合伙企业法律制度

《民法通则》对个人合伙作了原则规定，《私营企业暂行条例》第6条、第8条也对合伙企业的概念和特征作了简单的规定。对于现实生活中不断增加的大量合伙企业，需要具有可操作性的具体法规进行调整。因此，1997年2月23日，第八届全国人民代表大会常务委员会第二十四次会议通过了《中华人民共和国合伙企业法》(以下简称《合伙企业法》)，自1997年8月1日起施行。2006年8月27日第十届全国人民代表大会常务委员会第二十三次会议修订，自2007年6月1日起施行。

（一）合伙企业的概念与法律特征

1. 合伙企业的概念

合伙企业是指自然人、法人和其他组织依照《合伙企业法》在中国境内设立的普通合伙企业和有限合伙企业。普通合伙企业由普通合伙人组成，合伙人对合伙企业债务承担无限连带责任；有限合伙企业由普通合伙人和有限合伙人组成，普通合伙人对合伙企业债务承担无限连带责任，有限合伙人以其认缴的出资额为限对合伙企业债务承担责任。

2. 合伙企业的法律特征

(1) 合伙企业是一个经营实体。合伙企业应有稳定的组织机构，必须有自己的名称，并经工商登记取得经营主体资格。

(2) 合伙企业为契约式联合企业。合伙企业是根据合伙人共同签订的合伙协议成立的企业组织形态。合伙协议既是合伙企业设立的法律依据，又是调整合伙企业内部关系的基本文件。

(3) 合伙企业是一种共同经营体。合伙企业是两人以上共同出资、共同经营、共享收益、共担风险的营利性组织。

(4) 合伙企业是人合企业。在交易活动中，合伙企业不是以企业资本为信用，而是以各合伙人个人的身份信用为基础。法律对合伙企业一般没有法定最低资本额的规定，但对合伙人的个人身份有严格的规定。这与作为资合企业的公司有显著的、根本的区别。

(5) 合伙人对企业债务依法承担责任。普通合伙人对合伙企业债务承担无限连带责任，有限合伙人以其认缴的出资额为限对合伙企业债务承担责任。

(二) 合伙企业的设立

合伙企业必须依照《合伙企业法》及其他有关的法律法规设立。设立合伙企业需具备以下条件。

1. 有符合法定要求的合伙人

设立合伙企业必须有合格的合伙人，普通合伙企业合伙人数应不少于2人；有限合伙企业由2个以上50个以下合伙人设立，但是，法律另有规定的除外。由于合伙的合作性质，合伙人相互之间的信任尤为重要，实践中合伙人人数不会太多。

合伙人为自然人的，必须具有相应的民事行为能力即为完全民事行为能力人，且能承担无限责任。只有18周岁以上的人和已满16周岁未满18周岁但以自己的劳动收入作为主要生活来源的人，才能作为自然人合伙人。

并非所有的完全民事行为能力人都能成为合伙人，法律、行政法规禁止从事营利性活动的人，不得成为合伙企业的合伙人。如《中华人民共和国公务员法》规定，国家公务员不得经商、办企业以及参与其他营利性的经营活动，不得在企业和营利性事业单位兼任职务。《中华人民共和国法官法》《中华人民共和国检察官法》等法律也有类似的规定。

根据《合伙企业法》的规定，自然人、法人和其他组织均可成为合伙人，但合伙人为自然人的，应当具备完全民事行为能力；国有独资公司、国有企业、上市公司以及公益性的事业单位、社会单位不得成为普通合伙人。

2. 有合伙协议

合伙企业设立的基础是合伙人之间订立的合伙协议。合伙协议应当由全体合伙人协商一致，以书面形式订立。合伙协议应当载明以下事项：(1) 合伙企业的名称和主要经营场所的地点；(2) 合伙目的和合伙经营范围；(3) 合伙人的姓名或者名称、住所；(4) 合伙人出资的方式、数额和缴付期限；(5) 利润分配、亏损分担方式；(6) 合伙事务的执行；(7) 入伙与退伙；(8) 争议解决办法；(9) 合伙企业的解散与清算；(10) 违约责任。此外，合伙协议也可载明合伙企业的经营期限和合伙人争议的解决方式。

合伙协议经全体合伙人签名、盖章后生效。合伙协议一经订立就应当在当事人之间产生约束力。合伙企业的设立应从它完成登记时开始。合伙企业领取营业执照前，合伙人不得以合伙企业名义从事经营活动。因此，在合伙协议订立至合伙企业完成登记这段时间，合伙人之间的关系属于单纯的合同关系而非企业组织关系。在此期间，合伙人依据合伙协议实施的行为，由全体合伙人承担连带责任。

合伙协议生效后，合伙人依照合伙协议享有权利，履行义务。全体合伙人可以在协商一致的基础上，对生效的合伙协议进行修改或者补充。

3. 有各合伙人实际缴付的出资

合伙人必须向合伙组织出资，合伙人出资的形式可以是货币、实物、土地使用权、知识产权或者其他财产权利，也可以用劳务出资。劳务出资是指出资人以自己未来付出的能够给合伙企业带来利益的劳动，或者是自己已经付出的确实给合伙企业带来利益的劳动，作为出资。合伙人的出资是设立合伙企业的基本物质条件，也是合伙人取得资格的必备条件。

合伙人的出资应当是合伙人的合法财产或财产权利，例如合伙人不得以借用的设备作为合伙出资。

合伙人以货币以外的形式出资，一般应进行评估作价，即折价入伙。评估作价由全体合伙人协商确定，也可以由全体合伙人委托法定评估机构进行评估，评估报告作为折价的依据。若以劳务出资，其评估办法由全体合伙人协商确定，并在合伙协议中载明。

合伙人应当按照合伙协议约定的出资方式、数额和缴付期限履行出资义务。如果合伙人违反了这一义务，即构成违约，其他合伙人可追究其违约责任。合伙人只能以其实际向合伙企业缴付的出资作为其出资份额，并据此享有权利和承担义务。

合伙企业没有法人资格，并且合伙人对企业债务承担连带无限责任，因此，法律不设定其注册资本制度。但合伙企业是经营性实体，让其拥有与其经营产业的规模相适应的资金是必要的，否则企业无法运营。

4. 有合伙企业的名称

合伙企业作为市场主体之一，应有自己的名称。合伙企业只有拥有自己的名称，才能以自己的名义参与民事法律关系，享有民事权利，承担民事义务，并参与诉讼，成为诉讼当事人。合伙企业的名称应当符合《企业名称登记管理规定》的要求。根据合伙的性质，合伙企业名称中应当标明“普通合伙”、“特殊普通合伙”或“有限合伙”字样。

5. 有经营场所和从事合伙经营的必要条件

合伙企业要经常性、持续性地从事生产经营活动，就必须有一定的营业场所和从事合伙经营的必要条件。

经营场所是指合伙企业从事生产经营活动的所在地，合伙企业一般只有一个经营场所，即在企业登记机关登记的营业地点。经营场所的法律意义在于确定债务履行地、诉讼管辖、法律文书送达等。从事经营活动的必要条件是指根据合伙企业的业务性质、规模等因素而需具备的设施、设备、人员等方面的条件。

根据《合伙企业法》第 9 条至第 12 条以及 1997 年 11 月 19 日国务院发布的《合伙企业登记管理办法》的规定，合伙企业的设立登记，应当向工商行政管理部门提交登记申请书、合伙协议书、合伙人身份证明等文件，申请登记。合伙企业的营业执照签发日期为合伙企业的成立日期。合伙企业可以设立分支机构，设立时应向分支机构所在地的工商行政管理部门申请登记，领取营业执照。

（三）合伙企业的财产、事务执行以及与第三人的关系

1. 合伙企业的财产

《合伙企业法》第 20 条规定，合伙人的出资、以合伙企业名义取得的收益和依

法取得的其他财产，均为合伙企业的财产。合伙企业的财产由全体合伙人依法共同管理和使用。第 22 条、第 23 条规定，除合伙协议另有约定外，合伙人向合伙人以外的人转让其在合伙企业中的全部或者部分财产份额时，须经其他合伙人一致同意。合伙人之间转让在合伙企业中的全部或部分财产份额时，应当通知其他合伙人。合伙人向合伙人以外的人转让其在合伙企业中的财产份额的，在同等条件下，其他合伙人有优先购买权；但是，合伙协议另有约定的除外。

2. 合伙企业的事务执行

《合伙企业法》第 26 条规定，合伙人对执行合伙事务享有同等的权利。按照合伙协议约定或者经全体合伙人决定，可以委托一个或者数个合伙人对外代表合伙企业，执行合伙事务。

《合伙企业法》第 31 条规定，除合伙协议另有约定外，合伙企业的下列事项应当经全体合伙人一致同意：（1）改变合伙企业的名称；（2）改变合伙企业的经营范围、主要经营场所的地点；（3）处分合伙企业的不动产；（4）转让或者处分合伙企业的知识产权和其他财产权利；（5）以合伙企业名义为他人提供担保；（6）聘任合伙人以外的人担任合伙企业的经营管理人员。

3. 合伙企业与第三人的关系

《合伙企业法》第 37～39 条规定，合伙企业对合伙人执行合伙事务以及对外代表合伙企业权利的限制，不得对抗善意第三人；合伙企业对其债务，应先以其全部财产进行清偿；合伙企业不能清偿到期债务的，合伙人承担无限连带责任。

《合伙企业法》第 41 条规定，合伙人发生与合伙企业无关的债务，相关债权人不得以其债权抵销其对合伙企业的债务；也不得代位行使合伙人在合伙企业中的权利。

（四）合伙企业的入伙与退伙

1. 入伙

入伙是指吸收新的合伙人。除合伙协议另有约定外，入伙须经全体合伙人同意，并与新的合伙人订立书面入伙协议，入伙的新合伙人与原合伙人享有同等权利，承担同等责任。新合伙人对入伙前合伙企业的债务承担无限连带责任。

2. 退伙

合伙人有下列情形之一的，当然退伙：

（1）作为合伙人的自然人死亡或者被依法宣告死亡；

（2）个人丧失偿债能力；

（3）作为合伙人的法人或者其他组织依法被吊销营业执照、责令关闭、撤销，或者被宣告破产；

（4）法律规定或者合伙协议约定合伙人必须具有相关资格而其丧失该资格；

（5）合伙人在合伙企业中的全部财产份额被人民法院强制执行。

无论哪种情形引起的退伙，均应按退伙时的财产状况进行清算，退还合伙人的财产份额。退伙时如果合伙企业财产少于合伙企业债务，退伙人应按约定的比例分担亏损。

（五）合伙企业的解散与清算

1. 合伙企业的解散

合伙的解散是指合伙因某些法律事实的发生而归于消灭的行为。根据《合伙企业法》的规定，合伙企业有下列情形之一的应当解散：

（1）合伙期限届满，合伙人决定不再经营。合伙协议约定有经营期限，期限届满时合伙人不愿意继续经营，合伙当然终止。这意味着合伙协议约定的经营期限届满并不必然引起合伙企业的解散，只有在合伙人不愿继续经营这一条件同时具备时，才会引起合伙企业解散的后果。如果合伙协议约定的经营期限届满后合伙人对继续经营合伙企业均无异议，则可认为合伙人一致同意延长合伙经营期限，延长后的期限则为不定期限，但此时应在原约定的经营期限届满之日起 15 日内向原登记机关办理有关变更登记手续。

（2）合伙协议约定的解散事由出现。合伙协议如约定，当某一事由出现时合伙便解散，则设立合伙的行为实为附解除条件的法律行为，条件成立时协议解除，合伙解散。

（3）全体合伙人决定解散。合伙可由合伙人基于合意而设立，自然也可基于合伙人的合意而解散。无论合伙协议是否约定有合伙经营期限，合伙人均可通过合意而终止合伙协议，解散合伙。如果一部分合伙人同意解散合伙而另一部分合伙人不同意，则合伙不解散，由同意解散的合伙人退伙，合伙企业继续存在。

（4）合伙人已不具备法定人数满 30 天。合伙组织的合伙人必须是 2 人以上，若合伙成立后不断发生退伙导致只剩下 1 人，便出现了合伙人不足法定人数的现象，合伙解散。

（5）合伙协议约定的合伙目的已经实现或者无法实现。

（6）依法被吊销营业执照、责令关闭或者被撤销。

（7）法律、行政法规规定的其他原因。

2. 合伙企业的清算

合伙企业解散，应当进行清算。《合伙企业法》规定的关于清算的程序规则如下。

（1）通知和公告债权人。合伙企业解散后应当进行清算，并通知和公告债权人。

（2）确定清算人。合伙企业解散，应当由清算人进行清算，清算人由全体合伙人担任；未能由全体合伙人担任清算人的，经全体合伙人过半数同意，可以自合伙企业解散事由出现后 15 日内指定一个或数个合伙人，或者委托第三人，担任清算人。如果在 15 日内未确定清算人，合伙人或者其他利害关系人可以申请人民法院指定清算人。

（3）执行清算事务。清算人在清算期间应执行以下事务：1）清理合伙企业财产，分别编制资产负债表和财产清单；2）处理与清算有关的合伙企业未了结事务；3）清缴所欠税款；4）清理债权、债务；5）处理合伙企业清偿债务后的剩余财产；6）代表合伙企业参加诉讼或者仲裁活动。

(4) 依序清偿。合伙企业财产首先用于支付清算费用，之后按如下顺序清偿：1) 合伙企业有招用职工的，所欠职工工资和劳动保险费用；2) 合伙企业所欠税款；3) 合伙企业的债务；4) 返还合伙人的出资。合伙企业在按上述顺序清偿后仍有剩余的，按合伙企业既定的利润分配比例进行分配。

(5) 结束清算。在清算期间，如果全体合伙人以个人财产承担清偿责任后仍不足清偿合伙企业的债务，应当结束清算程序。对于未能清偿的债务，由合伙人在今后继续承担连带清偿责任。债权人享有在清算结束后以原合伙人为连带债务人，继续请求清偿的权利。

清算结束，清算人应当编制清算报告，经全体合伙人签名、盖章后，在15日内向登记机关报送清算报告，申请办理合伙企业注销登记。

(六) 特殊的普通合伙企业

特殊的普通合伙企业是指以专业知识和专门技能为客户提供有偿服务的专业服务机构。特殊的普通合伙企业名称中应当标明“特殊普通合伙”字样。

特殊的普通合伙企业主要特殊在责任形式。《合伙企业法》第57条规定，一个合伙人或者数个合伙人在执业活动中因故意或者重大过失造成合伙企业债务的，应当承担无限责任或者无限连带责任，其他合伙人以其在合伙企业中的财产份额为限承担责任。合伙人在执业活动中非因故意或者重大过失造成的合伙企业债务以及合伙企业的其他债务，由全体合伙人承担无限连带责任。

合伙人执业活动中因故意或者重大过失造成的合伙企业债务，以合伙企业财产对外承担责任后，该合伙人应当按照合伙协议的约定对给合伙企业造成的损失承担赔偿责任。

特殊的普通合伙企业应当建立执业风险基金、办理职业保险。

(七) 有限合伙企业

有限合伙企业是指由有限合伙人和普通合伙人共同组成，普通合伙人对合伙企业债务承担无限连带责任，有限合伙人以其认缴的出资额为限对合伙企业债务承担责任的合伙组织。有限合伙企业这一组织形式有利于调动各方的投资热情，实现投资者与创业者的最佳组合。

凡是《合伙企业法》中对有限合伙企业有特殊规定的，应当适用有关特殊规定；无特殊规定的，适用有关普通合伙企业及其合伙人的一般规定。以下介绍有限合伙企业的特殊规定。

1. 有限合伙企业人数和责任承担

有限合伙企业至少应当有一个普通合伙人和一个有限合伙人。普通合伙人对合伙企业债务承担无限连带责任，有限合伙人以其认缴的出资额为限对合伙企业债务承担责任。

2. 有限合伙企业名称

《合伙企业法》第62条规定，有限合伙企业名称中应当标明“有限合伙”字样。

3. 有限合伙人出资形式

《合伙企业法》第64条规定，有限合伙人可以用货币、实物、知识产权、土地使用权或者其他财产权利作价出资。有限合伙人不得以劳务出资。

4. 有限合伙企业事务执行人

《合伙企业法》第68条规定，有限合伙人不执行合伙事务，不得对外代表有限合伙企业。有限合伙人的下列行为不视为执行合伙事务：（1）参与决定普通合伙人入伙、退伙；（2）对企业的经营管理提出建议；（3）参与选择承办有限合伙企业审计业务的会计师事务所；（4）获取经审计的有限合伙企业财务会计报告；（5）对涉及自身利益的情况，查阅有限合伙企业财务会计账簿等财务资料；（6）在有限合伙企业中的利益受到侵害时，向有责任的合伙人主张权利或者提起诉讼；（7）执行事务合伙人怠于行使权利时，督促其行使权利或者为了本企业的利益以自己的名义提起诉讼；（8）依法为本企业提供担保。

另外，《合伙企业法》第76条规定，第三人有理由相信有限合伙人为普通合伙人并与其交易的，该有限合伙人对该笔交易承担与普通合伙人同样的责任。有限合伙人未经授权以有限合伙企业名义与他人进行交易，给有限合伙企业或者其他合伙人造成损失的，该有限合伙人应当承担赔偿责任。

5. 有限合伙企业利润分配

《合伙企业法》第69条规定，有限合伙企业不得将全部利润分配给部分合伙人；但是，合伙协议另有约定的除外。

6. 有限合伙人权利

（1）有限合伙人可以同本有限合伙企业进行交易；但是，合伙协议另有约定的除外。

（2）有限合伙人可以自营或者同他人合作经营与本有限合伙企业相竞争的业务。

7. 有限合伙人财产份额出质与转让

《合伙企业法》第72条规定，有限合伙人可以将其在有限合伙企业中的财产份额出质；但是，合伙协议另有约定的除外。

有限合伙人可以按照合伙协议的约定向合伙人以外的人转让其在有限合伙企业中的财产份额，但应当提前30日通知其他合伙人。

8. 有限合伙企业入伙与退伙的特殊规定

新入伙的有限合伙人对入伙前有限合伙企业的债务，以其认缴的出资额为限承担责任。

作为有限合伙人的自然人在有限合伙企业存续期间丧失民事行为能力的，其他合伙人不得因此要求其退伙。作为有限合伙人的自然人死亡、被依法宣告死亡或者作为有限合伙人的法人及其他组织终止时，其继承人或者权利承受人可以依法取得该有限合伙人在有限合伙企业中的资格。

有限合伙人退伙后，对基于其退伙前的原因发生的有限合伙企业债务，以其退伙时从有限合伙企业中取回的财产承担责任。

9. 合伙人性质转变的特殊规定

除合伙协议另有约定外，普通合伙人转变为有限合伙人，或者有限合伙人转变为普通合伙人，应当经全体合伙人一致同意。有限合伙人转变为普通合伙人的，对其作为有限合伙人期间有限合伙企业发生的债务承担无限连带责任。普通合伙人转变为有限合伙人的，对其作为普通合伙人期间合伙企业发生的债务承担无限连带责任。

（八）违反《合伙企业法》的法律责任

1. 合伙企业设立中的违法责任

合伙人提交虚假文件或者采取其他欺骗手段，取得企业设立登记的，由企业登记机关责令改正，处以5 000元以上5万元以下的罚款；情节严重的，撤销企业登记，并处以5万元以上20万元以下的罚款。

2. 合伙企业违法经营的法律责任

（1）合伙企业未在其名称中标明"普通合伙"、"特殊普通合伙"或者"有限合伙"字样的，由企业登记机关责令限期改正，处以2 000元以上1万元以下的罚款。

（2）未领取营业执照而以合伙企业或者合伙企业分支机构名义从事合伙业务的，由企业登记机关责令停止，处以5 000元以上5万元以下的罚款。

（3）合伙企业登记事项发生变更时，未依照法律规定办理变更登记的，由企业登记机关责令限期登记；逾期不登记的，处以2 000元以上2万元以下的罚款。

（4）合伙企业登记事项发生变更，执行合伙事务的合伙人未按期申请办理变更登记的，应当赔偿由此给合伙企业、其他合伙人或者善意第三人造成的损失。

3. 合伙企业清算中的违法责任

清算人未依法向企业登记机关报送清算报告，或者报送清算报告隐瞒重要事实，或者有重大遗漏的，由企业登记机关责令改正。由此产生的费用和损失，由清算人承担和赔偿。

清算人执行清算事务，牟取非法收入或者侵占合伙企业财产的，应当将该收入和侵占的财产退还合伙企业；给合伙企业或者其他合伙人造成损失的，依法承担赔偿责任。

清算人违法隐匿、转移合伙企业财产，对资产负债表或者财产清单做虚伪记载，或者在未清偿债务前分配企业财产，损害债权人利益的，依法承担赔偿责任。

4. 国家机关及其工作人员的违法责任

有关行政管理机关及其工作人员违法滥用职权，徇私舞弊，收受贿赂，侵害合伙企业合法权益的，依法给予行政处分；构成犯罪的，依法追究刑事责任。

5. 其他规定

合伙人执行合伙事务，将合伙企业利益据为己有，或者采取其他手段侵占合伙企业财产的，责令将该利益和财产退还合伙企业；给合伙企业或者其他合伙人造成损失的，应依法承担赔偿责任；构成犯罪的，依法追究刑事责任。

合伙人对应当经全体合伙人同意始得执行的事务擅自处理，或者不具有事务执行权的合伙人，擅自执行合伙事务，给合伙企业或者其他合伙人造成损失的，应依法承担赔偿责任。

合伙企业招用的职工利用职务上的便利，将合伙企业财物非法占为己有或者挪用合伙企业资金归个人使用的，依法承担民事责任；构成犯罪的，依法追究刑事责任。

合伙人违反竞业禁止义务和交易禁止义务，给合伙企业或者其他合伙人造成损失的，应依法承担赔偿责任。

第4节　企业破产法律制度

企业破产制度是商品经济的必然产物，是市场经济条件下企业竞争的必然结果，这是不以人的意志为转移的客观规律。不能全部清偿债务的原因是多方面的，但最根本的原因是价值规律发生作用的必然结果，是市场竞争中的优胜劣汰。我国建立社会主义市场经济体制的过程中，企业同样面临着破产风险，回避这个问题是不现实的，企业破产制度是完善和深化经济体制改革的重要法律制度。近几年的司法实践证明，只有实行企业破产制度，才能解决无偿付能力的问题，对于欠债累累的债务人来说，它也是了结旧账、重新开拓创业的出路。

一、企业破产和企业破产法的概念

1. 企业破产

传统的企业破产有两层含义：一是指债务人处于无力清偿到期债务的事实状态；二是指债务人在无力偿债的情况下以其财产对债权人进行公平清偿的法律程序，即企业破产制度。随着企业规模越来越大，企业破产的社会影响不再局限于债权人和债务人之间，企业破产制度从被单纯视为“企业死亡法”逐渐变得包含“企业复兴法”的意蕴。

2. 我国的企业破产法

企破产法是规定在债务人丧失债务清偿能力时，法院强制对其全部财产清算分配，公平清偿债权人，或通过债务人与债权人会议达成的和解协议清偿债务，进行重整程序，避免破产的法律规范的总称。1986年12月2日，第六届全国人民代表大会常务委员会第十八次会议通过了《中华人民共和国企业破产法（试行）》，该法仅适用于全民所有制企业。全民所有制企业以外的其他企业也存在破产还债的处理问题，因此，1991年制定的《民事诉讼法》在第19章中规定了“企业法人破产还债程序”，该规定仅适用于全民所有制企业以外的其他企业。1992年7月14日，最高人民法院发布《关于适用〈中华人民共和国民事诉讼法〉若干问题的意见》，对《民事诉讼法》第19章“企业法人破产还债程序”的适用作出解释，并规定审理非全民所有制的企业法人破产还债案件，除适用《民事诉讼法》第19章的规定外，可参照《企业破产法（试行）》的有关规定执行。国务院于1994年10月25日发布了《国务院关于在若干城市试行国有企业破产有关问题的通知》（以下简称《通知》）。《通知》对试点城市中破产企业职工的安置、破产财产（包括土地使用权）

的处置、银行贷款损失的处理等《企业破产法（试行）》实施中的一些难点问题作出相应规定。1997 年 3 月 2 日，国务院又发布了《国务院关于在若干城市试行国有企业兼并破产和职工再就业有关问题的补充通知》，强调指出，《通知》中有关破产的政策只适用于国务院确定的企业“优化资本结构”试点城市范围内的国有工业企业，非试点城市和地区的国有企业破产只能按照《企业破产法（试行）》的规定实施。国务院上述两个通知中确立的特定范围内的国有企业破产程序尤其是债务清偿顺序与《企业破产法（试行）》的规定不同，故称为政策性破产（或计划内破产）。2002 年 7 月 18 日，最高人民法院发布《关于审理企业破产案件若干问题的规定》，较为全面地对破产案件审理中的一些重要问题作出详细规定。2006 年 8 月 27 日第十届全国人民代表大会常务委员会第二十三次会议通过了《中华人民共和国企业破产法》（以下简称《企业破产法》），自 2007 年 6 月 1 日起施行，同时《中华人民共和国企业破产法（试行）》废除。由于 2006 年颁布的《企业破产法》适用于所有的法人企业甚至金融机构，并对破产还债程序作出统一规定，因此在 2007 年修改《民事诉讼法》时将第 19 章“企业法人破产还债程序”删去。《企业破产法》的出台，意味着所有企业将平等地受到同一个“劣汰”法则的约束，国有企业的破产将从政策性破产走向市场化破产。《企业破产法》引进了管理人制度，创设了破产重整制度，使破产法不仅是一个死亡法、市场退出法，而且是一个恢复生机法、市场主体再生法。《企业破产法》还第一次涉及跨境破产问题，确立了破产法的域外效力。自《企业破产法》实施以来，最高人民法院先后发布了以下司法解释文件：2007 年 4 月发布了《最高人民法院关于审理企业破产案件指定管理人的规定》《最高人民法院关于审理企业破产案件确定管理人报酬的规定》两个司法解释，就破产案件审理过程中指定管理人与确定管理人报酬进行规定，这两个司法解释与《企业破产法》同步生效，生效日期为 2007 年 6 月 1 日；2011 年 9 月发布《最高人民法院关于适用〈中华人民共和国企业破产法〉若干问题的规定（一）》，就“人民法院依法受理企业破产案件适用法律问题”作出司法解释；2013 年 9 月发布《最高人民法院关于适用〈中华人民共和国企业破产法〉若干问题的规定（二）》，就“人民法院审理企业破产案件中认定债务人财产相关的法律适用问题”作出司法解释；2019 年 3 月发布《最高人民法院关于适用〈中华人民共和国企业破产法〉若干问题的规定（三）》，针对的是有关债权人权利行使等的法律适用问题。

二、破产界限和破产案件的受理

1. 企业破产的界限

《企业破产法》第 2 条规定，企业法人不能清偿到期债务，并且资产不足以清偿全部债务或者明显缺乏清偿能力的，依照本法规定清理债务。

不能清偿到期债务是指债务人以明示或默示的形式表示其不能支付到期债务，强调的是债务人不能清偿债务的外部客观行为而不是债务人的财产客观状况。下列情形同时存在的，人民法院应当认定债务人不能清偿到期债务：（1）债权债务关系依法成立；（2）债务履行期限已经届满；（3）债务人未完全清偿债务。

资产不足以清偿全部债务是指债务人的实有资产不足以清偿全部债务，即通常所说的“资不抵债”，着眼点是资债比例关系，考察债务人的偿还能力仅以实有财产为限，不考虑信用、能力等可能影响债务人清偿能力的因素，计算债务数额时，不考虑是否到期，均纳入债务总额之内。

债务人账面资产虽大于负债，但存在下列情形之一的，人民法院应当认定其明显缺乏清偿能力：（1）因资金严重不足或者财产不能变现等原因，无法清偿债务；（2）法定代表人下落不明且无其他人员负责管理财产，无法清偿债务；（3）经人民法院强制执行，无法清偿债务；（4）长期亏损且经营扭亏困难，无法清偿债务；（5）导致债务人丧失清偿能力的其他情形。

2. 破产申请的提出和受理

（1）破产案件的管辖。《企业破产法》第3条规定，破产案件由债务人住所地人民法院管辖。这一规定同《民事诉讼法》第22条规定的地域管辖的原则是一致的。债务人住所地是指该企业的主要经营机构所在地。企业的管理机构与生产、经营场所不一致的，以管理机构所在地为债务所在地。

（2）破产申请人。破产申请人是指有权提出破产申请的人，包括债务人、债权人和对债务人负有清算责任的人。债务人可以向人民法院提出重整、和解或者破产清算申请。债权人可以向人民法院提出对债务人进行重整或者破产清算的申请。企业法人已解散但未清算或者未清算完毕，资产不足以清偿债务的，依法负有清算责任的人应当向人民法院申请破产清算。

债权人或者债务人提出破产申请时，应提交破产申请书，其基本内容有：①申请人、被申请人的基本情况；②申请目的；③申请的事实和理由；④人民法院认为应当载明的其他事项。债务人提出申请的，还应当向人民法院提交财产状况说明、债务清册、债权清册、有关财务会计报告、职工安置预案以及职工工资的支付和社会保险费用的缴纳情况。

人民法院接到申请人提交的破产申请书后，应审查以下事项：申请是否合格；被申请人是否合格；申请人提出的申请理由是否充分；材料是否完备；有无管辖权等。

（3）破产案件的受理。人民法院对申请人提出的破产申请，经过审查，认为确有理由并符合法律规定，应予受理；如果认为申请无理由或法定材料不完整，应令其补充材料后再予受理。

人民法院对于债权人提出破产申请的，应当自收到申请之日起5日内通知债务人。债务人对申请有异议的，应当自收到人民法院的通知之日起7日内向人民法院提出。人民法院应当自异议期满之日起10日内裁定是否受理。其他情形下，人民法院应当自收到破产申请之日起15日内裁定是否受理。有特殊情况需要延长前两款规定的裁定受理期限的，经上一级人民法院批准，可以延长15日。人民法院受理破产申请的，应当自裁定作出之日起5日内送达申请人。

人民法院裁定受理破产申请的，应当同时指定管理人。债权人会议认为管理人不能依法、公正执行职务或者有其他不能胜任职务情形的，可以申请人民法院予以更换。管理人可以由有关部门、机构的人员组成的清算组或者依法设立的律师事务所、会计师事务所、破产清算事务所等社会中介机构担任。有下列情形之一的，不得担任管理人：①因故意犯罪受过刑事处罚；②曾被吊销相关专业执业证书；③与本案有利害关系；④人民法院认为不宜担任管理人的其他情形。管理人应当勤勉尽责，忠实执行职务。

受理破产申请后将产生以下法律后果：第一，债务人对个别债权人的债务清偿无效。第二，债务人的债务人或者财产持有人应当向管理人清偿债务或者交付财产。第三，管理人对受理前成立而债务人和对方当事人均未履行完毕的合同有权决定解除或者继续履行，并作出有利于管理人的推定——管理人自破产申请受理之日起2个月内未通知对方当事人，或者自收到对方当事人催告之日起30日内未答复的，视为解除合同。第四，有关债务人财产的保全措施应当解除，执行程序应当中止。第五，已经开始而尚未终结的有关债务人的民事诉讼或者仲裁应当中止；待管理人接管后，继续进行。第六，涉及债务人的民事诉讼，只能向受理破产申请的人民法院提起。

三、债务人财产

债务人财产是供破产债权人分配的破产企业的财产，包括破产申请受理时属于债务人的全部财产，以及破产申请受理后至破产程序终结前债务人取得的财产。

1. 破产可撤销行为

人民法院受理破产申请前一年内，涉及债务人财产的下列行为，管理人有权请求人民法院予以撤销：（1）无偿转让财产的；（2）以明显不合理的价格进行交易的；（3）对没有财产担保的债务提供财产担保的；（4）对未到期的债务提前清偿的；（5）放弃债权的。

人民法院受理破产申请前6个月内，债务人达到破产界限，仍对个别债权人进行清偿的，管理人有权请求人民法院予以撤销。但是，个别清偿使债务人财产受益的除外。

2. 破产无效行为

涉及债务人财产的下列行为无效：（1）为逃避债务而隐匿、转移财产的；（2）虚构债务或者承认不真实的债务的。

3. 管理人的追回权

应当追回的有以下两种：（1）破产无效行为、破产可撤销行为涉及的财产；（2）债务人的董事、监事和高级管理人员利用职权从企业获取的非正常收入和侵占的企业财产。

4. 取回权

破产程序中涉及的取回权包括非债务人财产取回权、代偿性取回权、出卖人在途标的物取回权、出卖人取回权，这里面有企业破产法下的取回权，也有其他法律中规定的取回权在破产程序中的具体适用。非债务人财产取回权是指在破产程序中对于不属于债务人的财产，其所有权人或者其他权利人通过管理人将该财产予以取回的权利，其权利行使的基础为民法上的所有权和其他财产权利。代偿性取回权是指当非债务人财产取回权行使的标的财产毁损、灭失时，该财产的权利人依法对取回权标的物的代偿财产行使取回的权利，是对非债务人财产取回权制度的必要补充。出卖人在途标的物取回权是企业破产法中规定的一项特殊的取回权，是指尚未收到全部价款的动产出卖人将买卖标的物发送后，如果买受人在尚未收到标的物前破产的，出卖人可以请求取回标的物的权利，其目的在于担保已经脱离了对标的物控制权的出卖人获得买卖价款的权利。出卖人取回权是合同法上的权利在破产程序中的行使，是指当事人在买卖合同中约定所有权保留，在标的物所有权转移前，买受人未按约定支付价款或完成特定条件，或将标的物出卖、出质或者作出其他不当处分，对出卖人造成损害的，出卖人有权主张取回买卖标的物。

5. 抵销权

企业破产法上的抵销是指在破产申请受理前，债权人对债务人负有债务的，不论其债权同所负债务的种类是否相同，也不论其债权是否已经到期，债权人有权不依破产程序而以自己所享有的债权与其所负债务进行抵销。

有下列情形之一的，不得抵销：（1）债务人的债务人在破产申请受理后取得他人对债务人的债权的。（2）债权人已知债务人有不能清偿到期债务或者破产申请的事实，对债务人负担债务的；但是，债权人因为法律规定或者有破产申请一年前所发生的原因而负担债务的除外。（3）债务人的债务人已知债务人有不能清偿到期债务或者破产申请的事实，对债务人取得债权的；但是，债务人的债务人因为法律规定或者有破产申请一年前所发生的原因而取得债权的除外。

四、债权申报和债权人会议

（一）债权申报

1. 申报时间

债权申报期限自人民法院发布受理破产申请公告之日起计算，最短不得少于30日，最长不得超过3个月。

在人民法院确定的债权申报期限内，债权人未申报债权的，可以在破产财产最后分配前补充申报，但是，此前已进行的分配，不再对其补充分配。为审查和确认补充申报债权的费用，由补充申报人承担。

2. 申报要求

（1）债务人所欠职工的工资和医疗、伤残补助、抚恤费用，所欠的应划入职工个人账户的基本养老保险、基本医疗保险费用，以及法律、行政法规规定应当支付给职工的补偿金，不必申报，由管理人调查后列出清单并予以公示。职工对清单记载有异议的，可以要求管理人更正；管理人不予更正的，职工可以向人民法院提起诉讼。

（2）未到期的债权，在破产申请受理时视为到期。

（3）附利息的债权自破产申请受理时起停止计息。

（4）附条件、附期限的债权和诉讼、仲裁未决的债权，债权人可以申报。

(5) 连带债权人可以由其中一人代表全体连带债权人申报债权，也可以共同申报债权。

(6) 债务人的保证人或者其他连带债务人已经代替债务人清偿债务的，以其对债务人的求偿权申报债权。

债务人的保证人或者其他连带债务人尚未代替债务人清偿债务的，以其对债务人的将来求偿权申报债权。但是，债权人已经向管理人申报全部债权的除外。

(7) 因破产而解除合同所产生的损害赔偿请求权可以申报债权。

(8) 债务人是票据的出票人，被裁定适用破产程序，该票据的付款人继续付款或者承兑的，付款人以由此产生的请求权申报债权。

(9) 保证人被裁定进入破产程序的，债权人有权申报其对保证人的保证债权。债务人、保证人均被裁定进入破产程序的，债权人有权向债务人、保证人分别申报债权。

3. 破产债权确认

管理人依法编制债权表，应当提交第一次债权人会议核查。债务人、债权人对债权表记载的债权无异议的，由人民法院裁定确认。

债务人、债权人对债权表记载的债权有异议的，可以向受理破产申请的人民法院提起诉讼。

（二）债权人会议

债权人会议由依法申报债权的债权人、债权尚未确定的债权人、债务人的职工和工会的代表组成。依法申报债权的债权人，享有表决权；债权尚未确定的债权人，除人民法院能够为其行使表决权而临时确定债权额的外，不得行使表决权；债务人的职工和工会的代表，可对有关事项发表意见。债权人会议是以维护债权人共同利益为目的，在法院监督下讨论决定有关破产事宜，表达债权人意志的破产机构。

债权人会议设主席一人，由人民法院从有表决权的债权人中指定。

债权人会议行使下列职权：(1) 核查债权；(2) 申请人民法院更换管理人，审查管理人的费用和报酬；(3) 监督管理人；(4) 选任和更换债权人委员会成员；(5) 决定继续或者停止债务人的营业；(6) 通过重整计划；(7) 通过和解协议；(8) 通过债务人财产的管理方案；(9) 通过破产财产的变价方案；(10) 通过破产财产的分配方案；(11) 人民法院认为应当由债权人会议行使的其他职权。

债权人会议的决议，由出席会议的有表决权的债权人过半数通过，并且其所代表的债权额占无财产担保债权总额的 1/2 以上。债权人认为债权人会议的决议违反法律规定，损害其利益的，可以自债权人会议作出决议之日起 15 日内，请求人民法院裁定撤销该决议，责令债权人会议依法重新作出决议。决议撤销情形包括：(1) 债权人会议的召开违反法定程序；(2) 债权人会议的表决违反法定程序；(3) 债权人会议的决议内容违法；(4) 债权人会议的决议超出债权人会议的职权范围。

债权人会议的决议，对于全体债权人均有约束力。

债权人会议可以决定设立债权人委员会。债权人委员会由债权人会议选任的债权人代表和一名债务人的职工代表或者工会代表组成。债权人委员会成员不得超过9人；债权人委员会成员应当经人民法院书面决定认可。

管理人实施下列行为，应当及时报告债权人委员会并提交债权人会议进行表决，债权人会议表决未通过的，管理人不得处分：(1) 涉及土地、房屋等不动产权益的转让；(2) 探矿权、采矿权、知识产权等财产权的转让；(3) 全部库存或者营业的转让；(4) 借款；(5) 设定财产担保；(6) 债权和有价证券的转让；(7) 履行债务人和对方当事人均未履行完毕的合同；(8) 放弃权利；(9) 担保物的取回；(10) 对债权人利益有重大影响的其他财产处分行为。债权人委员会认为管理人实施的处分行为不符合债权人会议通过的财产管理或变价方案的，有权要求管理人纠正。管理人拒绝纠正的，债权人委员会可以请求人民法院作出决定。

五、重整与和解

1. 重整

重整是指当企业已具有破产原因又有复兴的可能时，为防止其破产，由利害关系人申请，经法院裁定，对其实施强制治理，使其得以维持和再生的法律制度。

(1) 重整申请和重整期间。债务人或者债权人可以直接向人民法院申请对债务人进行重整。债权人申请对债务人进行破产清算的，在人民法院受理破产申请后、宣告债务人破产前，债务人或者出资额占债务人注册资本1/10以上的出资人，可以向人民法院申请重整。人民法院经审查认为重整申请符合法律规定的，应当裁定债务人重整，并予以公告。

自人民法院裁定债务人重整之日起至重整程序终止为重整期间。在重整期间，经债务人申请，人民法院批准，债务人可以在管理人的监督下自行管理财产和营业事务。

在重整期间，有下列情形之一的，经管理人或者利害关系人请求，人民法院应当裁定终止重整程序，并宣告债务人破产：1) 债务人的经营状况和财产状况继续恶化，缺乏挽救的可能性；2) 债务人有欺诈、恶意减少债务人财产或者其他显著不利于债权人的行为；3) 由于债务人的行为致使管理人无法执行职务。债务人或者管理人应当自人民法院裁定债务人重整之日起6个月内，同时向人民法院和债权人会议提交重整计划草案，未按期提出重整计划草案的，人民法院应当裁定终止重整程序，并宣告债务人破产。

(2) 重整计划的制定和批准。对重整计划草案进行分组表决时，权益因重整计划草案受到调整或者影响的债权人或者股东，有权参加表决；权益未受到调整或者影响的债权人或者股东，不参加重整计划草案的表决。下列各类债权的债权人参加讨论重整计划草案的债权人会议，依照下列债权分类，分组对重整计划草案进行表决：1) 对债务人的特定财产享有担保权的债权；2) 债务人所欠职工的工资和医疗、伤残补助、抚恤费用，所欠的应当划入职工个人账户的基本养老保险、基本医疗保险费用，以及法律、行政法规规定应当支付给职工的补偿金；3) 债务人所欠税款；4）普通债权。人民法院在必要时可以决定在普通债权组中设小额债权组对重整计划草案进行表决。人民法院应当自收到重整计划草案之日起30日内召开债权人会议，对重整计划草案进行表决。出席会议的同一表决组的债权人过半数同意重整计划草案，并且其所代表的债权额占该组债权总额的2/3以上的，即为该组通过重整计划草案。重整计划草案涉及出资人权益调整事项的，应当设出资人组，对该事项进行表决。各表决组均通过重整计划草案时，重整计划即为通过。自重整计划通过之日起10日内，债务人或者管理人应当向人民法院提出批准重整计划的申请。人民法院经审查认为符合《企业破产法》规定的，应当自收到申请之日起30日内裁定批准，终止重整程序，并予以公告。部分表决组未通过重整计划草案的，债务人或者管理人可以同未通过重整计划草案的表决组协商，该表决组可以在协商后再表决一次，双方协商的结果不得损害其他表决组的利益。

未通过重整计划草案的表决组拒绝再次表决或者再次表决仍未通过重整计划草案，但重整计划草案符合《企业破产法》第87条规定的条件的，债务人或者管理人可以申请人民法院批准重整计划草案。重整计划草案未获得通过且未依照《企业破产法》第87条的规定获得批准，或者已通过的重整计划未获得批准的，人民法院应当裁定终止重整程序，并宣告债务人破产。

（3）重整期间对债务人的营业保护。

第一，在重整期间，对债务人的特定财产享有的担保权暂停行使。

第二，在重整期间，债务人或者管理人为继续营业而借款的，可以为该借款设定担保。

第三，债务人合法占有的他人财产，该财产的权利人在重整期间要求取回的，应当符合事先约定的条件。

第四，在重整期间，债务人的出资人不得请求投资收益分配。

第五，在重整期间，债务人的董事、监事、高级管理人员不得向第三人转让其持有的债务人的股权。但是，经人民法院同意的除外。

2. 和解

和解是指具有破产原因的债务人，为避免破产清算，而与债权人会议达成以让步方法了结债务的协议，协议经人民法院认可后生效的法律程序。债务人可以直接向人民法院申请和解，也可以在人民法院受理破产申请后、宣告债务人破产前，向人民法院申请和解。债务人申请和解，应当提出和解协议草案。人民法院经审查认为和解申请符合《企业破产法》规定的，应当裁定和解，予以公告，并召集债权人会议讨论和解协议草案。债权人会议通过和解协议的决议，由出席会议的有表决权的债权人过半数同意，并且其所代表的债权额占无财产担保债权总额的2/3以上。和解协议草案经债权人会议表决未获得通过，或者已经债权人会议通过的和解协议未获得人民法院认可的，人民法院应当裁定终止和解程序，并宣告债务人破产。

债权人会议通过和解协议的决议，由出席会议的有表决权的债权人过半数同意，并且其所代表的债权额占无财产担保债权总额的2/3以上。

经人民法院裁定认可的和解协议，对债务人和全体和解债权人均有约束力。和解债权人是指人民法院受理破产申请时对债务人享有无财产担保债权的人。和解债权人对债务人的保证人和其他连带债务人所享有的权利，不受和解协议的影响。

六、破产宣告与破产清算

1. 破产宣告

《企业破产法》第107条规定，人民法院依照本法规定宣告债务人破产的，应当自裁定作出之日起5日内送达债务人和管理人，自裁定作出之日起10日内通知已知债权人，并予以公告。

破产宣告前，有下列情形之一的，人民法院应当裁定终结破产程序，并予以公告：

（1）第三人为债务人提供足额担保或者为债务人清偿全部到期债务的；

（2）债务人已清偿全部到期债务的。

2. 破产财产与破产债权

债务人被宣告破产后，债务人称为破产人，债务人财产称为破产财产，人民法院受理破产申请时对债务人享有的债权称为破产债权。破产财产主要包括：宣告破产时破产企业经营管理的全部财产；破产企业在破产宣告后至破产程序终结前所取得的财产；应当由破产企业行使的其他财产权利。破产债权主要有：破产宣告前成立的无财产担保的债权和放弃了优先受偿权的有财产担保的债权；破产宣告时未到期的债权，视为已到期债权，但应减去未到期的利息；清算组决定解除破产企业未履行的合同后，对另一方当事人清偿因此受到损害的赔偿额；有财产担保的债权超过担保物价值而未优先受偿的部分。

3. 破产财产的处置与分配

（1）别除权。对破产人的特定财产享有担保权的权利人，对该特定财产享有优先受偿的权利。

（2）破产费用和共益债务。破产费用包括：1）破产案件的诉讼费用；2）管理、变价和分配债务人财产的费用；3）管理人执行职务的费用、报酬和聘用工作人员的费用。破产财产不足以支付破产费用的，人民法院应当宣告破产程序终结。

共益债务是指破产程序中为全体债权人的共同利益由债务人财产及其管理人而产生的债务。人民法院受理破产申请后发生的下列债务为共益债务：1）因管理人或者债务人请求对方当事人履行双方均未履行完毕的合同所产生的债务；2）债务人财产受无因管理所产生的债务；3）因债务人不当得利所产生的债务；4）为债务人继续营业而应支付的劳动报酬和社会保险费用以及由此产生的其他债务；5）管理人或者相关人员执行职务致人损害所产生的债务；6）债务人财产致人损害所产生的债务。

破产费用和共益债务由债务人财产随时清偿。债务人财产不足以清偿所有破产费用和共益债务的，先行清偿破产费用。债务人财产不足以清偿所有破产费用或者共益债务的，按照比例清偿。

（3）清偿顺序。破产财产在优先清偿破产费用和共益债务后，依照下列顺序清偿：1）破产人所欠职工的工资和医疗、伤残补助、抚恤费用，所欠的应当划入职工个人账户的基本养老保险、基本医疗保险费用，以及法律、行政法规规定应当支付给职工的补偿金；2）破产人欠缴的除前项规定以外的社会保险费用和破产人所欠税款；3）普通破产债权。破产财产不足清偿同一顺序的清偿要求的，按照比例分配。破产企业的董事、监事和高级管理人员的工资按照该企业职工的平均工资计算。

七、破产程序的终结

（1）破产人无财产可供分配的，管理人应当请求人民法院裁定终结破产程序。人民法院应当自收到管理人终结破产程序的请求之日起 15 日内作出是否终结破产程序的裁定。裁定终结的，应当予以公告。

（2）管理人应当自破产程序终结之日起 10 日内，持人民法院终结破产程序的裁定，向破产人的原登记机关办理注销登记。

（3）破产人的保证人和其他连带债务人，在破产程序终结后，对债权人依照破产清算程序未受清偿的债权，依法继续承担清偿责任。

本章小结

本章是经济法的主体法部分。在各类企业中，公司具有独立的法人人格，合伙企业和个人独资企业属于非法人组织，这种差异主要来自投资者资产与企业资产的不同区隔程度。公司的投资者一旦出资，这笔出资就成为独立的公司资产，投资者再无法随心所欲地处置，只能通过公司决议的形式来管理和使用，如果投资者想拿回此笔投资，只能选择转让股权或者通过公司清算获得财产分配。为了保障此种区隔，公司必须设定法定的组织机构，在公司治理上公司法也赋予了较多的强制性规则。如果无法使投资者与公司区隔开来，则会引发法人独立地位之否认。合伙企业和个人独资企业中投资者资产与企业资产的区隔程度相对要低，投资者（有限合伙人除外）对外都负有无限责任。需要注意的是，合伙企业是商事合伙，其与民事合伙的不同正是商法和民法差异的体现。相较于公司这一资合企业，合伙企业是人合企业，普通合伙人之间负有连带责任。随着《中华人民共和国外商投资法》的出台，外资企业与内资企业在组织形式上走向统一。企业破产法则是针对困境企业的“企业死亡法”（破产清算）或“企业再生法”（重整、和解），目的是在法院监督下使全体债权人获得公平清偿。

思考训练题

单项选择题

1. 甲、乙、丙为某有限责任公司股东。现甲欲对外转让其股份，下列判断中正确的是（　　）。

A. 甲必须就此事书面通知乙、丙并征求其意见

B. 在任何情况下，乙、丙均享有优先购买权

C. 在符合对外转让条件的情况下，受让人应当将股权转让款支付给公司

D. 未经工商变更登记，受让人不能取得公司股东资格

2. 2017年6月，自然人甲、乙、丙设立某合伙企业。合伙协议约定：甲、乙各出资30万元，丙出资90万元，均应于合伙企业成立之日起两年内缴清。合伙协议未约定利润分配事项。2018年6月，合伙企业拟分配利润，此时甲、乙已完全履行出资义务，丙已向合伙企业出资60万元，在甲、乙、丙未能就此次利润分配方案达成一致意见的情形下，下列关于此次利润分配的表述中，正确的是(　　)。

A. 甲、乙、丙应按1∶1∶2的比例分配

B. 甲、乙、丙应按1∶1∶3的比例分配

C. 甲、乙、丙应按1∶1∶1的比例分配

D. 甲、乙、丙应按各自对合伙企业的贡献度分配

3. 注册会计师甲、乙、丙共同出资设立一特殊的普通合伙制的会计师事务所。甲、乙在某次审计业务中，因故意出具不实审计报告被人民法院判决由会计师事务所赔偿当事人80万元。根据《合伙企业法》的规定，下列有关该赔偿责任承担的表述中，正确的是(　　)。

A. 甲、乙、丙均承担无限连带责任

B. 以该会计师事务所的全部财产为限承担责任

C. 甲、乙、丙均以其在会计师事务所中的财产份额为限承担责任

D. 甲、乙应承担无限连带责任，丙以其在会计师事务所中的财产份额为限承担责任

4. 某股份有限公司打算与另一股份有限公司合并，该合并方案须经(　　)。

A. 出席会议的全体股东通过

B. 代表2/3表决权的股东通过

C. 代表1/2表决权的股东通过

D. 出席会议的股东所持表决权的2/3以上通过

5. 根据《企业破产法》的有关规定，债权人会议通过和解协议的决议应当由(　　)。

A. 出席会议的有表决权的债权人过半数通过，并且其所代表的债权额占全部债权总额的2/3以上

B. 出席会议的有表决权的债权人过半数通过，并且其所代表的债权额占无财产担保债权总额的2/3以上

C. 全体有表决权的债权人过半数通过，并且其所担保的债权额占全部债权总额的2/3以上

D. 全体有表决权的债权人过半数通过，并且其所担保的债权额占无财产担保债权总额的2/3以上

6. 根据《公司法》，下列表述正确的是(　　)。

A. 丙作为某有限责任公司股东，以其房屋出资，出资的房屋未过户登记到公司名下，但在房屋已经由公司占有和使用的情况下，丙的出资责任视同完成，不需要承担违约责任

B. 一人有限责任公司不设股东会

C. 国有独资公司的董事长由董事会选举产生

D. 股份有限公司的董事会成员必须有公司职工代表

7. 下列有关重整制度的表述中，错误的是(　　)。

A. 在重整期间，对债务人的特定财产享有的担保权暂停行使

B. 担保物有损坏或者价值明显减少的可能，足以危害担保权人权利的，担保权人可以向人民法院请求恢复行使担保权

C. 在重整期间，债务人或者管理人为继续营业而借款的，可以为该借款设定担保

D. 在重整期间，债务人的出资人可以请求投资收益分配

8. 下列关于有限责任公司股东转让股权的说法中，正确的有(　　)。

A. 股东之间可以自由转让股权

B. 股东对外转让股权，须经其他股东半数以上同意

C. 股东对外转让股权，其他股东同等条件下有优先购买权

D. 多个股东主张优先购买权的，按照出资比例行使权利

9. 张某向陈某借款 50 万元作为出资，与李某、王某成立一家普通合伙企业。两年后借款到期，张某无力还款。下列说法中正确的是(　　)。

A. 经李某和王某同意，张某可将自己的财产份额作价转让给陈某，以抵销部分债务

B. 张某可不经李某和王某同意，将其在合伙企业中的份额出质，用获得的贷款偿还债务

C. 陈某可直接要求人民法院强制执行张某在合伙企业中的财产以实现自己的债权

D. 陈某可要求李某和王某对张某的债务承担连带责任

10. 根据《合伙企业法》的规定，除合伙协议另有约定外，普通合伙企业的下列事务中，应当经全体合伙人一致同意的有(　　)。

A. 改变合伙企业的名称

B. 以合伙企业的名义为他人提供担保

C. 聘任合伙人以外的人担任合伙企业的经营管理人员

D. 合伙人之间转让在合伙企业中的部分财产份额

案例分析题

【案例 1】

2010 年 1 月，注册会计师甲、乙、丙三人在北京成立了一家会计师事务所，性质为特殊的普通合伙。甲、乙、丙在合伙协议中约定：(1) 甲、丙分别以现金 300 万元和 50 万元出资，乙以一套房屋出资，作价 200 万元，作为会计师事务所的办公场所；(2) 会计师事务所的盈亏按照各自的出资比例享有和承担；(3) 甲负责执行合伙事务。

2011 年 2 月，乙拟将其在会计师事务所中的财产份额转让给 A。丙表示同意，甲则对乙拟转让的财产份额主张优先购买权，乙以合伙协议中未约定优先购买权为由予以拒绝。

2011 年 3 月，丙在为 B 公司提供审计服务时，因重大过失给 B 公司造成 300 万元损失。该会计师事务所现有全部财产价值 250 万元，其中，乙用于出资的房屋变现价值为 230 万元。该会计师事务所在将全部财产用于赔偿 B 公司后，要求丙向 B 公司支付剩余的

50万元赔偿金。丙则认为，合伙协议约定合伙人对于会计师事务所的亏损按照各自出资比例承担，自己不应对合伙企业财产不足清偿的债务承担全部责任。乙认为其对此债务只应以出资额为限承担责任，其出资的房屋已经升值，目前变现价值为230万元，故丙应退还其30万元。

2011年5月，因会计师事务所在北京的业务量下降，甲提出将会计师事务所的主要经营地点迁至上海。在合伙人会议上，乙对此表示赞同，丙则反对。甲、乙认为，表示赞同的人数及所持出资额均超过半数，且合伙协议对此无特别约定，于是作出迁址决议。

问题

1. 甲对乙拟转让给A的合伙企业财产份额是否享有优先购买权？
2. 乙是否有权要求丙退还30万元？
3. 丙是否应当单独承担对B公司剩余50万元的赔偿责任？
4. 将会计师事务所迁至上海的决议是否有效？

【案例2】

张欣大学毕业后拟开办一家个人独资的小商品批发店，他手里只有3 000元积蓄，办店要租房、买货架等，钱远远不够，父母为了支持儿子，拿出7 000元积蓄送给了张欣。张欣找到一个比较满意的店面，以每月1 000元的价格租了下来，留下1 000元做装修之用，然后到当地工商行政管理部门以个人名义申报8 000元的出资额，工商行政管理部门依法审查，向其颁发了营业执照。小商品批发店很快开业了，但因张欣根本不懂经营，又没进行市场调查，仅凭个人喜好进货，经营不到两年，就拖欠厂家货款10 000元，向甲、乙、丙欠债各2 000元，欠房租6 000元。各债权人不断上门讨债，张欣感到实在经营不下去了，于是对各债权人说："我现在正好还剩价值8 000元的货，我在营业执照上登记的也是8 000元，反正就这些了，你们拿去顶账好了，还不上的就不还了。"各债权人一致认为张欣应该欠多少还多少，而不能以登记的出资额为限。张欣认为登记出资额就是为了确定承担责任能力，因此8 000元以外还不上的可以不还。债权人甲知道当初张欣开办企业时，张欣的父母出资7 000元，因此提出该批发店是以家庭共有财产出资的，应当由张欣及其父母共同承担责任，张欣还不上就应由其父母还。张欣认为那7 000元是父母送给自己的，不是家庭共同出资，也未作家庭出资的登记，所以仅是其个人出资。双方争执不下，各债权人共同将张欣诉至法院。

问题

试分析各方观点的正误，说明法律依据。

【案例3】

甲股份有限公司注册资本为2 000万元，公司现有法定公积金800万元，任意公积金400万元。现该公司拟以公积金700万元转化为公司资本，进行增资派股。为此，公司股东提出如下几种建议：

(1) 将法定公积金600万元、任意公积金100万元转为公司资本；
(2) 将法定公积金500万元、任意公积金200万元转为公司资本；
(3) 将法定公积金400万元、任意公积金300万元转为公司资本；

（4）将法定公积金300万元、任意公积金400万元转为公司资本。

问题

上述哪些意见符合法律规定，哪些意见不符合法律规定？

【案例4】

甲、乙、丙分别出资50万元、210万元、40万元共同设立新雨开发有限公司（以下简称新雨公司），由乙任执行董事并负责公司经营管理，甲任监事。乙同时为其个人投资的东风有限责任公司（以下简称东风公司）的总经理，该公司欠白云公司货款50万元未还。东风公司需要租用仓库，乙擅自决定将新雨公司的一处房屋以低廉的价格出租给东风公司。丙知悉上述情况后，向乙提议召开一次股东会以解决问题，乙以业务太忙为由迟迟未答应开会。甲对丙要求其代表公司进行维权诉讼的书面要求也置之不理。

公司成立三年，一次红利也未分过，亏损严重，且公司持续两年以上无法召开股东会。丙向甲、乙提出解散公司，但乙不同意。丙决定转让股权，退出公司，但一时未找到受让人。

问题

1. 如新雨公司设立时在公司章程中规定甲、乙、丙拥有同等的表决权，此种规定是否合法？

2. 针对乙将新雨公司的房屋低价出租给东风公司的行为，丙可以采取什么法律措施？

3. 针对乙不同意解散公司和丙想退出公司又找不到受让人的情况，丙可采取什么法律对策？

【案例5】

原告徐工集团工程机械股份有限公司（以下简称徐工机械公司）诉称：成都川交工贸有限责任公司（以下简称川交工贸公司）拖欠其货款未付，成都川交工程机械有限责任公司（以下简称川交机械公司）、四川瑞路建设工程有限公司（以下简称瑞路公司）与川交工贸公司人格混同，三个公司实际控制人王永礼以及川交工贸公司股东等人的个人资产与公司资产混同，均应承担连带清偿责任。请求判令：川交工贸公司支付所欠货款10 916 405.71元及利息；川交机械公司、瑞路公司及王永礼等个人对上述债务承担连带清偿责任。

被告川交工贸公司、川交机械公司、瑞路公司辩称：三个公司虽有关联，但并不混同，川交机械公司、瑞路公司不应对川交工贸公司的债务承担清偿责任。

王永礼等人辩称：王永礼等人的个人财产与川交工贸公司的财产并不混同，不应为川交工贸公司的债务承担清偿责任。

法院经审理查明：川交机械公司成立于1999年，股东为四川省公路桥梁工程总公司二公司、王永礼、倪刚、杨洪刚等。2001年，股东变更为王永礼、李智、倪刚。2008年，股东再次变更为王永礼、倪刚。瑞路公司成立于2004年，股东为王永礼、李智、倪刚。2007年，股东变更为王永礼、倪刚。川交工贸公司成立于2005年，股东为吴帆、张家蓉、凌欣、过胜利、汤维明、武竞、郭印，何万庆2007年入股。2008年，股东变更为张家蓉（占90%股份）、吴帆（占10%股份），其中张家蓉系王永礼之妻。在公司人员方面，三个公司经理均为王永礼，财务负责人均为凌欣，出纳会计均为卢鑫，工商手续经办人均为张梦；三个公司的管理人员存在交叉任职的情形，如过胜利兼任川交工贸公司副总经理和川交机械公司销售部经理的职务，且免去过胜利川交工贸公司副总经理职务的决定系由川交机械公司作出；吴帆既是川交工贸公司的法定代表人，又是川交机械公司的综合部行政经理。在公司业务方面，三个公司在工商行政管理部门登记的经营范围均涉及工程机械且部分重合，其中川交工贸公司的经营范围被川交机械公司的经营范围完全覆盖；川交机械公司系徐工机械公司在四川地区（攀枝花除外）的唯一经销商，但三个公司均从事相关业务，且相互之间存在共用统一格式的《销售部业务手册》、《二级经销协议》、结算账户的情形；三个公司在对外宣传中区分不明，2008年12月4日重庆市公证处出具的《公证书》记载：通过互联网查询，川交工贸公司、瑞路公司在相关网站上共同招聘员工，所留电话号码、传真号码等联系方式相同；川交工贸公司、瑞路公司的招聘信息包括大量关于川交机械公司的发展历程、主营业务、企业精神的宣传内容；部分川交工贸公司的招聘信息中，公司简介全部为对瑞路公司的介绍。在公司财务方面，三个公司共用结算账户，凌欣、卢鑫、汤维明、过胜利的银行卡中曾发生高达亿元的往来，资金的来源包括三个公司的款项，对外支付的依据仅为王永礼的签字；在川交工贸公司向其客户开具的收据中，有的加盖其财务专用章，有的则加盖瑞路公司财务专用章；在与徐工机械公司均签订合同、均有业务往来的情况下，三个公司于2005年8月共同向徐工机械公司出具说明，称因川交机械公司业务扩张而注册了另两个公司，要求所有债权债务、销售量均计算在川交工贸公司名下，并表示今后尽量以川交工贸公司名义进行业务往来；2006年12月，川交工贸公司、瑞路公司共同向徐工机械公司出具申请，以统一核算为由要求将2006年度的业绩、账务均计算至川交工贸公司名下。另查明，2009年5月26日，卢鑫在徐州市公安局经侦支队接受询问时陈述：川交工贸公司目前已经垮了，但未注销。又查明徐工机械公司未得到清偿的货款实为10 511 710.71元。

（案例来源：最高人民法院发布的指导案例15号——徐工集团工程机械股份有限公司诉成都川交工贸有限责任公司等买卖合同纠纷案）

问题

川交机械公司、瑞路公司与川交工贸公司是否人格混同，应否对川交工贸公司的债务承担连带清偿责任？

【案例6】

A股份有限公司（以下简称A公司）为一家于2014年10月在上海证券交易所上市交易的上市公司，其实收股本为人民币12 000万元，董事会由7名董事组成。2016年12月，中国证监会在对A公司进行的例行检查中发现如下事实：

(1) A公司于2016年3月18日召开了2015年度股东大会，在该次股东大会上审议通过了A公司对控股股东B公司向C银行借款提供担保的决议。经查：在股东大会进行该项表决时B公司未参与表决，该项表决由出席股东大会的其他股东所持表决权的52.4%获得通过。

(2) A公司因原材料成本大幅上涨，造成2015年度亏损560万元，股东大会决议以360万元的法定公积金和200万元的资本公积金弥补亏损。

（3）A公司原董事会秘书甲因个人原因于2016年2月辞职离任，经查，甲于2016年7月转让了其所持A公司股份的20%。

问题

1. 根据本题（1）所述事实，分析说明A公司股东大会作出的对B公司提供担保的决议是否合法。

2. 根据本题（2）所述事实，分析说明A公司股东大会弥补亏损的决议是否符合规定。

3. 根据本题（3）所述事实，分析说明甲转让其所持公司股份的做法是否符合规定。

【案例7】

2008年7—8月，某银行分4次向某奶粉集团股份有限公司（以下简称某集团）发放流动资金贷款1.5亿元，期限为1年。2008年9月11日，某集团发布产品召回声明，对2008年8月6日前生产的婴幼儿奶粉全部召回。当晚，某电视台一新闻节目对某集团奶粉含有三聚氰胺事件进行了报道。鉴于该事件对某集团生产经营产生重大不利影响，为保全信贷资产，根据《流动资金借款合同》中有关贷款加速到期条款的约定，9月12日，某银行电话通知某集团解除《流动资金借款合同》，提前收回贷款，某集团表示同意，某银行当日上午从某集团存款账户划收贷款本息1.5亿元。新闻播出后第二天，某集团随即接到了停产整顿通知书，全国各地因食用该集团婴幼儿奶粉而患病的患儿家属纷纷对某集团提起诉讼，企业骤然陷入困境。2008年11月，某市商业银行申请某集团破产，某市中级人民法院立案受理。2009年5月，某集团破产管理人将某银行诉至某市中级人民法院，要求撤销某集团对某银行未到期借款提前清偿行为，某银行返还某集团提前清偿的1.5亿元。

经审理，某市中级人民法院认为，某银行与某集团签订的《流动资金借款合同》中虽有“借款人的信用等级、盈利水平、资产负债率、经营活动现金净流量不符合甲方（某集团）信用贷款条件，或者其生产经营和财务状况发生重大变化，对贷款安全造成重大不利影响，贷款行有权宣布贷款提前到期，停止发放尚未发放的贷款，并要求借款人提前偿还已发放的部分或全部贷款”等约定，但某集团进入破产程序后，根据特别法优于普通法的原则，应优先适用《企业破产法》，借款合同的约定不能对抗《企业破产法》的规定；某集团发布产品召回声明时，其仍有足额资金可支付借款本息，生产经营和财务状况尚未发生重大变化，不符合约定的合同提前到期的条件；某银行划收借款本息时并不存在某集团已发生歇业、停业整顿情况，不存在合同应依法解除的情形，某银行在合同未到期的情况下划收借款本息没有依据。据此，2009年7月，某市中级人民法院一审判决撤销某银行划收某集团未到期借款行为，某银行立即返还所划收款项1.5亿元。某银行不服，向某省高级人民法院提起上诉。

某省高级人民法院认为，本案争议的焦点主要是某银行在合同约定的期限到期前扣收某集团存款用于归还借款及利息是否违反《企业破产法》第31条第（4）项的规定。某集团于2008年9月12日晚被政府勒令停业整顿，但某银行于当日上午即以某集团出现合同约定的“发生停业整顿”“生产经营和财务状况发生重大变化”情形，从某集团存款账户划收借款本息1.5亿元。虽然《流动资金借款合同》约定了某银行提前解除合同条款，但债务人进入破产还债程序时，借款合同中的意思自治就与《企业破产法》禁止一定期限内个别清偿债务、提前清偿债务的规定相违背，某银行提前收贷仍然等同于某集团提前清偿，违反了《企业破产法》第31条第（4）项的规定，破坏了应当由破产程序对破产财产向全部债权人进行统一分配的程序。据此，某省高级人民法院裁定驳回某银行的上诉请求，维持原判。

问题

某银行扣收某集团存款行为是否与《企业破产法》有关规定相矛盾？请评析这一案件。

【案例8】

2007年8月20日，甲公司就自己不能支付到期债务向人民法院提出破产申请，人民法院于2007年9月1日裁定受理甲公司的破产申请，同时指定某会计师事务所为破产管理人。管理人接管甲公司后，对甲公司的资产、负债进行了清理，有关清理情况如下：

（1）人民法院受理破产申请时，甲公司的资产总额为5 600万元（全部财产的变现价值）。其中，全部厂房变现价值为520万元，办公楼变现价值为650万元，全部机器设备变现价值为480万元。

（2）人民法院受理破产申请时，负债总额为11 000万元。其中，流动负债的情况为：

1）应付职工工资180万元，未交税金220万元。

2）短期借款900万元。其中，2007年3月5日，以甲公司全部厂房作抵押，向中国工商银行贷款500万元；2007年6月1日，以全部机器设备作抵押，向中国建设银行贷款400万元。

3）应付账款640万元，其中包括但不限于：

第一，应付乙公司到期货款380万元。乙公司经多次催要无效后向人民法院提起诉讼，2007年8月10日，人民法院终审判决甲公司支付乙公司欠款及违约金和赔偿金等共计400万元。乙公司申请强制执行，人民法院对甲公司办公楼予以查封。人民法院受理甲公司破产申请时，此判决尚未执行。

第二，应付丙公司2005年9月18日到期货款180万元。2006年8月18日应丙公司的要求，甲公司与丙公司签订了一份担保合同。该担保合同约定：以甲公司全部机器设备作抵押，若2007年8月18日前甲公司仍不能支付丙公司180万元的货款，则以甲公司机器设备变卖受偿。

（3）2006年7月，甲公司为逃避债务而隐匿230万元的财产。

（4）2007年6月，甲公司已经知道自己不能清偿到期债务，即将破产，仍向债权人戊公司清偿了90万元。

（5）甲公司的股东用于出资的房产在出资时作价600万元，而当时的实际价值仅为520万元。

（6）人民法院的诉讼费用30万元，管理人报酬20万元，为继续营业而支付的职工工资及社会保险费用150万元。

经查：甲公司用于抵押的厂房、机器设备于合同签订的当天全部办理了抵押登记手续。

问题

1. 人民法院查封的甲公司的办公楼可否用于偿还所欠乙公司的货款？

2. 哪些属于破产费用？哪些属于共益债务？
3. 对于甲公司向丙公司设定的抵押担保，管理人能否向人民法院申请撤销？
4. 对于甲公司隐匿的 230 万元财产，管理人是否有权追回？
5. 对于甲公司向其债权人戊公司清偿债务的行为，管理人能否向人民法院申请撤销？
6. 甲公司的股东出资不实应如何处理？
7. 甲公司的破产财产额是多少？如何分配？

思考题

近年来，为维持公司控制权，雅化集团、伊利股份等多家上市公司修改公司章程，增加“金色降落伞”“驱鲨剂”等反收购条款，其中一些做法涉嫌滥用反制条款侵犯股东权利。反收购条款的合法边界应如何界定？

第3章
经济行为法律制度

学习目的和要求

了解合同及其分类，掌握合同的订立、效力、履行、合同权利义务终止以及违约责任等法律规定；掌握保证、抵押、质押、留置、定金合同担保方式；掌握物权变动、所有权、用益物权、担保物权的一般原理；了解专利权的主体资格，了解专利法保护的客体，掌握专利权的申请条件，掌握商标的含义和种类以及商标注册的原则和条件；掌握证券的发行与交易的一般规定、信息披露的具体要求以及投资者保护的基本制度；掌握票据法基础理论及汇票的相关规定，熟悉本票、支票的相关规定；熟悉劳动合同法的主要内容。

第1节　合同法律制度

合同法是涉及公司、法人和其他组织的切身利益，规定市场交易活动的规则，它可以保障交易活动的安全，推动社会主义市场经济的发展。1999年3月15日第九届全国人民代表大会第二次会议通过的《中华人民共和国合同法》（以下简称《合同法》），是一部保护合同当事人的合法权益、维护社会经济秩序的重要法律。

一、合同的概念和法律特征

1. 合同的概念

依照《合同法》第2条的规定，合同是指平等主体的自然人、法人、其他组织之间设立、变更、终止民事权利义务关系的协议。

在民法学说史上，曾经将合同与契约相区别。合同是指当事人的目的相同，意思表示也一致的共同行为，如合伙合同等。契约主要指当事人双方的目的对立，意思表示相反的民事法律行为，如买卖合同等。我国现行法律已不做这种区分，把两者都称作合同。

2. 合同的法律特征

（1）合同是一种民事法律行为。法律行为就是能够引起法律关系产生、变更、终止的当事人主观意志的活动。依照《合同法》第8条的规定，依法成立的合同，对当事人具有法律约束力。当事人应当按照约定履行自己的义务，不得擅自变更或者解除合同。

（2）合同是两方以上当事人的意思表示一致的民事法律行为。合同的成立必须有两方以上的当事人，他们互为意思表示，并且意思表示一致。这是合同与单方法律行为相区别的重要标志。

（3）合同是以设立、变更、终止民事权利义务关系为目的的民事法律行为。法律行为作为人的主观意志的活动，都有目的性。订立合同的目的就在于使有关的民事权利义务关系产生、变更或者终止。

二、合同法的概念、作用和原则

1. 合同法的概念和作用

合同法是调整平等主体之间合同关系的法律规范的总称。合同关系是以商品交换或劳务给付为标的，以合同订立、效力、履行、变更和转让、终止以及违约责任等为内容的民事权利义务关系。为了适应市场经济发展的需要，并与国际合同法接轨，1999年3月15日第九届全国人民代表大会第二次会议通过了《中华人民共和国合同法》，自1999年10月1日起施行；原《中华人民共和国经济合同法》《中华人民共和国技术合同法》同时废止。这部法律的颁布实施，标志着我国合同立法日臻完善，也标志着我国市场经济法律体系建设取得了实质性的进展。其作用表现在以下几个方面。

（1）保障交易活动的顺利开展。交易活动，即以商品交换和劳务给付等为内容的民事活动。对于民事主体，即对各方当事人来说，需求的不间断性或持续性决定了交易活动的经常性，也就决定了对合同形式使用的不间断性。从事交易的合同主体、交易的对象以及合同主体的交易合意本身，都需要合同法条款加以界定、规范。另外，交易合意的易变性和易损性也都需要合同法加以规范和调整。《合同法》正是从规制交易合意的易变性、调整交易合意的易损性等方面，排除交易障碍，保障交易活动顺利进行。

（2）促进实现交易活动的经济效益。合同是追逐利益的工具，各方当事人利用订立合同、履行合同，甚至转让合同实现各自不同的利益目标，从而达到以生产、经营活动实现经济利益的目的。

（3）推动市场经济的健康发展。市场经济的健康发展需要合同各方当事人以自愿、平等、等价有偿和诚实信用为原则订立合同、履行合同。上述原则都是《合同法》规定的基本原则。

2. 合同法的基本原则

合同法的基本原则是适用于合同行为、合同关系以及合同司法等活动的基本准则。

（1）合同自由原则。《合同法》第4条规定："当事人依法享有自愿订立合同的权利，任何单位和个人不得非法干预。"这一原则具体包括：缔结合同的自由；选择相对人的自由；决定合同内容的自由；选择合同方式的自由。

(2) 平等、公平原则。《合同法》第3条规定：“合同当事人的法律地位平等，一方不得将自己的意志强加给另一方。”第5条规定：“当事人应当遵循公平原则确定各方的权利和义务。”平等是指合同当事人的法律地位平等；公平则是指合同所确定的权利义务要符合社会正义的基本要求，保证合同当事人利益的均衡。

(3) 诚实信用原则。《合同法》第6条规定：“当事人行使权利、履行义务应当遵循诚实信用原则。”具体包括：合同义务人应积极地履行义务；合同当事人在行使权利、履行义务时，禁止欺诈、胁迫、乘人之危，否则将导致合同被撤销。

(4) 守法与合同受保护原则。守法原则是指合同的订立、履行、变更和解除、终止及其内容和形式应当符合法律规定。合同受保护原则是指依法成立的合同对当事人具有法律约束力，当事人非经双方协商一致或依法律规定不得变更或者解除合同，合同外第三人非依法律规定不得阻碍合同义务履行。

三、合同的订立

（一）订立合同的主体及其资格

依照《合同法》第2条规定，自然人、法人或者其他组织都可以成为合同主体，但是必须具备合同主体的资格。《合同法》第9条规定，当事人订立合同，应当具有相应的民事权利能力和民事行为能力；当事人依法可以委托代理人订立合同。

（二）合同的形式

合同的形式是指当事人采用何种形式来表现所订立合同的内容。《合同法》第10条规定：“当事人订立合同，有书面形式、口头形式和其他形式。”

1. 书面形式

书面形式是指以文字的方式表现当事人之间所订立合同内容的形式。依照《合同法》第11条的规定，合同的书面形式是指合同书、信件和数据电文（包括电报、电传、传真、电子数据交换和电子邮件）等可以有形地表现所载合同内容的形式。

《合同法》第10条第2款规定：“法律、行政法规规定采用书面形式的，应当采用书面形式。当事人约定采用书面形式的，应当采用书面形式。”依照上述规定，凡是法律规定或者当事人约定应采用书面形式的，订立合同时当事人就应当采用书面形式。关于合同的形式，《合同法》第36条又作了比较灵活的规定。依照该条规定，法律、行政法规规定或者当事人约定采用书面形式订立合同，当事人未采用书面形式但一方已经履行主要义务，对方接受的，该合同成立。

2. 口头形式

口头形式是指当事人用谈话的方式订立合同，如当面交谈、电话联系等。以口头形式订立合同比较简单方便、直接迅速，但是合同内容难以进行有形的复制，发生争议时难以取证和举证，不利于分清当事人之间的责任。因此，口头形式订立合同，只适合即时结清的合同。

3. 其他形式

其他形式是指采用除书面形式、口头形式以外的方式来表现合同内容的形式，如推定形式，即当事人不直接用书面或者口头方式进行意思表示，而是通过实施某种行为进行意思表示。

（三）合同的内容

合同的内容就是当事人之间就设立、变更或者终止权利义务关系所表示一致的意思，通常称为合同的条款。合同条款直接明确了当事人双方的合同权利和合同义务。依照《合同法》第12条的规定，当事人约定的合同的内容，一般应包括下列条款。

1. 当事人的名称或者姓名和住所

姓名和住所是公民身份证或者户籍登记簿上的正式称谓和长久居住的场所。法人或其他组织的住所是指在登记机关登记的主要办事机构所在地。

2. 标的

标的是合同当事人之间权利义务所指向的对象。合同标的既可以是物，也可以是行为或者智力成果。

3. 数量

数量是指以数字方式和计量单位方式对合同标的进行具体的确定。数量是确定合同当事人之间权利义务范围和权利义务大小的一个标准。

4. 质量

质量是指以成分、含量、纯度、尺寸、精密度、性能等来表示的合同标的内在品质和外观形象的优劣状况。质量也是确定当事人之间权利义务范围和大小的一个标准。产品的质量往往涉及人身和财产的安全问题，国家对许多产品制定了质量标准。因此，当事人订立合同约定质量时，如果有国家强制性标准或者行业强制性标准，不得低于相应标准。如果没有国家强制性标准或者行业强制性标准，可以由当事人自由协商确定。

5. 价款或报酬

价款或报酬通常也称价金，是一方当事人履行义务时另一方当事人以货币形式支付的代价。价款或者报酬是有偿合同的主要条款，在无偿合同如赠与合同中，则没有价款或者报酬的内容。

6. 履行期限、地点和方式

履行期限是指当事人履行合同义务的起止时间，如交付标的物或者支付价款或酬金的起止时间。履行期限既是一方当事人请求对方当事人履行合同义务的一个依据，也是判断合同是否已经得到履行的一个标准。

履行地点和方式是指当事人在什么地方、采取什么样的方法履行自己的合同义务。履行地点也是判断合同是否已经得以履行的一个标准，涉及享有权利一方当事人的权利实现情况。履行地点有时是确定运费的负担、风险的承担以及发生纠纷后由哪一地法院管辖的依据。因此，当事人在订立合同时，应当尽量明确具体地约定履行地点。

履行方式可依据合同标的以及交易活动的实际需要来确定，如分批交货或者一次履行、运输以及支付价款或者报酬的方式。履行方式与当事人的利益密切相关，应当从方便、快捷和防止欺诈等方面考虑采取最为适当的履行方式，并在合同中明确规定。

7. 违约责任

违约责任是指合同当事人不履行合同义务或者未按照合同约定的标的、时间、地点、方式履行合同义务，依照法律的规定或者当事人的约定应当承担的法律责任。违约责任是促使当事人履行合同义务，使一方当事人免受或者少受损失的法律救济措施，也是保证合同履行的主要条款。因此，为了促使当事人严格按照约定履行合同义务，更加及时地解决合同纠纷，当事人应当在合同中明确违约责任，如约定违约方应支付定金、违约金或赔偿金以及赔偿金额的计算方法等。

8. 解决争议的方法

解决争议的方法是指当事人如果在合同的履行过程中发生争议，通过什么样的途径解决这一争议。解决争议的方法有：(1) 双方通过协商达成和解；(2) 通过仲裁解决；(3) 通过诉讼解决。

（四）合同订立的一般程序

合同订立的一般程序从法律上可分为要约与承诺两个阶段。

1. 要约

要约是指一方当事人向他人做出的以一定条件订立合同的意思表示。前者称为要约人，后者称为受要约人。

要约必须具备以下条件才能成立：(1) 要约必须是特定人的意思表示；(2) 要约必须是向相对人发出的意思表示；(3) 要约的内容必须具体确定；(4) 必须表明经受要约人承诺，要约人即受该意思表示的约束。

要约可以以书面形式做出，也可以以对话形式做出。书面形式包括信函、电报、电传、传真、电子邮件等函件。究竟以什么形式做出，应根据法律规定或具体合同而定。无法律规定的，当事人可视具体合同自由选择要约形式。

关于要约的法律效力，《合同法》规定，要约到达受要约人时生效，具体可分为几种情况：(1) 对话形式的要约，自受要约人了解时发生效力。(2) 书面形式的要约，于到达受要约人时发生效力。(3) 采取数据电文形式的要约，收件人指定特定系统接收数据电文的，该数据电文进入该特定系统的时间视为到达时间，即要约生效时间；未指定特定系统的，该数据电文进入收件人的任何系统的首次时间视为到达时间，即要约生效时间。

2. 承诺

承诺是受要约人同意接受要约的全部条件而缔结合同的意思表示。

承诺必须具备以下条件才能成立：(1) 承诺须由受要约人做出；(2) 承诺必须在有效期内做出；(3) 承诺必须与要约的内容一致；(4) 承诺须向要约人做出。

承诺的方式原则上应该符合要约的规定。如果要约没有对承诺方式做出特别规定，承诺的表示一般应以通知的方式做出，根据交易习惯或要约表明可以通过行为做出承诺的，行为亦可作为承诺的表示方式。

关于承诺的生效时间，《合同法》规定，承诺通知到达要约人时生效。承诺不需要通知的，根据交易习惯或者要约的要求做出承诺的行为时生效。采用数据电文形式订立合同的，收件人指定特定系统接收数据电文的，该数据电文进入该特定系统的时间，即为承诺生效时间；未指定特定系统的，该数据电文进入收件人的任何系统的首次时间，即为承诺生效时间。

（五）缔约过失责任

1. 缔约过失责任的概念和特点

缔约过失责任是指在合同订立过程中，当事人一方有违背诚实信用原则的行为，应承担的损害赔偿责任。具有以下特点：（1）缔约过失责任发生在合同订立过程中；（2）一方违背其依诚实信用原则所应负的义务；（3）造成他人信赖利益的损失。

2. 缔约过失责任的适用范围

对于缔约过失责任的适用范围，《合同法》第42条作了明确规定：（1）假借订立合同，恶意进行磋商；（2）故意隐瞒与订立合同有关的重要事实或者提供虚假情况；（3）有其他违背诚实信用原则的行为。

四、合同的效力

合同的效力，也称为合同的法律效力，是指依法成立的合同具有法律赋予的约束当事人各方乃至第三方的强制力。“民事法律行为”与“合同”之间其实是上位概念与下位概念的关系，2017年3月《中华人民共和国民法总则》通过，它所规定的合同、所有权及其他财产权、民事责任等具体内容还需要在编纂民法典各分编时作进一步的系统整合。《民法总则》在民法典中起统领性作用，根据上位法优于下位法、新法优于旧法的法律适用原则，它的出台事实上对《合同法》的相关规定作出了修正。

（一）合同生效

1. 合同成立与合同生效

合同成立与合同生效是两个不同的概念。合同成立是指当事人达成协议建立了合同关系。合同生效是指合同具备法定条件后才产生法律效力。一般情况下，承诺作出生效后合同即告成立，当事人于合同成立时开始享有合同权利、承担合同义务。但在一些特殊情况下，合同成立的具体时间依不同情况而定：（1）当事人采用合同书形式订立合同的，自双方当事人签字或者盖章时合同成立，在签字或者盖章之前，当事人一方已经履行主要义务并且对方接受的，该合同成立。（2）当事人采用信件、数据电文等形式订立合同的，可以在合同成立之前要求签订确认书，签订确认书时合同成立。（3）当事人以直接对话方式订立的合同，承诺人的承诺生效时合同成立；法律、行政法规规定或者当事人约定采用书面形式订立合同，当事人未采用书面形式但一方已经履行主要义务并且对方接受的，该合同成立。（4）当事人签订要式合同的，以法律、行政法规的特殊形式要求完成的时间为合同成立时间。

在多数情况下，合同成立时即具备了生效条件，其成立时间和生效时间是一致的。但也有不一致的情况。

2. 合同的生效时间

合同的生效时间是确定合同生效的时间界限。依据《合同法》的规定，合同生效时间可分为以下情形：

（1）依法成立的合同，自成立时合同生效，即合同成立的时间为合同生效的时间；

（2）法律、法规规定应当办理批准、登记手续的合同，合同生效时间为办理批准、登记手续的时间；

（3）附条件的合同，合同生效的时间为条件成就时间；

（4）附生效期限的合同，自期限届至时合同生效。

（二）无效合同

1. 无效合同的概念

无效合同是指严重欠缺合同的生效要件，不发生合同当事人追求的法律后果，不受国家法律保护的合同。可分为全部无效合同和部分无效合同。无效合同具有违法性、不得履行性和自始无效的特征。

2. 无效合同的种类

结合《民法总则》和《合同法》的相关规定，无效合同有以下六种类型。

（1）无民事行为能力人订立的合同无效。

（2）恶意串通，损害他人合法权益的合同无效。这与《合同法》规定的恶意串通，损害国家、集体或者第三人利益的合同无效是相对应的。《民法总则》没有特别区分国家利益、集体利益和第三人利益，而是以“他人合法权益”一体概括。

（3）当事人双方以虚假的意思表示订立的合同无效。

（4）以合法形式掩盖非法目的的合同无效。以合法形式掩盖非法目的属于《民法总则》第146条第2款规定的“隐藏行为”涵盖的一种。

（5）违背公序良俗的合同无效。其与《合同法》第52条中规定的“损害社会公共利益”这一合同无效的法定情形是对应的，只是以“公序良俗”代替了“社会公共利益”的表述。例如，以从事犯罪或帮助犯罪作为内容的合同、规避课税的合同、违反人格和人格尊严的合同等都是无效合同。有一种观点认为，《民法总则》放弃了《合同法》根据行为人的欺诈或胁迫行为是否损害国家利益而确定合同效力是无效还是可撤销的两分法，将受欺诈或受胁迫一概确立为可撤销合同的情形，然而本书认为，《合同法》第52条规定的“一方以欺诈、胁迫的手段订立合同，损害国家利益”依然可套用“违背公序良俗”的定性而归为无效。

（6）违反法律、行政法规中的效力性强制规定的合同。违反效力性强制规定，合同无效；违反管理性强制规定，合同未必无效。

（三）可撤销合同

1. 可撤销合同的概念

可撤销合同是指欠缺合同有效要件，存在可撤销原因的合同。对可撤销合同，当事人可请求人民法院或者仲裁机构撤销。

《民法总则》将“可变更、可撤销合同”修正为“可撤销民事法律行为”，即当发生欺诈、胁迫等情势致损害表意人的意思自由时，人民法院或者仲裁机构不能“变更”合同，仅能根据当事人的申请撤销合同。“变更权”实际上赋予对方单方变更合同的权利，对方只有被迫接受新要约的义务，显然违背意思自治原则。

2. 可撤销合同的种类

根据《合同法》的规定，可变更、可撤销合同的种类有：（1）因重大误解订立的合同；（2）显失公平的合同；（3）一方以欺诈、胁迫手段或者乘人之危订立的合同。《民法总则》新增了第三人欺诈、第三人胁迫导致的可撤销合同的情形，为区分第三人欺诈和当事人欺诈而规定了不同的构成要件，对于第三人欺诈而言还需满足“受欺诈的对方知道或者应当知道该欺诈行为的”这一要件才符合可撤销的标准。

3. 撤销权的行使

撤销权属实体法上的私权，故可因权利人放弃而归于消灭。撤销权是形成权，权利人通过单方的意思表示来行使；既为形成权，必适用除斥期间，逾期不行使的，视为弃权，撤销权消灭。《民法总则》第152条规定：“有下列情形之一的，撤销权消灭：（一）当事人自知道或者应当知道撤销事由之日起一年内、重大误解的当事人自知道或者应当知道撤销事由之日起三个月内没有行使撤销权；（二）当事人受胁迫，自胁迫行为终止之日起一年内没有行使撤销权；（三）当事人知道撤销事由后明确表示或者以自己的行为表明放弃撤销权。当事人自民事法律行为发生之日起五年内没有行使撤销权的，撤销权消灭。”关于撤销权的行使，相较于《合同法》的原有规定，《民法总则》第152条有以下变化：第一，对于胁迫，明确规定其除斥期间为自胁迫终止之日起计算；第二，对于重大误解，其除斥期间为3个月，自知道或应当知道撤销事由之日起计算。

（四）合同无效与合同被撤销的法律后果

依照《合同法》第56条的规定，无效的合同或者被撤销的合同自始就没有法律约束力。合同部分无效，并且不影响其他部分效力的，其他部分仍然有效。《合同法》第57条还规定，合同无效、被撤销或者终止的，合同中独立存在的有关解决争议方法的条款的效力不受影响，依然有效。合同无效或被撤销以后会引起以下法律后果。

（1）返还财产。合同无效或被撤销后，当事人依据合同取得的财产应返还给对方。如果标的物已经不存在或者已被第三人善意取得，不能返还，可用赔偿损失的方法抵偿。

（2）赔偿损失。因合同无效或被撤销的合同的订立和履行给当事人造成损失的，有过错的一方应当赔偿对方因此受到的损失；双方都有过错的，应当各自按照自己的过错承担相应的责任。

(3) 追缴财产或返还集体、第三人。当事人恶意串通，损害国家、集体或者第三人利益的，因此取得的财产收归国家所有或者返还集体或者第三人。

五、合同的履行

（一）合同的履行原则

合同的履行原则是指合同当事人在履行合同过程中应当遵循的基本准则。根据《合同法》第60条的规定，合同当事人在履行合同的过程中应当遵循以下原则。

1. 全面履行原则

全面履行原则，又称适当履行原则，是指当事人按照合同约定的主体、标的、数量、质量、价款或者报酬、履行期限和履行地点，以适当的方式，全面完成合同义务的履行原则。《合同法》第60条第1款规定："当事人应当按照约定全面履行自己的义务。"

全面履行原则是判定合同当事人是否存在违约事实以及应否承担违约责任的重要准则。

2. 诚实信用原则

诚实信用原则是指当事人在履行合同义务时，应当诚实、守信、善意，不滥用权利或者规避义务的原则。诚实信用原则要求确保当事人的合同利益关系在合同履行过程中达到平衡。《合同法》第60条第2款规定："当事人应当遵循诚实信用原则，根据合同的性质、目的和交易习惯履行通知、协助、保密等义务。"依照这一规定，当事人在履行合同过程中应当及时将与合同履行活动密切相关的情况相互告知；相互为对方的履行创造必要的条件，当发生不能履行或者不能全面履行合同义务的情形时，应采取积极措施，防止损失扩大；各方当事人应当严格保守合同中涉及的商业秘密和技术秘密，即便在合同的重要义务已经履行完毕或者发生合同纠纷时，也应当保守秘密。

（二）合同的履行规则

1. 合同条款存在缺陷时的履行规则

有时由于某些主客观因素，合同欠缺某些条款或者约定不明确，使合同的履行发生困难。《合同法》本着尊重当事人订约自愿的精神，规定以协议补缺和规则补缺两种方式来解决合同条款的缺陷，以利于当事人顺利履行合同义务。

(1) 协议补缺，即当事人根据平等、自愿、公平、诚信的原则对合同中没有约定或者约定不明确的条款通过协商达成补充协议。

(2) 按照合同有关条款或者交易习惯确定。《合同法》第61条规定："合同生效后，当事人就质量、价款或者报酬、履行地点等内容没有约定或者约定不明确的，可以协议补充；不能达成补充协议的，按照合同有关条款或者交易习惯确定。"下列情形，不违反法律、行政法规强制性规定的，人民法院可以认定为《合同法》

所称的“交易习惯”：1）在交易行为当地或者某一领域、某一行业通常采用并为交易对方订立合同时所知道或者应当知道的做法；2）当事人双方经常使用的习惯做法。对于交易习惯，由提出主张的一方当事人承担举证责任。

（3）规则补缺，即在合同条款没有约定或者约定不够明确，而且当事人无法就此缺陷进行协议补充的情况下，根据平等、自愿、公平和诚信的原则，法律对当事人欠缺或者没有明确的意思进行补充规定，使合同得以顺利履行。

依照《合同法》第62条的规定，当事人就有关合同内容约定不明确，并且依照第61条的规定仍然不能确定的，依照以下规则履行：

1）质量要求不明确的，按照国家标准、行业标准履行；没有国家标准、行业标准的，按照通常标准或者符合合同目的的特定标准履行。

2）价款或者报酬不明确的，按照订立合同时履行地的市场价格履行；依法应当执行政府定价或者政府指导价的，按照规定履行。

3）履行地点不明确，给付货币的，在接受货币一方所在地履行；交付不动产的，在不动产所在地履行；其他标的，在履行义务一方所在地履行。

4）履行期限不明确的，债务人可以随时履行，债权人也可以随时要求履行，但应当给对方必要的准备时间。

5）履行方式不明确的，按照有利于实现合同目的的方式履行。

6）履行费用的负担不明确的，由履行义务一方负担。

2. 合同履行过程中价格发生变动时的履行规则

在我国当前建立和完善社会主义市场经济体制的过程中，大多数商品和服务的价格实行市场调节，但仍然有极少数商品和服务的价格实行政府指导价或者政府定价。当价格发生变动时，如何履行合同，《合同法》第63条作了相应规定。根据该规定，执行政府定价或者政府指导价的，在合同约定的交付期限内政府价格调整时，按照交付时的价格计价。逾期交付标的物的，遇价格上涨时，按照原价格执行；价格下降时，按照新价格执行。逾期提取标的物或者逾期付款的，遇价格上涨时，按照新价格执行；价格下降时，按照原价格执行。

3. 债务人向第三人履行债务或者第三人向债权人履行债务的履行规则

依照《合同法》第64条的规定，当事人约定由债务人向第三人履行债务的，债务人未向第三人履行债务或者履行债务不符合约定，应当向债权人承担违约责任。同样，如果当事人约定由第三人向债权人履行债务，而第三人不履行债务或者履行债务不符合约定，则债务人仍应当向债权人承担违约责任。

4. 双务合同的其他履行规则

（1）同时履行规则。同时履行规则是指双务合同的当事人对履行顺序没有约定，或者根据交易习惯无法确定先后顺序时，当事人应当同时履行自己义务的规则。同时履行规则适用的条件为：1）当事人之间互相负有债务；2）合同未约定履行的先后顺序。《合同法》第66条规定的同时履行规则体现了合同当事人权利义务的对等性，对于维护合同的公平原则及诚信原则，避免一方在已给付情况下对方不履行义务的风险，具有重要意义。

（2）顺序履行规则。顺序履行规则是指在双务合同中，当事人的债务履行有先后顺序时，各当事人应当按照先后顺序履行自己义务的规则。依照《合同法》第67条的规定，顺序履行规则适用的条件为：1）当事人互负债务；2）有先后履行顺序。

（3）债权人发生变化的履行规则。《合同法》第70条规定，债权人分立、合并或者变更住所没有通知债务人，致使履行债务发生困难的，债务人可以中止履行或者将标的物提存（将由于债权人的原因而无法向债权人交付的合同标的物交付提存机关而消灭合同的法律制度）。此处的中止履行并非从实体上解除了债务人的履行义务，而仅仅是赋予债务人暂停履行的权利。当暂停因素消失后，如债权人将其住所通知债务人等，债务人仍应当继续履行合同义务。

（4）债务人提前履行债务的履行规则。提前履行债务是指债务人在合同规定的履行期限之前履行合同。按照全面履行原则，合同双方当事人都应按照合同约定的履行期限履行自己的合同义务。如果提前履行，可能会打乱对方当事人的计划，或者增加费用支出，甚至损害对方当事人的利益。《合同法》第71条规定，债权人可以拒绝债务人提前履行债务，但提前履行不损害债权人利益的除外。债务人提前履行债务给债权人增加的费用，由债务人负担。

（5）债务人部分履行债务的履行规则。债务人部分履行债务是指债务人在合同履行期限届满前部分履行合同（不包括分批履行的合同）债务。债务人部分履行债务往往会使债权人感到不便，也可能使债权人利益受损。因此，《合同法》第72条规定，债权人可以拒绝债务人部分履行债务，但部分履行不损害债权人利益的除外。债务人部分履行债务给债权人增加的费用，由债务人负担。

（6）当事人不因某些变动而影响合同履行的履行规则。《合同法》第76条规定，合同生效后，当事人不得因姓名、名称的变更或者法定代表人、负责人、承办人的变动而不履行合同义务。依法订立的合同，一经成立即具有法律拘束力，任何一方当事人都不得以姓名、名称或组织内部的人事变动为借口拒不履行合同义务。

5. 双务合同履行中的抗辩权

双务合同履行中的抗辩权是指一方当事人依法具有的对抗对方当事人的履行请求，暂时拒绝履行其合同债务的权利。根据《合同法》的规定，双务合同的当事人依法享有以下抗辩权。

（1）同时履行抗辩权。同时履行抗辩权是指双务合同的当事人一方在对方履行之前或对方履行债务不符合约定时，有权拒绝对方相应的履行要求。

同时履行抗辩权的成立必须具备的条件是：1）必须存在基于同一双务合同所产生的同时履行义务；2）必须存在产生对抗请求权的原因，即对方有未依约定履行债务的事实。同时履行抗辩权制度有利于平衡合同当事人的利益，维护正常的交易秩序，促进合同当事人的协作，体现了公平原则。

（2）顺序履行抗辩权。顺序履行抗辩权，又称先履行抗辩权，是指在双务合同中先履行一方未履行之前或者未依约定履行的，后履行一方有权拒绝对方相应的履行要求。

顺序履行抗辩权的成立必须具备的条件是：1）必须存在基于同一双务合同所产生的先履行义务；2）必须存在产生对抗请求权的原因，即先履行一方有未依约定履行合同债务的事实。

（3）不安抗辩权。不安抗辩权是指双务合同中应当先履行合同债务的当事人，有确切证据证明后履行合同债务的当事人在缔约后出现了足以影响其履行合同债务的情形，可以中止履行合同债务的权利。

不安抗辩权制度是为了保护先履行合同债务一方当事人在对方有丧失或者可能丧失履行债务能力的情况下的合同利益，是一种特殊的预防性违约补救措施。《合同法》对不安抗辩权的行使严格规定了法定的适用条件：其一，后履行合同债务的一方当事人在合同订立之后丧失了履行合同的能力，即有“履行不能”的情形。《合同法》第68条规定属于“履行不能”的情形有：1）经营状况严重恶化；2）转移财产、抽逃资金，以逃避债务；3）丧失商业信誉；4）有丧失或者可能丧失履行债务能力的其他情形。其二，先履行债务的一方当事人有确切证据证明后履行一方当事人丧失履行能力，先履行方要负举证责任，以证明对方确有“履行不能”的情形。

在不安抗辩权的行使程序上，当事人行使不安抗辩权时，除了负举证责任之外，还应当履行及时通知的义务。不安抗辩权人必须及时将其中止履行合同的情况通知对方当事人（后履行债务人），并有权要求对方提供适当的担保。

不安抗辩权的行使结果有两种：其一是不安抗辩权人中止合同履行并通知对方当事人，对方当事人应不安抗辩权人的要求提供了适当的担保之后，不安抗辩权人恢复履行合同债务；其二是中止履行后对方当事人既未能在合理期限内恢复履行能力，又未提供适当的担保，则中止履行合同债务的一方当事人可以解除合同。

6. 合同履行中债的保全

债的保全又称合同的保全，是指为防止债务人的责任财产不当减少，确保无特别担保的一般债权得以清偿，法律允许合同债权人行使某些权利的法律制度。

在合同保全制度中，债权人可以行使的权利有代位权和撤销权。

（1）代位权。代位权是指债权人为了保全自己的债权，可以自己的名义代位行使债务人对第三人的债权的权利。

根据《合同法》第73条的规定，代位权的发生与行使必须具备以下条件。

1）债务人对第三人享有权利。可以代位行使的债务人的权利包括：第一，纯粹的财产权利，如合同债权、损害赔偿请求权、清偿受领权和以财产利益为目的的形成权等；第二，为财产上的利益而承认的权利，如对重大误解等民事行为的变更权；第三，诉讼上的权利，如代位提起诉讼、申请强制执行的权利等。债务人对第三人的权利并非专属于债务人自身的权利。

2）债务人怠于行使其权利，即债务人应当行使、能够行使而不行使权利。应当行使是指若不及时行使，则权利有消失或者丧失的可能；能够行使是指债务人在客观上有能力行使其权利，不存在行使权利的任何障碍；不行使是指消极地不作为，不论该不作为是否存在过错。

3）债务人怠于行使自己的债权已经危及债权人的债权。债权人的债权因债务人怠于行使其权利而存有不能依据债的内容获得满足的危险。

4）债务人已经陷于迟延履行。债务人的债务未到履行期或履行期间未届满的，债权人就不能行使代位权，只有债务人的履行期限已经届满，陷入迟延履行，又怠于行使其权利，无力清偿其合同债务，此时债权人的债权已确实存有不能实现的危险，如果不行使代位权，债权将无可能实现。

具备上述条件，债权人才可行使债务人的权利，以自己的名义请第三人向债务人清偿债务。

代位权的行使将产生以下效力。

1）对第三人的效力。债权人行使代位权，是代债务人向第三人行使权利，因此，第三人对债务人的抗辩，如不安抗辩、同时履行抗辩、顺序履行抗辩、时效届满抗辩、虚假表示可撤销的抗辩等，同样可以对抗债权人。

2）对债务人的效力。债权人行使代位权并通知债务人后，债务人的权利并未丧失，他仍然可以行使自己对第三人的权利，只是债务人的处分权受到相应的限制，即可在不损害债权人利益的前提下行使其权利，如果妨害债权人行使代位权，如免除第三人债务，债务人就不得行使此项处分权利。

3）对债权人的效力。债权人行使代位权，是为了增加债务人的责任财产，充实债务人一般担保的实力。第三人偿还的财产只能作为全体债权人的共同担保物。因此，行使代位权的债权人不能获得优先受偿债权的权利，应与其他债权人处于同等地位受偿。债权人行使债务人的债权，是基于法定的代位关系。因此，行使代位权发生的费用，债权人有权请求债务人偿还。

（2）撤销权。撤销权是指债权人对于债务人所为的危害债权人的行为请求人民法院予以撤销的权利。具体包括债务人的下列行为：1）放弃债权；2）放弃债权担保；3）恶意延长到期债权的履行期限；4）无偿转让财产；5）以明显不合理的低价转让财产而且第三人知道；6）以明显不合理的高价收购他人财产而且第三人知道。在无偿行为中，只要债务人具有恶意，如放弃其债权或者无偿转让其财产，债权人即具备了行使撤销权的条件；在有偿行为中，必须第三人也有恶意。

所谓“明显不合理的低价”，应当以交易当地一般经营者的判断并参考交易当时交易地的物价部门指导价或者市场交易价，结合其他相关因素综合考虑予以确认。转让价格达不到交易时交易地的指导价或者市场交易价70%的，一般可以视为明显不合理的低价；转让价格高于当地指导价或者市场交易价30%的，一般可以视为明显不合理的高价。

撤销权的行使必须是由债权人以自己的名义在诉讼上行使，由人民法院撤销债务人的行为。关于撤销权的期限，《合同法》第75条规定：撤销权自债权人知道或者应当知道撤销事由之日起一年内行使。自债务人的行为发生之日起五年内没有行使撤销权的，该撤销权消灭。

六、合同的变更、转让和终止

合同依法成立后，即具有法律效力，当事人应按照约定全面履行自己的义务。

但是，若实际情况发生变化，可能需要变更合同。出现法定事由时，可以终止合同的效力。当事人亦可转让合同的权利义务。

（一）合同的变更

1. 合同变更的概念

合同的变更有广义和狭义之分。广义的合同变更，包括主体的变更和内容的变更。狭义的合同变更，仅指合同内容的变更。《合同法》上的变更是指狭义的合同变更，它是指合同订立后，因为当事人的协商或者法定原因而将合同权利义务予以改变的情形。

2. 合同变更的原则与条件

（1）协商一致原则。协商一致是合同当事人各方就已订立的合同的内容进行变更，经过协商，各方意思表示一致。这也是合同变更的基本条件。

（2）法定事由原则。法定事由原则是指一方当事人因为出现了法定事由，主要是合同中存在欺诈、胁迫、重大误解、显失公平等情形，导致合同的权利义务对一方当事人不合理、不公正。基于此，一方当事人可以依法请求对方当事人协商变更合同或者行使合同变更权，请求法院或仲裁机构裁判变更合同。它既是当事人单方依法变更合同的原则，也是合同变更的条件。

（3）限制条件原则。限制条件是：1）禁止单方擅自或者任意变更合同；2）合同变更后有生效的特殊形式约定的，应办理相应的合同批准、登记或公证手续；3）当事人对合同变更的内容应当约定明确、清楚，否则不发生效力；4）当事人不得因其主体姓名、名称的变更或者法定代表人、负责人、承办人的变动而主张或请求合同变更。

（二）合同的转让

1. 合同转让的概念

合同转让是指合同权利人或义务人将其权利或义务的全部或部分，或者合同权利义务一并让与合同外第三人的行为。

2. 合同转让的形式

（1）权利转让。它是指合同债权人将合同权利全部或部分转让给第三人。下列三种情形下债权人不得转让合同权利：1）根据合同性质不得转让合同权利。主要是指合同是基于特定当事人的身份关系订立的，合同权利转让给第三人，会使合同的内容发生变化或者使合同难以履行，动摇合同订立的基础，违反当事人订立合同的目的，使当事人的合法利益得不到保护。这类合同权利不能转让。2）根据当事人约定不得转让合同权利。3）依照法律规定不得转让合同权利。

债权人转让权利不需要经债务人同意，但应当通知债务人。未经通知，该转让对债务人不发生效力。债务人接到债权转让通知后，债权让与行为就生效。如果债务人对让与人享有债权，并且债务人的债权先于转让的债权到期或同时到期的，债务人可以向受让人主张抵销。债务人对让与人的抗辩，可以向受让人主张。

（2）义务转移。它是指合同债务人将合同义务全部或部分转移给第三人。债务人将合同的义务全部或者部分转移给第三人，应当经债权人同意，否则债务人转移合同义务的行为对债权人不发生效力。

合同义务的转移可以产生如下法律后果：1）新债务人成为合同一方当事人，如果不履行或不适当履行合同义务，债权人可以向其请求履行债务或承担违约责任。2）新债务人享有基于原合同关系的对抗债权人的抗辩权。《合同法》规定，债务人转移义务的，新债务人可以主张原债务人对债权人的抗辩。3）从属于主债务的从债务，随主债务的转移而转移。4）原第三人向债权人提供的担保，若担保人未明确表示继续承担担保责任，则担保责任因债务转移而消灭。《担保法》规定，在保证期间，债权人许可债务人转让债务的，应当取得保证人书面同意，保证人对未经其同意转让的债务，不再承担保证责任。

（3）权利义务概括转让。它是指合同当事人一方经过对方同意，将其合同权利义务一并转让给第三人。

（三）合同的终止

1. 合同终止的概念

合同终止是指合同关系因法定事由或约定事由的出现而消灭，即合同中的民事权利义务结束、停止的情形。

需特别注意的是，合同前义务和合同后义务并不当然随着合同终止一并消灭。例如，《合同法》第92条规定："合同的权利义务终止后，当事人应当遵循诚实信用原则，根据交易习惯履行通知、协助、保密等义务。"再如，根据《合同法》第57条、第98条规定，当事人请求损害赔偿的权利不因合同终止而消灭，合同中的结算和清理条款仍然有效，合同解决争议条款仍然有效。

2. 合同终止的原因

根据《合同法》第91条规定，合同权利义务终止的原因有以下几个。

（1）债务已经按照约定履行。债务按照约定履行，使合同订立的目的得以实现。

（2）合同解除。合同解除分为约定解除和法定解除两种情况。

约定解除又分为两种情况：一是在合同中约定了解除条件，一旦该条件成立，合同解除；二是当事人未在合同中约定解除条件，但在合同履行完毕前，经双方协商一致而解除合同。

法定解除的事由有：1）因不可抗力致使不能实现合同目的；2）在履行期限届满之前，当事人一方明确表示或者以自己的行为表明不履行主要债务；3）当事人一方迟延履行主要债务，经催告后在合理期限内仍未履行；4）当事人一方迟延履行债务或者有其他违约行为致使不能实现合同目的；5）法律规定的其他情形。

（3）债务相互抵销。抵销可分为法定抵销和约定抵销两种情况。

法定抵销是指当事人互负同种类、同品质的债务，且债务均已届满清偿期时，为使相互间相当额之债务同归消灭的一方意思表示。

约定抵销是指当事人互负债务，但标的物的品质、种类不同的，经双方当事人协商一致，也可抵销。

(4) 债务人依法将标的物提存。这是指由于债权人的原因而无法交付债的标的物时，债务人将标的物提交提存机关而消灭合同的情形。

(5) 债权人免除债务。

(6) 债权债务同归于一人。

(7) 法律规定或者当事人约定终止的其他情形。

七、违约责任

市场经济是一种契约经济，它通过合同关系把各种市场主体联系在一起，使市场运行网络化和秩序化。违反合同的行为将破坏市场经济秩序。我国《合同法》规定了对违反合同的行为将追究相应的法律责任。

(一) 违约责任的概念和分类

1. 违约责任的概念和特点

违约责任是指合同当事人违反合同义务而应向对方当事人承担的责任。违约责任具有以下特点：

(1) 违约责任是当事人不履行合同义务或者履行合同义务不符合约定所产生的民事责任。违约责任的成立是以有效合同债务的存在为前提的。违约责任的产生是由于当事人没有全面履行合同债务。

(2) 违约责任原则上是违约方向守约方承担的财产责任。合同主体的特定性和相对性决定了违约责任承担主体的特定性和相对性。违约责任的承担者只能是没有履行合同义务的违约方，违约责任的承受者仅是履行合同义务的守约方。

2. 违约责任的分类

(1) 过错责任与无过错责任。这是以违约责任的成立是否以过错为要件作为划分标准所进行的分类。

过错责任是指由于行为人的故意或者过失致使其违反合同义务而需承担的责任。无过错责任也称严格责任，是指无论行为人主观上是否有故意或者过失，只要有违约行为，就必须承担违约责任。

(2) 单独责任与共同责任。这是以承担违约责任当事人的数量为划分标准所进行的分类。单独责任是指违约方仅为一人时所承担的违约责任。共同责任是指违约方为两人以上时所承担的违约责任。共同责任又有按份责任与连带责任之分。

(3) 单方责任与混合责任。这是以承担违约责任者是当事人一方还是双方为标准所进行的分类。单方责任是指违约一方向守约一方所承担的违约责任。混合责任是指当事人双方均违反合同义务，各自依其违约的情形承担相应的违约责任。

(二) 违约责任的归责原则

归责原则是指基于一定的归责事由而确定行为人是否应当承担责任的法律原则。《合同法》第107条规定："当事人一方不履行合同义务或者履行合同义务不符合约定的，应当承担继续履行、采取补救措施或者赔偿损失等违约责任。"从上述规定可知，《合同法》确定的违约责任的归责原则是严格责任原则，即不论违约方有无故意或者过失，只要有违约行为，除了法定或者约定的免责事由之外，都必须承担违约责任。

《合同法》规定的法定免责事由只有不可抗力。因不可抗力不能履行合同的，根据不可抗力的影响，部分或者全部免除责任，但法律另有规定的除外。当事人迟延履行后发生不可抗力的，不能免除责任。当事人一方因不可抗力不能履行合同的，应当及时采取一切可能采取的有效措施，尽量避免或减少损失；应当及时通知对方不能履行和不能完全履行合同的情况和理由；在合理期限内提供有关机关的证明，证明不可抗力及其影响当事人履行合同的具体情况。

（三）违约责任的承担方式

根据《合同法》的有关规定，承担违约责任的方式有继续履行、采取补救措施、赔偿损失、支付违约金或者定金等。

1. 继续履行

继续履行是指当事人一方不履行合同义务或者履行合同义务不符合约定时，另一方当事人可要求违约方在合同履行期限届满后，继续按照原合同约定的主要条件完成合同义务的行为。

继续履行适用较多的是对金钱债务的违约，即当事人所负的债务直接表现为支付货币的义务。如合同当事人未支付价款或者报酬的，对方当事人可要求其支付价款或者报酬。

对于非金钱债务的违约，如不履行非金钱债务或者履行非金钱债务不符合合同约定的，对方当事人虽然也可以要求违约方继续履行，但往往会受到限制而不可能再要求对方继续履行。依据《合同法》第110条的规定，非金钱债务违约的，遇有下列情形之一时，守约方不能要求违约方继续履行：（1）法律上或者事实上不能履行；（2）债务的标的不适于强制履行或者履行费用过高；（3）债权人在合理期限内未要求履行。

遇有上述情形之一时就不适宜以继续履行的方式承担违约责任。

2. 采取补救措施

采取补救措施是指违约方所采取的旨在消除违约后果的除了继续履行、支付赔偿金、违约金以及定金方式以外的其他措施。如《合同法》第111条规定，受损害方根据标的的性质以及损失的大小，可以合理选择要求对方承担修理、更换、重作、退货、减少价款或者报酬等违约责任。

3. 赔偿损失

（1）赔偿损失的概念及赔偿损失责任的构成要件。赔偿损失是指违约方因不履行或者不完全履行合同义务给对方造成损失时，依法或者根据合同约定应当赔偿对方当事人所受损失的行为。

在无过错责任原则下，当事人承担赔偿损失责任的构成要件是：1）有违约行为；2）有损害事实；3）违约行为与损害事实之间存在因果关系。只要具备了上述三个要件，违约者就应当承担赔偿损失的责任。

(2) 赔偿损失的范围。关于赔偿损失的范围，《合同法》第 113 条作了规定，即“当事人一方不履行合同义务或者履行合同义务不符合约定，给对方造成损失的，损失赔偿额应当相当于因违约所造成的损失，包括合同履行后可以获得的利益”。违约者赔偿的损失应当包括直接损失和间接损失。直接损失是指现有财产的直接减少。间接损失是指失去的可以预期获得的利益，又称可得利益，主要是指交易利润。当事人为防止损失扩大而支出的合理费用也应当由违约方承担，但是若一方违约后，对方应当采取而未采取适当措施致使损失扩大的，扩大的损失就不能要求违约方赔偿。

(3) 赔偿损失的计算。计算赔偿损失应当依照以下原则。

1) 完全赔偿原则。支付赔偿金的目的在于补偿受害人因对方违约所遭受的损失，使受害人恢复到合同如期履行的状态。因此，按照《合同法》有关完全赔偿的规定，违约者应当赔偿因违约所造成的一切损失，包括间接损失。

2) 赔偿限制原则。适用完全赔偿原则确定违约损失的赔偿责任，能够使受害人因对方违约而遭受的损失获得充分的补偿，但为了公平地保护合同当事人各方的权益，有必要以可预见性规则来对完全赔偿原则作一些限制。依照可预见性规则，违约损失的赔偿额应相当于因违约而造成的损失，但是，不得超过违反合同的一方在订立合同时预见到或者应当预见到的因违反合同可能造成的损失。

3) 经营欺诈惩罚赔偿原则。《合同法》第 113 条第 2 款规定：“经营者对消费者提供商品或者服务有欺诈行为的，依照《中华人民共和国消费者权益保护法》的规定承担损害赔偿责任。”依照《中华人民共和国消费者权益保护法》第 55 条的规定，经营者提供商品或者服务有欺诈行为的，应当按照消费者的要求增加赔偿其受到的损失，增加赔偿的金额为消费者购买商品的价款或者接受服务的费用的三倍。

4. 支付违约金

违约金是指当事人在合同中约定的或者由法律规定的，一方违约时应当向对方支付一定数量的货币。

《合同法》第 114 条规定：“当事人可以约定一方违约时应当根据违约情况向对方支付一定数额的违约金，也可以约定因违约产生的损失赔偿额的计算方法。约定的违约金低于造成的损失的，当事人可以请求人民法院或者仲裁机构予以增加；约定的违约金过分高于造成的损失的，当事人可以请求人民法院或者仲裁机构予以适当减少。当事人就迟延履行约定违约金的，违约方支付违约金后，还应当履行债务。”依据上述规定，违约金在我国属于违约责任的承担方式，其主要功能是补偿而不是惩罚。正因为违约金具有的主要功能是补偿，法律规定当约定的违约金与违约所致的损失相差太大时，当事人可以请求人民法院或仲裁机构适当增加或者减少违约金。由于违约金是补偿性的，因此《合同法》第 116 条规定，当事人既约定违约金，又约定定金的，一方违约时，对方可以选择适用违约金或者定金条款。

5. 支付定金

定金是指合同当事人为了确保合同的履行，依据双方约定由当事人一方在合同订立时或者在订立后履行前，按照合同金额的一定比例，预先给付对方当事人的金钱或有价证券。《合同法》第115条规定，当事人可以依照《中华人民共和国担保法》（以下简称《担保法》）约定一方向对方给付定金作为债权的担保。给付定金的一方不履行约定的债务的，无权要求返还定金；收受定金的一方不履行约定的债务的，应当双倍返还定金。可见，定金在合同中的运用既是合同履行的担保形式，又是违约责任的承担方式，具有惩罚性。

（四）违约责任的承担主体

依照《合同法》的规定，当事人违约，如不履行合同义务或履行合同义务不符合约定，就应当承担违约责任。若当事人一方预期违约，即在合同订立之后履行期限届满之前明确表示或者以自己的行为表明不履行合同义务，则对方当事人有权在履行期限届满之前要求预期违约者承担违约责任。

有时合同双方当事人都有违约行为，则依照《合同法》第120条的规定，当事人双方应当各自承担相应的责任。

如果是当事人一方因第三人的原因造成违约的，依照《合同法》第121条的规定，当事人应当向对方承担违约责任。当事人一方和第三人之间的纠纷，依照法律规定或者按照约定解决。这是《合同法》确立的无过错责任的违约归责原则的具体体现。

（五）违约行为与侵权行为的竞合

违约行为与侵权行为的竞合是指当事人一方的同一行为既构成违约行为，也构成侵权行为。在违约行为与侵权行为发生竞合的情况下，为了防止不当得利，各国法律都规定受害方只能在违约赔偿请求与侵权赔偿请求中主张其一，不能双重请求。《合同法》第122条规定："因当事人一方的违约行为，侵害对方人身、财产权益的，受损害方有权选择依照本法要求其承担违约责任或者依照其他法律要求其承担侵权责任。"

八、合同的担保

（一）保证

1. 保证和保证人

（1）保证。保证是指第三人为债务人的债务履行作担保，由保证人和债权人约定，当债务人不履行债务时，保证人按照约定履行债务或者承担责任的行为。

（2）保证人。根据《担保法》的规定，具有代为清偿债务能力的法人、其他组织或者公民，可以作保证人。

国家机关、学校、幼儿园、医院等以公益为目的的事业单位、社会团体，企业法人的分支机构、职能部门，不得作保证人。但是，在经国务院批准为使用外国政府或者国际经济组织贷款进行转贷的情况下，国家机关可以作保证人；企业法人的分支机构有法人书面授权的，可以在授权范围内提供保证。任何单位和个人不得强令银行等金融机构或者企业为他人提供保证。

从事经营活动的事业单位、社会团体为保证人的，如无其他导致保证合同无效的情况，其所签订的保证合同应当认定为有效。

企业法人的分支机构未经法人书面授权或者超出授权范围提供保证的，保证合同无效或超出授权范围的部分无效，债权人和企业法人有过错的，应当根据其过错各自承担相应的民事责任，债权人无过错的，由企业法人承担民事责任；企业法人的分支机构提供的保证无效后应当承担赔偿责任的，由分支机构经营管理的财产承担；企业法人的分支机构经营管理的财产不足以承担保证责任的，由企业法人承担民事责任。

企业法人的职能部门提供保证的，保证合同无效。债权人知道或者应当知道保证人为企业法人的职能部门的，因此造成的损失由债权人自行承担；债权人不知保证人为企业法人的职能部门，因此造成的损失由债权人和保证人根据其过错各自承担相应的民事责任。

同一债务有两个以上保证人的，保证人应当按照保证合同约定的保证份额，承担保证责任。各保证人与债权人没有约定保证份额的，应当认定为连带共同保证。连带共同保证的债务人在主合同规定的债务履行期届满没有履行债务的，债权人可以要求债务人履行债务，也可以要求任何一个保证人承担全部保证责任，保证人都负有担保全部债权实现的义务。已经承担保证责任的保证人，有权向债务人追偿，或者要求承担连带责任的其他保证人清偿其应当承担的份额。连带共同保证的保证人承担保证责任后，向债务人不能追偿的部分，由各连带保证人按其内部约定的比例分担；没有约定的，平均分担。按份共同保证的保证人按照保证合同约定的保证份额承担保证责任后，在其履行保证责任的范围内对债务人行使追偿权。

2. 保证合同和保证方式

（1）保证合同。保证人与债权人应当以书面形式订立保证合同。根据《最高人民法院关于适用〈中华人民共和国担保法〉若干问题的解释》的规定，在以下两种情况下，保证合同也成立：第三人单方以书面形式向债权人出具担保书，债权人接受且未提出异议的；主合同中虽然没有保证条款，但是，保证人在主合同上以保证人的身份签字或者盖章的。

保证合同应当包括以下内容：被保证的主债权（主合同债权）的种类、数额；债务人履行债务的期限；保证的方式；保证担保的范围；保证的期间，以及双方认为需要约定的其他事项。保证合同不完全具备上述规定内容的，可以补正。

（2）保证方式。保证的方式有一般保证和连带责任保证两种。

当事人在保证合同中约定，在债务人不能履行债务时，由保证人承担保证责任的，为一般保证。一般保证的保证人在主合同纠纷未经审判或者仲裁，并就债务人财产依法强制执行仍不能履行债务前，对债权人可以拒绝承担保证责任，该权利称为先诉抗辩权。

有下列情形之一的，保证人不得行使先诉抗辩权：1）债务人住所变更，致使债权人要求其履行债务发生重大困难的，即债务人下落不明、移居境外，且无财产可供执行；2）人民法院受理债务人破产案件，中止执行程序的；3）保证人以书面形式放弃规定的权利的。

当事人在保证合同中约定保证人与债务人对债务承担连带责任的，为连带责任保证。连带责任保证的债务人在主合同规定的债务履行期届满没有履行债务的，债权人可以要求债务人履行债务，也可以要求保证人在其保证范围内承担保证责任。

当事人对保证方式没有约定或者约定不明确的，按照连带责任保证承担保证责任。

一般保证和连带责任保证的保证人享有债务人的抗辩权。债务人放弃对债务的抗辩权的，保证人仍有权抗辩。

3. 保证责任

（1）保证责任的范围。保证人在约定的保证担保范围内承担保证责任。保证担保的范围包括主债权及利息、违约金、损害赔偿金和实现债权的费用。保证合同另有约定的，按照约定。当事人对保证担保的范围没有约定或者约定不明确的，保证人应当对全部债务承担责任。

（2）债权让与时的保证责任。在保证期间，债权人依法将主债权转让给第三人的，保证债权同时转让，保证人在原保证担保的范围内对受让人承担保证责任。但是，保证人与债权人事先约定仅对特定的债权人承担保证责任或者禁止债权转让的，保证人不再承担保证责任。

（3）债务转移时的保证责任。债权人许可债务人转让部分债务未经保证人书面同意的，保证人对未经其同意转让部分的债务，不再承担保证责任。但是，保证人仍应对未转让部分的债务承担保证责任。

（4）保证担保与物的担保并存的保证责任。根据《中华人民共和国物权法》的规定，被担保的债权既有物的担保又有人的担保，债务人不履行到期债务或者发生当事人约定的实现担保物权的情形，债权人应当按照约定实现债权；没有约定或者约定不明确，债务人自己提供物的担保的，债权人应当先就该物的担保实现债权；第三人提供物的担保的，债权人可以就物的担保实现债权，也可以要求保证人承担保证责任。提供担保的第三人承担担保责任后，有权向债务人追偿。

（5）债务合同变更的保证责任。债权人与债务人对主合同数量、价款、币种、利率等内容作了变动，未经保证人同意，如果减轻债务人的债务的，保证人仍应当对变更后的合同承担保证责任；如果加重债务人的债务的，保证人对加重的部分不承担保证责任。债权人与债务人对主合同履行期限作了变动，未经保证人书面同意的，保证期间为原合同约定的或者法律规定的期间。债权人与债务人协议变动主合同内容，但并未实际履行的，保证人仍应当承担保证责任。

（6）保证责任的免除。主合同当事人双方串通，骗取保证人提供保证的，或者主合同债务人采取欺诈、胁迫等手段，使保证人在违背真实意思的情况下提供保证的，债权人知道或者应当知道欺诈、胁迫事实的，保证人不承担民事责任。债务人与保证人共同欺骗债权人，订立主合同和保证合同的，债权人可以请求人民法院予以撤销。因此给债权人造成损失的，由保证人与债务人承担连带赔偿责任。

4. 保证期间

保证期间是指当事人约定或者法律规定的保证人承担保证责任的时间期限。保证人在与债权人约定的保证期间或者法律规定的保证期间内承担保证责任。

保证人与债权人约定保证期间的，按照约定执行。一般保证的保证人与债权人未约定保证期间的，保证期间为主债务履行期届满之日起6个月。在保证期间债权人未对债务人提起诉讼或者申请仲裁的，保证人免除保证责任；债权人已提起诉讼或者申请仲裁的，保证期间适用诉讼时效中断的规定。连带责任保证的保证人与债权人未约定保证期间的，债权人有权自主债务履行期届满之日起6个月内要求保证人承担保证责任。

保证合同约定的保证期间早于或者等于主债务履行期限的，视为没有约定，保证期间为主债务履行期届满之日起6个月。

保证合同约定保证人承担保证责任直至主债务本息还清时为止等类似内容的，视为约定不明，保证期间为主债务履行期届满之日起2年。

主合同对主债务履行期限没有约定或者约定不明的，保证期间自债权人要求债务人履行义务的宽限期届满之日起计算。

保证人与债权人协议在最高债权额限度内就一定期间连续发生的债权作保证，未约定保证期间的，保证人可以随时书面通知债权人终止保证合同，但保证人对于通知到债权人前所发生的债权，承担保证责任。最高额保证合同对保证期间没有约定或者约定不明的，如最高额保证合同约定有保证人清偿债务期限的，保证期间为清偿期限届满之日起6个月。没有约定债务清偿期限的，保证期间为自最高额保证终止之日或自债权人收到保证人终止保证合同的书面通知之日起6个月。

5. 保证合同的诉讼时效

诉讼时效是指当事人向人民法院提出保护民事权利请求的法定期限。

一般保证的债权人在保证期间届满前对债务人提起诉讼或者申请仲裁的，从判决或者仲裁裁决生效之日起开始计算保证合同的诉讼时效。连带责任保证的债权人在保证期间届满前要求保证人承担保证责任的，从债权人要求保证人承担保证责任之日起开始计算保证合同的诉讼时效。

一般保证中，主债务诉讼时效中断，保证债务诉讼时效中断；连带责任保证中，主债务诉讼时效中断，保证债务诉讼时效不中断。一般保证和连带责任保证中，主债务诉讼时效中止的，保证债务诉讼时效同时中止。

保证人对债务人行使追偿权的诉讼时效，自保证人向债权人承担责任之日起开始计算。

（二）抵押

抵押是指为担保债务的履行，债务人或者第三人不转移财产的占有，将该财产抵押给债权人的，债务人不履行到期债务或者发生当事人约定的实现抵押权的情形，债权人有权就该财产优先受偿。

债务人或者第三人为抵押人，债权人为抵押权人，提供担保的财产为抵押财产。

同一财产法定登记的抵押权与质权并存时，抵押权人优先于质权人受偿。同一财产抵押权与留置权并存时，留置权人优先于抵押权人受偿。

1. 抵押财产

抵押人只能以法律规定可以抵押的财产提供担保；法律规定不可以抵押的财产，抵押人不得用于提供担保。

抵押人对抵押物必须有处分权。所有权、使用权不明或者有争议的财产，依法被查封、扣押或者采取其他强制措施的财产，不得抵押。抵押物必须是法律允许转让的，法律禁止转让的财产，如土地、国防设施等不得抵押。

根据《物权法》和《担保法》的规定，债务人或者第三人有权处分的下列财产可以抵押：(1) 建筑物和其他土地附着物；(2) 建设用地使用权；(3) 以招标、拍卖、公开协商等方式取得的荒地等土地承包经营权；(4) 生产设备、原材料、半成品、产品；(5) 正在建造的建筑物、船舶、航空器；(6) 交通运输工具；(7) 抵押人依法有权处分的国有的土地使用权、房屋和其他地上定着物；(8) 抵押人依法承包并经发包方同意抵押的荒山、荒沟、荒丘、荒滩等荒地的土地使用权；(9) 法律、行政法规未禁止抵押的其他财产。

下列财产不得抵押：(1) 土地所有权；(2) 耕地、宅基地、自留地、自留山等集体所有的土地使用权，但法律规定可以抵押的除外；(3) 学校、幼儿园、医院等以公益为目的的事业单位、社会团体的教育设施、医疗卫生设施和其他社会公益设施；(4) 所有权、使用权不明或者有争议的财产；(5) 依法被查封、扣押、监管的财产；(6) 依法不得抵押的其他财产，如以法定程序确认为违法、违章的建筑物抵押的，抵押无效。

抵押人所担保的债权不得超出其抵押物的价值，超出的部分不具有优先受偿的效力。财产抵押后，该财产的价值大于所担保债权的余额部分，可以再次抵押，但不得超出其余额部分。

经当事人书面协议，企业、个体工商户、农业生产经营者可以将现有的以及将有的生产设备、原材料、半成品、产品抵押。债务人不履行到期债务或者发生当事人约定的实现抵押权的情形，债权人有权就实现抵押权时的动产优先受偿，但不得对抗正常经营活动中已支付合理价款并取得抵押财产的买受人。

以建筑物抵押的，该建筑物占用范围内的建设用地使用权一并抵押。以建设用地使用权抵押的，该土地上的建筑物一并抵押。乡镇、村企业的建设用地使用权不得单独抵押。以乡镇、村企业的厂房等建筑物抵押的，其占用范围内的建设用地使用权一并抵押。

当事人以农作物和与其尚未分离的土地使用权同时抵押的，土地使用权部分的抵押无效。学校、幼儿园、医院等以公益为目的的事业单位、社会团体，以其教育设施、医疗卫生设施和其他社会公益设施以外的财产为自身债务设定抵押的，人民法院可以认定抵押有效。按份共有人以其共有财产中享有的份额设定抵押的，抵押有效。共同共有人以其共有财产设定抵押，未经其他共有人同意，抵押无效。但是，其他共有人知道或者应当知道而未提出异议的视为同意，抵押有效。

已经设定抵押的财产被采取查封、扣押等财产保全或者执行措施的，不影响抵押权的效力。

2. 抵押合同和抵押物登记

(1) 抵押合同。设立抵押权，当事人应当采取书面形式订立抵押合同。抵押合同一般包括下列条款：1）被担保债权的种类和数额；2）债务人履行债务的期限；3）抵押财产的名称、数量、质量、状况、所在地、所有权归属或者使用权归属；4）担保的范围，包括主债权及利息、违约金、损害赔偿金和实现抵押权的费用；5）当事人认为需要约定的其他事项。抵押合同不完全具备以上规定内容的，可以补正。

抵押合同对被担保的主债权种类、抵押财产没有约定或者约定不明，根据主合同和抵押合同不能补正或者无法推定的，抵押不成立。法律规定登记生效的抵押合同签订后，抵押人违背诚实信用原则拒绝办理抵押登记致使债权人受到损失的，抵押人应当承担赔偿责任。

当事人在抵押合同中约定，债务履行期届满抵押权人未受清偿时，抵押物的所有权转移为债权人所有的内容无效。该内容的无效不影响抵押合同其他部分内容的效力。

债务履行期届满后抵押权人未受清偿时，抵押权人和抵押人可以协议以抵押物折价取得抵押物。但是，损害顺序在后的担保物权人和其他债权人利益的，人民法院可以适用《合同法》有关撤销权的规定。债务人有多个普通债权人的，在清偿债务时，债务人与其中一个债权人恶意串通，将其全部或者部分财产抵押给该债权人，因此丧失了履行其他债务的能力，损害了其他债权人的合法权益，受损害的其他债权人可以请求人民法院撤销该抵押行为。

(2) 抵押物登记。当事人以法律规定的需要办理抵押物登记的财产作抵押的，应当向有关部门办理抵押物登记。抵押物登记记载的内容与抵押合同约定的内容不一致的，以登记记载的内容为准。

当事人办理抵押物登记手续时，因登记部门的原因致使其无法办理抵押物登记，抵押人向债权人交付权利凭证的，可以认定债权人对该财产有优先受偿权。但是，未办理抵押物登记的，不得对抗第三人。

以建筑物和其他土地附着物、建设用地使用权以及以招标、拍卖、公开协商等方式取得的荒地等土地承包经营权，或者正在建造的建筑物抵押的，应当办理抵押登记。抵押权自登记时设立。

以生产设备、原材料、半成品、产品、交通运输工具或者正在建造的船舶、航空器抵押的，抵押权自抵押合同生效时设立；未经登记，不得对抗善意第三人。

企业、个体工商户、农业生产经营者以生产设备、原材料、半成品、产品等动产抵押的，应当向抵押人住所地的工商行政管理部门办理登记。抵押权自抵押合同生效时设立；未经登记，不得对抗善意第三人。

3. 抵押的效力

抵押担保的范围包括主债权及利息、违约金、损害赔偿金和实现抵押权的费用。抵押合同另有约定的，按照约定。

(1) 抵押权对抵押物所生孳息及已存在租赁权的效力。债务人不履行到期债务或者发生当事人约定的实现抵押权的情形，致使抵押财产被人民法院依法扣押的，自扣押之日起抵押权人有权收取该抵押财产的天然孳息或者法定孳息，但抵押权人未通知应当清偿法定孳息的义务人的除外。孳息的清偿顺序为：1）充抵收取孳息的费用；2）主债权的利息；3）主债权。

订立抵押合同前抵押财产已出租的，原租赁关系不受该抵押权的影响。抵押权设立后抵押财产出租的，该租赁关系不得对抗已登记的抵押权。

抵押人将已抵押的财产出租时，如果抵押人未书面告知承租人该财产已抵押的，抵押人对出租抵押物造成承租人的损失承担赔偿责任；如果抵押人已书面告知承租人该财产已抵押的，抵押权实现造成承租人的损失，由承租人自己承担。

（2）抵押期间抵押物的转让。抵押期间，抵押人未经抵押权人同意，不得转让抵押财产，但受让人代为清偿债务消灭抵押权的除外。抵押期间，抵押人经抵押权人同意转让抵押财产的，应当将转让所得的价款向抵押权人提前清偿债务或者提存。转让的价款超过债权数额的部分归抵押人所有，不足部分由债务人清偿。

抵押权存续期间，抵押人转让抵押物未通知抵押权人或者未告知受让人的，如果抵押物已经登记的，抵押权人仍可行使抵押权；取得抵押物所有权的受让人，可以代替债务人清偿其全部债务，使抵押权消灭。受让人清偿债务后可以向抵押人追偿。

如果抵押物未经登记，抵押权不得对抗受让人，因此给抵押权人造成损失的，由抵押人承担赔偿责任。

抵押物依法被继承或者赠与的，抵押权不受影响。

（3）抵押权转移及消灭的从属性。抵押权不得与债权分离而单独转让或者作为其他债权的担保。债权转让的，担保该债权的抵押权一并转让，但法律另有规定或者当事人另有约定的除外。

主债务被分割或者部分转让的，抵押人仍以其抵押物担保数个债务人履行债务。但是，第三人提供抵押的，债权人许可债务人转让债务未经抵押人书面同意的，抵押人对未经其同意转让的债务，不再承担担保责任。

抵押物折价或者拍卖、变卖该抵押物的价款低于抵押权设定时约定价值的，应当按照抵押物实现的价值进行清偿。不足清偿的剩余部分，由债务人清偿。

抵押权与其担保的债权同时存在，债权消灭的，抵押权也消灭。

（4）抵押财产价值减少或毁损的处理。抵押人的行为足以使抵押财产价值减少的，抵押权人有权要求抵押人停止其行为。抵押财产价值减少的，抵押权人有权要求恢复抵押财产的价值，或者提供与减少的价值相应的担保。抵押人不恢复抵押财产的价值也不提供担保的，抵押权人有权要求债务人提前清偿债务。

在抵押物灭失、毁损或者被征用的情况下，抵押权人可以就该抵押物的保险金、赔偿金或者补偿金优先受偿。

在抵押物灭失、毁损或者被征用的情况下，抵押权所担保的债权未届清偿期的，抵押权人可以请求人民法院对保险金、赔偿金或补偿金等采取保全措施。

（5）其他情况下的抵押权效力。抵押物因附合、混合或者加工使抵押物的所有权为第三人所有的，抵押权的效力及于补偿金；抵押物所有人为附合物、混合物或者加工物的所有人的，抵押权的效力及于附合物、混合物或者加工物；第三人与抵押物所有人为附合物、混合物或者加工物的共有人的，抵押权的效力及于抵押人对共有物享有的份额。

抵押权设定前为抵押物的从物的，抵押权的效力及于抵押物的从物。但是，抵押物与其从物为两个以上的人分别所有时，抵押权的效力不及于抵押物的从物。

4. 抵押权的实现

（1）抵押权实现的条件、方式和程序。债务人不履行到期债务或者发生当事人约定的实现抵押权的情形，抵押权人可以与抵押人协议以抵押财产折价或者以拍卖、变卖该抵押财产所得的价款优先受偿。协议损害其他债权人利益的，其他债权人可以在知道或者应当知道撤销事由之日起一年内请求人民法院撤销该协议。

抵押权人与抵押人未就抵押权实现方式达成协议的，抵押权人可以请求人民法院拍卖、变卖抵押财产。

抵押财产折价或者拍卖、变卖后，其价款超过债权数额的部分归抵押人所有，不足部分由债务人清偿。

抵押人承担担保责任后，可以向债务人追偿，也可以要求其他抵押人清偿其应当承担的份额。

抵押物折价或者拍卖、变卖所得的价款，当事人没有约定的，按下列顺序清偿：1）实现抵押权的费用；2）主债权的利息；3）主债权。

抵押权人应当在主债权诉讼时效期间行使抵押权；未行使的，人民法院不予保护。

（2）抵押权的顺位及确定抵押权次序的规则。抵押权人可以放弃抵押权或者抵押权的顺位。抵押权人与抵押人可以协议变更抵押权顺位以及被担保的债权数额等内容，但抵押权的变更，未经其他抵押权人书面同意，不得对其他抵押权人产生不利影响。

债务人以自己的财产设定抵押，抵押权人放弃该抵押权、抵押权顺位或者变更抵押权的，其他担保人在抵押权人丧失优先受偿权益的范围内免除担保责任，但其他担保人承诺仍然提供担保的除外。

同一财产向两个以上债权人抵押的，顺序在先的抵押权与该财产的所有权归属一人时，该财产的所有权人可以以其抵押权对抗顺序在后的抵押权；顺序在后的抵押权所担保的债权先到期的，抵押权人只能就抵押物价值超出顺序在先的抵押担保债权部分受偿；顺序在先的抵押权所担保的债权先到期的，抵押权实现后的剩余价款应予提存，留待清偿顺序在后的抵押担保债权。

同一财产向两个以上债权人抵押的，拍卖、变卖抵押财产所得的价款依照下列规定清偿：1）抵押权已登记的，按照登记的先后顺序清偿；顺序相同的，按照债权比例清偿。2）抵押权已登记的优先于未登记的清偿。3）抵押权未登记的，按照债权比例清偿。

同一债权有两个以上抵押人的，债权人放弃债务人提供的抵押担保的，其他抵押人可以请求人民法院减轻或者免除其应当承担的担保责任。当事人对其提供的抵押财产所担保的债权份额或者顺序没有约定或者约定不明的，抵押权人可以就其中任一或者各个财产行使抵押权。

5. 最高额抵押

最高额抵押是指为担保债务的履行，债务人或者第三人对一定期间内将要连续发生的债权提供担保财产的，债务人不履行到期债务或者发生当事人约定的实现抵押权的情形，抵押权人有权在最高债权额限度内就该担保财产优先受偿。

最高额抵押权设定前已经存在的债权，经当事人同意，可以转入最高额抵押担保的债权范围。

最高额抵押权所担保的债权范围，不包括抵押物因财产保全或者执行程序被查封后或债务人、抵押人破产后发生的债权。

最高额抵押的条件为：（1）抵押担保的是将来发生的债权，现在尚未发生；（2）抵押担保的债权额不定，但设有最高限制额；（3）实际发生的债权是连续的、不特定的，即债权人并不规定对方实际发生债权的次数和数额；（4）债权人仅对抵押财产行使最高限度内的优先受偿权；（5）最高抵押只需登记即可设置。

最高额抵押担保的债权确定前，部分债权转让的，最高额抵押权不得转让，但当事人另有约定的除外。

最高额抵押担保的债权确定前，抵押权人与抵押人可以通过协议变更债权确定的期间、债权范围以及最高债权额，但变更的内容不得对其他抵押权人产生不利影响。

有下列情形之一的，抵押权人的债权确定：（1）约定的债权确定期间届满；（2）没有约定债权确定期间或者约定不明确，抵押权人或者抵押人自最高额抵押权设立之日起满两年后请求确定债权；（3）新的债权不可能发生；（4）抵押财产被查封、扣押；（5）债务人、抵押人被宣告破产或者被撤销；（6）法律规定债权确定的其他情形。

最高额抵押权所担保的不特定债权，在特定后，债权已届清偿期的，最高额抵押权人可以根据普通抵押权的规定行使其抵押权。

抵押权人实现最高额抵押权时，如果实际发生的债权余额高于最高限额的，以最高限额为限，超过部分不具有优先受偿的效力；如果实际发生的债权余额低于最高限额的，以实际发生的债权余额为限对抵押物优先受偿。

（三）质押

质押分为动产质押和权利质押。

1. 动产质押

动产质押是指债务人或者第三人将其动产移交给债权人占有，将该动产作为债权的担保，当债务人不履行债务时，债权人有权依照法律规定，以该动产折价或者以拍卖、变卖该动产的价款优先受偿。该债务人或者第三人为出质人，债权人为质权人，移交的动产为质物。

质押担保的范围包括主债权及利息、违约金、损害赔偿金、质物保管费用和实现质权的费用。质押合同另有约定的，按照约定。

质押合同自成立时生效，质权自出质人交付质押财产时设立。

质权人在债务履行期届满前，不得与出质人约定债务人不履行到期债务时质押财产归债权人所有。

债务人或者第三人未按质押合同约定的时间移交质物，因此给质权人造成损失的，出质人应当根据其过错承担赔偿责任。

出质人代质权人占有质物的，质押合同不生效；质权人将质物返还于出质人后，以其质权对抗第三人的，人民法院不予支持。

出质人以间接占有的财产出质的，质押合同自书面通知送达占有人时视为移交。占有人收到出质通知后，仍接受出质人的指示处分出质财产的，该行为无效。

质押合同中对质押的财产约定不明，或者约定的出质财产与实际移交的财产不一致的，以实际支付占有的财产为准。

质物有隐藏瑕疵造成质权人其他财产损害的，应由出质人承担赔偿责任。但是，质权人在质物移交时明知质物有瑕疵而予以接受的除外。

质权人对质物的责任体现在以下方面：(1) 质权人在质权存续期间，未经出质人同意，擅自使用、处分质押财产，给出质人造成损害的，应当承担赔偿责任。(2) 质权人负有妥善保管质押财产的义务；因保管不善致使质押财产毁损、灭失的，应当承担赔偿责任。质权人的行为可能使质押财产毁损、灭失的，出质人可以要求质权人将质押财产提存，或者要求提前清偿债务并返还质押财产，但质物提存费用由质权人负担，出质人提前清偿债权的，应当扣除未到期部分的利息。(3) 因不能归责于质权人的事由可能使质押财产毁损或者价值明显减少，足以危害质权人权利的，质权人有权要求出质人提供相应的担保；出质人不提供的，质权人可以拍卖、变卖质押财产，并与出质人通过协议将拍卖、变卖所得的价款提前清偿债务或者提存。(4) 质权人在质权存续期间，未经出质人同意转质，造成质押财产毁损、灭失的，应当向出质人承担赔偿责任。

债务人履行债务或者出质人提前清偿所担保的债权的，质权人应当返还质押财产。债务人不履行到期债务或者发生当事人约定的实现质权的情形，质权人可以与出质人协议以质押财产折价，也可以就拍卖、变卖质押财产所得的价款优先受偿。质押财产折价或者变卖的，应当参照市场价格。

2. 权利质押

(1) 权利质押的概念。权利质押是指债务人或者第三人以其财产权利交付债权人作为债权的担保，当债务人不履行债务时，债权人有权依照法律规定，以该财产权利折价或者以拍卖、变卖该财产权利的价款优先受偿。

债务人或者第三人有权处分的下列权利可以出质：1) 汇票、支票、本票；2) 债券、存款单；3) 仓单、提单；4) 可以转让的基金份额、股权；5) 可以转让的注册商标专用权、专利权、著作权等知识产权中的财产权；6) 应收账款；7) 法律、行政法规规定可以出质的其他财产权利。

(2) 以不同种类权利出质的法律规定。以汇票、支票、本票、债券、存款单、仓单、提单出质的，当事人应当订立书面合同。质权自权利凭证交付质权人时设立；没有权利凭证的，质权自有关部门办理出质登记时设立。汇票、支票、本票、债券、存款单、仓单、提单的兑现日期或者提货日期先于主债权到期的，质权人可以兑现或者提货，并与出质人协议将兑现的价款或者提取的货物提前清偿债务或者提存。

以基金份额、股权出质的，当事人应当订立书面合同。以基金份额、证券登记结算机构登记的股权出质的，质权自证券登记结算机构办理出质登记时设立；以其他股权出质的，质权自工商行政管理部门办理出质登记时设立。基金份额、股权出质后，不得转让，但经出质人与质权人协商同意的除外。出质人转让基金份额、股权所得的价款，应当向质权人提前清偿债务或者提存。

以注册商标专用权、专利权、著作权等知识产权中的财产权出质的，当事人应当订立书面合同。质权自有关主管部门办理出质登记时设立。知识产权中的财产权出质后，出质人不得转让或者许可他人使用，但经出质人与质权人协商同意的除外。出质人转让或者许可他人使用出质的知识产权中的财产权所得的价款，应当向质权人提前清偿债务或者提存。

以应收账款出质的，当事人应当订立书面合同。质权自信贷征信机构办理出质登记时设立。应收账款出质后，不得转让，但经出质人与质权人协商同意的除外。出质人转让应收账款所得的价款，应当向质权人提前清偿债务或者提存。

（四）留置

1. 留置的定义

留置是指债务人不履行到期债务，债权人可以留置已经合法占有的债务人的动产，并有权就该动产优先受偿。其中债权人为留置权人，占有的动产为留置财产。《物权法》改变了《担保法》将留置仅适用于承揽、货运、保管、仓储、行纪的情形，扩展至所有合法债权。

留置担保的范围包括主债权及利息、违约金、损害赔偿金、留置物保管费用和实现留置权的费用。

当事人可以在合同中约定不得留置的物。债权人留置的动产应当与债权属于同一法律关系，但企业之间留置的除外。法律规定或者当事人约定不得留置的动产，不得留置。

2. 留置权的实现

留置权人负有妥善保管留置财产的义务；因保管不善致使留置财产毁损、灭失的，应当承担赔偿责任。留置权人有权收取留置财产的孳息。孳息应当先充抵收取孳息的费用。

留置权人与债务人应当约定留置财产后的债务履行期间；没有约定或者约定不明确的，留置权人应当给债务人两个月以上履行债务的期间，但鲜活易腐等不易保管的动产除外。债务人逾期未履行的，留置权人可以与债务人协议以留置财产折价，也可以就拍卖、变卖留置财产所得的价款优先受偿。留置财产折价或者变卖的，应当参照市场价格。

债务人可以请求留置权人在债务履行期届满后行使留置权；留置权人不行使的，债务人可以请求人民法院拍卖、变卖留置财产。留置财产折价或者拍卖、变卖后，其价款超过债权数额的部分归债务人所有，不足部分由债务人清偿。

留置权人在债权未受全部清偿前，留置物为不可分物的，留置权人可以就其留置物的全部行使留置权。留置的财产为可分物的，留置物的价值应当相当于债务的金额。

同一动产上已设立抵押权或者质权，该动产又被留置的，留置权人优先受偿。

留置权因下列原因消灭：(1) 留置权人放弃留置权；(2) 留置物灭失、损毁而无代位物；(3) 与留置物有牵连关系的债权消灭；(4) 债务人另行提供价值相当的担保并被债权人接受；(5) 实现留置权；(6) 丧失对留置财产的占有。

(五) 定金

定金是指合同当事人约定一方向对方给付一定数额的货币作为债权的担保。

(1) 定金的数额。定金的数额由当事人约定，但不得超过主合同标的额的 20%。如果超过，超过部分无效，20%以内的部分仍然有效。

(2) 定金合同是实践性合同，从实际交付定金之日起生效，即如果当事人只达成合意而未实际交付定金，则定金合同不成立。实际交付的定金数额多于或者少于约定数额，视为变更定金合同；收受定金一方提出异议并拒绝接受定金的，定金合同不生效。

(3) 定金罚则。债务人履行债务后，定金抵作价款或者收回。给付定金的一方不履行约定的债务的，无权要求返还定金；收受定金的一方不履行约定的债务的，应当双倍返还定金。

第 2 节　物权法律制度

2007 年 3 月 16 日，第十届全国人民代表大会通过了《中华人民共和国物权法》(以下简称《物权法》)，并于 2007 年 10 月 1 日起正式实施。在《物权法》颁布之前，我国对于物权法律关系的调整主要是通过《民法通则》《土地管理法》《城市房地产管理法》《草原法》《森林法》《矿产资源法》《农村土地承包法》等法律来实现的，这些法律也是物权法律体系的重要组成部分。《物权法》对维护国家基本经济制度、维护社会主义市场经济秩序、明确物的归属、发挥物的效用、保护权利人的物权起着非常重要的作用。

一、物权的概念及类型

(一) 物权的概念及特征

根据《物权法》第 2 条的规定，物权是指权利人依法对特定的物享有直接支配和排他的权利，包括所有权、用益物权和担保物权。

与债权相比，物权是一种绝对权和对世权。物权的权利主体是特定的，义务主体是不特定的，权利人以外的任何人都负有不得非法干涉和侵害的义务。债权只发生在债权人和债务人之间，债权的权利主体和义务主体都是特定的。债权人的请求权只对特定的债务人发生效力，因此称为相对权和对人权。物权的内容是直接支配一定的物，并排斥他人干涉。正因为物权具有绝对性、直接支配性和排他性，因此在同一个标的物上既有物权又有债权时，无论物权成立于债权之前或之后，除非法律有特别规定，它都有优先于债权的效力。物权具有追及效力，物权人可以依法向物的不法占有人请求其返还原物。债权原则上不具有追及效力。债权的标的物在没有发生物权变动之前，债务人非法转让并由第三人占有时，债权人不得请求物的占有人返还财产，只能请求债务人履行债务和承担违约责任。

（二）物权的分类

以标的物的种类为标准，可分为动产物权和不动产物权。不动产物权的变动，一般以登记为要件；动产物权的变动，一般以物的交付为要件。因不动产纠纷发生的诉讼，由不动产所在地人民法院专属管辖。

以对标的物的支配范围为标准，可以分为自物权（所有权）与他物权。所有权是指所有人依法可以对物进行占有、使用、收益和处分的权利，它是物权中最完整、最充分的权利。他物权是指所有权以外的物权，亦称限制物权，又分为用益物权和担保物权。

以物是否具有独立的特征或被视为具有独立的特征来加以区分，可以分为特定物与种类物。种类物是以品种、质量、规格或度量衡加以确定的不具有独立的特征的物（工农业产品是其典型代表）。种类物在同一类型的物之间可以相互替换。特定物是指具有独立特征（如艺术品）或因指定而特定化的物。此种分类的意义在于所有权移转和灭失责任的规则不同。特定物灭失，会因给付不能而免除义务人交付原物的义务。

二、物权法的基本原则

物权法的基本原则有平等保护原则、物权法定原则、公示公信原则、一物一权原则。

1. 平等保护原则

国家、集体、私人的物权和其他权利人的物权受法律保护，任何单位和个人不得侵犯。

2. 物权法定原则

物权法定原则包括两个方面的内容：一是物权种类法定，即当事人不得自由创设法律未规定的新种类的物权；二是物权内容法定，即物权的方式、效力等内容都由法律明文规定，当事人不得在物权中自由创设新的内容。

3. 公示公信原则

公示是指物权的权利状态必须通过一定的公示方法向社会公开，使第三人在物权变动时知道权利状态，维护交易安全。公信是指当物权依据法律规定进行了公示，即使该公示表现出来的物权存在瑕疵，对于信赖该物权存在并已从事物权交易的人，法律承认其法律效果，以保护交易安全。公信原则赋予公示的内容以公信力。例如《物权法》第 106 条关于善意取得的规定就是公信原则的体现。

4. 一物一权原则

一物之上只能有一个所有权，不能有多个所有权，但一物之上可以设置多个物权。

三、占有

占有是一种法律保护的事实状态。以占有有无法律上的原因进行分类，可以分为有权占有和无权占有。以无权占有人是否误信为有占有之权源为标准进行区分，可以分为善意占有与恶意占有。

基于合同关系等产生的占有，有关不动产或者动产的使用、收益、违约责任等，按照合同约定；合同没有约定或者约定不明确的，依照有关法律规定。占有的不动产或者动产毁损、灭失，该不动产或者动产的权利人请求赔偿的，占有人应当将因毁损、灭失取得的保险金、赔偿金或者补偿金等返还给权利人；权利人的损害未得到足够弥补的，恶意占有人还应当赔偿损失。

占有的不动产或者动产被侵占的，占有人有权请求返还原物；对妨害占有的行为，占有人有权请求排除妨害或者消除危险；因侵占或者妨害造成损害的，占有人有权请求损害赔偿。占有人返还原物的请求权，自侵占发生之日起一年内未行使的，该请求权消灭。

四、物权变动

（一）不动产的物权变动

（1）登记的效力。《物权法》第 9 条第 1 款规定：不动产物权的设立、变更、转让和消灭，经依法登记，发生效力；未经登记，不发生效力，但法律另有规定的除外。也就是说，不动产的物权变动原则上采取登记生效主义，但有例外。根据《物权法》的规定，例外情形主要有三种：一是依法属于国家所有的自然资源，所有权可以不登记。二是因征收、法院判决、仲裁裁决、继承、受遗赠以及事实行为等非法律行为产生的物权变动，不经登记也能发生法律效力。《物权法》第 28 条规定，因人民法院、仲裁委员会的法律文书或者人民政府的征收决定等，导致物权设立、变更、转让或者消灭的，自法律文书或者人民政府的征收决定等生效时发生效力。第 29 条规定，因继承或者受遗赠取得物权的，自继承或者受遗赠开始时发生效力。第 30 条规定，因合法建造、拆除房屋等事实行为设立或者消灭物权的，自事实行为成就时发生效力。《物权法》第 31 条规定，依照本法第 28 条至第 30 条规定享有不动产物权的，处分该物权时，依照法律规定需要办理登记的，未经登记，不发生物权效力。三是大部分用益物权不需要进行登记。

（2）更正登记和异议登记。《物权法》第 19 条规定，权利人、利害关系人认为不动产登记簿记载的事项错误的，可以申请更正登记。不动产登记簿记载的权利人书面同意更正或者有证据证明登记确有错误的，登记机构应当予以更正。不动产登记簿记载的权利人不同意更正的，利害关系人可以申请异议登记。登记机构予以异议登记的，申请人在异议登记之日起15日内不起诉，异议登记失效。异议登记不当，造成权利人损害的，权利人可以向申请人请求损害赔偿。

（3）预告登记。《物权法》第20条规定，当事人签订买卖房屋或者其他不动产物权的协议，为保障将来实现物权，按照约定可以向登记机构申请预告登记。预告登记后，未经预告登记的权利人同意，处分该不动产的，不发生物权效力。预告登记后，债权消灭或者自能够进行不动产登记之日起3个月内未申请登记的，预告登记失效。

（4）合同效力与物权效力的区分原则。《物权法》第15条规定："当事人之间订立有关设立、变更、转让和消灭不动产物权的合同，除法律另有规定或者合同另有约定外，自合同成立时生效；未办理物权登记的，不影响合同效力。"本条是关于合同效力和物权效力区分的规定。在我国长期的审判实践中，曾经把登记作为不动产买卖合同的生效要件，相关立法也未厘清二者的区别，如《担保法》第41条规定："当事人以本法第四十二条规定的财产抵押的，应当办理抵押物登记，抵押合同自登记之日起生效。"就使得很多合同当事人因没有进行不动产登记而不能根据有效合同追究违约方的法律责任。根据《物权法》第15条的规定，如果不动产物权未经登记，仅仅不能产生物权变动的效力，对于该合同的效力却没有丝毫影响，合同仍然可以有效。

（二）动产的物权变动

《物权法》第23条规定，动产物权的设立和转让，自交付时发生效力，但法律另有规定的除外。同时《物权法》第24条规定，船舶、航空器和机动车等物权的设立、变更、转让和消灭，未经登记，不得对抗善意第三人。因此对于船舶、航空器和机动车等特殊的动产，实际上其物权变动要求采用登记方式进行，只是没有采用登记生效主义，而是采用了登记对抗主义。

五、所有权

所有权具有三方面的法律特征：（1）所有权具有绝对性。即在所有权法律关系中，权利主体实现自己的权利，并不需要他人的积极作为的配合，只要求他人不妨害其行使所有权。（2）所有权具有排他性。即其他非所有人均不得非法侵犯，也不得非法干预所有权人对所有权的行使。（3）所有权是一种完整、充分的物权。

（一）共有

物可为单一主体独自享有所有权，亦可在不作质的分割的情况下由数个主体共享，前者称为单一所有，后者称为共有。

1. 按份共有和共同共有

共有包括按份共有和共同共有。按份共有人按照预先确定的份额分别对共有财产享有占有、使用和收益的权利。按份共有人有权自由处分自己的共有份额，无须取得其他共有人的同意，但是共有人将份额出让给共有人以外的第三人时，其他共有人在同等条件下享有优先购买的权利。共同共有的共有人对共有财产不分份额地享有权利，对共同共有财产的处分必须征得全体共有人的同意。共同共有关系终止，才能确定份额，分割共有财产。共有人对共有的不动产或者动产没有约定为按份共有或者共同共有，或者约定不明确的，除共有人具有家庭关系外，视为按份共有。按份共有人对共有的不动产或者动产享有的份额，没有约定或者约定不明确的，按照出资额确定；不能确定出资额的，视为等额享有。

2. 共有物的处分

处分共有的不动产或者动产以及对共有的不动产或者动产作重大修缮的，应当经占份额 2/3 以上的按份共有人或者全体共同共有人同意，但共有人之间另有约定的除外。未达到同意标准擅自处分共有财产的，其处分行为应当作为效力待定的民事行为处理。但第三人善意、有偿取得该财产的，应当维护第三人的合法权益，对其他共有人的损失，由擅自处分共有财产的人赔偿。

3. 共有的对外关系

因共有的不动产或者动产产生的债权债务，在对外关系上，共有人享有连带债权、承担连带债务，但法律另有规定或者第三人知道共有人不具有连带债权债务关系的除外。偿还债务超过自己应当承担份额的按份共有人，有权向其他共有人追偿。

（二）善意取得制度

善意取得是指动产占有人或者不动产的名义登记人将动产或者不动产不法转让给受让人以后，如果受让人善意取得财产，即可依法取得该财产的所有权。善意取得的构成要件包括：（1）转让人无处分权，但受让人受让财产时主观上为善意；（2）以合理的价格有偿受偿；（3）转让财产依照法律规定应当登记的已经登记，不需要登记的已经交付给受让人。

关于善意取得的法律效果，在原权利人与受让人之间，原权利人丧失标的物所有权，受让人则基于善意取得制度获得标的物所有权；在原权利人与让与人之间，由于善意取得的法律效果是所有权发生转移，因此原权利人无权要求让与人返还原物，只能要求无权处分人承担赔偿责任，也可以要求让与人返还不当得利。

除了动产可以适用善意取得制度外，不动产也可以适用善意取得制度，但不动产的善意取得以登记为要件。善意取得制度不仅适用于所有权的取得，也适用于建设用地使用权、抵押权、质权、留置权等他物权的取得。但拾得遗失物、赃物、漂流物、隐藏物、埋藏物不能适用善意取得制度。

六、用益物权和担保物权

用益物权是非所有人以他人之物进行使用和收益的权利。担保物权是为保证债务履行，依法或依当事人约定而设立的物权。用益物权包括地上权、地役权等，担保物权有抵押权、留置权等，这些他物权的权利人仅能享受对物某一方面的权利，如只享有占有权或使用权。唯有所有权包括对物的占有、使用、收益和最后处分的权利。

用益物权和担保物权的主要区别表现在：第一，用益物权注重物的使用价值，担保物权注重物的交换价值。第二，用益物权一定是在不动产上成立的物权，担保物权则既可以在不动产也可以在动产上设立。第三，用益物权除地役权以外，均为主物权；担保物权则都是从物权，即需以主债权的存在为前提。《物权法》第117条规定，用益物权人对他人所有的不动产或者动产，依法享有占有、使用和收益的权利。根据《物权法》的规定，用益物权包括：(1) 土地承包经营权；(2) 建设用地使用权；(3) 宅基地使用权；(4) 地役权；(5) 自然资源使用权，具体包括海域使用权、探矿权、采矿权、取水权和使用水域、滩涂从事养殖、捕捞的权利。担保物权是为担保债务的履行而在债务人或第三人的特定物或权利上所设立的他物权，包括抵押权、质权、留置权。担保物权和担保合同是分属物权与债权领域的概念，二者不能混淆。

七、物权的保护

物权受到侵害的，权利人可以通过和解、调解、仲裁、诉讼等途径解决。根据保护方法的不同，对物权的保护可分为物权的保护方法和债权的保护方法。其中，物权的保护方法是指物上请求权，债权的保护方法是指通过侵权损害赔偿的方法来保护物权。具体包括请求确认权利、请求返还原物、请求排除妨碍或者消除危险、请求修理、重作、更换或者恢复原状以及请求损害赔偿等。这些方法可以单独适用，也可以根据权利被侵害的情形合并适用。

第3节　工业产权法律制度

工业产权和著作权等无形财产构成了我国的知识产权体系。知识产权在国际上受法律保护已有300多年的历史，专利权与商标权是工业产权的主体内容。

一、工业产权法概述

(一) 工业产权的概念和特征

工业产权是指人们依法对应用于商品生产和流通中的创造发明和显著标记等智力成果，在一定地区和期限内享有的专有权。按照《保护工业产权巴黎公约》的规定，工业产权包括发明、实用新型、外观设计、商标、服务标记、厂商名称、货源标记、原产地名称以及制止不正当竞争的权利。在我国，工业产权主要是指专利权和商标专用权。工业产权属于无形财产权，与有形财产权相比具有以下特征。

(1) 专有性。工业产权的专有性是指权利人对其权利客体享有独占的权利，排斥其他任何人的干涉，除权益人同意或法律规定外，其他任何人均不得使用。只有根据权利人的权利意志或强制许可、征用等法律程序，才能将权利人的权利予以变更或转让。

(2) 地域性。指工业产权的空间限制。一个国家的专利法、商标法所保护的工业产权，除在一定情况下适用统一保护工业产权的国际公约外，只在该国范围内有效，对其他国家不发生法律效力。如果想在该国取得保护，必须依该国法律规定履行必要的程序，经批准后获得专利权、商标权。显然，有形财产不受此限制。

（3）时间性。指工业产权的时间限制。工业产权仅在法律规定的期限内受到保护，超过法定期限，这一权利就自动消灭，其保护对象进入公有领域，成为全人类均可无偿使用的社会公共财富。工业产权之所以受时间的限制，主要是由于建立工业产权的目的在于既鼓励人们进行智力成果的创造，保护智力成果创造者的合法权益，又要注重促进科学文化知识的广泛传播，以协调工业产权专有性与知识产品社会性的矛盾。

（二）工业产权法的概念和工业产权的国际保护

工业产权法是调整因确认、保护、转让和使用工业产权而发生的各种社会关系的法律规范的总称。我国针对知识产权进行了一系列的专门立法，如《中华人民共和国专利法》（以下简称《专利法》）《中华人民共和国商标法》（以下简称《商标法》）等。我国加入世界贸易组织（WTO）以后，立法部门根据我国加入WTO的有关承诺，对知识产权的有关法律法规以及规章进行了修订和完善。2000年全国人民代表大会常务委员会对《专利法》作了修正，2001年又对《商标法》作了二次修正，并配套颁布了《专利法实施细则》《商标法实施条例》等。在司法解释方面，有《最高人民法院关于审理著作权民事纠纷案件适用法律若干问题的解释》《最高人民法院关于审理专利纠纷案件适用法律问题的若干规定》《最高人民法院关于诉前停止侵犯注册商标专用权行为和保全证据适用法律问题的解释》等。工业产权制度的完善对于我国社会主义市场经济的发展起到了很大的促进作用。

人类的智力成果很容易超越国界，特别是在信息传输、交通往来越来越便利的情况下，人员、知识、技术交流日益频繁。工业产权的地域限制不能适应科技成果迅猛发展的需要，于是各国政府通过谈判，在工业产权的不同领域订立了一系列国际条约，工业产权的国际保护正是通过缔结这些国际条约实现的。世界性或地区性的国际条约有很多，下面是几个主要的国际条约。

1.《保护工业产权巴黎公约》

《保护工业产权巴黎公约》是国际工业产权领域第一个也是最基本的国际公约。1883年签订于巴黎，1884年7月7日正式生效。我国于1984年11月14日由全国人民代表大会常务委员会作出决定参加该公约，并于1985年3月19日正式成为该公约的成员国。该公约主要规定了四条原则。

（1）国民待遇原则。各缔约国之间在保护工业产权方面有义务根据各自国内法给予对方国民与本国国民相同的待遇。对于非《保护工业产权巴黎公约》成员国的国民，只要在某一成员国有住所，或有实际从事工商业活动的营业所，也应当享有与该成员国国民相同的待遇。

（2）优先权原则。缔约国的国民首先在任何一个成员国内提出专利申请或商标注册申请后，自该申请之日起在一定期限内（发明和实用新型为12个月，外观设计和商标为6个月），如果该申请人又向其他成员国提出了同样的申请，那么该成员国应将该申请人在其他成员国最先提出的申请日视为在本国的申请日。

（3）独立性原则。某一成员国的国民就一项发明或商标在数国取得的专利权或商标权各自独立、互不相干。各缔约国各自独立地按照本国法授予专利权和商标专用权，并只保护依本国法授予的这些权利。如一个成员国对某项发明批准了专利，任何其他成员国并不必须对同一发明也批准为专利；是否批准，由各成员国的国内法来决定。同时，任何成员国也不得以同一发明的专利在其他成员国已被驳回、撤销或终止为理由对该专利也予以驳回、撤销或终止。

（4）强制许可原则。发明人在某一成员国取得专利权后，必须在一定期限内在该国境内实施其发明，则该国家主管机关可以向申请实施的人颁发强制许可证。

2.《商标注册马德里协定》和《商标国际注册条约》

《商标注册马德里协定》是1891年4月于西班牙马德里签订的，目的是简化商标国际注册手续。我国于1989年10月4日加入了该协定。《商标国际注册条约》是1973年6月于维也纳签订的。上述协定和条约均规定，其成员必须是《保护工业产权巴黎公约》的成员国，其成员国的商标所有人均可向世界知识产权组织国际局申请商标国际注册，而不必向每个国家提出申请。《商标注册马德里协定》规定，申请商标注册首先要取得本国商标主管部门的商标注册，然后通过本国商标主管部门提出申请，使用文字限于法文。《商标国际注册条约》还规定，商标注册人可直接向世界知识产权组织国际局申请国际注册，无须先在本国注册，使用文字可用法文，也可用英文。《商标注册马德里协定》和《商标国际注册条约》是两个并行的国际条约，一个国家可以同时参加这两个条约，也可以只参加其中之一。这两个国际条约的缔约国的国民可以根据其商标保护的不同对象而援用其中任何一个条约。

二、专利法

（一）专利和专利法的概念

“专利”一词通常有三种意思：一是指专利权，即国家专利机关依法授予专利申请人在法定的期限内对其发明创造成果享有的专有权；二是指受专利法保护的专利技术；三是指专利局颁发的专利证书。一般而言，专利是指专利权。

专利法是确认发明人、设计人对其发明创造享有专有权，规定专利权人的权利和义务的法律规范的总称。

为了保护发明创造专利权，鼓励发明创造，有利于发明创造的推广应用，促进科学技术创新，适应社会主义现代化建设的需要，1984年3月12日第六届全国人民代表大会常务委员会第四次会议通过并颁布了《中华人民共和国专利法》（以下简称《专利法》），1992年9月4日第七届全国人民代表大会常务委员会第二十七次会议对《专利法》作了第一次修正，2000年8月25日第九届全国人民代表大会常务委员会第十七次会议对《专利法》作了第二次修正，2008年12月27日第十一届全国人民代表大会常务委员会第六次会议对《专利法》作了第三次修正并自2009年10月1日起施行。2001年颁布了《中华人民共和国专利法实施细则》（以下简称《专利法实施细则》），2002年第一次修订，2010年第二次修订。

（二）专利权的主体

专利权的主体是指可以申请并取得专利以及承担相应义务的单位和个人。享有专利权的单位和个人统称为专利权人。按照《专利法》的要求，以下单位和个人可以成为专利权的主体。

1. 职务发明创造的单位

职务发明创造是指发明人或者设计人执行本单位的任务或者主要是利用本单位的物质技术条件所完成的发明创造。职务发明创造申请专利的权利属于本单位，申请被批准后，该单位为专利权人。这里所讲的物质条件包括资金、设备、人力、技术情报或资料等。其中的技术情报或资料是指该单位自有的内部情报或资料，如技术档案、设计图纸、新技术信息等。这种对本单位的物质条件的利用，应当是完成发明创造所不可缺少的或者是起主要作用的。少量利用或对完成发明创造没有实质性帮助，不应视为职务发明创造。《专利法实施细则》第12条对此作了进一步明确。具体来说，职务发明创造主要包括以下几种情形。

（1）发明人或设计人在本职工作中完成的发明创造。对于“本职工作”的理解应当是发明人或者设计人的职务范围，即工作责任的范围，而非单位的业务范围，也不是个人所学专业的范围。

（2）履行本单位交付的任务而完成的发明。“本单位交付的任务”应当指本职工作以外的任务，主要是根据单位领导的要求承担短期的或临时的任务。但是一般性的号召、要求、领导一般性的同意或赞成不能作为“本单位交付的任务”。

（3）退休、调离原单位后或者劳动人事关系终止后一年内作出的与其在原单位承担的本职工作或者原单位分配的任务有关的发明创造。

被授予专利权的单位应当对职务发明创造的发明人或者设计人给予奖励；该发明创造专利实施后，根据其推广应用的范围和取得的经济效益，对发明人或者设计人给予合理的报酬。发明人或者设计人有在专利文件中署名的权利。

2. 发明人和设计人

发明人或设计人是作出有关发明或设计的人。发明人或设计人只能是自然人。职务发明创造或者委托发明创造，按合同约定应由委托方申请专利，享有专利权，除此种情况之外，发明人或设计人对发明创造享有申请专利的权利和取得专利的权利。

如果发明或设计是两个以上的人共同完成的，则他们是共同的发明人或设计人，其发明创造称共同发明创造。

专利申请权或者专利权的共有人对权利的行使有约定的，从其约定。没有约定的，共有人可以单独实施或者以普通许可方式许可他人实施该专利；许可他人实施该专利的，收取的使用费应当在共有人之间分配。除前款规定的情形外，行使共有的专利申请权或者专利权应当取得全体共有人的同意。

3. 合同约定的单位和个人

两个以上的单位或者个人合作完成的发明创造，一个单位或者个人接受其他单位或者个人委托所完成的发明创造，除另有协议外，申请专利的权利属于完成或者共同完成的单位或者个人；申请被批准后，申请的单位或个人为专利权人。

4. 外国的自然人、外国企业和外国其他组织

为了促进国际技术交流与合作，推动技术进步，我国《专利法》遵循国际惯例，根据一定的条件，允许外国人、外国企业、外国其他组织在我国申请和取得专利权，成为我国专利权的主体。

（三）专利权的客体

专利权的客体是指专利法保护的对象，即依法取得专利的发明创造。它是专利权的权利和义务所指向的对象。《专利法》第2条规定："本法所称的发明创造是指发明、实用新型和外观设计。"因此，《专利法》规定专利权的客体包括发明、实用新型和外观设计。

1. 发明

发明是指对产品、方法或其改进所提出的新的技术方案。发明应当具备两个条件：一是发明必须是利用自然规律的结果。自然规律是指自然界中存在的物理、化学的原理或定理，而不是人的纯智力活动所产生的，如密码的编制方法、财务工作方法等就不是发明。二是发明是具体的技术方案。它是解决某一课题的合理手段，必须产生一定的技术效果，因此天然物不能称为发明。

发明分为产品发明、方法发明和改进发明。

（1）产品发明。即工业产品的发明，它包括一切有形的物体发明。这类发明既可以指工业上使用的机械、仪表、设备装置，也可以指工业化生产的家用机器、生活用品等。

（2）方法发明。即以将特定的物改变成新形态的物为目的的行为。方法发明可以是机械方法发明，如能量传送方法的发明；可以是化学方法的发明，如通过分子内部的转化获得新物质的方法发明；还可以是生物方法的发明，如培养微生物方法的发明。

（3）改进发明。即对已知的物品、物质或方法的改变。改进发明并未创造新的物品、物质或方法，但使它们获得了新的特性。如爱迪生发明了白炽灯，美国通用电气公司给白炽灯充入惰性气体，这种方法延长了白炽灯的使用寿命并改进了其质量。

2. 实用新型

实用新型是指对产品的形状、构造或其结合所提供的适于实用的新的技术方案。实用新型俗称小发明。与发明相比，它仅仅涉及对有形物品的革新设计，不涉及无一定形状的物品（如粉末、液体类的产品），也不涉及制作方法；在创造性方面的要求比发明低，申请和审批的手续比较简单，专利有效期也较短。

3. 外观设计

外观设计是指对产品的形状、图案、色彩或其结合所作出的富有美感并适于工业上应用的新设计。外观设计只涉及美化产品的外表和形状，不涉及产品的制造和设计技术或科学方法。单纯的美术作品、艺术作品不是外观设计，如果这些作品被用来作为家具的装饰图案，则它们是外观设计，由于这种具有新型外观设计的产品

仍需投入产业应用，并获得经济效益和社会效益，因此，外观设计通常也称工业外观设计。

申请专利的发明创造涉及国家安全或重大利益需要保密的，虽授予专利权，却不予公开。对违反国家法律、社会公德或者妨害公共利益的发明创造，不授予专利权。

4. 不能授予专利权的智力成果

（1）科学发现。科学发现是对前所未知的自然规律的认识，发明创造是前所未有的东西。

（2）智力活动的规则和方法。智力活动的规则和方法是指人们进行推理、分析、判断、记忆等思维活动的规则和方法，如体育竞赛规则、数学演算的符号、经商的方法等。虽然智力活动的规则和方法本身不被授予专利权，但是进行智力活动的设备、装置或者根据智力活动的规则和方法设计制造的仪器、用具等可以获得专利权。

（3）疾病的诊断和治疗方法。疾病的诊断和治疗方法不被授予专利权，但是对于血液、毛发、尿样、粪便等脱离了人体的物质的化验方法以及用于诊断或治疗疾病的仪器等，只要具备专利条件，可以被授予专利权。

（4）动物和植物品种。动植物品种可以分为天然生长和人工培养两种。自然界天然生长的动植物不是人类智力活动的发明创造，人工培养的动植物虽然是人类智力活动的成果，但是它们有生命，具有能够自身繁殖的特性，其他发明无此特性，此外它们也不是工业上制造出来的，不能用工业的方法进行生产，因此不能授予专利权，但是动植物品种的生产方法可以依照专利法规定授予专利权。

（5）用原子核变换方法获得的物质。原子核变换方法和用该方法获得的物质，关系到国防和国家重大经济利益，也涉及科研和公共生活等各个方面，不易人为垄断，因此不授予专利权。

（6）对平面印刷品的图案、色彩或者二者的结合作出的主要起标识作用的设计。

（7）违反法律、社会公德或妨害公共利益的发明创造。这是《专利法》第5条的规定。例如，用于赌博的设备、吸毒的器具等不能被授予专利权。

（8）对违反法律、行政法规的规定获取或者利用遗传资源，并依赖该遗传资源完成的发明创造。专利法所称的遗传资源，是指取自人体、动物、植物或者微生物等含有遗传功能单位并具有实际或者潜在价值的材料；专利法所称依赖遗传资源完成的发明创造，是指利用了遗传资源的遗传功能完成的发明创造。

（四）专利权人的权利和义务

1. 专利权人的权利

（1）独占权。专利权人享有独占制造、使用和销售专利产品或使用专利方法的权利。发明和实用新型专利权被授予后，除法律规定的情况外，任何单位或个人未经专利权人许可，都不得实施其专利，即不得为生产经营目的制造、使用、许诺销售、销售、进口其专利产品，或者使用其专利方法以及使用、许诺销售、销售、进口依照该专利方法直接获得的产品。外观设计专利权被授予后，任何单位或者个人未经专利权人许可，都不得实施其专利，即不得为生产经营目的制造、销售、进口其外观设计产品。

（2）许可权。专利权人有许可他人实施其专利并收取使用费的权利，但必须订立书面实施许可合同。被许可人无权允许合同规定以外的任何单位和个人实施该专利。在实际生活中，有的专利权人由于不具备实施其专利的条件，或者在自己实施时为了发挥专利的经济社会效益，非常有必要给予他人实施其专利的权利。

（3）转让权。专利申请权和专利权都可以转让。转让专利申请权或者专利权的，当事人必须签订书面合同，经专利局登记和公告后有效。

（4）财产权。专利权人有权将其专利作价投资。

（5）禁止权。专利权人有权禁止他人未经其许可，为生产经营目的制造、使用、销售、进口其专利产品，或者使用其专利方法以及使用、销售、进口依照该专利方法直接获得的产品。

（6）标记权。专利权人有权在专利产品或者该产品的包装上标明专利标记和专利号。发明设计人无论是不是专利权人，都有权在专利文件上写明自己是发明人或设计人。

此外，专利权人还有请求法律保护的权利和放弃专利权的权利。

2. 专利权人的义务

（1）实施专利的义务。专利权人负有自己在中国制造其专利产品，使用其专利方法或许可他人在中国制造其专利产品或使用其专利方法的义务。

（2）缴纳专利费的义务。如专利登记费、年费等。

（3）其他义务。

3. 专利实施的强制许可

专利的强制许可制度是指国务院专利行政部门依照法律规定，不经专利权人同意，直接许可他人实施发明或者实用新型专利的一种法律制度。强制许可实施人所获得的实施权是普通实施权，不具有独占性，而且只能由强制许可实施人自己实施，不得再许可其他第三人实施。强制许可实施人必须支付合理的使用费。

（1）防止专利权滥用的强制许可。有下列情形之一的，国务院专利行政部门根据具备实施条件的单位或者个人的申请，可以给予实施发明专利或者实用新型专利的强制许可：第一，专利权人自专利权被授予之日起满3年，且自提出专利申请之日起满4年，无正当理由未实施或者未充分实施其专利的；第二，专利权人行使专利权的行为被依法认定为垄断行为，为消除或者减少该行为对竞争产生的不利影响的。“未充分实施其专利”是指专利权人及其被许可人实施其专利的方式或者规模不能满足国内对专利产品或者专利方法的需求。

（2）为公共利益目的的强制许可。《专利法》第49条规定：“在国家出现紧急状态或者非常情况时，或者为了公共利益的目的，国务院专利行政部门可以给予实施发明专利或者实用新型专利的强制许可。”第50条规定：“为了公共健康目的，对取得专利权的药品，国务院专利行政部门可以给予制造并将其出口到符合中华人民共和国参加的有关国际条约规定的国家或者地区的强制许可。”“取得专利权的药品”是指解决公共健康问题所需的医药领域中的任何专利产品或者依照专利方法直接获得的产品，包括取得专利权的制造该产品所需的活性成分以及使用该产品所需的诊断用品。

（3）交叉强制许可。一项取得专利权的发明或者实用新型比之前已经取得专利权的发明或者实用新型具有显著经济意义的重大技术进步，其实施又有赖于前一发明或者实用新型的实施的，国务院专利行政部门根据后一专利权人的申请，也可以给予实施前一发明或者实用新型的强制许可。国务院专利行政部门根据前一专利权人的申请，也可以给予实施后一发明或者实用新型的强制许可。国务院专利行政部门作出的给予强制许可的决定应当及时通知专利权人，并应予以登记和公告。取得强制许可的单位或个人应付给专利权人合理的使用费，或者依照中华人民共和国参加的有关国际条约的规定处理使用费问题。付给使用费的，其数额由双方协商；双方不能达成协议的，由国务院专利行政部门裁决。

取得实施强制许可的单位或者个人不享有独占的实施权，并且无权允许他人使用。给予专利权实施强制许可的决定，应当根据强制许可的理由规定实施的范围和时间。强制许可的理由消除并不再发生时，国务院专利行政部门应当根据专利权人的请求，经审查后，作出终止实施强制许可的决定。

专利权人对国务院专利行政部门关于实施强制许可的决定不服的，专利权人和取得实施强制许可的单位或者个人对国务院专利行政部门关于实施强制许可的使用费的裁决不服的，可以自收到通知之日起3个月内向人民法院起诉。

4. 不视为侵犯专利权的行为

（1）权利用尽后的使用、许诺销售或销售。专利产品或者依照专利方法直接获得的产品，由专利权人或者经其许可的单位、个人售出后，使用、许诺销售、销售、进口该产品的不视为侵犯专利权。专利权的用尽只限于专利权人或经其许可的人将专利产品投放市场以后他人的使用或销售行为，不包括他人的制造行为。有人也将此称为“首次销售原则”。当专利权人就某一项发明创造在两个或两个以上的国家都获得专利权后，其在某一国家许可他人制造并出售有关产品后，并不会导致在其他国家专利权的用尽，也就是说，首次销售原则具有地域性。

（2）先用权人的制造和使用。在专利申请日前已经制造相同产品、使用相同方法或者已经做好制造、使用的必要准备，并且仅在原有范围内继续制造、使用的，不视为侵犯专利权。

先用权人所使用的与专利技术相同的发明创造，必须是自己发明创造或通过合法的方式得到的，申请人获得专利后先用权人只能在原有的范围内继续使用，不得自行扩大专利技术使用的范围，也无权许可他人使用该技术。

（3）外国临时过境交通工具上的使用。临时通过中国领陆、领水、领空的外国运输工具，依照其所属国同中国签订的协议或者共同参加的国际条约，或者依照互惠原则，为运输工具自身需要而在其装置和设备中使用有关专利的，不视为侵犯专利权。

（4）为科学研究和实验目的的利用。

（5）善意使用或销售行为。为生产经营目的使用、许诺销售或者销售不知道是未经专利权人许可制造并售出的专利侵权产品，能证明其合法来源的，不承担赔偿责任。

（五）授予专利权的条件

授予专利权的发明和实用新型应当具备新颖性、创造性和实用性。

1. 新颖性

新颖性是指该发明或者实用新型不属于现有技术，也没有任何单位或者个人就同样的发明或者实用新型在申请日以前向国务院专利行政部门提出过申请，并记载在申请日以后公布的专利申请文件或者公告的专利文件中。2008年修改的《专利法》提高了判断新颖性的标准，要求其公开程度是不得在申请日以前在国内外为公众所知。

申请专利的发明创造在申请日以前6个月内，有下列情形之一的不丧失新颖性：（1）在中国政府主办或者承认的国际展览会上首次展出的；（2）在规定的学术会议或者技术会议上首次发表的；（3）他人未经申请人同意而泄露其内容的。

2. 创造性

创造性是指同现有的技术相比，该发明有突出的实质性特点和显著的进步，该实用新型有实质性特点和进步。根据这一要求，申请专利的发明不仅是前所未有的新技术，而且是优于现有技术的先进技术，其技术思想或内容必须使某一领域的技术发生质的飞跃。

实用新型与发明在创造性上的要求是有差别的，实用新型不要求“突出”和“显著”，二者在先进程度上有差别。

3. 实用性

实用性是指该发明或者实用新型能够制造或者使用并且能够产生积极效果。这一规定从发明的技术属性和社会属性出发，要求申请专利的发明同时具备可实施性、再现性、有益性。

授予专利权的外观设计，应当不属于现有设计，也没有任何单位或者个人就同样的外观设计在申请日以前向国务院专利行政部门提出过申请，并记载在申请日以后公告的专利文件中，并不得与他人在先取得的合同权利相冲突。也就是说，对外观设计的要求是：书面公开，以世界新颖性为准；使用公开，以国内新颖性为准。如果从不相同或不相近似这点考虑，也可以说它具有创造性。同时，由于外观设计应用于工业产品，也可以说它要求有实用性。

（六）专利的管理机构

国务院专利行政部门负责管理全国的专利工作；统一受理和审查专利申请，依法授予专利权，国务院专利行政部门设立专利复审委员会。省、自治区、直辖市人民政府管理专利工作的部门负责本行政区域的专利工作。

国务院专利行政部门及其专利复审委员会应当按照客观公正、准确、及时的要求，依法处理有关专利的申请和请求。

在专利申请公布或者公告前，国务院专利行政部门的工作人员及有关人员对其内容负有保密责任。

（七）专利的申请和审批

1. 申请原则

（1）先申请原则。两个以上的申请人分别就同样的发明创造申请专利的情况下，对最先提出申请的人授予专利权。先申请的判断标准是专利申请日，国务院专利行政部门收到专利申请文件之日为申请日，如果申请文件是邮寄的，以寄出的邮戳日为申请日。

（2）一申请一发明原则。一件发明或者实用新型专利申请应当限于一项发明或者实用新型。属于一个总的发明构思的两项以上的发明或者实用新型，可以作为一件申请提出。一件外观设计的专利申请应当限于一种产品所使用的一项外观设计。用于同一类别并且成套出售或者使用的产品的两项以上的外观设计，可以作为一件申请提出。

（3）优先权原则。申请人自发明或者实用新型在外国第一次提出专利申请之日起 12 个月内，或者自外观设计在外国第一次提出专利申请日起 6 个月内，又在中国就相同的主题提出专利申请的，依照该国同中国签订的协议或者共同参加的国际条约，或者依照相互承认优先权的原则，可以享有优先权。

申请人自发明或者实用新型在中国第一次提出申请之日起 12 个月内，已向国务院专利行政部门就相同的主题提出专利申请的，可以享有优先权。

申请人要求优先权的，应当在申请时提出书面申请，并且在 3 个月内提交第一次提出的专利申请副本，未提出书面声明或者逾期未交专利申请文件副本的，视为未要求优先权。

2. 专利申请的审批

申请发明和实用新型专利人要向专利局递交请求书、说明书及其摘要、权利要求书。申请专利的发明创造涉及国家安全或者重大利益需要保密的，按照国家有关规定办理。申请外观设计专利的人要向国务院专利行政部门递交请求书及该外观设计的图片或照片等文件，并写明使用该外观设计的产品及所属类别。

（1）发明专利的审批程序。

第一，初步审查，也称形式审查，是指国务院专利行政部门收到发明专利申请，经初步审查认为符合《专利法》要求的，自申请日起满 18 个月即行公布。国务院专利行政部门可以根据申请人的请求早日公布其申请。

第二，实质审查，是指专利局依法对申请专利的发明是否具有新颖性、创造性、实用性等实质条件进行审查。发明专利申请自申请日起 3 年内，国务院专利行政部门可以根据申请人随时提出的请求，对其申请进行实质审查；申请人无正当理由逾期不请求实质审查的，该申请被视为撤回。国务院专利行政部门认为有必要时，可以自行对发明专利申请进行实质审查。

国务院专利行政部门对发明专利申请进行实质审查后，认为不符合规定的，应当通知申请人，要求其在指定的期限内陈述意见，或者对其申请进行修改，无正当理由逾期不答复的，该申请被视为撤回。如经陈述意见或进行修改后，国务院专利行政部门认为仍不符合法律规定的，应当予以驳回。

第三，授予发明专利。发明专利申请经实质审查没有发现有驳回理由的，国务院专利行政部门应当作出授予发明专利的决定，发给发明专利证书，并予以登记和公告。发明专利权自公告之日起生效。

（2）实用新型和外观设计的审批。实用新型和外观设计的申请，经初步审查没有发现驳回理由的，国务院专利行政部门应当作出授予实用新型和外观设计专利权的决定，发给相应的专利证书，并予以登记和公告。实用新型和外观设计专利权自公告之日起生效。

3. 专利权的复审

专利申请人对国务院专利行政部门驳回的申请决定不服的，可以自收到通知之日起3个月内向专利复审委员会请求复审。专利复审委员会复审后，作出决定，并通知专利申请人。

专利申请人对专利复审委员会的复审决定不服的，可以自收到通知之日起3个月内向人民法院起诉。

（八）专利权的期限、终止和无效

1. 专利权的期限

发明专利权的期限为20年，实用新型和外观设计专利权的期限为10年，均自申请日起计算。

2. 专利权的终止

有下列情形之一的，专利权在期限届满前终止：（1）专利权人没有按规定缴纳年费；（2）专利权人以书面声明放弃其专利权。专利权在期限届满前终止由专利局登记和公告。

3. 专利权的无效

自国务院专利行政部门公告授予专利权之日起，任何单位和个人认为该专利的授予不符合法律规定的，可以请求专利复审委员会宣告该专利权无效。专利复审委员会对于宣告专利权无效的请求应当及时审查和作出决定，并通知请求人和专利权人。宣告专利权无效的决定，由国务院专利行政部门登记和公告。

对专利复审委员会宣告专利权无效或维持专利权的决定不服的，可在收到通知之日起3个月内向人民法院起诉。人民法院应当通知无效宣告请求程序的对方当事人作为第三人参加诉讼。

宣告无效的专利权视为自始即不存在。宣告专利权无效的决定，对在宣告专利权无效前人民法院作出并已执行的专利侵权的判决、调解书，已经履行或者强制执行的专利侵权纠纷处理决定，以及已经履行的专利实施许可合同和专利权转让合同，不具有追溯力。但是因专利权人的恶意给他人造成的损失，应当给予赔偿。如果上述专利权人或者专利权转让人不向被许可实施专利或者专利权受让人返还专利使用费或者专利权转让费明显违反公平原则，专利权人或者专利权转让人应当向被许可实施专利人或者专利权受让人返还全部或者部分专利使用费或者专利转让费。

（九）专利的代理

专利代理是指专利代理机构以委托人的名义，在代理权限范围内，办理专利申请，请求实质审查等有关专利事务。

专利代理机构是指接受委托人的委托，在委托权限范围内，办理专利申请和其他专利事务的服务机构。

在中国没有经常居所或者营业所的外国人、外国企业或者外国其他组织在中国申请专利和办理其他专利事务的，应当委托国务院专利行政部门指定的专利代理机构办理。

中国单位或者个人在国内申请专利和办理其他专利事务的，可以委托专利代理机构办理。

专利代理机构应当遵守法律、行政法规，按照被代理人的委托办理专利申请或者其他专利事务；对被代理人发明创造的内容，除专利申请已经公布或者公告的以外，负有保密责任。专利代理机构的具体管理办法由国务院规定。

（十）专利权的保护

发明或者实用新型专利权的保护范围以其权利要求书的内容为准，说明书及附图可以用于解释权利要求。外观设计专利权的保护范围以表示在图片或者照片中的该外观设计专利产品为准，简要说明可以用于解释图片或者照片所表示的该产品的外观设计。

在专利权的有效期内，任何单位和个人未经专利权人的许可实施其专利就是侵犯专利权。当引起纠纷时，由当事人协商解决；不愿协商或者协商不成的，专利权人或者利害关系人可以向人民法院起诉，也可以请求管理专利工作的部门进行处理。管理专利工作的部门处理时，认定侵权行为成立的，可以责令侵权人立即停止侵权行为，当事人不服的，可以自收到处理通知之日起 15 日内依照《中华人民共和国行政诉讼法》向人民法院起诉；侵权人期满不起诉又不停止侵权行为的，管理专利工作的部门可以申请人民法院强制执行。进行处理的管理专利工作的部门应当事人的请求，可以就侵犯专利权的赔偿数额进行调解；调解不成的，当事人可以依照《中华人民共和国民事诉讼法》向人民法院起诉。

专利侵权纠纷涉及新产品制造方法的发明专利的，制造同样产品的单位或者个人应当提供其产品制造方法不同于专利方法的证明；专利侵权纠纷涉及实用新型专利或者外观设计专利的，人民法院或者管理专利工作的部门可以要求专利权人或者利害关系人出具由国务院专利行政部门对相关实用新型或者外观设计进行检索、分析和评价后作出的专利权评价报告，作为审理、处理专利侵权纠纷的证据。

侵犯专利权的诉讼时效为 2 年，自专利权人或者利害关系人得知或者应当得知侵权行为之日起计算。

凡具有下列情况之一的应分别承担相应的行政责任、民事责任、刑事责任。

（1）假冒他人专利的，除依法应当承担民事责任外，由管理专利工作的部门责令改正并予公告，没收违法所得，可以并处违法所得3倍以下的罚款，没有违法所得的，可以处5万元以下的罚款；构成犯罪的，依法追究刑事责任。

（2）以非专利产品冒充专利产品、以非专利方法冒充专利方法的，由管理专利工作的部门责令改正，并予以公告，可以并处5万元以下的罚款。

（3）侵犯专利权的赔偿数额，按照权利人因被侵权所受到的损失或者侵权人因侵权所获得的利益确定；被侵权人的损失或者侵权人获得的利益难以确定的，参照该专利许可使用费的倍数合理确定。

（4）专利权人或者利害关系人有证据证明他人正在实施或者即将实施侵犯其专利权的行为，如不及时制止，将会使其合法权益受到难以弥补的损害的，可以在起诉前向人民法院申请采取责令停止有关行为和财产保全的措施。

（5）违反《专利法》规定，向外国申请专利，泄露国家秘密的，由其所在单位或者上级主管机关给予行政处分；构成犯罪的，依法追究刑事责任。

（6）侵夺发明人或涉及非职务发明创造专利申请权和《专利法》规定的其他权益，由所在单位或者上级主管机关给予行政处分。

（7）管理专利工作的部门不得参与向社会推荐专利产品等经营活动。违反规定的，由其上级机关或者监察机关责令改正，消除影响，有违法收入的予以没收；情节严重的，对直接负责的主管人员和其他直接责任人员依法给予行政处分。

（8）从事专利管理工作的国家机关工作人员以及其他有关国家工作人员玩忽职守、滥用职权、徇私舞弊，构成犯罪的，依法追究刑事责任。

三、商标法

（一）商标和商标法的概念

1. 商标的概念和特征

商标是商品或服务的标志，是生产者或经营者在其生产、制造、加工、拣选、经销的商品或提供的服务上使用的用以区别于其他生产者或经营者的标志。任何能够将自然人、法人或者其他组织的商品与他人的商品区别开的标志，包括文字、图形、字母、数字、三维标志、颜色组合和声音等，以及上述要素的组合，均可以作为商标申请注册。

商标除了具有工业产权的一般特征（如专有性、标记性、地域性、时间性）外，还具有以下特征。

（1）商标具有依附于商品或服务的从属性。商标是商品或服务的标志，其与所标志的商品或服务有紧密联系，有商品或服务，才会有商标。

（2）商标具有标记性。

（3）商标具有竞争性。商品或服务借助商标进入市场，参与竞争。在优胜劣汰的市场法则下，物美价廉的商品或服务赢得市场，其商标则成为驰名商标，其商品成为消费者热衷的产品。

（4）商标具有财产价值。商标具有标明商品或服务的质量的附载性，是无形资产，与其生产者、经营者的动产、不动产一样是企业的财富，尤其是驰名商标，对企业来说是一种不可替代的宝贵财富。

因此，商标具有区别功能、质量指示功能和广告宣传功能。

2. 商标法

商标法是指调整在商标注册、使用、管理和保护商标专用权过程中发生的社会关系的法律规范的总称。我国已颁布了一系列调整商标关系的法律法规，其中最基本的是 1982 年 8 月 23 日颁布的并于 1993 年 2 月第一次修正、2001 年 10 月第二次修正、2013 年 8 月第三次修正、2019 年 4 月第四次修正的《中华人民共和国商标法》；1988 年、1993 年、1995 年、1999 年四次修订的《中华人民共和国商标法实施细则》。

我国商标法的任务是加强商标管理，保护商标专用权，促使生产者保证商品质量和维护商标信誉，以保护消费者的利益，促进经济发展。

（二）商标权的主体和客体

1. 商标权的主体

商标权的主体是指可以申请商标注册并享有商标专用权的参加者。在我国，商标注册申请者可以是自然人、法人或其他组织。外国人或外国企业在我国申请商标注册的，应当按其所属国与我国签订的协议或共同参加的条约，或者按对等原则办理。

2. 商标权的客体

商标权的客体是注册商标。未经核准注册的商标不受法律保护，不能作为商标权的客体。

3. 注册商标必须具备的条件

（1）符合法定的构成要素。我国《商标法》规定的构成要素是文字、图形、数字、三维标志和颜色组合，以及上述要素的组合。

（2）具备显著特征。即具有独特性、可识别性。

第一，不得作为商标使用的。

下列标志不得作为商标使用：同中华人民共和国的国家名称、国旗、国徽、国歌、军旗、军徽、军歌、勋章等相同或者近似的，以及同中央国家机关的名称、标志、所在地特定地点的名称或者标志性建筑物的名称、图形相同的；同外国的国家名称、国旗、国徽、军旗等相同或者近似的，但该国政府同意的除外；同政府间国际组织的名称、旗帜、徽记等相同或者近似的，但经该组织同意或者不易误导公众的除外；与表明实施控制、予以保证的官方标志、检验印记相同或者近似的，但经授权的除外；同“红十字”“红新月”的名称、标志相同或者近似的；带有民族歧视性的；带有欺骗性，容易使公众对商品的质量等特点或者产地产生误认的；有害于社会主义道德风尚或者有其他不良影响的；县级以上行政区划的地名或者公众知晓的外国地名，不得作为商标。但是，地名具有其他含义或者作为集体商标、证明商标组成部分的除外；已经注册的使用地名的商标继续有效。

第二，不得作为商标注册的。

1）根据《商标法》第 11 条的规定，仅有本商品的通用名称、图形、型号的，仅直接表示商品的质量、主要原料、功能、用途、重量、数量及其他特点的以及其他缺乏显著特征的，不得作为商标注册。如这些标志经过使用取得显著特征，并便于识别的，则可以作为商标注册。

2)《商标法》第12条规定，以三维标志申请注册商标的，仅由商品自身的性质产生的形状、为获得技术效果而需有的商品形状或者使商品具有实质性价值的形状，不得注册。

3)《商标法》第15条第2款规定，就同一种商品或者类似商品申请注册的商标与他人在先使用的未注册商标相同或者近似，申请人与该他人具有第15条第1款规定以外的合同、业务往来关系或者其他关系而明知该他人商标存在，该他人提出异议的，不予注册。

第三，不予注册并禁止使用的。

1)《商标法》第13条第2款、第3款规定，就相同或者类似商品申请注册的商标是复制、摹仿或者翻译他人未在中国注册的驰名商标，容易导致混淆的，不予注册并禁止使用。就不相同或者不相类似商品申请注册的商标是复制、摹仿或者翻译他人已经在中国注册的驰名商标，误导公众，致使该驰名商标注册人的利益可能受到损害的，不予注册并禁止使用。

2)《商标法》第15条第1款规定，未经授权，代理人或者代表人以自己的名义将被代理人或者被代表人的商标进行注册，被代理人或者被代表人提出异议的，不予注册并禁止使用。

3) 根据《商标法》第16条的规定，商标中有商品的地理标志，而该商品并非来源于该标志所标示的地区，误导公众的，不予注册并禁止使用；但是，已经善意取得注册的继续有效。地理标志指的是标示某商品来源于某地区，该商品的特定质量、信誉或者其他特征，主要由该地区的自然因素或者人文因素所决定的标志。

(三) 商标权人的权利和义务

1. 商标权人的权利

商标权人具有商标专用权、转让权、使用许可权、商标投资权等权利。注册商标转让或许可他人使用，要由商标局予以公告，转让注册商标的，转让人和受让人应当签订转让协议，并共同向商标局提出申请。转让注册商标的，商标注册人对其在同一种商品上注册的近似的商标，或者在类似商品上注册的相同或者近似的商标，应当一并转让。容易导致混淆或者有其他不良影响的转让，商标局不予核准，书面通知申请人并说明理由。受让人应当保证使用该注册商标的商品质量。转让注册商标经核准后，予以公告。受让人自公告之日起享有商标专有权。

商标注册人可以通过签订商标使用许可合同，许可他人使用其注册商标。许可人应当监督被许可人使用其注册商标的商品质量。被许可人应当保证使用该注册商标的商品质量。经许可使用他人注册商标的，必须在使用该注册商标的商品上标明被许可人的名称和商品产地。许可他人使用其注册商标的，许可人应当将其商标使用许可报商标局备案，由商标局公告。商标使用许可未经备案不得对抗善意第三人。

2. 商标权人的义务

（1）依法使用注册商标。注册商标连续3年停止使用，商标局可以撤销该商标。注册商标的使用必须正确，不得自行改变、私自转让或租借注册商标等。（2）保证商品质量的义务。（3）标明“注册商标”字样。

（四）商标注册的申请和审批

1. 商标注册的申请

我国商标注册申请采取以下原则。

（1）自愿注册与强制注册相结合的原则。商标所有人根据需要，自行决定是否申请商标注册，需要取得商标专用权的，可以向商标局提出申请商标注册。不注册的商标也可以使用，但使用人不享有专有权，不得与他人的注册商标相冲突。在实行商标自愿注册的同时，对极少数商品使用的商标实行强制注册。《商标法》第6条规定，法律、行政法规规定必须使用注册商标的商品，必须申请商标注册，未经核准注册的，不得在市场销售。这就是说，对于与人民生活关系密切、直接涉及人民健康的极少数商品如人用药品、烟草制品等，为了使企业确保质量，防止乱用、滥用和仿冒商标，必须实行强制注册。

（2）商标注册申请人可以通过一份申请就多个类别的商品申请注册同一商标。

（3）申请在先原则。两个或两个以上的申请人，在同一种商品或类似商品上，以相同或者近似的商标申请注册的，初步审定并公告申请在先的商标；同一天申请的，初步审定并公告使用在先的商标，驳回其他人的申请。申请人要求优先权的，在符合法律规定的情况下，则以优先权日为准。

（4）以使用为目的。《商标法》第4条第2款规定，不以使用为目的的恶意商标注册申请，应当予以驳回。

2. 商标注册的审查和核准程序

（1）初步审定，予以公告。商标局对申请注册的商标进行形式审查和实质审查。形式审查是审查商标注册是否具备法定的条件和手续；实质审查是审查商标注册的文字、图形的内容及外观是否具有显著特点，是否违反了禁用条款，是否同他人在同一或类似商品上已经注册的或已申请在先的商标相同或近似等。对申请注册的商标，商标局应当自收到商标注册申请文件之日起9个月内审查完毕，符合规定的，予以初步审定公告；不符合商标法规定的，由商标局驳回申请，不予公告。申请人对初步审定被驳回不服时，可自收到驳回通知起15日内，请求商标局评审委员会进行复查审议。经过复查审议后，作出终局裁定。申请人理由成立时，即认为初步审定通过，予以公告；申请人理由不成立时维持原驳回决定。在审查过程中，商标局认为商标注册申请内容需要说明或者修正的，可以要求申请人做出说明或者修正。申请人未做出说明或者修正的，不影响商标局做出审查决定。

（2）核准注册，再予以公告。对初步审定公告的商标，自公告之日起3个月内，在先权利人、利害关系人认为违反《商标法》第13条第2款和第3款、第15条、第16条第1款、第30条、第31条、第32条规定的，或者任何人认为违反本法第4条、第10条、第11条、第12条、第19条第4款规定的，可以向商标局提出异议。公告期满无异议的，予以核准注册，发给商标注册证，并予公告。至此，申请人取得注册商标专用权。

对驳回申请、不予公告的商标，商标局应当书面通知商标注册申请人。商标注册申请人不服的，可以自收到通知之日起15日内向商标评审委员会申请复审。商标评审委员会应当自收到申请之日起9个月内做出决定，并书面通知申请人。有特殊情况需要延长的，经国务院工商行政管理部门批准，可以延长3个月。当事人对商标评审委员会的决定不服的，可以自收到通知之日起30日内向人民法院起诉。

对初步审定公告的商标提出异议的，商标局应当听取异议人和被异议人陈述事实和理由，经调查核实后，自公告期满之日起12个月内做出是否准予注册的决定，并书面通知异议人和被异议人。有特殊情况需要延长的，经国务院工商行政管理部门批准，可以延长6个月。

商标局做出准予注册决定，异议人不服的，可以向商标评审委员会请求宣告该注册商标无效。商标局做出不予注册决定，被异议人不服的，可以自收到通知之日起15日内向商标评审委员会申请复审。商标评审委员会应当自收到申请之日起12个月内做出复审决定，并书面通知异议人和被异议人。有特殊情况需要延长的，经国务院工商行政管理部门批准，可以延长6个月。被异议人对商标评审委员会的决定不服的，可以自收到通知之日起30日内向人民法院起诉。人民法院应当通知异议人作为第三人参加诉讼。法定期限届满，当事人对商标局做出的驳回申请决定、不予注册决定不申请复审或者对商标评审委员会做出的复审决定不向人民法院起诉的，驳回申请决定、不予注册决定或者复审决定生效。

经审查异议不成立而准予注册的商标，商标注册申请人取得商标专用权的时间自初步审定公告3个月期满之日起计算。自该商标公告期满之日起至准予注册决定做出前，对他人在同一种或者类似商品上使用与该商标相同或者近似的标志的行为不具有追溯力，但是，因该使用人的恶意给商标注册人造成的损失，应当给予赔偿。

（五）注册商标的期限、续展及争议的裁定

注册商标的有效期为10年，从商标核准注册之日起计算。注册商标有效期满，需要继续使用的，应当在期满前12个月内申请续展注册，在此期间未能提出申请的，可以给予6个月的宽展期，宽展期满仍未提出申请的，将注销其注册商标。每次续展注册的有效期为10年，自该商标上一届有效期满次日起计算。期满未办理续展手续的，注销其注册商标。商标局应当对续展注册的商标予以公告。

违反使用和注册规定却已经注册的商标，或者是以欺骗手段或者其他不正当手段取得注册的，由商标局宣告该注册商标无效；其他单位或者个人可以请求商标评审委员会宣告该注册商标无效。

已经注册的商标，违反《商标法》第13条第2款和第3款、第15条、第16条第1款、第30条、第31条、第32条规定的，自商标注册之日起5年内，在先权利人或者利害关系人可以请求商标评审委员会宣告该注册商标无效。对恶意注册的，驰名商标所有人不受5年的时间限制。

宣告无效的注册商标，该注册商标专用权视为自始即不存在。宣告注册商标无效的决定或者裁定，对宣告无效前人民法院做出并已执行的商标侵权案件的判决、裁定、调解书和工商行政管理部门做出并已执行的商标侵权案件的处理决定以及已经履行的商标转让或者使用许可合同不具有追溯力，但是，因商标注册人的恶意给他人造成的损失，应当给予赔偿。如不返还商标侵权赔偿金、商标转让费、商标使用费，明显违反公平原则的，应当全部或者部分返还。

（六）商标的管理

商标局主管全国商标注册和管理的工作。加强商标的管理，对促进生产者、经营者保证商品质量和维护商标信誉，保障消费者利益，避免和减少商标违法犯罪行为，维护社会主义市场经济秩序有重大意义。

1. 商标印制的管理

商标印制管理是商标管理机关依法对商标标识的印制行为进行监督管理，查处非法印制行为，保护注册商标专用权的活动。

商标印制工作必须由持有工商行政管理机关核发的营业执照，并经核定允许承揽商标印制业务的企业承担。

需要承制注册商标的单位或个体工商业者，凭《商标注册证》到所在地区工商行政管理部门开具《注册商标印制证明》，凭证明印制。需印制未注册商标的单位或个体工商者，凭营业执照到所在地区工商行政管理部门领取《未注册商标印制委托书》，凭委托书委托印制单位印制。

对非法印制商标的，工商行政管理机关应视其情节予以通报、封存或收缴商标标识及印制模具；情节严重的，可收缴其《指定印制商标单位证书》，构成商标侵权甚至犯罪的，依法追究责任人的民事、行政、刑事责任。

2. 注册商标使用的管理

商标的使用是指将商标用于商品、商品包装或者容器以及商品交易文书上，或者将商标用于广告宣传、展览以及其他商业活动中，用于识别商品来源的行为。

对注册商标的使用管理主要包括以下内容。

(1) 商标注册人在使用注册商标的过程中，自行改变注册商标、注册人名义、地址或者其他注册事项的，由地方工商行政管理部门责令限期改正；期满不改正的，由商标局撤销其注册商标。注册商标成为其核定使用的商品的通用名称或者没有正当理由连续3年不使用的，任何单位或者个人可以向商标局申请撤销该注册商标。商标局应当自收到申请之日起9个月内做出决定。有特殊情况需要延长的，经国务院工商行政管理部门批准，可以延长3个月。

(2) 注册商标被撤销、被宣告无效或者期满不再续展的，自撤销、宣告无效或者注销之日起1年内，商标局对与该商标相同或者近似的商标注册申请，不予核准。对商标局撤销或者不予撤销注册商标的决定，当事人不服的，可以自收到通知之日起15日内向商标评审委员会申请复审。商标评审委员会应当自收到申请之日起9个月内做出决定，并书面通知当事人。有特殊情况需要延长的，经国务院工商行政管理部门批准，可以延长3个月。当事人对商标评审委员会的决定不服的，可以自收到通知之日起30日内向人民法院起诉。法定期限届满，当事人对商标局做出的撤销注册商标的决定不申请复审或者对商标评审委员会做出的复审决定不向人民法院起诉的，撤销注册商标的决定，复审决定生效。被撤销的注册商标，由商标局予以公告，该注册商标专用权自公告之日起终止。

3. 对未注册商标的管理

（1）对必须注册的商标督促当事人及时申请注册。

（2）加强对未注册商标的管理。对使用未注册商标，有下列行为之一的，由地方工商行政管理部门予以制止，限期改正，可予以通报并处罚款：冒充注册商标的；违反《商标法》规定，使用禁止使用的文字、图形的；粗制滥造，以次充好，欺骗消费者的。

（3）使用未注册商标的企业必须在商品或包装上标明企业名称和地址。使用未注册商标不标明企业名称和地址的商品，不得在市场上销售。

（七）注册商标专用权的保护

保护商标权，其核心是保护商标专用权，商标专用权人的专用权范围是以核准的商标和核定使用的商品为限，商标专用权的保护范围大大超过了商标专用权的范围，它扩大到与核准注册的商标近似的商标及与核定使用的商品类似的商品上，形成专用权与禁止权不一致，这是国际惯例，否则难以对商标专用权进行有效的保护。

1. 商标侵权行为

根据《商标法》第57的规定，有下列行为之一的，均属侵犯注册商标专用权：（1）未经商标注册人的许可，在同一种商品上使用与其注册商标相同的商标的；（2）未经商标注册人的许可，在同一种商品上使用与其注册商标近似的商标，或者在类似商品上使用与其注册商标相同或者近似的商标，容易导致混淆的；（3）销售侵犯注册商标专用权的商品的；（4）伪造、擅自制造他人注册商标标识或者销售伪造、擅自制造的注册商标标识的；（5）未经商标注册人同意，更换其注册商标并将该更换商标的商品又投入市场的；（6）故意为侵犯他人商标专用权行为提供便利条件，帮助他人实施侵犯商标专用权行为的；（7）给他人的注册商标专用权造成其他损害的。

注册商标专用权人无权禁止他人正当使用的情形有：（1）注册商标中含有的本商品的通用名称、图形、型号，或者直接表示商品的质量、主要原料、功能、用途、重量、数量及其他特点，或者含有的地名；（2）三维标志注册商标中含有的商品自身的性质产生的形状、为获得技术效果而需有的商品形状或者使商品具有实质性价值的形状；（3）商标注册人申请商标注册前，他人已经在同一种商品或者类似商品上先于商标注册人使用与注册商标相同或者近似并有一定影响的商标的，注册商标专用权人无权禁止该使用人在原使用范围内继续使用该商标，但可以要求其附加适当区别标识。

2. 对商标侵权的法律制裁

对侵犯注册商标专用权的行为引起纠纷的，由当事人协商解决；不愿协商或者协商不成的，商标注册人或者利害关系人可以向人民法院起诉，也可以请求工商行政管理部门处理。工商行政管理部门处理时，认定侵权行为成立的，责令立即停止侵权行为，没收、销毁侵权商品和专门用于制造侵权商品、伪造注册商标标识的工具，并可处以罚款。对侵犯商标专用权的赔偿数额的争议，当事人可以请求进行处理的工商行政管理部门调解，也可以依照《中华人民共和国民事诉讼法》向人民法院起诉。对侵犯注册商标专用权的行为，工商行政管理部门有权依法查处；涉嫌犯罪的，应当及时移送司法机关依法处理。

销售不知道是侵犯注册商标专用权的商品，能证明该商品是自己合法取得并说明提供者的，由工商行政管理部门责令停止销售。

侵犯商标专用权的赔偿数额，按照权利人因被侵权所受到的实际损失确定；实际损失难以确定的，可以按照侵权人因侵权所获得的利益确定；权利人的损失或者侵权人获得的利益难以确定的，参照该商标许可使用费的倍数合理确定。对恶意侵犯商标专用权，情节严重的，可以在按照上述方法确定数额的1倍以上5倍以下确定赔偿数额。赔偿数额应当包括权利人为制止侵权行为所支付的合理开支。

人民法院为确定赔偿数额，在权利人已经尽力举证，而与侵权行为相关的账簿、资料主要由侵权人掌握的情况下，可以责令侵权人提供与侵权行为相关的账簿、资料；侵权人不提供或者提供虚假的账簿、资料的，人民法院可以参考权利人的主张和提供的证据判定赔偿数额。

权利人因被侵权所受到的实际损失、侵权人因侵权所获得的利益、注册商标许可使用费难以确定的，由人民法院根据侵权行为的情节判决给予500万元以下的赔偿。

3. *对驰名商标的特殊保护*

驰名商标是经过长期使用、具有良好的信誉，为公众所普遍知晓的商标。认定驰名商标应当考虑的因素有：相关公众对该商标的知晓程度；该商标使用的持续时间；该商标的宣传工作的持续时间、程度和地理范围；该商标作为驰名商标受保护的记录；该商标驰名的其他因素。驰名商标应当根据当事人的请求，作为处理涉及商标案件需要认定的事实进行认定。在商标注册审查、工商行政管理部门查处商标违法案件过程中，当事人依照《商标法》第13条规定主张权利的，商标局根据审查、处理案件的需要，可以对商标驰名情况作出认定。在商标争议处理过程中，当事人依照《商标法》第13条规定主张权利的，商标评审委员会根据处理案件的需要，可以对商标驰名情况作出认定。在商标民事、行政案件审理过程中，当事人依照《商标法》第13条规定主张权利的，最高人民法院指定的人民法院根据审理案件的需要，可以对商标驰名情况作出认定。

生产经营者不得将“驰名商标”字样用于商品、商品包装或者容器上，或者用于广告宣传、展览以及其他商业活动中。

根据《保护工业产权巴黎公约》的规定，各缔约国均有保护驰名商标的义务。对驰名商标的保护主要包括：

(1) 对于与驰名商标冲突的商标，拒绝其注册；

（2）对于已注册的与驰名商标冲突的商标，驰名商标所有人自该商标注册之日起至少5年内，有权要求撤销其注册商标并禁止其使用，若该商标是以欺诈手段取得注册的，则撤销权的行使不受时间限制；

（3）对未注册的与驰名商标冲突的商标，禁止其使用。

为相关公众所熟知的商标，持有人认为其权利受到侵害时，可以请求驰名商标保护。

将他人注册商标、未注册的驰名商标作为企业名称中的字号使用，误导公众，构成不正当竞争行为的，依照《反不正当竞争法》处理。

第4节　证券法律制度

一、证券的界定

（一）证券市场

证券市场是指证券发行与交易的场所，具有直接交换权利、利益和风险的特征，在筹集资本、引导投资、配置资源方面有着不可替代的独特功能。证券市场的结构是指证券市场的构成及其各部分之间的量比关系。从证券市场的结构来看，包括纵向结构和横向结构。证券市场的纵向结构是指按照有价证券进入市场的顺序而形成的结构，包括发行市场和交易市场。发行市场，又称一级市场或初级市场，是发行人以筹集资金为目的，按照一定的发行条件和程序，向投资者出售证券所形成的市场；交易市场，又称二级市场或次级市场，是已发行的证券通过买卖交易实现流通转让的场所。证券市场的横向结构是指依据有价证券的品种而形成的结构，包括股票市场、债券市场、投资基金市场以及金融衍生品市场等。资本市场的生态系统本身是多层次的，第一层为主板市场、中小板市场，支持成熟期企业融资；第二层为创业板市场、科创板市场，支持处于成长期的高成长性企业融资；第三层为新三板市场，支持已成立两年的创新型、创业型、成长型企业融资；第四层为区域股权交易市场，支持所在地省级行政区域内中小微企业。

（二）证券市场的法律

1. 立法沿革

证券法是指调整因证券发行、交易和管理而产生的各种社会关系的法律规范的总和。我国的证券法律规范散见于多种规范性文件中。为了规范证券的发行和交易行为，保护投资者的合法权益，维护社会经济秩序和社会公共利益，1998年12月29日第九届全国人民代表大会常务委员会第六次会议通过了我国第一部《中华人民共和国证券法》（以下简称《证券法》），于1999年7月1日起正式施行。《证券法》于2004年、2013年、2014年进行了三次修正，2005年进行了第一次修订，2019年12月28日第十三届全国人民代表大会常务委员会第十五次会议第二次修订。此次修订是《证券法》颁布实施21年来的第二次全面大修。新修订的《证券法》将于2020年3月1日起施行。

2. 适用范围

为了适应我国资本市场对外开放需要，维护境内市场秩序，保护境内投资者合法权益，2019年修订《证券法》的新增了“长臂管辖”条款——证券法管辖的范围不仅限于境内，如果境外的证券发行和交易活动扰乱了市场秩序、损害了境内投资者合法权益，也可以适用《证券法》处理并追究法律责任。

3. 证券法的基本原则

（1）公开、公平、公正原则。证券的发行、交易活动必须实行公开、公平、公正原则。

公开原则，亦称信息公开原则，是指证券发行人必须向投资者公开有关证券发行的信息资料及持续经营状况的报告。公开原则贯穿证券法全部，公开传播信息，是证券投资特有的风险性和收益性决定的。公开的信息必须真实、及时，且容易获得，容易理解，这是证券市场的特殊要求。

公平原则是指证券参与者在证券发行和交易活动中的法律地位平等，在平等自愿的前提下，以价值规律为基础，等价有偿交换，其合法权益得到公平的法律保护。

公正原则是指在证券发行和交易中，应制定和遵守公正的规则，对当事人应公正平等地对待，不偏袒任何一方。

（2）平等、自愿、有偿、诚实信用原则。

（3）守法原则。证券发行、交易活动必须遵守法律、行政法规，禁止欺诈、内幕交易和操纵证券交易市场的行为。

（4）分业经营、分业管理原则。证券业和银行业、信托业、保险业实行分业经营、分业管理；证券公司与银行、信托、保险业务机构分别设立。国家另有规定的除外。

（5）保护投资者的合法权益原则。保护投资者的合法权益是《证券法》的立法宗旨之一。证券市场的发展必须依靠社会公众的支持，投资者的热情和信心是证券市场稳健发展的重要保证。证券法中的具体规则，诸如发行上市保荐、控股股东、实际控制人、高管人员诚信义务与责任、关联融资、担保的限制、证券投资者保护基金、信息披露、禁止证券欺诈行为等，均贯彻了保护投资者的合法权益原则。

（三）证券的概念

证券是以证明或设定权利为目的而作成的凭证，是具有一定票面金额并能给它的持有人带来一定收益的所有权或债权的凭证。广义的证券包括：财产证券，如提货单、仓储单等，拥有财产证券就意味对某种特定财产的所有权；货币证券，如支票、汇票等，其权利所指向的对象是确定数额的货币；资本证券，如股票、债券等，资本证券的持有者可以因拥有证券本身而获得收益，也可以转让证券而获得收益。狭义的证券，也是我国《证券法》上讲的证券，是指资本证券。对“证券”这一概念的界定是证券立法首先要面对的问题。在这一问题上，美国法的规定最为宽广。美国《1933年证券法》第2条将投资合同作为“证券”这一定义的总括性内容。1946年美国联邦法院基于美国证券交易委员会诉豪威公司案确立了证券的四大要素：一是金钱的投入；二是投资于共同事业；三是可期待的利润；四是投资者的利润仅仅取决于他人的努力。这也被称为豪威测试（Howey Test）。长期以来，我国《证券法》对证券的定义范围比较窄，在《证券法》的修订过程中对证券的定义扩大到什么程度一直是学界关注的热点之一。2019年对《证券法》的修订适当扩大了证券的种类，但仍在立法技术上采取列举式方法。根据《证券法》第2条的规定，受《证券法》规制的证券包括：（1）在中国境内发行和交易的股票、公司债券、存托凭证和国务院依法认定的其他证券；（2）上市交易的政府债券、证券投资基金份额；（3）发行、交易的资产支持证券、资产管理产品。存托凭证是指由存托人签发、以境外证券为基础在中国境内发行、代表境外基础证券权益的证券。2018年中国证监会发布了《存托凭证发行与交易管理办法（试行）》予以规范。证券投资基金份额是指基金投资人持有基金单位的权利凭证。证券投资基金是指通过公开发售基金份额筹集资金，由资金托管人托管，由基金管理人管理和运用资金，为基金份额持有人的利益，通过股票、债券等金融工具组合进行的一种利益共享、风险共担的集合证券投资方式。基金托管人由依法设立并取得托管资格的商业银行担任，基金管理人由依法设立的基金管理公司担任。证券投资基金依照运作方式不同可以分为封闭式基金和开放式基金。将资产支持证券、资产管理产品纳入《证券法》监管，是《证券法》的最新修订成果之一，有利于减少监管套利，实现统一的功能性监管。

二、证券发行

证券发行是指符合法定条件的发行人为筹集资金，依照法定程序向投资人要约并出售代表一定权利的资本证券的行为。证券发行包括证券募集和证券发售两个阶段。证券发行市场由发行人、投资人、证券承销人等要素构成。证券发行和证券上市交易是不同的概念，上市是指已经发行的证券经过证券交易所批准后，在证券交易所公开挂牌交易的行为。从时间上看，发行在前，上市在后。

（一）公开发行

关于证券发行的种类，依照发行对象范围可分为公募发行（public offering）和私募发行（private offering）。公募发行又称公开发行，是指发行人通过中介机构向不特定的社会公众广泛地发售证券。公募发行的投资者是最广的，它对投资者没有经验、资产、知识等方面的要求，任何合法的社会公众都可以参加认购。私募发行又称不公开发行，是指面向少数特定的投资人发行证券的方式。根据《证券法》的规定，有下列情形之一的，为公开发行：（1）向不特定对象发行证券；（2）向特定对象发行证券累计超过200人，但依法实施员工持股计划的员工人数不计算在内；（3）法律、行政法规规定的其他发行行为。非公开发行证券，不得采用广告、公开劝诱和变相公开方式。

2019年《证券法》修订的一个重要内容就是规定了公开发行证券全面实行注册制，不再规定核准制。未经依法注册，任何单位和个人不得公开发行证券。证券发行注册制的具体范围、实施步骤，由国务院规定。

根据《证券法》的规定，公开发行的证券，应当在依法设立的证券交易所上市交易或者在国务院批准的其他全国性证券交易场所交易。非公开发行的证券，可以在证券交易所、国务院批准的其他全国性证券交易场所、按照国务院规定设立的区域性股权市场转让。

（二）承销

如果依照发行是否借助证券发行中介机构，证券发行又可分为直接发行和间接发行；但是各国法律普遍规定公开发行的证券必须通过有证券承销资格的承销商进行承销，即采用间接发行的方式。在证券首次公开发行业务中，承销商是最为关键的商业机构。

1. 承销商

发行人向不特定对象发行的证券，法律、行政法规规定应当由证券公司承销的，发行人应当同证券公司签订承销协议。证券承销业务采取代销或者包销方式。证券代销是指证券公司代发行人发售证券，在承销期结束时，将未售出的证券全部退还给发行人的承销方式。证券包销是指证券公司将发行人的证券按照协议全部购入或者在承销期结束时将售后剩余证券全部自行购入的承销方式。向不特定对象发行证券聘请承销团承销的，承销团应当由主承销和参与承销的证券公司组成。

证券公司承销证券，应当同发行人签订代销或者包销协议，载明下列事项：（1）当事人的名称、住所及法定代表人姓名；（2）代销、包销证券的种类、数量、金额及发行价格；（3）代销、包销的期限及起止日期；（4）代销、包销的付款方式及日期；（5）代销、包销的费用和结算办法；（6）违约责任；（7）国务院证券监督管理机构规定的其他事项。

证券公司承销证券，应当对公开发行募集文件的真实性、准确性、完整性进行核查。发现有虚假记载、误导性陈述或者重大遗漏的，不得进行销售活动；已经销售的，必须立即停止销售活动，并采取纠正措施。证券公司承销证券，不得有下列行为：（1）进行虚假的或者误导投资者的广告宣传或者其他宣传推介活动；（2）以不正当竞争手段招揽承销业务；（3）其他违反证券承销业务规定的行为。

证券的代销、包销期最长不得超过90日。证券公司在代销、包销期内，对所代销、包销的证券应当保证先行出售给认购人，证券公司不得为本公司预留所代销的证券和预先购入并留存所包销的证券。股票发行采用代销方式，代销期限届满，向投资者出售的股票数量未达到拟公开发行股票数量70%的，为发行失败，发行人应当按照发行价并加算银行同期存款利息返还股票认购人。公开发行股票，代销、包销期限届满，发行人应当在规定的期限内将股票发行情况报国务院证券监督管理机构备案。

2. 保荐人

根据《证券法》的规定，发行人申请公开发行股票、可转换为股票的公司债券，依法采取承销方式的，或者公开发行法律、行政法规规定实行保荐制度的其他证券的，应当聘请证券公司担任保荐人。保荐人应当遵守业务规则和行业规范，诚实守信，勤勉尽责，对发行人的申请文件和信息披露资料进行审慎核查，督导发行人规范运作。

（三）发行证券的一般条件

1. 股票的发行

公司首次公开发行新股，应当符合下列条件：

（1）具备健全且运行良好的组织机构。

（2）具有持续经营能力。新修订的《证券法》将原有的“持续盈利能力”标准修改为“持续经营能力”。持续经营能力更看重企业未来能否延续下去，考虑的因素较多，比如债务违约、累计经营性亏损较大、大股东长期占用巨额资金、存在大额担保等或有负债、失去主要市场、利润和现金流来源于对境外子公司投资分红、股东之间纠纷等。从单一财务指标到多维度对发行人进行综合诊断，更加契合资本市场发展的需要。

（3）最近三年财务会计报告被出具无保留意见审计报告。新《证券法》将“最近三年财务会计文件无虚假记载，无其他重大违法行为”修改为“最近三年财务会计报告被出具无保留意见审计报告”。除了增加可操作性外，也通过压实中介机构的责任来倒逼中介机构履职尽责。

（4）发行人及其控股股东、实际控制人最近三年不存在贪污、贿赂、侵占财产、挪用财产或者破坏社会主义市场经济秩序的刑事犯罪。该要求进一步明确何种程度的违法行为构成公开发行的障碍。

（5）经国务院批准的国务院证券监督管理机构规定的其他条件。

上市公司发行新股，应当符合经国务院批准的国务院证券监督管理机构规定的条件，具体管理办法由国务院证券监督管理机构规定。公开发行存托凭证的，应当符合首次公开发行新股的条件以及国务院证券监督管理机构规定的其他条件。

公司对公开发行股票所募集资金，必须按照招股说明书或者其他公开发行募集文件所列资金用途使用；改变资金用途，必须经股东大会作出决议。擅自改变用途，未作纠正的，或者未经股东大会认可的，不得公开发行新股。

2. 债券的发行

公司债券是指公司依照法定程序发行的，约定在一定期限内还本付息的有价证券。我国公司债券发行的主体是所有依法设立的公司。

公开发行公司债券，应当符合下列条件：（1）具备健全且运行良好的组织机构；（2）最近三年平均可分配利润足以支付公司债券一年的利息；（3）国务院规定的其他条件。

公开发行公司债券筹集的资金，必须按照公司债券募集办法所列资金用途使用；改变资金用途，必须经债券持有人会议作出决议。公开发行公司债券筹集的资金，不得用于弥补亏损和非生产性支出。上市公司发行可转换为股票的公司债券，除应当符合前述条件外，还应当遵守上市公司发行新股的规定。但是，按照公司债券募集办法，上市公司通过收购本公司股份的方式进行公司债券转换的除外。

《证券法》还对公司再次发行债券的条件作了限制性的规定，公司有下列情形之一的，不得再次公开发行公司债券：（1）对已公开发行的公司债券或者其他债务有违约或者延迟支付本息的事实，仍处于继续状态；（2）违反《证券法》规定，改变公开发行公司债券所募资金的用途。

（四）证券的发行程序

发行人应按照规定制作和报送证券发行申请文件。发行人报送的证券发行申请文件，应当充分披露投资者作出价值判断和投资决策所必需的信息，内容应当真实、准确、完整。为证券发行出具有关文件的证券服务机构和人员，必须严格履行法定职责，保证其所出具文件的真实性、准确性和完整性。发行人申请首次公开发行股票的，在提交申请文件后，应当按照国务院证券监督管理机构的规定预先披露有关申请文件。

与注册制相适应，新修订的《证券法》取消了发行审核委员会制度。国务院证券监督管理机构或者国务院授权的部门依照法定条件负责证券发行申请的注册。按照国务院的规定，证券交易所等可以审核公开发行证券申请，判断发行人是否符合发行条件、信息披露要求，督促发行人完善信息披露内容。国务院证券监督管理机构或者国务院授权的部门应当自受理证券发行申请文件之日起3个月内，依照法定条件和法定程序作出予以注册或者不予注册的决定，发行人根据要求补充、修改发行申请文件的时间不计算在内。不予注册的，应当说明理由。

国务院证券监督管理机构或者国务院授权的部门对已作出的证券发行注册的决定，发现不符合法定条件或者法定程序，尚未发行证券的，应当予以撤销，停止发行。已经发行尚未上市的，撤销发行注册决定，发行人应当按照发行价并加算银行同期存款利息返还证券持有人；发行人的控股股东、实际控制人以及保荐人，应当与发行人承担连带责任，但是能够证明自己没有过错的除外。股票的发行人在招股说明书等证券发行文件中隐瞒重要事实或者编造重大虚假内容，已经发行并上市的，国务院证券监督管理机构可以责令发行人回购证券，或者责令负有责任的控股股东、实际控制人买回证券。

三、证券交易

（一）证券交易概述

证券交易当事人依法买卖的证券，必须是依法发行并交付的证券。非依法发行的证券，不得买卖。依法公开发行的股票、公司债券及其他证券，应当在依法设立的证券交易所上市交易或者在国务院批准的其他证券交易场所转让。证券在证券交易所上市交易，应当采用公开的集中交易方式或者国务院证券监督管理机构批准的其他方式。

（1）锁定期和减持规则的限制。依法发行的证券，《公司法》和其他法律对其转让期限有限制性规定的，在限定的期限内不得转让。

上市公司持有5%以上股份的股东、实际控制人、董事、监事、高级管理人员，以及其他持有发行人首次公开发行前发行的股份或者上市公司向特定对象发行的股份的股东，转让其持有的本公司股份的，不得违反法律、行政法规和国务院证券监督管理机构关于持有期限、卖出时间、卖出数量、卖出方式、信息披露等规定，并应当遵守证券交易所的业务规则。这样，就通过《证券法》对证券交易所制定的减持规则的效力进行了授权。

（2）对证券交易主体的限制。

第一，证券交易场所、证券公司和证券登记结算机构的从业人员，证券监督管理机构的工作人员以及法律、行政法规规定禁止参与股票交易的其他人员，在任期或者法定限期内，不得直接或者以化名、借他人名义持有、买卖股票或者其他具有股权性质的证券，也不得收受他人赠送的股票或者其他具有股权性质的证券。任何人在成为以上所列人员时，其原已持有的股票或者其他具有股权性质的证券，必须依法转让。

第二，为证券发行出具审计报告或者法律意见书等文件的证券服务机构和人员，在该证券承销期内和期满后6个月内，不得买卖该证券。除此以外，为发行人及其控股股东、实际控制人，或者收购人、重大资产交易方出具审计报告或者法律意见书等文件的证券服务机构和人员，自接受委托之日起至上述文件公开后5日内，不得买卖该证券。实际开展上述有关工作之日早于接受委托之日的，自实际开展上述有关工作之日起至上述文件公开后5日内，不得买卖该证券。

（3）对短线交易的限制。上市公司、股票在国务院批准的其他全国性证券交易场所交易的公司持有5%以上股份的股东、董事、监事、高级管理人员，将其持有的该公司的股票或者其他具有股权性质的证券在买入后6个月内卖出，或者在卖出后6个月内又买入，由此所得收益归该公司所有，公司董事会应当收回其所得收益。但是，证券公司因购入包销售后剩余股票而持有5%以上股份，以及有国务院证券监督管理机构规定的其他情形的除外。董事、监事、高级管理人员、自然人股东的配偶、父母、子女持有的及利用他人账户持有的股票或者其他具有股权性质的证券，也一并归属于该董事、监事、高级管理人员或自然人股东。

公司董事会不按照上述规定执行的，股东有权要求董事会在30日内执行。公司董事会未在法定期限内执行的，股东有权为了公司的利益以自己的名义直接向人民法院提起诉讼。公司董事会不按以上规定执行的，负有责任的董事依法承担连带责任。

（二）证券上市

申请证券上市交易，应当符合证券交易所上市规则规定的上市条件。证券交易所上市规则规定的上市条件，应当对发行人的经营年限、财务状况、最低公开发行比例和公司治理、诚信记录等提出要求。上市交易的证券，有证券交易所规定的终止上市情形的，由证券交易所按照业务规则终止其上市交易。证券交易所决定终止证券上市交易的，应当及时公告，并报国务院证券监督管理机构备案。对证券交易所作出的不予上市交易、终止上市交易决定不服的，可以向证券交易所设立的复核机构申请复核。

（三）禁止交易的行为

根据《证券法》的规定，禁止交易的行为包括内幕交易行为、操纵市场行为、制造虚假信息行为和欺诈客户行为。

1. 内幕交易行为

内幕交易是指证券交易内幕信息的知情人和非法获取内幕信息的人利用内幕信息从事证券交易活动的行为。内幕交易的主体是内幕信息人员，行为特征是利用掌握的内幕信息买卖证券，或者是建议他人买卖证券。内幕信息知情人员自己未买卖证券，也未建议他人买卖证券，但将内幕信息泄露给他人，接受内幕信息者依此买卖证券的，也属内幕交易行为。内幕交易行为是一种违法行为，不仅侵犯了广大投资者的利益，违反了证券发行与交易的“三公”原则，而且会扰乱证券市场，因此，各国证券立法都将其列为禁止交易的行为。

（1）证券交易内幕信息的知情人。证券交易内幕信息的知情人包括：1）发行人及其董事、监事、高级管理人员；2）持有公司5%以上股份的股东及其董事、监事、高级管理人员，公司的实际控制人及其董事、监事、高级管理人员；3）发行人控股或者实际控制的公司及其董事、监事、高级管理人员；4）由于所任公司职务或者因与公司业务往来可以获取公司有关内幕信息的人员；5）上市公司收购人或者重大资产交易方及其控股股东、实际控制人、董事、监事和高级管理人员；6）因职务、工作可以获取内幕信息的证券交易场所、证券公司、证券登记结算机构、证券服务机构的有关人员；7）因职责、工作可以获取内幕信息的证券监督管理机构工作人员；8）因法定职责对证券的发行、交易或者对上市公司及其收购、重大资产交易进行管理可以获取内幕信息的有关主管部门、监管机构的工作人员；9）国务院证券监督管理机构规定的可以获取内幕信息的其他人员。

（2）内幕信息。证券交易活动中，涉及发行人的经营、财务或者对该公司证券的市场价格有重大影响的尚未公开的信息，为内幕信息。具体而言，涉及股票、公司债券的重大事件皆属内幕信息。

（3）内幕交易行为。证券交易内幕信息的知情人和非法获取内幕信息的人，在内幕信息公开前，不得买卖该公司的证券，或者泄露该信息，或者建议他人买卖该证券。内幕交易行为给投资者造成损失的，行为人应当依法承担赔偿责任。

2. 操纵市场行为

操纵市场是指单位或个人以获取利益或者减少损失为目的，利用其资金、信息等优势或者滥用职权影响证券市场价格，制造证券市场假象，诱导或者致使投资者在不了解事实真相的情况下作出买卖证券的决定，扰乱证券市场秩序的行为。

《证券法》第55条规定，禁止任何人以下列手段操纵证券市场，影响或者意图影响证券交易价格或者证券交易量：（1）单独或者通过合谋，集中资金优势、持股优势或者利用信息优势联合或者连续买卖；（2）与他人串通，以事先约定的时间、价格和方式相互进行证券交易；（3）在自己实际控制的账户之间进行证券交易；（4）不以成交为目的，频繁或者大量申报并撤销申报；（5）利用虚假或者不确定的重大信息，诱导投资者进行证券交易；（6）对证券、发行人公开作出评价、预测或者投资建议，并进行反向证券交易；（7）利用在其他相关市场的活动操纵证券市场；（8）操纵证券市场的其他手段。

操纵证券市场行为给投资者造成损失的，行为人应当依法承担赔偿责任。

3. 制造虚假信息行为

制造虚假信息行为包括编造、传播虚假信息和进行虚假陈述或信息误导两种情况。《证券法》第56条规定，禁止任何单位和个人编造、传播虚假信息或者误导性信息，扰乱证券市场；禁止证券交易场所、证券公司、证券登记结算机构、证券服务机构及其从业人员，证券业协会、证券监督管理机构及其工作人员，在证券交易活动中作出虚假陈述或者信息误导。各种传播媒介传播证券市场信息必须真实、客观，禁止误导。传播媒介及其从事证券市场信息报道的工作人员不得从事与其工作职责发生利益冲突的证券买卖。编造、传播虚假信息或者误导性信息，扰乱证券市场，给投资者造成损失的，应当依法承担赔偿责任。

4. 欺诈客户行为

欺诈客户行为是指证券公司及其从业人员在证券交易中违背客户的真实意思，侵害客户利益的行为。《证券法》第57条规定，禁止证券公司及其从业人员从事下列损害客户利益的行为：（1）违背客户的委托为其买卖证券；（2）不在规定时间内向客户提供交易的书面确认文件；（3）未经客户的委托，擅自为客户买卖证券，或者假借客户的名义买卖证券；（4）为牟取佣金收入，诱使客户进行不必要的证券买卖；（5）其他违背客户真实意思表示，损害客户利益的行为。

欺诈客户行为给客户造成损失的，行为人应当依法承担赔偿责任。

5. 其他有关规定

《证券法》还规定，任何单位和个人不得违反规定，出借自己的证券账户或者借用他人的证券账户从事证券交易；禁止投资者违规利用财政资金、银行信贷资金买卖证券。国有独资企业、国有独资公司、国有资本控股公司买卖上市交易的股票，必须遵守国家有关规定。

四、上市公司的收购

（一）大额持股披露义务

1. 权益公开+慢走规则

通过证券交易所的证券交易，投资者持有或者通过协议、其他安排与他人共同持有一个上市公司已发行的有表决权股份达到5%时，应当在该事实发生之日起3日内，向国务院证券监督管理机构、证券交易所作出书面报告，通知该上市公司，并予公告；在上述期限内，不得再行买卖该上市公司的股票，但国务院证券监督管理机构规定的情形除外。投资者持有或者通过协议、其他安排与他人共同持有一个上市公司已发行的有表决权股份达到5%后，其所持该上市公司已发行的有表决权股份比例每增加或者减少5%，应当依照前款规定进行报告和公告。在报告期限内和作出报告、公告后3日内，不得再行买卖该上市公司的股票，但国务院证券监督管理机构规定的情形除外。

投资者持有或者通过协议、其他安排与他人共同持有一个上市公司已发行的有表决权股份达到5%后，其所持该上市公司已发行的有表决权股份比例每增加或者减少1%，应当在该事实发生的次日通知该上市公司，并予公告。

2. 违反大额持股披露义务的法律责任

违反前述规定买入上市公司有表决权的股份的，在买入后的36个月内，对该超过规定比例部分的股份不得行使表决权。

（二）收购方式

投资者可以采取要约收购、协议收购及其他合法方式收购上市公司。协议收购是收购者与目标公司的控股股东或大股东本着友好协商的态度订立合同收购股份以实现公司控制权的转移，所以协议收购通常表现为善意的；要约收购的对象则是目标公司全体股东持有的股份，不需要征得目标公司的同意，因此要约收购又称敌意收购。

1. 要约收购

（1）强制要约收购。通过证券交易所的证券交易，收购人收购或者通过协议、其他安排与他人共同持有一个上市公司已发行的有表决权股份达到30%时，继续进行收购的，应当依法向该上市公司所有股东发出收购上市公司全部或者部分股份的要约。但是，按照国务院证券监督管理机构的规定免除发出要约的除外。

收购上市公司部分股份的收购要约应当约定，被收购公司股东承诺出售的股份数额超过预定收购的股份数额的，收购人按比例进行收购。

（2）收购期限。发出收购要约，收购人必须事先向国务院证券监督管理机构报送上市公司收购报告书，并载明相关事项。收购要约约定的收购期限不得少于30日，并不得超过60日。

（3）要约对象和条件。收购要约提出的各项收购条件，适用于被收购公司的所有股东。上市公司发行不同种类股份的，收购人可以针对不同种类股份提出不同的收购条件。

在收购要约确定的承诺期限内，收购人不得撤销其收购要约。收购人需要变更收购要约的，应当及时公告，载明具体变更事项，且不得存在下列情形：降低收购价格；减少预定收购股份数额；缩短收购期限；国务院证券监督管理机构规定的其他情形。

采取要约收购方式的，收购人在收购期限内，不得卖出被收购公司的股票，也不得采取要约规定以外的形式和超出要约的条件买入被收购公司的股票。

2. 协议收购

采取协议收购方式的，收购人可以依照法律、行政法规的规定同被收购公司的股东以协议方式进行股份转让。以协议方式收购上市公司，达成协议后，收购人必须在三日内将该收购协议向国务院证券监督管理机构及证券交易所作出书面报告，并予公告。在公告前不得履行收购协议。采取协议收购方式的，协议双方可以临时委托证券登记结算机构保管协议转让的股票，并将资金存放于指定的银行。

（三）收购的法律后果

1. 公司性质或形式变更

收购期限届满，被收购公司股权分布不符合证券交易所规定的上市交易要求的，该上市公司的股票应当由证券交易所依法终止上市交易；其余仍持有被收购公司股票的股东，有权向收购人以收购要约的同等条件出售其股票，收购人应当收购。收购行为完成后，被收购公司不再具备股份有限公司条件的，应当依法变更企业形式。

收购行为完成后，收购人与被收购公司合并，并将该公司解散的，被解散公司的原有股票由收购人依法更换；收购人应当在15日内将收购情况报告国务院证券监督管理机构和证券交易所，并予公告。

2. 收购后的锁定期

在上市公司收购中，收购人持有的被收购的上市公司的股票，在收购行为完成后的18个月内不得转让。

五、信息披露

（一）总体要求

注册制全面推行后，信息披露的重要性越发凸显。证券法的目的就是保障投资者的决策建立在真实和充分的信息之上，因此信息披露制度可以说是证券法的核心制度。

证券强制信息披露的总体要求如下：

第一，真实性。披露的信息必须以客观事实或有事实基础的客观判断为依据，不得有虚假记载、误导性陈述。

第二，完整性。所有可能影响投资者决策的重大信息都应得到充分披露，不得隐瞒或者有重大遗漏。

第三，准确性。披露的信息应当达到普通投资者可以准确理解的程度，简明清晰，通俗易懂。

第四，及时性。当原有信息发生实质性变化或发生重大事件时，应及时更正和补充。

证券同时在境内和境外公开发行、交易的，其信息披露义务人在境外披露的信息，应当在境内同时披露。依法披露的信息，应当在证券交易场所的网站和符合国务院证券监督管理机构规定条件的媒体发布，同时将其置备于公司住所、证券交易场所，供社会公众查阅。

发行人的董事、高级管理人员应当对证券发行文件和定期报告签署书面确认意见。发行人的监事会应当对董事会编制的证券发行文件和定期报告进行审核并提出书面审核意见。监事应当签署书面确认意见。发行人的董事、监事和高级管理人员应当保证发行人及时、公平地披露信息，所披露的信息真实、准确、完整。董事、监事和高级管理人员无法保证证券发行文件和定期报告内容的真实性、准确性、完整性或者有异议的，应当在书面确认意见中发表意见并陈述理由，发行人应当披露。发行人不予披露的，董事、监事和高级管理人员可以直接申请披露。

信息披露义务人披露的信息应当同时向所有投资者披露，不得提前向任何单位和个人泄露。但是，法律、行政法规另有规定的除外。任何单位和个人不得非法要求信息披露义务人提供依法需要披露但尚未披露的信息。任何单位和个人提前获知的前述信息，在依法披露前应当保密。

（二）中期报告和年度报告

上市公司、公司债券上市交易的公司、股票在国务院批准的其他全国性证券交易场所交易的公司，应当按照国务院证券监督管理机构和证券交易场所规定的内容和格式编制定期报告，在每一会计年度结束之日起4个月内，报送并公告年度报告，其中的年度财务会计报告应当经符合《证券法》规定的会计师事务所审计；在每一会计年度的上半年结束之日起2个月内，报送并公告中期报告。

（三）临时报告

发生可能对上市公司（以及股票在国务院批准的其他全国性证券交易场所交易的公司）的股票交易价格产生较大影响的重大事件，或者发生可能对上市交易公司债券的交易价格产生较大影响的重大事件，投资者尚未得知时，公司应当立即将有关该重大事件的情况向国务院证券监督管理机构和证券交易场所报送临时报告，并予公告，说明事件的起因、目前的状态和可能产生的法律后果。

1. 涉及股票的重大事件

此类重大事件包括：（1）公司的经营方针和经营范围的重大变化；（2）公司的重大投资行为，公司在一年内购买、出售重大资产超过公司资产总额的30%，或者公司营业用主要资产的抵押、质押、出售或者报废一次超过该资产的30%；（3）公司订立重要合同、提供重大担保或者从事关联交易，可能对公司的资产、负债、权益和经营成果产生重要影响；（4）公司发生重大债务和未能清偿到期重大债务的违约情况；（5）公司发生重大亏损或者重大损失；（6）公司生产经营的外部条件发生重大变化；（7）公司的董事、1/3以上监事或者经理发生变动，董事长或者经理无法履行职责；（8）持有公司5%以上股份的股东或者实际控制人持有股份或者控制公司的情况发生较大变化，公司的实际控制人及其控制的其他企业从事与公司相同或者相似业务的情况发生较大变化；（9）公司分配股利、增资的计划，公司股权结构的重要变化，公司减资、合并、分立、解散及申请破产的决定，或者依法进入破产程序、被责令关闭；（10）涉及公司的重大诉讼、仲裁，股东大会、董事会决议被依法撤销或者宣告无效；（11）公司涉嫌犯罪被依法立案调查，公司的控股股东、实际控制人、董事、监事、高级管理人员涉嫌犯罪被依法采取强制措施；（12）国务院证券监督管理机构规定的其他事项。

公司的控股股东或者实际控制人对重大事件的发生、进展产生较大影响的，应当及时将其知悉的有关情况书面告知公司，并配合公司履行信息披露义务。

2. 涉及公司债券的重大事件

此类重大事件包括：（1）公司股权结构或者生产经营状况发生重大变化；（2）公司债券信用评级发生变化；（3）公司重大资产抵押、质押、出售、转让、报废；（4）公司发生未能清偿到期债务的情况；（5）公司新增借款或者对外提供担保超过上年末净资产的20%；（6）公司放弃债权或者财产超过上年末净资产的10%；（7）公司发生超过上年末净资产10%的重大损失；（8）公司分配股利，作出减资、合并、分立、解散及申请破产的决定，或者依法进入破产程序、被责令关闭；（9）涉及公司的重大诉讼、仲裁；（10）公司涉嫌犯罪被依法立案调查，公司的控股股东、实际控制人、董事、监事、高级管理人员涉嫌犯罪被依法采取强制措施；（11）国务院证券监督管理机构规定的其他事项。

（四）自愿披露

除依法需要披露的信息之外，信息披露义务人可以自愿披露与投资者作出价值判断和投资决策有关的信息，但不得与依法披露的信息相冲突，不得误导投资者。

（五）公开承诺的信息披露

发行人及其控股股东、实际控制人、董事、监事、高级管理人员等作出公开承诺的，应当披露。不履行承诺给投资者造成损失的，应当依法承担赔偿责任。

（六）违反信息披露的法律责任

1. 民事责任

信息披露义务人未按照规定披露信息，或者公告的证券发行文件、定期报告、临时报告及其他信息披露资料存在虚假记载、误导性陈述或者重大遗漏，致使投资者在证券交易中遭受损失的，信息披露义务人应当承担赔偿责任；发行人的控股股东、实际控制人、董事、监事、高级管理人员和其他直接责任人员以及保荐人、承销的证券公司及其直接责任人员，应当与发行人承担连带赔偿责任，但是能够证明自己没有过错的除外。

2. 行政责任

信息披露义务人未依法报送有关报告或者履行信息披露义务的，责令改正，给予警告，并处以50万元以上500万元以下的罚款；对直接负责的主管人员和其他直接责任人员给予警告，并处以20万元以上200万元以下的罚款。发行人的控股股东、实际控制人组织、指使从事上述违法行为，或者隐瞒相关事项导致发生上述情形的，处以50万元以上500万元以下的罚款；对直接负责的主管人员和其他直接责任人员，处以20万元以上200万元以下的罚款。

信息披露义务人报送的报告或者披露的信息有虚假记载、误导性陈述或者重大遗漏的，责令改正，给予警告，并处以100万元以上1 000万元以下的罚款；对直接负责的主管人员和其他直接责任人员给予警告，并处以50万元以上500万元以下的罚款。发行人的控股股东、实际控制人组织、指使从事上述违法行为，或者隐瞒相关事项导致发生上述情形的，处以100万元以上1 000万元以下的罚款；对直接负责的主管人员和其他直接责任人员，处以50万元以上500万元以下的罚款。

六、投资者保护

保护投资者，特别是中小投资者的合法权益，是我国资本市场治理体系的重要内容和关键环节。对此，《证券法》在最新的修订中增加了以下制度。

（一）投资者适当性制度

投资者适当性制度，也称为金融交易适合性原则，是现代金融服务的一项基本要求，是保护投资者权益普遍采用的做法。关于投资者适当性的定义，较为权威的是国际清算银行、国际证监会组织、国际保险监督官协会 2008 年联合发布的《金融产品和服务零售领域的客户适当性》报告给出的定义：指金融机构所提供的产品和服务与零售客户的财务状况、投资目标、风险承受能力、投资需求及知识和经验等的匹配程度。证券公司向投资者销售证券、提供服务时，应当按照规定充分了解投资者的基本情况、财产状况、金融资产状况、投资知识和经验、专业能力等相关信息；如实说明证券、服务的重要内容，充分揭示投资风险；销售、提供与投资者上述状况相匹配的证券、服务。

根据财产状况、金融资产状况、投资知识和经验、专业能力等因素，投资者可以分为普通投资者和专业投资者。鉴于普通投资者的弱势性，《证券法》对其进行了倾斜保护。普通投资者与证券公司发生纠纷的，对证券公司要实行举证责任倒置——证券公司应当证明其行为符合法律、行政法规以及国务院证券监督管理机构的规定，不存在误导、欺诈等情形，证券公司不能证明的就要承担相应的赔偿责任。

（二）表决权征集制度

上市公司董事会、独立董事、持有 1%以上有表决权股份的股东或者依照法律、行政法规或者国务院证券监督管理机构的规定设立的投资者保护机构，可以作为征集人，自行或者委托证券公司、证券服务机构，公开请求上市公司股东委托其代为出席股东大会，并代为行使提案权、表决权等股东权利。禁止以有偿或者变相有偿的方式公开征集股东权利。目前我国已成立中证中小投资者服务中心有限责任公司作为专门的投资者保护机构。

（三）证券先行赔付制度

发行人因欺诈发行、虚假陈述或者其他重大违法行为给投资者造成损失的，发行人的控股股东、实际控制人、相关的证券公司可以委托投资者保护机构，就赔偿事宜与受到损失的投资者达成协议，予以先行赔付。先行赔付后，可以依法向发行人以及其他连带责任人追偿。

（四）代表人诉讼制度

投资者提起虚假陈述等证券民事赔偿诉讼时，诉讼标的是同一种类，且当事人一方人数众多的，可以依法推选代表人进行诉讼。人民法院可以发出公告，说明该诉讼请求的案件情况，通知投资者在一定期间向人民法院登记。人民法院作出的判决、裁定，对参加登记的投资者发生效力。投资者保护机构受 50 名以上投资者委托，可以作为代表人参加诉讼，并为经证券登记结算机构确认的权利人依照规定向人民法院登记，但投资者明确表示不愿意参加该诉讼的除外。

（五）股东代位诉讼制度

发行人的董事、监事、高级管理人员执行公司职务时违反法律、行政法规或者公司章程的规定给公司造成损失，发行人的控股股东、实际控制人等侵犯公司合法权益给公司造成损失，投资者保护机构持有该公司股份的，可以为公司的利益以自己的名义向人民法院提起诉讼，持股比例和持股期限不受《公司法》规定的限制。

（六）证券纠纷调解制度

投资者与发行人、证券公司等发生纠纷的，双方可以向投资者保护机构申请调解。普通投资者与证券公司发生证券业务纠纷，普通投资者提出调解请求的，证券公司不得拒绝。

七、中介机构

（一）证券公司

1. 证券公司的多重角色

（1）投资银行业务。证券公司投资银行类业务是指：1）承销与保荐；2）上市公司并购重组财务顾问；3）公司债券受托管理；4）非上市公众公司推荐；5）资产证券化等其他具有投资银行特性的业务。

（2）证券交易业务。证券公司在各类证券交易业务中扮演多重角色，下面对主要角色做简单介绍。

1）证券交易商。证券交易商又称证券自营商，动用自有资金和账户买卖证券，承担价格波动风险，并从中获得价差收益。

2）证券经纪商。证券经纪商也称证券经纪人，是指接受客户委托，代客买卖证券并以此收取佣金的中间人，经纪人并不承担交易中的价格风险，与客户是委托代理关系。与承销商是一级市场的发行机构不同，经纪人是二级市场的代理交易者，因此经纪人的客户是投资者而非发行人。

3）证券做市商。做市商（market maker）在证券市场上不断向公众投资者报出某些特定证券的买卖价格（双向报价），并在该价位上接受公众投资者的买卖要求，以其自有资金和证券与投资者进行证券交易。买卖双方不需等待交易对手出现，只要有做市商出面承担交易对手方即可达成交易。

（3）投资顾问业务。该角色是对投资者和客户的投融资、交易活动和资本营运提供咨询服务。

2. 证券公司的监管和内控

（1）证券公司应当建立健全内部控制制度，采取有效隔离措施，防范公司与客户之间、不同客户之间的利益冲突。证券公司必须将其证券经纪业务、证券承销业务、证券自营业务、证券做市业务和证券资产管理业务分开办理，不得混合操作。

（2）证券公司的自营业务必须以自己的名义进行，不得假借他人名义或者以个人名义进行。证券公司的自营业务必须使用自有资金和依法筹集的资金。证券公司不得将其自营账户借给他人使用。

（3）证券公司的业务活动，应当与其治理结构、内部控制、合规管理、风险管理以及风险控制指标、从业人员构成等情况相适应，符合审慎监管和保护投资者合法权益的要求。

（4）证券公司客户的交易结算资金应当存放在商业银行，以每个客户的名义单独立户管理。证券公司不得将客户的交易结算资金和证券归入其自有财产。证券公司破产或者清算时，客户的交易结算资金和证券不属于其破产财产或者清算财产。非因客户本身的债务或者法律规定的其他情形，不得查封、冻结、扣划或者强制执行客户的交易结算资金和证券。

（5）证券公司办理经纪业务，不得接受客户的全权委托而决定证券买卖、选择证券种类、决定买卖数量或者买卖价格。证券公司不得允许他人以证券公司的名义直接参与证券的集中交易。客户的证券买卖委托，不论是否成交，其委托记录应当按照规定的期限，保存于证券公司。证券公司接受证券买卖的委托，应当如实进行交易记录；买卖成交后，应当按照规定制作买卖成交报告单交付客户。证券交易中确认交易行为及其交易结果的对账单必须真实，保证账面证券余额与实际持有的证券相一致。

（6）证券公司不得对客户证券买卖的收益或者赔偿证券买卖的损失作出承诺。

（7）证券公司的从业人员在证券交易活动中，执行所属的证券公司的指令或者利用职务违反交易规则的，由所属的证券公司承担全部责任。证券公司的从业人员不得私下接受客户委托买卖证券。

（8）证券公司应当建立客户信息查询制度，确保客户能够查询其账户信息、委托记录、交易记录以及其他与接受服务或者购买产品有关的重要信息。证券公司应当妥善保存客户开户资料、委托记录、交易记录和与内部管理、业务经营有关的各项信息，任何人不得隐匿、伪造、篡改或者毁损。上述信息的保存期限不得少于20年。

（二）证券服务机构

会计师事务所、律师事务所以及从事证券投资咨询、资产评估、资信评级、财务顾问、信息技术系统服务的证券服务机构，应当勤勉尽责、恪尽职守，按照相关业务规则为证券的交易及相关活动提供服务。证券服务机构应当妥善保存客户委托文件、核查和验证资料、工作底稿以及与质量控制、内部管理、业务经营有关的信息和资料，任何人不得泄露、隐匿、伪造、篡改或者毁损。上述信息和资料的保存期限不得少于10年，自业务委托结束之日起计算。证券服务机构为证券的发行、上市、交易等证券业务活动制作、出具审计报告及其他鉴证报告、资产评估报告、财务顾问报告、资信评级报告或者法律意见书等文件，应当勤勉尽责，对所依据的文件资料内容的真实性、准确性、完整性进行核查和验证。其制作、出具的文件有虚假记载、误导性陈述或者重大遗漏，给他人造成损失的，应当与委托人承担连带赔偿责任，但是能够证明自己没有过错的除外。

八、证券市场的监管体制

（一）自律监管

1. 证券交易场所

证券交易所、国务院批准的其他全国性证券交易场所为证券集中交易提供场所和设施，组织和监督证券交易，实行自律管理，依法登记，取得法人资格。证券交易所、国务院批准的其他全国性证券交易场所的设立、变更和解散由国务院决定。国务院批准的其他全国性证券交易场所的组织机构、管理办法等，由国务院规定。

证券交易所履行自律管理职能，应当遵守社会公共利益优先原则，维护市场的公平、有序、透明。证券交易所依照法律、行政法规和国务院证券监督管理机构的规定，制定上市规则、交易规则、会员管理规则和其他有关业务规则，并报国务院证券监督管理机构批准。在证券交易所从事证券交易，应当遵守证券交易所依法制定的业务规则。违反业务规则的，由证券交易所给予纪律处分或者采取其他自律管理措施。例如，出现重大异常波动交易情况时，证券交易所可以按照业务规则采取限制交易、强制停牌等处置措施，并向国务院证券监督管理机构报告；严重影响证券市场稳定的，证券交易所可以按照业务规则采取临时停市等处置措施并公告。

2. 证券业协会

证券业协会是证券业的自律性组织，是社会团体法人。证券公司应当加入证券业协会。证券业协会的权力机构为全体会员组成的会员大会。证券业协会履行下列职责：（1）教育和组织会员及其从业人员遵守证券法律、行政法规，组织开展证券行业诚信建设，督促证券行业履行社会责任；（2）依法维护会员的合法权益，向证券监督管理机构反映会员的建议和要求；（3）督促会员开展投资者教育和保护活动，维护投资者合法权益；（4）制定和实施证券行业自律规则，监督、检查会员及其从业人员行为，对违反法律、行政法规、自律规则或者协会章程的，按照规定给予纪律处分或者实施其他自律管理措施；（5）制定证券行业业务规范，组织从业人员的业务培训；（6）组织会员就证券行业的发展、运作及有关内容进行研究，收集整理、发布证券相关信息，提供会员服务，组织行业交流，引导行业创新发展；（7）对会员之间、会员与客户之间发生的证券业务纠纷进行调解；（8）证券业协会章程规定的其他职责。

（二）行政监管

行政监管指的是国务院证券监督管理机构（中国证券监督管理委员会）的监督管理。

1. 常规监管措施

国务院证券监督管理机构依法履行职责，有权采取下列措施：（1）对证券发行人、证券公司、证券服务机构、证券交易场所、证券登记结算机构进行现场检查。（2）进入涉嫌违法行为发生场所调查取证。（3）询问当事人和与被调查事件有关的单位和个人，要求其对与被调查事件有关的事项作出说明；或者要求其按照指定的方式报送与被调查事件有关的文件和资料。（4）查阅、复制与被调查事件有关的财产权登记、通讯记录等文件和资料。（5）查阅、复制当事人和与被调查事件有关的单位和个人的证券交易记录、登记过户记录、财务会计资料及其他相关文件和资料；对可能被转移、隐匿或者毁损的文件和资料，可以予以封存、扣押。（6）查询当事人和与被调查事件有关的单位和个人的资金账户、证券账户、银行账户以及其他具有支付、托管、结算等功能的账户信息，可以对有关文件和资料进行复制；对有证据证明已经或者可能转移或者隐匿违法资金、证券等涉案财产或者隐匿、伪造、毁损重要证据的，经国务院证券监督管理机构主要负责人或者其授权的其他负责人批准，可以冻结或者查封，期限为6个月；因特殊原因需要延长的，每次延长期限不得超过3个月，冻结、查封期限最长不得超过2年。(7) 在调查操纵证券市场、内幕交易等重大证券违法行为时，经国务院证券监督管理机构主要负责人或者其授权的其他负责人批准，可以限制被调查的当事人的证券买卖，但限制的期限不得超过3个月。案情复杂的，可以延长3个月。(8) 通知出境入境管理机关依法阻止涉嫌违法人员、涉嫌违法单位的主管人员和其他直接责任人员出境。

为防范证券市场风险，维护市场秩序，国务院证券监督管理机构可以采取责令改正、监管谈话、出具警示函等措施。

国务院证券监督管理机构对涉嫌证券违法的单位或者个人进行调查期间，被调查的当事人书面申请，承诺在国务院证券监督管理机构认可的期限内纠正涉嫌违法行为，赔偿有关投资者损失，消除损害或者不良影响的，国务院证券监督管理机构可以决定中止调查。被调查的当事人履行承诺的，国务院证券监督管理机构可以决定终止调查；被调查的当事人未履行承诺或者有国务院规定的其他情形的，应当恢复调查。具体办法由国务院规定。国务院证券监督管理机构决定中止或者终止调查的，应当按照规定公开相关信息。对涉嫌重大违法、违规行为的实名举报线索经查证属实的，国务院证券监督管理机构按照规定给予举报人奖励。

2. 市场禁入

2005年修改《证券法》时增加了证券市场禁入制度的规定，2019年的修订进一步扩大了市场禁入的范围，除了在一定期限内直至终身不得从事证券业务、不得担任证券发行人的董事、监事、高级管理人员以外，还增加了在一定期限内直至终身不得从事证券服务业务，一定期限内不得在证券交易所、国务院批准的其他全国性证券交易场所交易证券的规定。

3. 信用惩戒

随着信用关系在经济生活中的渗透，生产、分配、交换、消费过程的全部联系越来越以信用为基础，罚的威慑力越来越大。《证券法》第215条增加了关于诚信档案的规定："国务院证券监督管理机构依法将有关市场主体遵守本法的情况纳入证券市场诚信档案。"

第5节　票据法律制度

一、票据与票据法概述

(一) 票据的概念

关于票据，有广义和狭义之分。广义的票据包括各种有价证券和凭证，如股票、国库券、企业债券、发票、提单、仓单等，狭义的票据则是指票据法上的票据。票据法上的票据就是指出票人依法签发的，约定自己或委托付款人在见票时或指定的日期向收款人或持票人无条件支付一定金额并可转让的有价证券。我国法定的票据包括银行汇票、商业汇票、银行本票和支票。票据具有以下特点。

（1）票据是设权证券。设权证券是与证券相对的。票据上所表示的权利，是由票据行为创设的，权利的发生以票据生成为前提。

（2）流通性。票据的流通主要通过票据转让来实现，不附加任何限制条件的自由转让是票据实现各项功能的客观要求，正当持票人不受前手权利缺陷影响。

（3）文义性。票据上的一切权利义务，都严格依照票据上记载的文义而定。票据的这个特征，主要是为了保护善意持票人，以维护交易安全。

（4）无因性。票据法律关系是一种单纯的金钱支付关系，只要持有符合票据法规定的有效票据，即享有票据权利，无须说明票据赖以发生的原因，也无须证明给付原因。票据的无因性是保障流通性的内核所在。

（5）要式性。票据的要式性指票据的制作格式和记载事项，必须严格遵守法律规定的方式，才能产生正常的票据效力，否则，票据效力受到一定程度的影响。

（二）票据的种类

以出票人是否直接对票据付款，可分为委付票据和自付票据。

委付票据是指出票人不担任票据付款人，而是记载他人为付款人的票据，如支票和汇票。

支票是出票人签发的、委托办理支票存款业务的银行在见票时无条件支付确定的金额给收款人或者持票人的票据。

自付票据是指出票人自己承担付款义务的票据，如本票。本票是出票人签发的，承诺自己在见票时无条件支付确定的金额给收款人或者持票人的票据。

以付款期限长短为标准，汇票可分为即期票据和远期票据。即期票据见票即行付款。远期票据是指约定一定的到期日付款的票据，包括定期付款、出票日后定期付款和见票后定期付款几种情况。

（三）票据的功能

票据最初的功能是汇兑，即异地输送现金和兑换货币的工具。由于票据有汇兑功能，是一种金钱给付的债权凭证，因而它逐渐发展具有了支付功能。票据的结算功能是指票据作为货币给付的手段，可以在同城或异地的经济往来中，用于抵销不同当事人之间相互的收款、欠款或相互的支付关系。票据还具有信用功能，票据可作为预付货款或延期付款的工具，在商业和金融中发挥融资等作用。

二、票据法律关系

票据法律关系是指票据当事人之间在票据的签发和转让等过程中发生的权利义务关系。票据法律关系可分为票据关系和票据法上的非票据关系。

票据关系是指当事人之间基于票据行为而发生的债权债务关系，如出票人与受款人之间的关系、受款人与付款人之间的关系、背书人与被背书人之间的关系等。票据法上的非票据关系则是指由票据法所规定的，不是基于票据行为直接发生的法律关系，如票据上的正当权利人对于因恶意取得票据的人行使票据返还请求权而发生的关系、票据付款人付款后请求持票人交还票据的关系等。总的来说，票据关系是票据当事人之间的基于票据的法律关系。为了保障票据法律关系中权利义务的实现，法律另外作出了相应规定，当事人之间依照这类规定而发生的权利义务关系，即为票据法上的非票据关系。与票据法上的非票据关系相对的，是民法上的非票据关系，又称为票据基础关系。票据关系与票据基础关系不同。票据关系的发生是基于票据行为，当事人之间为何收受票据是基于一定的原因或前提，这种收受票据的原因或前提即票据基础关系，如基于购买货物或返还资金而收受票据，该原因和资金关系即票据基础关系。

票据法律关系的主体是票据法律关系的当事人。总的来讲，因票据而发生的法律关系是一种债权债务关系，该关系之当事人可概括为债权人和债务人。票据法律关系是一种特殊的关系，其主体都有特定的名称，被冠以不同名称的当事人在票据法律关系中具有不同的地位和作用，因此，其当事人也就显得较为复杂。当事人有出票人（亦称发票人）、持票人、承兑人、付款人、受款人、背书人、被背书人、保证人等。由于票据的种类不同，当事人的构成不尽相同，票据行为的性质不同，当事人的称谓亦有区别，在某些情况下，同一个当事人可以有两个名称，即具有双重身份，如汇票中的付款人在承兑汇票后又称为承兑人。

三、票据行为

票据行为是指票据关系的当事人之间以发生、变更或终止票据关系为目的而进行的法律行为。我国票据法上的票据行为包括出票、背书、承兑、保证四种。

（一）票据行为生效的有效条件

票据行为是一种民事法律行为，故其必须符合民事法律行为成立的一般条件。票据行为只有同时具备以下三个条件，才能发生法律效力。

1. 行为人必须具有从事票据行为的能力

我国《票据法》第 6 条规定："无民事行为能力人或者限制民事行为能力人在票据上签章的，其签章无效，但是不影响其他签章的效力。"

2. 行为人的意思表示必须真实或无缺陷

票据行为作为一种意思表示行为，必须意思表示真实且无缺陷。鉴于票据行为的特殊性，应该更注重票据行为的外在表示形式，即形式上的合法性。《票据法》第 12 条规定："以欺诈、偷盗或者胁迫等手段取得票据的，或者明知有前列情形，出于恶意取得票据的，不得享有票据权利。"

3. 票据行为的内容合法、形式合法

票据行为是一种要式行为，须采用法律规定的形式，因此，票据行为必须符合法律、法规规定的形式。《票据法》对此内容作了详尽的规定，具体表现在以下两个方面。

（1）关于签章。在票据上，签章是票据行为生效的一个重要条件。签章既包括签名，也包括盖章。自然人在票据上签章，可以采用签名、盖章或者签名加盖章。在票据上的签名，应当为当事人的本名。法人和其他单位的签章必须同时采用该法人或该单位的盖章，加该法人或该单位的法定代表人或者其授权的代理人的签章。

（2）关于票据记载事项。票据记载事项是票据行为的一项重要内容。票据记载事项一般分为绝对应记载事项、相对应记载事项、非法定记载事项等。绝对应记载事项是指票据法明文规定必须记载的，如无记载，票据即为无效的事项；相对应记载事项是指那些应该记载而未记载，可适用法律的有关规定而不使票据失效的事项；非法定记载事项是指票据法规定由当事人任意记载的事项。

（二）票据行为的代理

票据行为是一种民事法律行为，故民法中的代理亦适用于票据行为。《票据法》规定："票据当事人可以委托其代理人在票据上签章，并应当在票据上表明其代理关系。"代理人应在票据上表明代理关系，即注明"代理"字样或类似的文句。没有代理权而以代理人名义在票据上签章的，应当由签章人承担票据责任；代理人超越代理权限的，应当就其超越权限的部分承担票据责任。

四、票据权利

1. 票据权利的内容

票据权利是指持票人向票据债务人请求支付票据金额的权利。票据权利包括付款请求权和追索权。这表明票据权利的内容与一般的金钱债权不同。一般的金钱债权是一种简单的一次性的请求权，票据权利体现为二次请求权。第一次请求权是付款请求权，这是票据上的主要权利；第二次请求权是追索权，这是指第一次请求权（付款请求权）得不到满足时，向付款人以外的票据债务人要求清偿票据金额及有关费用的权利，故该权利又称偿还请求权。

2. 票据权利的取得

票据权利的取得，亦称票据权利的发生。票据权利是以持有票据为依据的，因此，行为人合法取得票据，即取得了票据权利。根据一般情形，当事人取得票据主要有以下几种情况：第一，从出票人处取得。出票是创设票据权利的票据行为，从出票人处取得票据，即取得票据权利。第二，从持有票据的人处受让票据。票据通过背书或交付等方式可以转让他人，以此取得票据即获得票据权利。第三，依税收、继承、赠与、企业合并等方式获得票据。

根据《票据法》的有关规定，行为人合法取得票据，依法取得票据权利，必须注意以下几个问题：第一，票据的取得，必须给付对价。第二，因税收、继承、赠与可以依法无偿取得票据的，不受给付对价的限制；但是，所享有的票据权利不得优于其前手的权利。第三，因欺诈、偷盗、胁迫、恶意或重大过失而取得票据的，不得享有票据权利。

3. 票据权利的消灭

票据权利的消灭是指因发生一定的法律事实而使票据权利不复存在。票据权利消灭之后，票据上的债权、债务关系也随之消灭。在一般情况下，票据权利可因履行、免除、抵销等事由的发生而消灭。

票据权利因在一定期限内不行使而消灭的情形有四种：第一，持票人对票据的出票人和承兑人的权利，自票据到期日起2年；见票即付的汇票、本票，自出票日起2年。第二，持票人对支票出票人的权利，自出票日起6个月。第三，持票人对前手的追索权，在被拒绝承兑或者被拒绝付款之日起6个月。第四，持票人对前手的再追索权，自清偿日或者被提起诉讼之日起3个月。

4. 票据权利的行使与保全

票据权利的行使是指票据权利人向票据债务人提示票据，请求实现票据权利的行为，如请求承兑、提示票据、请求定期付款、行使追索权等。票据权利的保全是指票据权利人防止票据权利丧失的行为，如为防止付款请求权与追索权因时效而丧失，采取中断时效的行为等。持票人对票据债务人行使票据权利，或者保全票据权利，应当在票据当事人的营业场所和营业时间内进行，票据当事人无营业场所的，应当在其住所进行。

5. 票据权利的补救

票据权利与票据是紧密相连的。票据一旦丧失，票据权利的实现就会受到影响，为此，《票据法》第15条规定了票据丧失后的补救措施。该补救措施主要有三种形式，即挂失止付、公示催告、普通诉讼。无论采取哪一种补救措施，都必须符合以下几个条件：第一，必须有丧失票据的事实；第二，失票人必须是真正的票据权利人；第三，丧失的票据必须是未获付款的有效票据。如果是已经付款的票据，或者属于必要记载事项不全的票据，或手续欠缺以及时效届满其权利已消灭的票据等，均不得采取该补救措施。

第一种补救措施为挂失止付。这是指失票人将丧失票据的情况通知付款人并由接受通知的付款人暂停支付的一种方法。票据丧失，失票人可以及时通知票据的付款人挂失止付，但是，未记载付款人或者无法确定付款人及其代理付款人的票据除外。挂失止付并不是票据丧失后票据权利补救的必经程序，仅仅是失票人在丧失票据后可以采取的一种暂时的预防措施，以防止票据被冒领或骗取。因此，失票人既可在票据丧失后先采取挂失止付，紧接着再申请公示催告或提起诉讼；也可以不采取挂失止付，直接向人民法院申请公示催告，由人民法院在受理后发出停止支付通知，或向人民法院直接起诉。

第二种补救措施为公示催告。这是指在票据丧失后，由失票人向人民法院提出申请，请求人民法院以公告方法通知不确定的利害关系人限期申报权利，逾期未申报者，则权利失效，由人民法院通过除权判决宣告所丧失的票据无效的制度或程序。票据丧失后的公示催告程序如下：（1）失票人向票据支付地的基层人民法院提出公示催告的申请。（2）人民法院决定受理申请后，应当同时向付款人及代理付款人发出止付通知，并自立案之日起3日内发出公告。（3）人民法院收到利害关系人的申报后，应当裁定终结公示催告程序。（4）公示催告期限届满以及在判决作出以前没有利害关系人申报权利的，公示催告申请人应当自申报权利期限届满的次日起一个月内申请人民法院作出判决。

第三种补救措施为普通诉讼。这是指丧失票据的失票人向人民法院提起民事诉讼，要求人民法院判定付款人向其支付票据金额的活动。失票人在向人民法院起诉时，应提供所丧失的票据的有关书面证明，并应当提供担保，以防由于付款人支付已丧失的票据票款可能出现的损失。担保的数额相当于票据载明的金额。在判决前，丧失的票据出现时，付款人应以该票据正处于诉讼阶段为由暂不付款，并将情况迅速通知失票人和人民法院。人民法院应终结诉讼程序。失票人与提示人对票据债权人没有争议的，应由真正的票据债权人持有票据并向付款人行使票据权利。如失票人与提示人对票据债权人有争议的，任何一方可向人民法院起诉，由人民法院确认。在判决生效后，丧失的票据出现时，付款人不为付款，应将情况通知失票人。如果失票人与提示人对票据权利没有争议的，由真正的票据权利人向付款人行使票据权利；如有争议，任何一方可向人民法院起诉，请求确认权利人。

6. 票据的利益返还请求权

持票人因超过票据权利时效或者因票据记载事项欠缺而丧失票据权利的，仍享有民事权利，可以请求出票人或者承兑人返还其与未支付的票据金额相当的利益。可见，票据关系因一定原因失效，亦不影响票据基础关系的效力。

五、票据抗辩

票据抗辩是指票据的债务人依照票据法的规定，对票据债权人拒绝履行义务的行为。票据抗辩是票据债务人的一种权利，是债务人保护自己的一种手段。

1. 票据抗辩的种类

票据债务人行使抗辩权的情形较为复杂，总的来看，票据抗辩权的行使必须严格依照票据法的规定，否则，不得行使抗辩权。根据抗辩原因以及抗辩效力的不同，票据抗辩可分为两种。

（1）对物抗辩。这是指基于票据本身的内容而发生的事由所进行的抗辩。这一抗辩可以对任何持票人提出。主要包括以下情形：1）票据行为不成立而为的抗辩。如票据应记载的内容有欠缺；票据债务人无行为能力；无权代理或超越代理权进行票据行为；票据上有禁止记载的事项（如付款附有条件，记载到期日不合法）；背书不连续；等等。2）依票据记载不能提出请求而为的抗辩。如票据未到期、付款地不符等。3）票据载明的权利已消灭或已失效而为的抗辩。如票据债权因付款、抵销、提存、免除、除权判决、时效届满而消灭等。4）票据权利的保全手续欠缺而为的抗辩。如应作成拒绝证书而未作等。5）票据上有伪造、变造情形而为的抗辩。

（2）对人抗辩。这是指票据债务人对抗特定债权人的抗辩。这一抗辩多与票据基础关系有关。票据债务人可以对不履行约定义务的与自己有直接债权债务关系的持票人进行抗辩。应注意的是，票据债务人只能对票据基础关系中的直接相对人不履行约定义务的行为进行抗辩，该票据基础关系必须是该票据赖以产生的民事法律关系，而不是其他的民事法律关系；如果该票据已被不履行约定义务的持票人转让给第三人，且该第三人是善意、已对价取得票据的持票人，则票据债务人不能对其进行抗辩。

2. 票据抗辩的限制

票据抗辩是有限制的，这是各国立法普遍采用的做法。我国《票据法》第13

条第 1 款规定："票据债务人不得以自己与出票人或者与持票人的前手之间的抗辩事由，对抗持票人。但是，持票人明知存在抗辩事由而取得票据的除外。"这便是对票据抗辩限制的规定。根据这一规定，我国票据法中对票据抗辩的限制主要表现在以下方面：第一，票据债务人不得以自己与出票人之间的抗辩事由对抗持票人；第二，票据债务人不得以自己与持票人的前手之间的抗辩事由对抗持票人；第三，凡是善意的、已付对价的正当持票人可以向票据上的一切债务人请求付款，不受前手权利瑕疵和前手相互间抗辩的影响；第四，持票人取得的票据是无对价或不相当对价的，由于其享有的权利不能优于其前手的权利，故票据债务人可以对抗持票人前手的抗辩事由对抗该持票人。

六、票据的伪造和变造

伪造和变造的票据直接影响票据权利，因此，《票据法》对票据的伪造和变造的责任和效力作了规定。

1. 票据的伪造

票据的伪造是指假冒他人名义或虚构人的名义而进行的票据行为。一般认为，票据的伪造分为两种。一种是假冒他人或虚构人的名义进行出票行为，如在空白票据上伪造出票人的签章或者盗盖出票人的印章进行出票。另一种则是假冒他人名义进行出票行为之外的其他票据行为，如伪造背书签章、承兑签章、保证签章等。票据的伪造与票据的无权代理不同的是，票据伪造的伪造人必须是假冒他人名义签章，票据的无权代理是在票据上表明了代理关系，将被代理人的姓名或名称记载在票据上并由代理人签章，因此二者不能等同。

票据上有伪造签章的，不影响票据上其他真实签章的效力。也就是说，在票据上真实签章的人，仍应对被伪造的票据的债权人承担票据责任，票据债权人按票据法的规定提示承兑、提示付款或行使追索权时，在票据上真实签章人不能以伪造为由进行抗辩。

2. 票据的变造

票据的变造是指无权更改票据内容的人对票据上签章以外的记载事项加以变更的行为。例如，变更票据上的到期日、付款日、付款地、金额等。构成票据的变造须符合以下条件：一是变造的票据是合法成立的有效票据；二是变造的内容是票据上所记载的除签章以外的事项；三是变造人无权变更票据的内容。

票据的变造应依照签章是在变造之前还是之后来承担责任。如果当事人签章在变造之前，应按原记载的内容负责；如果当事人签章在变造之后，则应按变造后的记载内容负责；如果无法辨别是在票据变造之前或之后签章的，视同在变造之前签章。

七、汇票的具体制度

（一）汇票的概念和种类

汇票是出票人签发的、委托付款人在见票时或者在指定日期无条件支付确定的金额给收款人或者持票人的票据。汇票有以下特点：第一，汇票有三个基本当事人，即出票人、付款人和收款人。由于这三个当事人在汇票出票时既已存在，故属基本当事人，缺一不可。随着汇票的背书转让、汇票上设立保证等，被背书人、保证人等也成为汇票的当事人。第二，汇票是由出票人委托他人支付的票据，是一种委付证券而非自付证券。第三，汇票是在指定到期日付款的票据。指定到期日的记载形式有见票即付、定日付款、出票后定期付款、见票后定期付款四种。第四，汇票是付款人无条件支付票据金额给持票人的票据。

《票据法》将汇票分为银行汇票和商业汇票。根据我国有关规定，银行汇票是一种仅具有汇兑或者结算功能的票据。商业汇票是由银行之外的企业或者其他组织作为出票人的汇票。商业汇票根据承兑人的不同分为银行承兑汇票和商业承兑汇票。承兑是汇票特有的票据行为。

（二）出票

出票是指出票人签发票据并将其交付给收款人的票据行为。汇票是一种要式证券，出票行为是一种要式行为，故汇票的作成必须符合法定的格式。汇票的格式就是作成汇票后表现于汇票之上的内容。

1. 汇票出票的款式

（1）汇票的绝对应记载事项。汇票的绝对应记载事项是指票据法规定必须在票据上记载的事项，若欠缺记载，票据便为无效。汇票的绝对应记载事项包括七个方面的内容：表明“汇票”的字样；无条件支付的委托；确定的金额；付款人名称；收款人名称；出票日期；出票人签章。汇票上未记载其中之一的，汇票无效。

（2）汇票的相对应记载事项。这也是汇票上应记载的内容，但是相对应记载事项不在汇票上记载并不影响汇票本身的效力，汇票仍然有效。未记载的事项可以通过法律的直接规定来补充确定，包括以下三项：1）付款日期。汇票上未记载付款日期的，为见票即付。2）付款地。汇票上未记载付款地的，付款人的营业场所、住所或者经常居住地为付款地。3）出票地。如果汇票上未记载出票地的，出票人的营业场所、住所或者经常居住地为出票地。

（3）可以记载事项。出票人可以在汇票上记载“不得转让”字样，作此记载的汇票不得转让。

（4）记载不生票据法上效力的事项。汇票上可以记载法定记载事项以外的其他出票事项，但是该记载事项不具有汇票上的效力。法律规定以外的事项主要是指与汇票基础关系有关的事项，如签发票据的原因或用途。这些事项不具有票据法上的效力，不等于没有法律效力，仍可获得其他法律的支持。

（5）有害记载事项。此种记载会使票据无效。例如附条件的委托付款，不但该记载无效，而且出票行为也无效。

2. 出票的效力

出票是以创设票据权利为目的的票据行为。出票人依照票据法的规定完成出票行为之后，即产生票据上的效力。这一效力表现为创设票据权利和引起票据债务的发生，这种权利义务因汇票当事人的地位不同而不同。

（1）对收款人的效力。收款人取得出票人发出的汇票后，即取得票据权利，一方面就票据金额享有付款请求权，另一方面在该请求权不能满足时享有追索权。

（2）对付款人的效力。出票行为是单方行为，付款人并不因此而有付款义务，只有付款之权限。但基于出票人的付款委托使其具有承兑人的地位，在其对汇票进行承兑后，即成为汇票上的主债务人。

（3）对出票人的效力。出票人委托他人付款，一旦该行为成立，就必须保证该付款得以实现。收款人在向付款人行使票据权利而得不到满足时，出票人必须就此承担票据责任，从法律上讲，该责任是一种担保责任，即担保汇票的承兑和付款。担保汇票的承兑是指汇票到期日前不获承兑时，收款人或持票人可以请求出票人偿还票据金额、利息和有关费用。担保汇票的付款是指汇票到期时，付款人虽已承兑但拒绝付款的，出票人必须承担清偿责任。

（三）背书

背书是指持票人为将票据权利转让给他人或者将票据权利授予他人行使，在票据背面或者粘单上记载有关事项并签章，将票据交付给被背书人的票据行为。

1. 背书的形式

背书是一种要式行为，故其必须符合法定的形式，即其必须作成背书并交付，才能有效成立。背书的记载事项应与出票一样，符合有关出票时应记载的事项内容。

（1）关于背书签章和背书日期的记载。

背书人背书时，必须在票据上签章，背书才能成立，否则，背书行为无效。背书人签章是确定背书的债务人地位及其担保责任的依据，故此属绝对应记载事项。背书日期是相对应记载事项，因为背书未记载日期的视为在汇票到期日前背书。这表明背书未记载背书日期，并不因之无效，而是以法律的补充规定来确定背书日期。票据法确定“汇票到期日前”作为未记载背书日期的日期，这主要是为了保护善意持票人的权利不因背书未记载日期而无效。

（2）关于被背书人名称的记载。

我国票据法不承认不记名背书。如果背书人不作成记名背书，即不记载被背书人名称，汇票转让将不能成立，背书行为无效。因此，被背书人名称是背书之绝对应记载事项。但是，根据《最高人民法院关于审理票据纠纷案件若干问题的规定》第49条，背书人未记载被背书人名称即将票据交付他人的，持票人在票据被背书人栏内记载自己的名称与背书人记载具有同等法律效力。

（3）关于禁止背书的记载。

背书人的禁止背书是背书行为的一项任意记载事项，如果背书人不愿意对其后手以后的当事人承担票据责任，可在背书时记载禁止背书。《票据法》第34条规定：“背书人在汇票上记载‘不得转让’字样，其后手再背书转让的，原背书人对后手的被背书人不承担保证责任。”这是指背书人之后手将记载有禁止背书的汇票转让，原被背书人对依此取得汇票的一切当事人，包括以后的被背书人、背书人、最后持票人等，将不承担票据责任，其只对直接的被背书人承担责任。

（4）关于背书时粘单的使用。

由于票据转让次数较多，票据背面没有记载的余地，背书人可以使用粘单，即因票据不能满足背书记载事项的需要而粘贴于票据上的纸张，将背书的事项记载于粘单上。为了保证粘单的有效性和真实性，第一位使用粘单的背书人必须将粘单粘接在票据上，并且在粘接处签章，否则该粘单记载的内容无效。

（5）关于背书不得记载的内容。

根据《票据法》的规定，背书不得记载的内容有两项：一是附有条件的背书；二是部分背书。背书时附有条件的，所附条件不具有汇票上的效力。这与一般民事法律行为可以附条件是不同的。这里所指的“所附条件不具有汇票上的效力”并不影响背书行为本身的效力，被背书人仍可依该背书取得票据权利。部分背书是指背书人在背书时，将汇票金额的一部分或者将汇票金额分别转让给两人以上的背书。由于背书人将背书金额的一部分或将背书金额分别转让给两人以上，该背书金额的另一部分权利人或数个权利人对同一背书金额无从行使票据权利，因此，《票据法》规定部分背书无效。

2. 背书连续

背书连续是指在票据转让中，转让汇票的背书人与受让汇票的被背书人在汇票上的签章依次前后衔接。也就是说，票据上记载的多次背书，从第一次到最后一次在形式上都是连续而无间断的。例如，第一次背书的被背书人是第二次背书的背书人，第二次背书的被背书人是第三次背书的背书人，依此类推，在形式上该等背书形成连续的。一般而言，连续背书的第一背书人应当是在票据上记载的收款人，最后的票据持有人应当是最后一次背书的被背书人。以背书转让的汇票，背书应当连续，如果背书不连续的，付款人可以拒绝向持票人付款，否则付款人自行承担责任。

背书连续主要是指背书在形式上连续，如果背书在实质上不连续，如有伪造签章等，付款人仍应对持票人付款。但是，如果付款人明知持票人不是真正票据权利人，则不得向持票人付款，否则应自行承担责任。

3. 委托收款背书和质押背书

委托收款背书和质押背书属非转让背书，具有自己的特殊性。以下分别加以说明。

（1）委托收款背书。

该背书方式不以转让票据权利为目的，而是以授予他人一定的代理权为目的。在此情形下，被背书人只是代理人，而未取得票据权利，背书人仍是票据权利人。背书记载“委托收款”字样的，被背书人有权代背书人行使被委托的汇票权利。但是，被背书人不得再以背书转让汇票权利。

（2）质押背书。

这是指持票人以票据权利设定质权为目的而在票据上作成的背书。背书人是原持票人，也是出质人，被背书人则是质权人。质押背书确立的是一种担保关系，即在背书人（原持票人）与被背书人之间产生一种质押关系，而不是一种票据权利的转让与被转让关系。因此，质押背书成立后，即背书人作成背书并交付，背书人仍然是票据权利人，被背书人并不因此而取得票据权利。但是，被背书人取得质权人地位后，在背书人不履行其债务的情况下，可以行使票据权利，并从票据金额中按担保债权的数额优先得到偿还。换言之，如果背书人履行了所担保的债务，被背书人必须将票据返还背书人。

质押背书与其他背书一样，也必须依照法定的形式作成背书并交付。质押时应当以背书记载“质押”字样。但如果在票据上记载质押文句表明了质押意思的，如“为担保”“为设质”等，也应视为有效。如果记载“质押”文句的，其后手再背书转让或者质押的，原背书人对后手的被背书人不承担票据责任；但不影响出票人、承兑人以及原背书人之前手的票据责任。

4. 法定禁止背书

法定禁止背书是指根据票据法的规定禁止背书转让的情形。由于法律规定在某些情况下汇票不得背书转让，因此，如果背书人将此类汇票以背书方式转让的，应当承担汇票责任。汇票被拒绝承兑、被拒绝付款或者超过付款提示期限的，不得背书转让；背书转让的，背书人应当承担汇票责任。

（四）承兑

承兑是指汇票付款人承诺在汇票到期日支付汇票金额的票据行为。承兑是汇票持有的制度。汇票是一种出票人委托他人付款的委付证券。但是出票人的出票行为完成之后，由于其是一种单方法律行为，故对付款人并不当然产生约束力，只有在付款人表示愿意向收款人或持票人支付汇票金额后，持票人才可于汇票到期日向付款人行使付款请求权。承兑就是这样一种明确付款人的付款责任，确定持票人票据权利的制度。

1. 承兑的程序

承兑的程序主要包括两个方面：一是提示承兑；二是承兑成立。

提示承兑是指持票人向付款人出示汇票，并要求付款人承诺付款的行为。定日付款或者出票后定期付款的汇票，持票人应当在汇票到期日前向付款人提示承兑。见票后定期付款的汇票，持票人应当自出票日起1个月内向付款人提示承兑。见票即付的汇票无须提示承兑。

持票人向付款人提示承兑后，付款人应立即决定是否承兑。为此，法律一般规定一个让付款人考虑的时间。一般来说，如果付款人在3日内不作承兑与否表示，则应视为拒绝承兑，持票人可以请求其作出拒绝承兑证明，向其前手行使追索权。付款人收到持票人提示承兑的汇票时，应当向持票人签发收到汇票的回单。回单上应当记明汇票提示承兑日期并签章。这一手续办理完毕，即意味着接受承兑。

承兑有单纯承兑与不单纯承兑之分。前者是指付款人完全依汇票文义而不附加任何条件的限制或改变原汇票文义所为的承兑；后者系指付款人对原汇票文义或附加限制或予以变更所为的承兑。我国票据法不允许不单纯承兑。付款人作出的承兑如果附有条件，则应视为拒绝承兑，持票人可以请求作成拒绝证明，向其前手行使追索权。

2. 承兑的效力

承兑生效后，即对付款人产生相应的效力。付款人承兑汇票后，应当承担到期付款的责任。到期付款的责任是一种绝对责任，表现在：第一，承兑人于汇票到期日必须向持票人无条件地支付汇票上的金额，否则其必须承担迟延付款责任；第二，承兑人必须对汇票上的一切权利人承担责任，该等权利人包括付款请求权人和追索权人；第三，承兑人不得以其与出票人之间的资金关系来对抗持票人，拒绝支付汇票金额；第四，承兑人的票据责任不因持票人未在法定期限提示付款而解除。

（五）保证

保证是票据债务人以外的第三人以担保特定债务人履行票据债务为目的而在票据上所为的一种附属票据行为。保证的作用在于加强持票人票据权利的实现，确保票据付款义务的履行，促进票据流通。

1. 保证的当事人与格式

（1）保证的当事人。保证的当事人为保证人与被保证人。保证人，由汇票债务人以外的他人担当。由此可见，保证人是指票据债务人以外的，为票据债务的履行提供担保而参与票据关系的第三人。已成为票据债务人的，不得再充当票据上的保证人。被保证人是指票据关系中已有的债务人，包括出票人、背书人、承兑人。票据债务人一旦由他人为其提供保证，其在保证关系中就被称为被保证人。

（2）保证的格式。这是指在办理保证手续时需要在汇票上记载的事项和如何记载该等事项。有关保证的记载事项和记载方法问题，具体分析如下。

第一，票据保证必须作成于汇票或粘单之上。保证是一种书面行为，并须作成于汇票或粘单之上，如果另行签订保证合同或者保证条款，不属于票据保证。

第二，票据保证记载的事项。有绝对应记载事项和相对应记载事项。其中绝对应记载事项包括保证文句和保证人签章两项；相对应记载事项包括被保证人的名称、保证日期和保证人住所。

第三，保证的记载方法。《票据法》未规定保证的记载方法，但是，依照《支付结算办法》相关规定，如果是为出票人、承兑人保证，则应记载于汇票的正面；如果是为背书人保证，则应记载于汇票的背面或者粘单上。

第四，保证不得记载的内容。保证是无条件的，即不得附加任何条件。如果保证附加条件，不论是作为停止条件，还是作为解除条件，都会使票据保证的效力具有不确定性，从而使保证人的票据债务人地位不能得到明确，这就不能达到设立票据保证的目的。因此，票据法规定保证附有条件的，所附条件无效，保证本身仍然具有效力，保证人应向持票人承担保证责任。

2. 票据保证的连带性

票据保证成立之后，保证人就成为票据上的债务人，必须向被保证人的一切后手承担票据责任。被保证的汇票，保证人应当与被保证人对持票人承担连带责任。汇票到期后得不到付款的，持票人有权向保证人请求付款，保证人应当足额付款。

保证人为两人以上的，保证人之间承担连带责任。在共同保证的情况下，持票人可以不分先后向保证人中的一人或者数人或者全体就全部票据金额及有关费用行使票据权利，共同保证人不得拒绝。

（六）付款

付款是指付款人依据票据文义支付票据金额，以消灭票据关系的行为。付款是付款人的行为，这与出票人、背书人等偿还义务的行为不同。前者是支付票据金额的行为，并以消灭票据关系为目的；后者则并不以票据金额为依据支付，不能引起票据关系的消灭。

1. 付款的程序

付款的程序包括提示与支付。

（1）付款提示。

付款提示是指持票人向付款人或承兑人出示票据，请求付款的行为。持票人只有在法定期限内为付款提示的，才产生法律效力。关于这种法律效力，主要表现在两个方面：一是付款人一经持票人提示，即应付款；二是持票人得以保全对其前手的追索权，即在付款人拒绝付款的情况下，持票人可以请求付款人作成拒绝证明，向其前手行使追索权。

持票人提示付款的法定期限如下：第一，见票即付的汇票，自出票日起 1 个月内向付款人提示付款；第二，定日付款、出票后定期付款或者见票后定期付款的汇票，自到期日起 10 日内向承兑人提示付款。如果持票人未在上述法定期限内为付款提示的，则丧失对其前手的追索权。但是，持票人丧失的追索权仅限于其前手，对于承兑人并不发生失权的效果。如果承兑人或者付款人对逾期提示付款的持票人付款，与按照规定的期限付款具有同等法律效力。《票据法》第 53 条第 2 款规定：“持票人未按照规定期限提示付款的，在作出说明后，承兑人或者付款人仍应当继续对持票人承担付款责任。”这是一种例外性规定。

付款提示的当事人包括提示人和受提示人。提示人一般是持票人，也可以是持票人的代理人和质权人；受提示人通常是付款人，在汇票中受提示人包括已进行承兑的承兑人及未承兑的付款人。

（2）支付票款。

这是指持票人向付款人或承兑人进行付款提示后，付款人无条件地在当日按票据金额足额支付给持票人的行为。付款人必须在当日向提示人付款，该支付的款项为票据金额的全部而非部分。付款人或承兑人不能当日足额付款的，应承担迟延付款的责任。

在支付票款的过程中，持票人必须向付款人履行一定的手续，持票人获得付款的，应当在汇票上签收，并将汇票交给付款人。

付款人或者代理付款人在付款时应当尽审查义务。付款人及其代理付款人付款时，应当审查汇票背书是否连续，并审查提示付款人的合法身份证明或者有效证件。但该等审查义务仅限于汇票格式是否合法，即汇票形式上的审查，而非实质上的审查。付款人及其代理付款人以恶意或者有重大过失付款的，应当自行承担责任。此外，如果付款人对定日付款、出票后定期付款或者见票后定期付款的汇票在到期日前付款，应由付款人自行承担所产生的责任。付款人的这一责任包括：在持票人不是票据权利人时，对于真正的票据权利人并不能免除其票据责任，对由此造成损失的，付款人只能向非正当持票人请求赔偿。

2. 付款的效力

付款人依法足额付款后，全体汇票债务人的责任解除。付款人依照票据文义支付票据金额之后，票据关系随之消灭。汇票上的全体债务人的责任便予以解除。但是，如果付款人付款存在瑕疵，即未尽审查义务而对不符法定形式的票据付款，或其存在恶意或重大过失而付款，则不发生上述法律效力，付款人的义务不能免除，其他债务人也不能免除责任。

（七）追索权

追索权是指持票人在票据到期不获付款或到期前不获承兑或有其他法定原因，并在实施行使或保全票据权利的行为后，可以向其前手请求偿还票据金额、利息及其他法定款项的一种票据权利。追索权是在票据权利人的付款请求权得不到满足之后，法律赋予持票人对票据债务人进行追偿的权利。它是用来弥补付款请求权对保护持票人票据权利的实现所带来的局限的一种制度。因此，追索权与付款请求权在权利行使对象上有一定的区别：后者的行使对象是票据上的付款人；前者的行使对象可以是票据上的主债务人，但主要还是票据上的次债务人，如票据上的出票人、背书人、保证人等。

1. 追索权发生的条件

追索权发生的实质条件包括：第一，汇票到期被拒绝付款；第二，汇票在到期日前被拒绝承兑；第三，在汇票到期日前，承兑人或付款人死亡、逃匿；第四，在汇票到期日前，承兑人或付款人被依法宣告破产或因违法被责令终止业务活动。发生上述情形之一的，持票人可以行使追索权。

追索权的发生除了前述实质条件之外，还须具有一定的形式条件。这一形式条件就是持票人行使追索权必须履行一定的保全手续而不致追索权丧失。该等保全手续包括：第一，在法定提示期限提示承兑或提示付款；第二，在不获承兑或不获付款时，在法定期限内作成拒绝证明。根据《票据法》的有关规定，该等拒绝证明主要有拒绝证书、退票理由书、人民法院的有关司法文书、有关行政主管部门的处罚决定等。

持票人未依法提供拒绝证明，将丧失对其前手的追索权，其前手却是票据上的偿还债务人，即次债务人，对于付款人或承兑人来讲，他们是票据上的主债务人，即使持票人未在法定期限内作成拒绝证明，主债务人仍应负绝对付款责任。持票人应当自收到被拒绝承兑或者被拒绝付款的有关证明之日起3日内，将被拒绝事由书面通知其前手，其前手应当自收到通知之日起3日内书面通知其再前手。持票人也可以同时向各票据债务人发出书面通知。

2. 追索权的行使

持票人按照法定手续保全了追索权之后，就可进入行使追索权的程序。该程序一般包括：由持票人发出追索通知、确定追索对象、请求清偿金额、受领清偿金额等。

（1）发出追索通知。持票人应当自收到被拒绝承兑或者被拒绝付款的有关证明之日起3日内，将被拒绝事由书面通知其前手，其前手应当自收到通知之日起3日内书面通知其再前手。持票人也可以同时向各汇票债务人发出书面通知。未按照前款规定期限通知的，持票人仍可行使追索权。因延期通知给其前手或者出票人造成损失的，由没有按照规定期限通知的汇票当事人承担对该损失的赔偿责任，但是所赔偿的金额以汇票金额为限。在规定期限内将通知按照法定地址或者约定的地址邮寄的，视为已经发出通知。

（2）确定追索对象。这里所指的追索对象是指在追索关系中的被追索人，该被追索人为出票人、背书人、承兑人和保证人。持票人可以不按照汇票债务人的先后顺序，对其中任何一人、数人或者全体行使追索权。据此规定，持票人在确定追索权行使对象时，可以根据自己的意愿，自由选择其前手债务人或者承兑人，并请求其偿还。持票人对票据债务人中的一人或者数人已经进行追索的，对其他票据债务人仍可行使追索权。被追索人清偿债务后，与持票人享有同一权利。但是，《票据法》第69条规定："持票人为出票人的，对其前手无追索权。"这是有关回头背书中持票人追索权限制的规定。

（3）请求清偿金额。这是指持票人行使追索权，可以请求被追索人支付的金额和费用。该金额和费用包括：1）被拒绝付款的汇票金额；2）汇票金额自到期日或者提示付款日起至清偿日止，按照中国人民银行规定的同档次流动资金贷款利率计算的利息；3）取得有关拒绝证明和发出通知书的费用。由此可见，作为追索权标的的追索金额，通常要比作为付款请求权标的的票据金额大。

被追索人在依前述内容向持票人支付清偿金额及费用后可以向其他汇票债务人行使再追索权，请求其他汇票债务人支付相应的金额和费用，包括：1）已清偿的全部金额，即为满足其后手（包括持票人或者其他追索权人）的追索权而支付的全部金额；2）前项金额自清偿日起至再追索清偿日止，按照中国人民银行规定的同档次流动资金贷款利率计算的利息；3）发出通知书的费用，即被追索人再追索过程中发生的费用。

（4）受领清偿金额。这是指持票人或行使再追索权的被追索人接受被追索人的清偿金额。被追索人清偿债务后，其责任解除。

八、本票的具体制度

（一）本票的概念和种类

本票是出票人签发的，承诺自己在见票时无条件支付确定的金额给收款人或者持票人的票据。本票是由出票人约定自己付款的一种自付证券，其基本当事人有两个，即出票人和收款人，在出票人之外不存在独立的付款人。在出票人完成出票行为之后，即承担了到期日无条件支付票据金额的责任，不需要在到期日前进行承兑。

依照不同的标准，可以对本票作不同分类，例如记名式本票、指定式本票和不记名式本票，远期本票和即期本票，银行本票和商业本票，等等。根据《票据法》

的规定，本票仅限于银行本票，且为记名式本票和即期本票。

银行本票是银行签发的，承诺自己在见票时无条件支付确定的金额给收款人或者持票人的票据。单位和个人在同一票据交换区域需要支付各种款项，均可使用银行本票。

本票作为票据的一种，具有与其他票据相同的一般性质和特征，因此，《票据法》总则中的内容均适用于本票。《票据法》对汇票的规定较为详细，汇票中的有关规定，如出票、背书、保证、付款、追索权等具体制度，都可适用于本票，故《票据法》对本票只就其个性方面，即与其他票据不同的方面加以规定，对于与汇票相同的方面，则适用汇票的有关规定。本部分也采用与《票据法》相同的做法说明本票的内容。

（二）出票

本票的出票与汇票一样，包括作成票据和交付票据。本票的出票行为是以自己负担支付本票金额的债务为目的的票据行为。《票据法》第74条规定：“本票的出票人必须具有支付本票金额的可靠资金来源，并保证支付。”由此可见，本票出票人是票据金额的直接支付人，与汇票的承兑人相同，这与汇票的出票人只承担担保责任是不同的。

在实践中，本票的出票人在出票时，除自身具有良好的资信状况外，还应该在按照规定收妥款项后，方可签发本票。

本票出票人出票，必须按一定的格式记载相关内容。与汇票一样，本票的记载事项也包括绝对应记载事项和相对应记载事项。

1. 本票的绝对应记载事项

本票的绝对应记载事项包括六个方面的内容：(1) 表明“本票”字样。这是本票文句记载事项，无此记载，本票即为无效。(2) 无条件支付的承诺。这是有关支付文句，表明出票人无条件支付票据金额而不附加任何条件，否则，票据即为无效。(3) 确定的金额。(4) 收款人名称。(5) 出票日期。(6) 出票人签章。在上述绝对应记载事项中，除第一、二项以及未规定付款人名称外，其余四项与汇票的规定完全相同。

2. 本票的相对应记载事项

本票的相对应记载事项包括两项内容：(1) 付款地。本票上未记载付款地的，出票人的营业场所为付款地。(2) 出票地。本票上未记载出票地的，出票人的营业场所为出票地。本票上可以记载《票据法》规定事项以外的其他出票事项，但是这些事项并不发生本票上的效力。

（三）付款

银行本票是见票付款的票据，收款人或持票人在取得银行本票后，随时可以向出票人请求付款。为了防止收款人或持票人久不提示票据而给出票人造成不利，《票据法》第78条规定了本票的付款期限，即“本票自出票日起，付款期限最长不得超过2个月”。持票人依照前述规定的期限提示本票的，出票人必须承担付款的责任。如果持票人超过提示付款期限不获付款的，在票据权利时效内向出票银行作出说明，并提供本人身份证或单位证明，可持银行本票向出票银行请求付款。由此可见，本票的出票人是票据上的主债务人，负有向持票人绝对付款的责任。

本票的持票人未按照规定期限提示见票的，丧失对出票人以外的前手的追索权。这里所指的出票人以外的前手是指背书人及其保证人。由于本票的出票人是票据上的主债务人，对持票人负有绝对付款责任，除票据时效届满而使票据权利消灭或者要式欠缺而使票据无效外，并不因持票人未在规定期间内向其行使付款请求权而使其责任得以解除。因此，持票人仍对出票人享有付款请求权和追索权，只是丧失对背书人及其保证人的追索权。

九、支票的具体制度

（一）支票的概念和种类

支票是出票人委托银行或者其他金融机构见票时无条件支付一定金额给受款人或者持票人的票据。支票的基本当事人有三个：出票人、付款人和收款人。支票是一种委付证券，与汇票相同，与本票不同。

支票与汇票和本票相比，有两个显著的特点：第一，以银行或者其他金融机构作为付款人；第二，见票即付。

依不同的分类标准，可以对支票作不同的分类，例如记名支票、无记名支票、指示支票；对己支票、指己支票、受付支票、普通支票、特殊支票；等等。我国《票据法》按照支付票款方式，将支票分为普通支票、现金支票和转账支票。

（1）普通支票。该种支票未印有“现金”或“转账”字样，既可以用来支取现金，亦可用来转账。普通支票用于转账时，应当在支票正面注明，即在普通支票左上角画两条平行线。有该画线标志的支票，称为画线支票，画线支票只能用于转账，不得支取现金。

（2）现金支票。支票中专门用于支取现金的，可以另行制作现金支票，现金支票只能用于支取现金。

（3）转账支票。支票中专门用于转账的，可以另行制作转账支票，转账支票只能用于转账，不得支取现金。

（二）出票

出票人签发支票并交付的行为即为出票。但是，出票人签发支票必须具备一定的条件，即为在经中国人民银行当地分支行批准办理支票业务的银行机构开立可以使用支票的存款账户的单位和个人。开立支票存款账户，申请人应当有可靠的资金并存入一定的资金，开立时使用本名，并提交证明其身份的合法证件。开立支票存款账户，申请人应当预留其本名的签名式样和印鉴。这些规定主要是保证支付支票票款的安全，保护支票权利义务各方当事人的合法权益。

1. 支票的格式

与汇票一样，支票出票人作成有效的支票，必须按法定要求记载有关事项。该等事项亦可分为绝对应记载事项和相对应记载事项。

支票的绝对应记载事项共有六项内容：(1) 表明“支票”字样。这是支票文句的记载事项，无此内容即为无效。(2) 无条件支付的委托。这是支票有关支付文句的记载事项。我国现行使用的支票记载支付的文句一般是支票上已印好的“上列款项请从我账户内支付”的字样。(3) 确定的金额。(4) 付款人名称。(5) 出票日期。(6) 出票人签章。

为了发挥支票灵活便利的特点，《票据法》规定了两项绝对应记载事项可以通过授权补记的方式记载：一是关于支票金额的授权补记。出票人可以授权收款人就支票金额补记，收款人以外的其他人不得补记；在支票金额未补记之前，收款人不得背书转让，提示付款。二是关于收款人名称的授权补记。《票据法》第86条规定：“支票上未记载收款人名称的，经出票人授权，可以补记。”如前所述，未补记这一内容的，支票不得背书转让、提示付款。此外，由于实践中存在出票人兼任收款人的情况，如单位签发支票向其开户银行领取现金，故《票据法》第86条规定：“出票人可以在支票上记载自己为收款人。”这是一种例外性规定。

支票的相对应记载事项包括两项内容：(1) 付款地。支票上未记载付款地的，付款人的营业场所为付款地。(2) 出票地。支票上未记载出票地的，出票人的营业场所、住所或者经常居住地为出票地。此外，根据《票据法》的规定，支票上可以记载非法定记载事项，但这些事项并不发生支票上的效力。

2. 出票的其他法定条件

支票的出票行为取得法律上的效力，必须依法进行，除须按法定格式签发票据外，还须符合其他法定条件。这些法定条件有：第一，支票的出票人所签发的支票金额不得超过其付款时在付款人处实有的存款金额。如果出票人签发的支票金额超过其付款时在付款人处实有的存款金额，在法律上，该支票称为空头支票。签发空头支票是一种违法行为，对其责任人要给予严厉的处罚和制裁，构成犯罪的，要依法追究其刑事责任。第二，支票的出票人不得签发与其预留本名的签名式样或者印鉴不符的支票，使用支付密码的，出票人不得签发支付密码错误的支票。支票的出票人委托付款人支付票款给收款人或持票人，作为支票付款人的银行并不是支票上的债务人，只是受出票人的委托从其账户支付票款。由于出票人开立支票存款账户时必须预留其本名的签名式样和印鉴或使用支付密码，为了保障银行支付的票款确系出票人签发支票的票款，故出票人签发支票时，必须使用与其本名的签名式样和印鉴相一致的签章或使用相应的支付密码，否则，该支票即为无效。

3. 出票的效力

出票人作成支票并交付之后，对出票人产生相应的法律效力。出票人必须按照签发的支票金额承担保证向该持票人付款的责任。该责任包括两项：一是出票人必须在付款人处存有足够可处分的资金，以保证支票票款的支付；二是当付款人对支票拒绝付款或者超过支票付款提示期限的，出票人应向持票人承担付款责任。

（三）付款

如前所述，支票属见票即付的票据，因而没有到期日的规定。支票的出票日实质上就是到期日。因此，出票人在付款人处的存款足以支付支票金额时，付款人应当在见票当日足额付款。以下对付款的有关问题加以说明。

1. 提示期间

支票为见票即付的票据，但是，为了防止持票人久不提示支票，给出票人在管理上造成不便，以及防止空头支票的出现，支票的持票人应当自出票日起10日内提示付款；异地使用的支票，其提示付款的期限由中国人民银行另行规定。目前，我国支票主要在城市票据交换范围内使用和流通，故在同城范围内，支票的提示期限为10天。随着支票使用和流通范围的扩大，在异地使用时，则需延长提示期限，这一提示期限最终由中国人民银行另行规定。

超过提示付款期限的，付款人可以不予付款，但是付款人不予付款的，出票人仍应当对持票人承担票据责任。由于支票不同于汇票、本票，没有主债务人，出票人处于相当于主债务人的地位，所以必须加重出票人的责任。持票人超过提示付款期限的，并不丧失对出票人的追索权，出票人仍应当对持票人承担支付票款的责任。

2. 付款

持票人在提示期限内向付款人提示票据，付款人在对支票进行审查之后，如未发现有不符规定之处，即应向持票人付款。《票据法》第89条规定："出票人在付款人处的存款足以支付支票金额时，付款人应当在当日足额付款。"

3. 付款责任的解除

《票据法》第92条规定："付款人依法支付支票金额的，对出票人不再承担受委托付款的责任，对持票人不再承担付款的责任。但是，付款人以恶意或者有重大过失付款的除外。"这是有关付款人付款责任解除的规定。

这里所指的恶意或者有重大过失付款是指付款人在收到持票人提示的支票时，明知持票人不是真正的票据权利人，支票的背书以及其他签章系属伪造，或者付款人不按照正常的操作程序审查票据等情形。在此情况下，付款人不能解除付款责任，由此造成损失的，由付款人承担赔偿责任。

第6节　劳动法律制度

《中华人民共和国宪法》第42条规定："中华人民共和国公民有劳动的权利和义务。国家通过各种途径，创造劳动就业条件，加强劳动保护，改善劳动条件，并在发展生产的基础上，提高劳动报酬和福利待遇。"该条规定就是要保障劳动者劳动权的实现。1994年《中华人民共和国劳动法》（以下简称《劳动法》）颁布，1995年1月1日起施行，我国劳动法律制度建设取得了很大的成就，对保障劳动者的基本权利，维护稳定和谐的劳动关系，促进市场经济的发展起到了重要的作用。

一、劳动法的概念

劳动法是调整劳动关系以及与劳动关系密切相连的社会关系的法律规范的总

称。狭义的劳动法仅指《劳动法》；广义的劳动法包括劳动法律、劳动行政法规、劳动行政规章、地方性劳动法规和规章以及具有法律效力的其他规范性文件、关于劳动法的司法解释等。学习和运用劳动法时，不仅应以《劳动法》为核心，而且要了解其他的劳动法律规范。

广义的劳动关系是指与劳动有关的社会关系；狭义的劳动关系是指社会主义制度下劳动者与用人单位之间在运用劳动能力、实现集体劳动过程中所发生的关系，是整个生产关系中与劳动有着直接联系的部分。

《劳动法》突出了对劳动者权益的保护，第1条就开宗明义地指出其立法宗旨是为了保护劳动者的合法权益，然后从劳动报酬权、平等择业就业权、休息权、社会保险和福利等方面，全面地规定劳动者享有的权利，而且规定了国家和用人单位的责任，如促进就业、进行职业培训等，进一步保护了劳动者的权利。《劳动法》还规定了劳动法的实施情况、监督以及切实可行的劳动争议处理方法，为劳动者权利的实现提供保障。《劳动法》规定的劳动者的基本义务主要有：（1）劳动者有完成劳动任务的义务。（2）劳动者有遵守劳动纪律的义务。劳动纪律包括各种规程和规章制度以及服从管理、听从指挥等。（3）劳动者有执行劳动安全卫生规程的义务。（4）法律、法规规定的其他义务。如忠实履行劳动合同，为用人单位保守商业秘密，发生事故后接受检查以及向有关劳动争议处理机关举证等义务。

二、劳动法律制度的主要内容

由于劳动法律制度所调整的范围涉及劳动关系的方方面面，因此，其内容也十分丰富。从理论上说，主要包括以下部分。

1. 劳动关系方面的法律制度

这是调整劳动关系最基础的法律制度，主要是指劳动合同法和集体合同法。在市场经济条件下，劳动关系主要通过劳动者与用人单位订立劳动合同来建立。由于劳动者个人相对于企业而言总是处于弱势地位，在劳动合同中容易出现一些对劳动者不利的条款，这就需要通过集体合同来矫正，以提高企业的整体劳动条件和职工的工资福利待遇。集体合同一旦签订，对企业及劳动者都具有法律效力，个人与企业签订的劳动合同与集体合同条款相冲突的，以集体合同为准。

2. 劳动基准方面的法律制度

主要指国家制定的关于劳动者最基本劳动条件的法律法规，包括最低工资法、工作时间法、劳动安全与卫生法等。其目的是改善劳动条件，保障劳动者的基本生活，避免伤亡事故的发生。劳动基准属于强制性规范，用人单位必须遵守执行。

3. 劳动力市场方面的法律制度

主要指调节劳动力市场、促进劳动就业的法律制度，包括就业促进法、职业培训法、就业服务法等。就业是民生之本，促进就业是现代国家的基本责任。国家必须采取各种宏观调控手段，创造就业机会，实现劳动者充分就业。

4. 社会保险方面的法律制度

主要对劳动者基本生存条件的保障以及生活质量的提高进行规定，具体包括养老保险法、医疗保险法、失业保险法、工伤保险法、生育保险法等。

5. 劳动权利保障与救济方面的法律制度

主要包括劳动监察法和劳动争议处理法。由于劳动关系具有身份属性，劳动者与用人单位之间形成了管理与被管理的关系，用人单位往往会忽视甚至侵犯劳动者的劳动权利，因此，劳动监察对劳动法律制度的实施和劳动者劳动权的实现起着至关重要的作用。在劳动关系存续过程中，劳动争议是难以避免的，关键是要建立起有效的解决劳动争议的制度，以此作为解决纠纷、保障当事人合法权益的最后屏障。目前，我国劳动争议处理包括调解、仲裁和诉讼三种方式。

三、劳动合同制度

（一）劳动合同法

1. 立法概况

《中华人民共和国劳动合同法》（以下简称《劳动合同法》）由中华人民共和国第十届全国人民代表大会常务委员会第二十八次会议于 2007 年 6 月 29 日通过，自 2008 年 1 月 1 日起施行。在劳动合同领域，《劳动合同法》相对于《劳动法》是特殊法，应优先适用。

2.《劳动合同法》的适用范围

（1）中华人民共和国境内的企业、个体经济组织、民办非企业单位、依法成立的会计师事务所、律师事务所等合伙组织和基金会等组织（简称用人单位）与劳动者建立劳动关系，订立、履行、变更、解除或者终止劳动合同，适用《劳动合同法》。

（2）国家机关、事业单位、社会团体和与其建立劳动关系的劳动者，订立、履行、变更、解除或者终止劳动合同，依照《劳动合同法》执行。

（3）事业单位与实行聘用制的工作人员订立、履行、变更、解除或者终止劳动合同，法律、行政法规或者国务院另有规定的，依照其规定，未作规定的，依照《劳动合同法》有关规定执行。

（二）劳动合同的订立

1. 劳动合同订立的形式

（1）用人单位自用工之日起即与劳动者建立劳动关系。用人单位应当建立职工名册备查。建立劳动关系，应当订立书面劳动合同。

（2）对于已建立劳动关系，未同时订立书面劳动合同的，应当自用工之日起 1 个月内订立书面劳动合同。用人单位与劳动者在用工前订立劳动合同的，劳动关系自用工之日起建立。

自用工之日起 1 个月内，经用人单位书面通知后，劳动者不与用人单位订立书面劳动合同的，用人单位应当书面通知劳动者终止劳动关系，无须向劳动者支付经济补偿，但是应当依法向劳动者支付其实际工作时间的劳动报酬。

用人单位自用工之日起超过 1 个月不满 1 年未与劳动者订立书面劳动合同的，应当向劳动者每月支付 2 倍的工资，并与劳动者补订书面劳动合同；劳动者不与用人单位订立书面劳动合同的，用人单位应当书面通知劳动者终止劳动关系，并支付经济补偿。

用人单位自用工之日起满1年未与劳动者订立书面劳动合同的，自用工之日起满1个月的次日至满1年的前一日应当向劳动者每月支付2倍的工资补偿，并视为自用工之日起满1年的当日已经与劳动者订立无固定期限劳动合同，应当立即与劳动者补订书面劳动合同。

2. 劳动合同的类型

（1）固定期限劳动合同。指用人单位与劳动者约定合同终止时间的劳动合同。

（2）无固定期限劳动合同。指用人单位与劳动者约定无确定终止时间的劳动合同。这是一种长期性的合同，如果出现法律规定或合同约定的解除或终止条件的，双方可以解除或终止。

用人单位与劳动者协商一致，可以订立无固定期限劳动合同。有下列情形之一，劳动者提出或者同意续订、订立劳动合同的，除劳动者提出订立固定期限劳动合同外，应当订立无固定期限劳动合同：1）劳动者在该用人单位连续工作满10年的；2）用人单位初次实行劳动合同制度或者国有企业改制重新订立劳动合同时，劳动者在该用人单位连续工作满10年且距法定退休年龄不足10年的；3）连续订立二次固定期限劳动合同，且劳动者没有《劳动合同法》第39条和第40条第1项、第2项规定的情形，续订劳动合同的。

用人单位自用工之日起满1年不与劳动者订立书面劳动合同的，视为用人单位与劳动者已订立无固定期限劳动合同。

（3）以完成一定工作任务为期限的劳动合同。指用人单位与劳动者约定以某项工作的完成为合同期限的劳动合同。

3. 劳动合同的效力

（1）劳动合同的生效。劳动合同由用人单位与劳动者协商一致，并经用人单位与劳动者在劳动合同文本上签字或者盖章生效。除特殊情况外，劳动合同依法订立即生效，具有法律约束力。

（2）无效劳动合同。下列劳动合同无效或者部分无效：以欺诈、胁迫的手段或者乘人之危，使对方在违背真实意思的情况下订立或者变更劳动合同的；用人单位免除自己的法定责任、排除劳动者权利的；违反法律、行政法规强制性规定的。

对劳动合同的无效或者部分无效有争议的，由劳动争议仲裁机构或者人民法院确认。

（3）无效劳动合同的法律后果。劳动合同部分无效，不影响其他部分效力的，其他部分仍然有效。

劳动合同被确认无效，劳动者已付出劳动的，用人单位应当向劳动者支付劳动报酬。

（三）劳动合同的主要内容

1. 劳动合同必备条款

（1）用人单位的名称、住所和法定代表人或者主要负责人。

（2）劳动者的姓名、住址和居民身份证或者其他有效身份证件号码。

（3）劳动合同期限。

（4）工作内容和工作地点。

（5）工作时间和休息休假。

（6）劳动报酬。

（7）社会保险。

（8）劳动保护、劳动条件和职业危害防护。

（9）法律、法规规定应当纳入劳动合同的其他事项。

2. 劳动合同约定条款

（1）试用期。劳动合同期限3个月以上不满1年的，试用期不得超过1个月，劳动合同期限1年以上不满3年的，试用期不得超过2个月，3年以上固定期限和无固定期限的劳动合同，试用期不得超过6个月。以完成一定工作任务为期限的劳动合同或者劳动合同期限不满3个月的，不得约定试用期。

劳动者在试用期的工资不得低于本单位相同岗位最低档工资或者劳动合同约定工资的80%，并不得低于用人单位所在地的最低工资标准。

在试用期中，除劳动者有《劳动合同法》第39条和第40条第1项、第2项规定的情形外，用人单位不得解除劳动合同。用人单位在试用期解除劳动合同的，应当向劳动者说明理由。

（2）服务期。用人单位为劳动者提供专项培训费用，对其进行专业技术培训的，可以与该劳动者订立协议，约定服务期。

劳动者违反服务期约定提前终止劳动合同的，应当按照约定向用人单位支付违约金。违约金的数额不得超过用人单位提供的培训费用。对已经履行部分服务期限的，用人单位要求劳动者支付的违约金不得超过服务期尚未履行部分所应分摊的培训费用。

（3）保守商业秘密和竞业限制。用人单位与劳动者可以在劳动合同中约定保守用人单位的商业秘密和与知识产权相关的保密事项。

对负有保密义务的劳动者，用人单位可以在劳动合同或者保密协议中与劳动者约定竞业限制条款，并约定在解除或者终止劳动合同后，在竞业限制期限内按月给予劳动者经济补偿。劳动者违反竞业限制约定的，应当按照约定向用人单位支付违约金。

此外，企业职工因患病或非因工负伤，需要停止工作，进行医疗时，根据本人实际参加工作年限和在本单位工作年限，给予3个月到24个月的医疗期。医疗期是指企业职工因患病或非因工负伤停止工作，治病休息，但不得解除劳动合同的期限。

（四）劳动合同的解除和终止

1. 劳动合同的解除

劳动合同解除是在劳动合同订立后，劳动合同期限届满之前，因出现法定的情形，一方单方面通知终止劳动关系或用人单位与劳动者双方协商提前终止劳动关系的法律行为。

（1）协商解除。用人单位和劳动者协商一致，可以解除劳动合同。由用人单位提出解除劳动合同而与劳动者协商一致的，必须依法向劳动者支付经济补偿。由劳动者主动辞职而与用人单位协商一致解除劳动合同的，用人单位无须向劳动者支付经济补偿。

（2）法定解除。

1）劳动者可单方面解除劳动合同的情形。

第一，提前通知解除的情形。劳动者在试用期内提前3日通知用人单位，非试用期提前30日以书面形式通知用人单位，可以解除劳动合同。

第二，可随时通知解除的情形。包括：用人单位未按照劳动合同约定提供劳动保护或者劳动条件的，未及时足额支付劳动报酬的，未依法为劳动者缴纳社会保险费的，制定的规章违反法律法规的规定损害劳动者权益的，或者因其过错而导致合同无效等损害劳动者权益的。

第三，不需事先告知即可解除的情形。包括：用人单位以暴力、威胁或者非法限制人身自由的手段强迫劳动者劳动的，或者用人单位违章指挥、强令冒险作业危及劳动者人身安全的。

2）用人单位可单方面解除劳动合同的情形。

第一，提前通知解除的情形。用人单位可以提前30日以书面形式通知劳动者本人或者额外支付劳动者1个月工资后，可以解除劳动合同的情形。主要包括：劳动者患病或者非因工负伤，在规定的医疗期满后不能从事原工作，也不能从事由用人单位另行安排的工作的；劳动者不能胜任工作，经过培训或者调整工作岗位，仍不能胜任工作的；劳动合同订立时所依据的客观情况发生重大变化，致使劳动合同无法履行，经用人单位与劳动者协商，未能就变更劳动合同内容达成协议的。

第二，可随时通知劳动者解除的情形。主要包括：劳动者在试用期间被证明不符合录用条件的；劳动者严重违反用人单位的规章制度的；劳动者严重失职，营私舞弊，给用人单位造成重大损害的；劳动者同时与其他用人单位建立劳动关系，对完成本单位的工作任务造成严重影响，或者经用人单位提出，拒不改正的；劳动者以欺诈、胁迫的手段或者乘人之危，使用人单位在违背真实意思的情况下订立或者变更劳动合同的；劳动者被依法追究刑事责任的。

第三，用人单位可以裁减人员的情形。有下列情形之一，需要裁减人员20人以上或者裁减不足20人但占企业职工总数10%以上的，用人单位提前30日向工会或者全体职工说明情况，听取工会或者职工的意见后，裁减人员方案经向劳动行政部门报告，可以裁减人员：依照企业破产法规定进行重整的；生产经营发生严重困难的；企业转产、重大技术革新或者经营方式调整，经变更劳动合同后，仍需裁减人员的；其他因劳动合同订立时所依据的客观经济情况发生重大变化，致使劳动合同无法履行的。

第四，用人单位不得解除劳动合同的情形。主要包括：从事接触职业病危害作业的劳动者未进行离岗前职业健康检查，或者疑似职业病病人在诊断或者医学观察期间的；在本单位患职业病或者因工负伤并被确认丧失或者部分丧失劳动能力的；患病或者负伤，在规定的医疗期内的；女职工在孕期、产期、哺乳期的；在本单位连续工作满 15 年，且距法定退休年龄不足 5 年的；法律、行政法规规定的其他情形。

2. 劳动合同的终止

劳动合同终止是劳动合同订立后，因出现某种法定的事实，导致用人单位与劳动者之间形成的劳动关系自动归于消灭，或导致双方劳动关系的继续履行成为不可能而不得不消灭的情形。

劳动合同终止的情形包括：(1) 劳动合同期满的；(2) 劳动者开始依法享受基本养老保险待遇的；(3) 劳动者达到法定退休年龄的；(4) 劳动者死亡，或者被人民法院宣告死亡或者宣告失踪的；(5) 用人单位被依法宣告破产的；(6) 用人单位被吊销营业执照、责令关闭、撤销或者用人单位决定提前解散的；(7) 法律、行政法规规定的其他情形。

3. 劳动合同解除和终止的经济补偿

经济补偿是按照劳动合同法规定，在劳动者无过错的情况下，用人单位与劳动者解除或者终止劳动合同而依法应给予劳动者的经济上的补助，也称经济补偿金。

用人单位应当向劳动者支付经济补偿的情形包括：(1) 由用人单位提出解除劳动合同并与劳动者协商一致而解除劳动合同的；(2) 劳动者符合随时通知解除和不需事先通知即可解除劳动合同的规定情形而解除劳动合同的；(3) 用人单位符合提前 30 日以书面形式通知劳动者本人或者额外支付劳动者 1 个月工资后可以解除劳动合同的规定情形而解除劳动合同的；(4) 用人单位符合可裁减人员规定而解除与劳动者的劳动合同的；(5) 除用人单位维持或者提高劳动合同约定条件续订劳动合同，劳动者不同意续订的情形外，劳动合同期满终止固定期限劳动合同的；(6) 以完成一定工作任务为期限的劳动合同因任务完成而终止的；(7) 用人单位被依法宣告破产终止劳动合同的；(8) 用人单位被吊销营业执照、责令关闭、撤销或者用人单位决定提前解散而终止劳动合同的；(9) 法律、行政法规规定解除或终止劳动合同应当向劳动者支付经济补偿的其他情形。

经济补偿按劳动者在本单位工作的年限，每满一年支付 1 个月工资的标准向劳动者支付。6 个月以上不满 1 年的，按 1 年计算，不满 6 个月的，向劳动者支付半个月工资的经济补偿。劳动者在劳动合同解除或者终止前 12 个月的平均工资低于当地最低工资标准的，按照当地最低工资标准计算。劳动者工作不满 12 个月的，按照实际工作的月数计算平均工资。劳动者月工资高于用人单位所在直辖市、设区的市级人民政府公布的本地区上年度职工月平均工资 3 倍的，向其支付经济补偿的标准按职工月平均工资 3 倍的数额支付，向其支付经济补偿的年限最高不超过 12 年。

四、劳动者保护和劳动管理的法律规定

1. 工作时间和休息休假制度

《劳动法》以基本法律的形式第一次明确工时休假制度，使《宪法》规定的劳

动者的这一基本权利得到具体确认。《劳动法》明确规定了劳动者每日工作不超过8小时，平均每周不超过44小时；劳动者每日延长工作时间一般不超过1小时，特殊情况不超过3小时，每月不超过36小时；延长工作时间依法获得高于正常工作时间的报酬；劳动者享受国家法定节假日和带薪年休假；等等。

2. 工资制度

工资是用人单位按照劳动者劳动的数量和质量，根据国家预先规定的标准，以货币形式支付的劳动报酬。《劳动法》确立了最低工资保障制度，规定了工资支付的基本原则等。

3. 劳动保护制度

劳动保护制度包括劳动安全卫生、女职工和未成年职工特殊保护和职业培训等方面的内容。

4. 社会保险和福利制度

《劳动法》肯定了社会保险制度的成果，充分体现了中国共产党关于社会保险制度改革的精神，明确了逐步实现社会统筹的方向，对基本保险、企业补充保险和个人储蓄性保险分别做了原则规定；对社会保险基金经办机构和监督机构的职责制定了法律规范；同时规定了用人单位和劳动者缴纳社会保险费的义务的法律责任。《劳动法》还规定，国家发展社会福利事业，用人单位应创造条件，改善集体福利，提高劳动者的福利待遇。

五、劳动执法

1. 劳动争议的处理

劳动争议是劳动者和用人单位双方的权利和义务发生分歧所引起的纠纷，主要包括工作时间和休息休假、劳动报酬、劳动纪律、录用和辞退、劳动保护、劳动条件、劳动保险等方面的争议。《劳动法》规定，劳动争议的处理包括协商、调解、仲裁和诉讼四种方式。发生劳动争议，当事人对自己提出的主张有责任提供证据。与争议事项有关的证据属于用人单位掌握管理的，用人单位应当提供；用人单位不提供的，应当承担不利后果。

(1) 协商。当用人单位与劳动者发生劳动争议时，双方当事人可以通过友好协商的方式解决。

(2) 调解。劳动争议发生后，当事人也可向本单位劳动争议调解委员会申请调解。

(3) 仲裁。劳动争议仲裁委员会由劳动行政部门代表、同级工会代表、用人单位方面的代表组成。

劳动仲裁的范围与普通商事仲裁不同，普通商事仲裁是一裁终局，选择仲裁意味着放弃诉讼，劳动仲裁却是劳动诉讼的必经程序。劳动仲裁机构是劳动争议仲裁委员会。劳动争议仲裁委员会不按行政区划层层设立。劳动仲裁的法律依据是《劳动争议调解仲裁法》，适用《劳动争议调解仲裁法》的劳动争议包括：1）因确认劳动关系发生的争议；2）因订立、履行、变更、解除和终止劳动合同发生的争议；

3）因除名、辞退和辞职、离职发生的争议；4）因工作时间、休息休假、社会保险、福利、培训以及劳动保护发生的争议；5）因劳动报酬、工伤医疗费、经济补偿或者赔偿金等发生的争议；6）法律法规规定的其他劳动争议。

提出仲裁要求的一方应在自劳动争议发生之日（当事人知道或应知权利被侵害之日）起1年内向劳动争议仲裁委员会提出书面申请。

劳动关系存续期间因拖欠劳动报酬发生争议的，劳动者申请仲裁不受1年仲裁时效期间的限制，但是，劳动关系终止的，应当自劳动关系终止之日起1年内提出。

下列劳动争议，仲裁裁决为终局裁决，裁决书自作出之日起发生法律效力：1）追索劳动报酬、工伤医疗费、经济补偿或者赔偿金，不超过当地月最低工资标准12个月金额的争议；2）因执行国家的劳动标准在工作时间、休息休假、社会保险等方面发生的争议。用人单位有证据证明上述劳动争议的仲裁裁决有枉法裁决等情形的，可以自收到仲裁裁决书之日起30日内向劳动争议仲裁委员会所在地的中级人民法院申请撤销裁决。

在我国，劳动仲裁是劳动争议当事人向人民法院提起诉讼的必经程序。

(4) 诉讼。劳动争议当事人对劳动争议的仲裁裁决不服的，可以自收到仲裁裁决书之日起15日内向人民法院提起诉讼。

2. 遵守《劳动法》的监督检查

劳动保护制度包括劳动安全卫生、女职工和未成年职工特殊保护和职业培训等方面的内容。主要包括：(1) 各级劳动行政部门的监督检查；(2) 各级政府有关部门的监督检查；(3) 各级工会的监督检查。

3. 违反《劳动法》的法律责任

(1) 行政责任。违反《劳动法》，情节较轻的，可以给予行政处罚（处分），如警告、行政罚款、拘留、责令改正、责令停产整顿、吊销营业执照等。

(2) 经济责任。违反《劳动法》，造成经济损失或造成损害的，可以给予必要的经济处罚，如承担赔偿、责令支付经济补偿、加收滞纳金、罚款等。

(3) 刑事责任。违反《劳动法》，情节恶劣、后果严重、构成犯罪的，应追究刑事责任，由司法机关依法惩处。

本章小结

本章主要讲解经济行为法律制度，合同法、物权法、工业产权法、证券法、票据法是经济交易中要用到的高频制度。劳动法调整的是劳动者与用人单位之间的关系，也是企业规范经营需要依据的基础法律制度，无论对企业管理还是自然人的个体权益来说都是十分重要的，因此也将其归入本章。票据法和证券法都属于金融法，金融法可分为金融调控法（主要是指中央银行法）、金融监管法和金融交易法三个层次，相对而言，票据法偏向于金融交易层面，证券法更侧重于金融监管层面。合同法、物权法、工业产权法、票据法可归入私法领域，证券法和劳动法兼具公法性因素和私法性因素。由于篇幅所限，本书只介绍了合同法总则部分，分则部分未涉及。

思考训练题

选择题

1. 根据我国《合同法》的规定，甲公司的下列行为中属于要约的是(　　)。

A. 为建设办公楼向社会公开发布招标公告

B. 为增发新股向社会公开发布招股说明书

C. 为宣传新产品在电视上发布广告

D. 向乙公司发出包括货物品种、价格、供货时间、交货方式等内容的订货函

2. 下列选项中构成承诺的是(　　)。

A. 甲向乙发出要约，丙得知后向甲表示完全同意要约的内容

B. 甲向乙发出要约，乙向丁表示完全同意要约的内容

C. 甲向乙发出要约，要求10天内给予答复，过期则视为承诺，但是乙没有如期作出答复

D. 甲按照某公司的广告致电该公司要求购买其产品，该公司将甲指定的产品送货上门，同时收取货款

3. 甲公司拟为新三板上市造势，在无真实交易意图的情况下，短期内以业务合作为由邀请多家公司来其主要办公地点洽谈。其中，乙公司安排授权代表往返十余次，每次都准备了详尽可操作的合作方案，甲公司佯装感兴趣并屡次表达将签署合同的意愿，但均在最后一刻推脱拒签。其间，甲公司还将知悉的乙公司的部分商业秘密不当泄露。对此，下列说法中正确的是(　　)。

A. 未缔结合同，则甲公司就磋商事宜无须承担责任

B. 虽未缔结合同，但甲公司构成恶意磋商，应赔偿损失

C. 未缔结合同，则商业秘密属于乙公司自愿披露，不应禁止外泄

D. 甲公司也付出了大量的工作成本，如被对方主张赔偿，则据此可主张抵销

4. 甲企业与乙企业订立一份买卖合同，双方约定由甲企业向乙企业提供一批生产用原材料，总货款为50万元，货到付款。甲企业最迟于6月底之前发货。5月份，甲企业在报纸上得知乙企业为逃避债务，私自转移财产，被法院依法查封并扣押财产的消息，并通知了乙企业。为此，甲企业未向乙企业按时供货，甲企业的行为属于(　　)。

A. 行使后履行抗辩权，中止合同履行

B. 行使不安抗辩权，中止履行合同

C. 与乙企业解除合同关系

D. 甲企业已构成违约，应承担违约责任

5. 某债务人在不转移其房产占有的情况下，将该房产作为债权的担保。该种担保方式在法律上称为(　　)。

A. 抵押　　　　B. 质押　　　　C. 保证　　　　D. 留置

6. 他物权分为用益物权和担保物权。用益物权是指以物的使用收益为目的的物权，

下列不属于用益物权的是(　　)。

A. 农村土地承包经营权

B. 地役权

C. 宅基地使用权

D. 不动产抵押权

7. 根据物权法律制度的规定，以特定财产作为抵押物的，抵押权须办理抵押登记才能设立。下列各项中属于该类特定财产的是(　　)。

A. 飞机　　B. 正在建造的建筑物

C. 正在建造的轮船　　D. 轿车

8. 下列关于定金的表述中，正确的是(　　)。

A. 收受定金一方不履行合同义务时，应当3倍返还定金

B. 收受定金一方履行合同义务时，定金所有权发生转移

C. 定金数额不得超过主合同标的额的20%

D. 既约定定金又约定违约金的，一方违约时，当事人有权要求同时适用

9. 同一财产向两人以上债权人抵押的，拍卖、变卖抵押财产所得价款应当依照有关担保法律制度的规定清偿。下列各项中不符合《物权法》规定的是(　　)。

A. 抵押权已登记的，按照登记的先后顺序清偿

B. 抵押权已登记且登记顺序相同的，按照债权比例清偿

C. 抵押权已登记的先于未登记的受偿

D. 抵押权未登记的，按抵押合同生效时间的先后顺序清偿

10. 王某向赵某借款10万元，以其卡车抵押并办理了抵押登记。后因发生交通事故，王某将该卡车送到甲修理厂修理。修理完毕，王某因无法支付1万元维修费，该卡车被甲修理厂留置。王某欠赵某的借款到期，赵某要求对该卡车行使抵押权，甲修理厂以王某欠修理费为由拒绝，双方发生争议。根据合同法律制度的规定，下列关于如何处理该争议的表述中，正确的是(　　)。

A. 甲修理厂应同意赵某对该卡车行使抵押权，所欠修理费只能向王某要求清偿

B. 赵某应向甲修理厂支付修理费，之后甲修理厂向赵某交付该卡车

C. 如果经甲修理厂催告，王某两个月后仍不支付修理费，甲修理厂有权行使留置权，所得价款偿付修理费后，剩余部分赵某有优先受偿权

D. 甲修理厂应将该卡车交给赵某行使抵押权，所得价款偿付借款后，剩余部分甲修理厂有优先受偿权

11. 甲是A公司的研究人员，与乙、丙共同承担了一种数字交换机的具体研制工作，2013年6月，甲于该研制工作中途辞职继续独自开展相关数字交换机的开发工作。2014年4月，甲完成该研制工作，成功开发出了某型数字交换机，并于2014年5月以甲个人名义申请专利。以下说法正确的是(　　)。

A. 该专利申请权应归A公司所有，甲、乙、丙均享有发明人的署名权

B. 该专利申请权应归A公司所有，仅甲享有发明人的署名权

C. 该专利申请权应归甲个人所有，甲享有发明人的署名权

D. 该专利申请权应归甲个人所有，但A公司享有免费使用权

12. 关于“不视为侵犯专利权的情形”，以下说法正确的是(　　)。

A. 甲发明了一项产品，仅在中国申请并获得了专利权，乙公司在越南制造和销售该专利产品，丙公司从越南的乙公司购得该专利产品，并将其进口到中国销售。丙公司的行为属于平行进口行为，不视为侵犯专利权的情形

B. 甲获得一项焊接技术专利。乙公司在该专利申请日前已经将该技术用于焊接，丙公司将乙公司连同该焊接技术一并收购，并在乙公司原有生产范围内继续使用该焊接技术。丙公司使用该专利技术的行为不视为侵犯甲的专利权

C. 某大学工业设计实验室对某项外观设计专利产品进行分析，研究仿制该外观设计产品。该大学实验室的行为属于专为科学研究和实验而使用有关专利的行为，不视为侵犯专利权

D. 某大学研究所针对某专利产品进行研究，并组织了中等产量规模的试制。该大学研究所的行为属于专为科学研究和实验而使用有关专利的行为，不视为侵犯专利权

13. 甲公司是《保护工业产权巴黎公约》成员国A国的企业，2012年8月1日向A国申请注册“白雪”商标被受理后，又于2013年5月30日向我国商标局申请注册“白雪”商标，核定使用在牛奶、糕点和食品容器这三类商品上。下列说法正确的是(　　)。

A. 甲公司应委托依法设立的商标代理机构代理申请商标注册

B. 甲公司必须提出三份注册申请，分别在三类商品上申请注册同一商标

C. 甲公司可依法享有优先权

D. 如商标局在异议程序中认定“白雪”商标为驰名商标，甲公司可在其牛奶包装上使用“驰名商标”字样

14. 持有一个股份有限公司已发行股份的5%的股东，如果将其持有的股票在买入后的6个月内卖出，引起的法律后果有(　　)。

A. 该股东将获得差价收益

B. 所得收益归该公司所有

C. 所得收益归卖出时的所有股东平均分配

D. 该收益归国家所有

15. 甲公司是一家上市公司，下列股票交易行为中，不为证券法律制度所禁止的是(　　)。

A. 持有甲公司3%股权的股东李某已将其所持全部股权转让给他人，甲公司董事张某在获悉后，告知其朋友王某，王某在该消息为公众所知悉前将其持有的甲公司股票全部卖出

B. 甲公司的收购人在收购行为完成后的第8个月转让其所购股票的1/3

C. 甲公司董事张某在董事会审议年度报告时，知悉甲公司上年盈利超出市场预期，在年报公布前买入了本公司股票10万股

D. 甲公司的收发室人员刘某看到了中国证监会寄来的公司被立案调查的通知，在该消息公告前卖出了其持有的本公司股票

16. 为股票发行出具审计报告、资产评估报告、法律意见书等文件的有关专业人员不得买卖该种股票的情形是(　　)。

A. 在该股票承销期内

B. 在其审计报告、资产评估报告、法律意见书等文件成为公开信息前

C. 在该股票承销期内及期满后6个月内

D. 上述文件公开后5个工作日内

17. 甲、乙签订了买卖合同，甲以乙为收款人开出一张票面金额为5万元的银行承兑汇票，作为预付款交付给乙，乙接受汇票后将其背书转让给丙。后当事人因不可抗力解除该合同。下列关于甲的权利主张的表述中，符合《票据法》规定的是(　　)。

A. 甲有权要求乙返还汇票

B. 甲有权要求丙返还汇票

C. 甲有权请求付款银行停止支付

D. 甲有权要求乙返还5万元预付款

18. 乙公司在与甲公司交易中获得金额为300万元的汇票一张，付款人为丙公司。乙公司请求承兑时，丙公司在汇票上签注："承兑。甲公司款到后支付。"下列关于丙公司付款责任的表述中，正确的是(　　)。

A. 丙公司已经承兑，应承担付款责任

B. 应视为丙公司拒绝承兑，丙公司不承担付款责任

C. 甲公司给丙公司付款后，丙公司才承担付款责任

D. 按甲公司给丙公司付款的多少确定丙公司应承担的付款责任

19. 下列关于本票的表述中，不符合票据法律制度规定的有(　　)。

A. 本票为见票即付的票据

B. 本票的收款人名称可以授权补记

C. 我国现行法律规定的本票仅为银行本票

D. 本票未记载付款地的，出票人的营业场所为付款地

20. 关于票据丧失时的法律救济方式，下列说法中错误的是(　　)。

A. 通知票据付款人挂失止付

B. 申请法院公示催告

C. 向法院提起诉讼

D. 不经挂失止付不能申请公示催告或者提起诉讼

案例分析题

【案例1】

某村民甲与乙签订了一份买卖合同。合同约定，甲卖给乙4头牛，款项为8 000元。先支付3 000元货款，其余款项在半年内付清。在付清剩余款项之前，甲保留对牛的所有权。签订合同的第二天，乙将牛牵走。

问题

1. 假如在款项付清之前牛1被水淹死，损失由谁负责？为什么？

2. 假如在款项付清之前，牛2生下一头小牛，该小牛的所有权归谁？为什么？

3. 假如在款项付清之前，村民乙将牛4卖给了丙，该合同是否有效？为什么？

4. 当事人在合同中约定，合同成立后，款项未付清之前，牛的所有权并不转移，是否具有法律效力？为什么？

【案例2】

湖南省某实业有限公司（简称湖南公司）到四川收购了一批干辣椒，价值5万元，准备用于出口。因收购时没有组织好运输，故在当地与四川省某储运公司（简称四川公司）签订了仓储合同，约定湖南公司将这批干辣椒在四川公司仓库中存放7天（8月20日至26日），等湖南公司派车运输。湖南公司支付了仓储费后即回去组织车辆运输。8月23日，四川公司仓库因电线老化，雷击起火，致使湖南公司装在麻袋中的干辣椒被火烧掉近一半。四川公司工作人员在废墟中将剩下的干辣椒清理出来，堆放在露天就回去睡觉了。半夜突然下起了暴雨，装辣椒的麻袋在雨水中浸泡了7个多小时，第二天四川公司工作人员上班时发现辣椒已面目全非，根本不能食用了。四川公司见此情景，遂以发生火灾为打电话给湖南公司，要求湖南公司来人处理。湖南公司来人了解情况后，要求四川公司赔偿损失，四川公司以不可抗力为由拒绝赔偿，于是湖南公司诉至法院，请求法院依法裁决。

问题

1. 本案中的火灾与暴雨是否分别构成不可抗力？请说明理由。

2. 不可抗力发生后，双方当事人享有哪些权利？应承担哪些义务？

3. 本案应如何处理？

【案例3】

A房地产公司（下称A公司）与B建筑公司（下称B公司）达成一项协议，由B公司为A公司承建一栋商品房。合同约定，标的总额为6 000万元，8个月交工，任何一方违约，按合同总标的额的20%支付违约金。合同签订后，为筹集工程建设资金，A公司用其建设用地使用权作抵押向甲银行贷款3 000万元，乙公司为此笔贷款承担保证责任，但对保证方式未作约定。

9月，建材价格大幅上涨，B公司向A公司提出变更合同的主张，A公司不同意B公司提出的涨价要求。因亏损过多，B公司于10月4日通知A公司解除合同。

问题

1. 若B公司延期交付工程半个月，A公司以此提起仲裁，要求支付合同总标的额的20%即1 200万元违约金，B公司应如何应对？

2. 对于乙公司的保证责任，其性质应如何认定？

3. B公司通知A公司解除合同是否合法？

【案例4】

2017年4月，甲公司因欠乙公司货款100万元不能按时偿还，向乙公司请求延期至2018年4月1日还款，并愿意以甲公司所有的3台大型设备进行抵押和1辆轿车进行质押，为其履行还款义务提供担保。乙公司同意了甲公司的请求，并与甲公司订立了书面抵押和质押合同。甲公司将用于质押的轿车的机动车登记证书交乙公司保管，但未就抵押和质押办理任何登记手续，也未向乙公司交付用于抵押的设备和质押的轿车。

2017年8月，甲公司隐瞒有关事实，与戊公司订立合同出售其用于抵押的3台设备，且立即向戊公司交付了这3台设备。

2018年4月1日，甲公司仍无力向乙公司偿还货款。乙公司在调查了解甲公司资产状况后得知：甲公司出资200万元设立的子公司庚公司经营状况良好，资金充裕；另外，庚公司欠甲公司到期货款150万元，尚未偿还。2018年4月15日，乙公司发函给庚公司，要求其偿还甲公司所欠乙公司债务。

问题

1. 乙公司是否有权就用于抵押的3台设备向戊公司行使抵押权？为什么？
2. 乙公司是否对该轿车享有质权？为什么？
3. 乙公司是否有权要求庚公司代甲公司履行债务？为什么？

【案例5】

2018年3月1日，甲企业与某加工厂签订委托加工合同，甲企业提供原材料，某加工厂为其提供热处理加工，该厂加工完成后发现A企业急需一批与其所加工材料相同的原材料，于是将甲企业的原材料以市场价格转让给了A企业，A企业不知该原材料是甲企业委托加工厂加工的，购回后立即投入了生产，甲企业得知情况后要求A企业立即返还剩余的原材料并给予其赔偿，双方发生了纠纷。

问题

1. 甲企业与A企业的纠纷中，谁享有原材料的所有权？请说明理由。
2. 甲企业是否可以要求加工厂返还原材料？请说明理由。
3. 甲企业在与A企业的纠纷中如何保护自己的权益？

【案例6】

工程师王某工作之余设计制作了一种新型电动手持缝纫机，并获得实用新型专利权。甲电器厂看好此市场，与王某签订为期6年的限制性普通实施许可合同，并在合同中约定：甲电器厂不得将专利技术再进行转让。合同签订后，甲电器厂考虑自身技术基础较差，为保证产品质量，决定与乙电器厂联营生产，乙电器厂表示同意，双方签订协议约定乙电器厂承担一半的专利技术使用费，利润五五分成，因联营所带来的一切法律后果由甲电器厂承担。两厂联营后，起初产品销路较好，后由于市场需求变化，该产品在市场上滞销。丙电器厂从联营厂家购进一批专利产品零件，自行组装，并在外观上进行更新，产品销路很好。王某发现后，认为三个厂均侵犯了其专利权，于是向法院提起诉讼，要求三个厂家停止侵权行为，赔偿损失。

问题

三个厂家是否都侵犯了王某的专利权？为什么？

【案例7】

A公司为支付向B公司购买钢材的货款，向B公司签发了一张以甲银行为承兑人，金额为100万元的银行承兑汇票，甲银行作为承兑人在汇票上签章，B公司收到汇票后背书转让给C公司，用于偿还所欠租金，C公司为履行向D中学捐资助学的承诺，将该汇票背书转让给D中学，并在汇票上注明“不得转让”字样，D中学将该汇票背书转让给F

公司，用于偿付工程款，应F公司的要求，D中学请E公司出具了担保函，承诺就D中学对F公司的票据债务承担保证责任，但未在票据上作任何记载。

A公司收到钢材后，发现存在重大质量瑕疵，完全不符合买卖合同约定及行业通行标准，无法使用。F公司于汇票到期日向甲银行提示付款，甲银行以A公司未在该行存入足够资金为由拒付。F公司遂向A，B，C，E公司追索，A公司称因钢材存在重大质量瑕疵，B公司构成根本违约，已向B公司主张解除合同，退还货款，故不应承担任何票据责任，C公司以汇票上记载有“不得转让”字样为由拒绝承担票据责任。

问题

1. 甲银行拒绝向F公司付款的理由是否成立？请说明理由。

2. A公司拒绝向F公司承担票据责任的理由是否成立？请说明理由。

3. C公司拒绝向F公司承担票据责任的理由是否成立？请说明理由。

4. E公司应否承担票据保证责任？请说明理由。

【案例8】

A公司是一家上市公司，1月18日，该公司通过证券交易所交易，持有另一家上市公司B公司股票的2.56%。C公司和D公司是A公司控股的两家企业，在1月19日所持有的B公司的股票已经分别达到1.52%和0.97%。1月20日后，三家公司继续秘密买进B公司的股票，至1月29日，A公司持有B公司股票已达5.01%，C公司与D公司持有B公司股票分别达到4.8%和3.62%。1月30日，A公司下单扫盘（无论价位多高，一概买入），同时做出其持股比例已超过5%的公告，并据此要求B公司召开股东大会，重新选举董事长。

问题

1. 依照《证券法》，A公司应何时进行公告？为什么？

2. A公司的收购行为是否违规？如果违规，依照《证券法》应如何予以处罚？

3. 假设A公司已合法地持有B公司5%以上的股份，依照《公司法》，A公司是否有权要求B公司召开股东大会，重新选举董事长？为什么？

【案例9】

2005年7月，被告王鹏进入原告某通讯（杭州）有限责任公司工作，劳动合同约定王鹏从事销售工作，基本工资每月3 840元。该公司的《员工绩效管理办法》规定：员工半年、年度绩效考核分别为S，A，C1，C2四个等级，分别代表优秀、良好、价值观不符、业绩待改进；S，A，C（C1，C2）等级的比例分别为20%，70%，10%；不胜任工作原则上考核为C2。王鹏在该公司分销科从事销售工作，2009年1月后因分销科解散，转岗至华东区从事销售工作。2008年下半年、2009年上半年及2010年下半年，王鹏的考核结果均为C2。公司认为王鹏不能胜任工作，经转岗后仍不能胜任工作，故在支付了部分经济补偿金的情况下解除了劳动合同。王鹏认为公司是违法解除劳动合同，需要支付经济补偿标准两倍的赔偿金，双方发生争议。

问题

上述案例中，公司是否违法解除劳动合同？

思考题

论债权与物权的区别，以及违约之债和侵权之债的区别。

第4章 市场监管法律制度

学习目的和要求

掌握不正当竞争的表现形式，了解不正当竞争行为的监督检查与相关的法律责任；掌握垄断行为的类型、反垄断法的执行和适用；了解消费者的权利和经营者的义务，消费争议的解决以及违法责任；了解产品质量的监督管理和生产者、销售者的产品质量义务。

第1节　反不正当竞争法律制度与反垄断法律制度

一、反不正当竞争法律制度

（一）不正当竞争与反不正当竞争法

自从人类社会有了市场竞争，就出现了不正当竞争。随着市场经济的深化发展，竞争日益激烈复杂，不正当竞争的危害性也日益严重，便产生了反不正当竞争的立法。不正当竞争的概念最早出现于1883年的《保护工业产权巴黎公约》，该公约第10条第2款第2项规定："凡在工商业活动中违反诚实经营的竞争行为即构成不正当竞争的行为。"之后，许多国家相继制定了反不正当竞争法。

在我国，最早出现反不正当竞争条款的立法是1982年2月6日颁布的《广告管理暂行条例》。1983年4月1日颁布的《国营工业企业暂行条例》第70条对不正当竞争行为作了列举式的规定。此后，武汉市、上海市、江西省等地颁布了反不正当竞争的地方性法规。这些法律法规作为我国反不正当竞争法的组成部分，对于我国市场经济的发育起到了一定作用。但是，随着我国社会主义市场经济的快速发展，不正当竞争开始泛滥。首先，大量的伪劣商品和虚假广告充斥市场，严重损害消费者的利益；其次，不断发生抬价抢购各种资源的大战，严重扭曲了市场价格信号，导致生产和流通的混乱；再次，不正当提价牟取暴利的情况十分突出，采取不正当竞争手段的促销行为随处可见；最后，侵犯他人商标权、专利权、窃取他人商业秘密等活动十分猖獗。所有这些已严重影响我国社会主义市场经济的正常发展。为了促进我国社会主义市场经济健康发展，鼓励和保护公平竞争，制止不正当竞争行为，保护经营者和消费者的合法权益，1993年9月2日第八届全国人民代表大会常务委员会第三次会议通过了《中华人民共和国反不正当竞争法》（以下简称《反不正当竞争法》），2017年11月4日第十二届全国人民代表大会常务委员会第三十次会议修订，2019年4月23日第十三届全国人民代表大会常务委员会第十次会议再次修订。

（二）不正当竞争的概念和特征

1. 不正当竞争的概念

不正当竞争是一个内容广泛、性质复杂的概念。由于它与反垄断和消费者利益保护有着密切的联系，加之市场经济的深化发展，竞争日益激烈复杂，竞争正当与否极难区分。西方国家有关反不正当竞争的立法较成熟，但很少有国家在法律中明确对“不正当竞争”下定义，往往只对不正当竞争行为作列举式的规定。少数国家下定义，其定义内容与《保护工业产权巴黎公约》中的定义内容也是大同小异。

在我国，不正当竞争的概念是由《反不正当竞争法》第1章第2条界定的。该条第2款规定：“本法所称的不正当竞争行为，是指经营者在生产经营活动中，违反本法规定，扰乱市场竞争秩序，损害其他经营者或者消费者的合法权益的行为。”最新修订的《反不正当竞争法》增加了“消费者”，体现了我国的《反不正当竞争法》从传统的经营者保护发展到现代的经营者、消费者、公共利益“三叠加”保护的职能。

2. 不正当竞争的特征

为了准确把握不正当竞争概念的实质，有必要根据《反不正当竞争法》的具体规定来揭示不正当竞争的特征。

（1）不正当竞争的行为主体只能是经营者。根据《反不正当竞争法》第2条第3款的规定，经营者是指从事商品生产、经营或者提供服务的自然人、法人和非法人组织。

（2）经营者必须实施了违反自愿、平等、公平、诚实信用原则和公认的商业道德的行为，并且在行为中有过错（包括故意和过失）。

（3）经营者所实施的违反自愿、平等、公平、诚实信用原则和公认的商业道德的行为，必须是发生在生产经营活动中。

（4）经营者所实施的违反自愿、平等、公平、诚实信用原则和公认的商业道德的行为，必须损害了其他经营者的合法权益，或扰乱了社会经济秩序。

3. 不正当竞争与非法竞争、垄断的区别

从不正当竞争的特征中可以看出，不正当竞争与广义的非法竞争是有区别的。非法竞争是一个更广泛的概念，不正当竞争是其中的一部分。因此，反不正当竞争法只是专门对付非法竞争中的不正当竞争行为，至于其他的非法竞争行为，则由其他的法律法规来调整。

不正当竞争与垄断也有本质区别。它们显然都会妨碍秩序，但垄断是竞争的直接对立物，其本质是限制、排斥其他竞争者，或使新的竞争者无法进入市场；不正当竞争则是一种竞争，其实质在于“不正当”，与正当竞争相对立。不正当竞争的目的在于造成其他经营者的不利。正因如此，反垄断法和反不正当竞争法虽同属竞争法的范畴，但不能相互替代。

（三）不正当竞争的表现形式

不正当竞争是竞争的产物，伴随着竞争的发展而发展。一方面，不正当竞争的形式既是多种多样的，又是不断翻新的；另一方面，竞争的正当与不正当不可能一成不变，会伴随经济的发展而发展和变化。根据《反不正当竞争法》第2章的规定，不正当竞争的表现形式主要有以下七种。

1. 混淆行为

经营者不得实施下列混淆行为，引人误认为是他人商品或者与他人存在特定联系：（1）擅自使用与他人有一定影响的商品名称、包装、装潢等相同或者近似的标识；（2）擅自使用他人有一定影响的企业名称（包括简称、字号等）、社会组织名称（包括简称等）、姓名（包括笔名、艺名、译名等）；（3）擅自使用他人有一定影响的域名主体部分、网站名称、网页等；（4）其他足以引人误认为是他人商品或者与他人存在特定联系的混淆行为。

新修订的《反不正当竞争法》将“引人误认为”作为核心的判断标准，对于擅自使用他人的标识作出了一个限定，要求该标识在相关领域有一定的影响。

2. 商业贿赂行为

经营者不得采用财物或者其他手段贿赂下列单位或者个人，以谋取交易机会或者竞争优势：（1）交易相对方的工作人员；（2）受交易相对方委托办理相关事务的单位或者个人；（3）利用职权或者影响力影响交易的单位或者个人。

经营者在交易活动中，可以以明示方式向交易相对方支付折扣，或者向中间人支付佣金。经营者向交易相对方支付折扣、向中间人支付佣金的，应当如实入账。接受折扣、佣金的经营者也应当如实入账。

经营者的工作人员进行贿赂的，应当认定为经营者的行为；但是，经营者有证据证明该工作人员的行为与为经营者谋取交易机会或者竞争优势无关的除外。

3. 虚假宣传行为和组织虚假交易行为

经营者不得对其商品的性能、功能、质量、销售状况、用户评价、曾获荣誉等作虚假或者引人误解的商业宣传，欺骗、误导消费者。

经营者不得通过组织虚假交易等方式，帮助其他经营者进行虚假或者引人误解的商业宣传。

针对互联网刷单、炒信等电子商务领域虚假宣传问题，新修订的《反不正当竞争法》明确经营者不得对其商品的“销售状况”“用户评价”等作虚假或者引人误解的商业宣传来欺骗、误导消费者，除了对经营者自己产品的虚假宣传外，帮助他人进行刷单、炒信、删除差评、虚构交易、虚假荣誉等行为，也会受到“组织虚假交易”的调整。

4. 侵犯商业秘密的行为

商业秘密是指不为公众所知悉、具有商业价值并经权利人采取相应保密措施的技术信息、经营信息等商业信息。

经营者、经营者以外的其他自然人、法人和非法人组织不得实施下列侵犯商业秘密的行为：（1）以盗窃、贿赂、欺诈、胁迫、电子侵入或者其他不正当手段获取权利人的商业秘密；（2）披露、使用或者允许他人使用以前项手段获取的权利人的商业秘密；（3）违反保密义务或者违反权利人有关保守商业秘密的要求，披露、使用或者允许他人使用其所掌握的商业秘密；（4）教唆、引诱、帮助他人违反保密义务或者违反权利人有关保守商业秘密的要求，获取、披露、使用或者允许他人使用权利人的商业秘密。

第三人明知或者应知商业秘密权利人的员工、前员工或者其他单位、个人实施上述所列违法行为，仍获取、披露、使用或允许他人使用该商业秘密的，视为侵犯商业秘密。

在侵犯商业秘密的民事审判程序中，商业秘密权利人提供初步证据，证明其已经对所主张的商业秘密采取保密措施，且合理表明商业秘密被侵犯，涉嫌侵权人应当证明权利人所主张的商业秘密不属于法律规定的商业秘密。

在2019年《反不正当竞争法》的最新修正中，增加了侵犯商业秘密的举证责任转移条款，减轻了商业秘密权利人在民事诉讼中的举证责任。商业秘密权利人仅需提供初步证据证明商业秘密被侵犯，且提供证明侵权情形符合以下三种情形中任一情形，则举证责任将转至涉嫌侵权人，涉嫌侵权人需要举证证明其不存在商业秘密侵权行为。这三种情形包括：（1）有证据表明涉嫌侵权人有渠道或者机会获取商业秘密，且其使用的信息与该商业秘密实质上相同；（2）有证据表明商业秘密已经被涉嫌侵权人披露、使用或者有被披露、使用的风险；（3）有其他证据表明商业秘密被涉嫌侵权人侵犯。

5. 不正当有奖销售行为

不正当有奖销售行为包括以下几种：（1）所设奖的种类、兑奖条件、奖金金额或者奖品等有奖销售信息不明确，影响兑奖；（2）采用谎称有奖或者故意让内定人员中奖的欺骗方式进行有奖销售；（3）抽奖式的有奖销售，最高奖的金额超过50 000元。

6. 商誉侵权行为

这是指经营者编造、传播虚假信息或者误导性信息，损害竞争对手的商业信誉、商品声誉。

7. 网络相关不正当竞争行为

经营者不得利用技术手段，通过影响用户选择或者其他方式，实施下列妨碍、破坏其他经营者合法提供的网络产品或者服务正常运行的行为：（1）未经其他经营者同意，在其合法提供的网络产品或者服务中，插入链接、强制进行目标跳转；（2）误导、欺骗、强迫用户修改、关闭、卸载其他经营者合法提供的网络产品或者服务；（3）恶意对其他经营者合法提供的网络产品或者服务实施不兼容；（4）其他妨碍、破坏其他经营者合法提供的网络产品或者服务正常运行的行为。

（四）执法权的配置

（1）行政监督。2017年修正的《反不正当竞争法》在第1章第3条增加了“国务院建立反不正当竞争工作协调机制”的相关规定；第4条规定“县级以上人民政府履行工商行政管理职责的部门对不正当竞争行为进行查处；法律、行政法规规定由其他部门查处的，依照其规定”。

（2）行业自律。《反不正当竞争法》（2017修正）在第1章第5条增加了“行业组织应当加强行业自律，引导、规范会员依法竞争，维护市场竞争秩序”的规定，发挥行业组织在预防和制止不正当竞争行为方面的作用，形成相互协作的竞争执法工作格局。

（3）社会监督。国家鼓励、支持和保护一切组织和个人对不正当竞争行为进行社会监督。

（五）对涉嫌不正当竞争行为的调查

监督检查部门调查涉嫌不正当竞争行为，可以采取下列措施：（1）进入涉嫌不正当竞争行为的经营场所进行检查；（2）询问被调查的经营者、利害关系人及其他有关单位、个人，要求其说明有关情况或者提供与被调查行为有关的其他资料；（3）查询、复制与涉嫌不正当竞争行为有关的协议、账簿、单据、文件、记录、业务函电和其他资料；（4）查封、扣押与涉嫌不正当竞争行为有关的财物；（5）查询涉嫌不正当竞争行为的经营者的银行账户。采取上述规定的措施，应当向监督检查部门主要负责人书面报告，并经批准。采取第（4）项、第（5）项规定的措施，应当向设区的市级以上人民政府监督检查部门主要负责人书面报告，并经批准。

对涉嫌不正当竞争行为，任何单位和个人有权向监督检查部门举报，监督检查部门接到举报后应当依法及时处理。监督检查部门应当向社会公开受理举报的电话、信箱或者电子邮件地址，并为举报人保密。对实名举报并提供相关事实和证据的，监督检查部门应当将处理结果告知举报人。

（六）不正当竞争行为的法律责任

由于不正当竞争行为不仅损害其他经营者的合法权益，还扰乱社会经济秩序、破坏市场竞争机制，具有多重危害性，因此，《反不正当竞争法》对不正当竞争行为规定了三种法律责任形式，即民事责任、行政责任和刑事责任。经营者财产不足以支付的，优先用于承担民事责任。

1. 承担民事责任的情形

经营者的不正当竞争行为给他人造成损害的，应当依法承担民事责任。因不正当竞争行为受到损害的经营者的赔偿数额，按照其因被侵权所受到的实际损失确定；实际损失难以计算的，按照侵权人因侵权所获得的利益确定。经营者恶意实施侵犯商业秘密行为，情节严重的，可以在按照上述方法确定数额的一倍以上五倍以下确定赔偿数额。赔偿数额还应当包括经营者为制止侵权行为所支付的合理开支。经营者实施混淆行为和侵犯商业秘密的，权利人因侵权行为所受到的实际损失、侵权人因侵权所获得的利益难以确定的，由人民法院根据侵权行为的情节判决给予权利人500万元以下的赔偿。

2. 追究行政责任的情形

（1）经营者违反《反不正当竞争法》第6条规定实施混淆行为的，由监督检查部门责令停止违法行为，没收违法商品。违法经营额5万元以上的，可以并处违法经营额五倍以下的罚款；没有违法经营额或者违法经营额不足5万元的，可以并处25万元以下的罚款。情节严重的，吊销营业执照。

经营者登记的企业名称违反《反不正当竞争法》第6条规定的，应当及时办理名称变更登记；名称变更前，由原企业登记机关以统一社会信用代码代替其名称。

（2）经营者违反《反不正当竞争法》第7条规定贿赂他人的，由监督检查部门没收违法所得，处10万元以上300万元以下的罚款。情节严重的，吊销营业执照。

（3）经营者违反《反不正当竞争法》第8条规定对其商品作虚假或者引人误解的商业宣传，或者通过组织虚假交易等方式帮助其他经营者进行虚假或者引人误解的商业宣传，属于发布虚假广告的，优先适用《中华人民共和国广告法》的规定处罚；如不属于发布虚假广告，则由监督检查部门责令停止违法行为，处20万元以上100万元以下的罚款；情节严重的，处100万元以上200万元以下的罚款，可以吊销营业执照。

（4）经营者以及其他自然人、法人和非法人组织违反《反不正当竞争法》第9条规定侵犯商业秘密的，由监督检查部门责令停止违法行为，没收违法所得，处10万元以上100万元以下的罚款；情节严重的，处50万元以上500万元以下的罚款。

（5）经营者违反《反不正当竞争法》第10条规定进行有奖销售的，由监督检查部门责令停止违法行为，处5万元以上50万元以下的罚款。

（6）经营者违反《反不正当竞争法》第11条规定损害竞争对手商业信誉、商品声誉的，由监督检查部门责令停止违法行为、消除影响，处10万元以上50万元以下的罚款；情节严重的，处50万元以上300万元以下的罚款。

（7）经营者违反《反不正当竞争法》第12条规定妨碍、破坏其他经营者合法提供的网络产品或者服务正常运行的，由监督检查部门责令停止违法行为，处10万元以上50万元以下的罚款；情节严重的，处50万元以上300万元以下的罚款。

（8）妨害监督检查部门依照《反不正当竞争法》履行职责，拒绝、阻碍调查的，由监督检查部门责令改正，对个人可以处5 000元以下的罚款，对单位可以处5万元以下的罚款，并可以由公安机关依法给予治安管理处罚。

经营者从事不正当竞争，有主动消除或者减轻违法行为危害后果等法定情形的，依法从轻或者减轻行政处罚；违法行为轻微并及时纠正，没有造成危害后果的，不予行政处罚。经营者因从事不正当竞争受到行政处罚的，由监督检查部门记入信用记录，并依照有关法律、行政法规的规定予以公示。

违反《反不正当竞争法》规定，构成犯罪的，依法追究刑事责任。

二、反垄断法律制度

（一）我国的反垄断法

反垄断法素有“市场经济宪法”之称。美国 1890 年颁布的《抵制非法限制与垄断保护贸易及商业法》是世界上最早的反垄断立法，因最初是由美国参议院议员约翰·谢尔曼提出的议案，故称《谢尔曼法》。反不正当竞争法主要是关注市场上企业间的相互竞争行为，目的是制止不正当竞争行为；反垄断法关注的则是竞争者之间的协调行为，目的是防止市场上形成排除竞争或者严重限制竞争的局面，竞争秩序是其保护的主要对象。《中华人民共和国反垄断法》于 2007 年 8 月 30 日通过，2008 年 8 月 1 日起开始施行。其立法宗旨是为了预防和制止垄断行为，保护市场公平竞争，提高经济运行效率，维护消费者利益和社会公共利益，促进社会主义市场经济健康发展。

（二）垄断行为

《反垄断法》中的“垄断行为”包括：（1）经营者达成垄断协议；（2）经营者滥用市场支配地位；（3）具有或者可能具有排除、限制竞争效果的经营者集中。

1. 垄断协议

（1）垄断协议的界定。垄断协议，即联合限制竞争行为，是指排除、限制竞争的协议、决定或者其他协同行为。对于垄断协议，判断其合理及合法性的标准在于其是否排除、限制及损害了竞争。

垄断协议可分为横向垄断协议与纵向垄断协议。横向垄断协议的主要特征是当事人处于同一生产或流通环节，或同为生产者，或同为销售者，或同为购买者。横向垄断协议包括：横向固定价格协议（价格同盟或价格卡特尔），限制数量的协议，市场划分协议，限制购买新技术、新设备或者限制开发新技术、新产品的协议，联合抵制交易。

纵向垄断协议的特点是当事人处于不同生产、流通环节，由于相互间的竞争性较弱，对竞争造成损害的可能性也比较小。《反垄断法》主要规定了“纵向价格约束”行为。纵向价格约束，又称维持转售价格，通常是指处于同一产业不同环节的交易者约定，就交易标的转售给第三人，或由第三人再转售时，应遵守一定价格的限制竞争协议。

（2）豁免与宽恕。反垄断法在概括地禁止垄断的同时，也允许某些垄断行为的存在。《反垄断法》规定的豁免行为包括：1）为改进技术、研究开发新产品的；2）为提高产品质量、降低成本、增进效率，统一产品规格、标准或者实行专业化分工的；3）为提高中小经营者经营效率，增强中小经营者竞争力的；4）为实现节约能源、保护环境、救灾救助等社会公共利益的；5）因经济不景气，为缓解销售量严重下降或者生产明显过剩的；6）为保障对外贸易和对外经济合作中的正当利益的；7）法律和国务院规定的其他情形。

宽恕制度是指参与垄断协议的经营者主动向反垄断执法机构报告达成垄断协议

的有关情况并提供重要证据的，反垄断执法机构可以酌情减轻或者免除对该经营者的处罚。

2. 滥用市场支配地位

滥用市场支配地位是指具有某种市场支配地位的主体滥用其优势，排除、限制及损害竞争的行为。

（1）市场支配地位的含义。市场支配地位是指经营者在相关市场内具有能够控制商品价格、数量或者其他交易条件，或者能够阻碍、影响其他经营者进入相关市场能力的市场地位。

（2）认定具有市场支配地位的方法。认定经营者具有市场支配地位，应当依据下列因素：1）该经营者在相关市场的市场份额，以及相关市场的竞争状况；2）该经营者控制销售市场或者原材料采购市场的能力；3）该经营者的财力和技术条件；4）其他经营者对该经营者在交易上的依赖程度；5）其他经营者进入相关市场的难易程度；6）与认定该经营者市场支配地位有关的其他因素。

推定经营者具有市场支配地位的情形有：1）一个经营者在相关市场的市场份额达到1/2的，即可推定为具有市场支配地位。2）对于多个经营者具有市场支配地位的情况，两个经营者在相关市场的市场份额合计达到2/3的，或三个经营者在相关市场的市场份额合计达到3/4的，这些经营者被推定为具有市场支配地位。对于多个经营者被推定为具有市场支配地位，其中有的经营者市场份额不足10%的，不应当推定该经营者具有市场支配地位。

被推定具有市场支配地位的经营者，有证据证明不具有市场支配地位的，不应当认定其具有市场支配地位。

（3）《反垄断法》禁止具有市场支配地位的经营者从事下列滥用市场支配地位的行为：1）以不公平的高价销售商品或者以不公平的低价购买商品；2）没有正当理由，以低于成本的价格销售商品；3）没有正当理由，拒绝与交易相对人进行交易；4）没有正当理由，限定交易相对人只能与其进行交易或者只能与其指定的经营者进行交易；5）没有正当理由搭售商品，或者在交易时附加其他不合理的交易条件；6）没有正当理由，对条件相同的交易相对人在交易价格等交易条件上实行差别待遇；7）国务院反垄断执法机构认定的其他滥用市场支配地位的行为。

3. 经营者集中

（1）经营者集中的情形。经营者集中是指下列情形：1）经营者合并；2）经营者通过取得股权或者资产的方式取得对其他经营者的控制权；3）经营者通过合同等方式取得对其他经营者的控制权或者能够对其他经营者施加决定性影响。

经营者集中的经济效果的两面性决定了《反垄断法》对它的规制在于“控制”而不在于“禁止”，这种控制制度体现为经营者集中申报制度。强制的事前申报是指法律要求当事人在实施集中前必须事先向反垄断执法机构申报，待执法机构审查批准后才可实施集中的制度。

（2）经营者集中的事前申报。经营者集中达到下列标准之一的，经营者应当事先向国务院反垄断执法机构申报，未申报的不得实施集中：1）参与集中的所有经营者上一会计年度在全球范围内的营业额合计超过100亿元人民币，并且其中至少有两个经营者上一会计年度在中国境内的营业额均超过4亿元人民币；2）参与集中的所有经营者上一会计年度在中国境内的营业额合计超过20亿元人民币，并且其中至少有两个经营者上一会计年度在中国境内的营业额均超过4亿元人民币。

经营者集中有下列情形之一的，可以不向国务院反垄断执法机构申报：1）参与集中的一个经营者拥有其他每个经营者50%以上有表决权的股份或者资产的；2）参与集中的每个经营者50%以上有表决权的股份或者资产被同一个未参与集中的经营者拥有的。

（3）经营者集中的审查程序。1）初步审查。国务院反垄断执法机构应当自收到经营者提交的符合规定的文件、资料之日起30日内，对申报的经营者集中进行初步审查，作出是否实施进一步审查的决定，并书面通知经营者。国务院反垄断执法机构作出决定前，经营者不得实施集中。国务院反垄断执法机构作出不实施进一步审查的决定或者逾期未作出决定的，经营者可以实施集中。2）实质审查。国务院反垄断执法机构决定实施进一步审查的，应当自决定之日起90日内审查完毕，作出是否禁止经营者集中的决定，并书面通知经营者。作出禁止经营者集中的决定，应当说明理由。审查期间，经营者不得实施集中。国务院反垄断执法机构逾期未作出决定的，经营者可以实施集中。

（4）经营者集中控制的审查标准和豁免规则。经营者集中具有或者可能具有排除、限制竞争效果的，国务院反垄断执法机构应当作出禁止经营者集中的决定。

审查经营者集中，应当考虑下列因素：1）参与集中的经营者在相关市场的市场份额及其对市场的控制力；2）相关市场的市场集中度；3）经营者集中对市场进入、技术进步的影响；4）经营者集中对消费者和其他有关经营者的影响；5）经营者集中对国民经济发展的影响；6）国务院反垄断执法机构认为应当考虑的影响市场竞争的其他因素。

经营者能够证明该集中对竞争产生的有利影响明显大于不利影响，或者符合社会公共利益的，国务院反垄断执法机构可以作出对经营者集中不予禁止的决定。对不予禁止的经营者集中，国务院反垄断执法机构可以决定附加减少集中对竞争产生不利影响的限制性条件。根据2009年11月商务部发布的《经营者集中审查办法》，限制性条件包括如下几类：①剥离参与集中的经营者的部分资产或业务等结构性条件；②参与集中的经营者开放其网络或平台等基础设施、许可关键技术（包括专利、专有技术或其他知识产权）、终止排他性协议等行为性条件；③结构性条件和行为性条件相结合的综合性条件。对于外资并购境内企业或者以其他方式参与经营者集中，涉及国家安全的，除依法进行经营者集中审查外，还应当按照国家有关规定进行国家安全审查。

4. 滥用行政权力排除、限制竞争

我国《反垄断法》禁止的滥用行政权力排除、限制竞争的行为包括以下几项。

（1）强制交易。行政机关和法律、法规授权的具有管理公共事务职能的组织不得滥用行政权力，限定或者变相限定单位或者个人经营、购买、使用其指定的经营者提供的商品。

（2）地区封锁。行政机关和法律法规授权的具有管理公共事务职能的组织不得滥用行政权力，实施下列行为，妨碍商品在地区之间的自由流通：1）对外地商品设定歧视性收费项目、实行歧视性收费标准，或者规定歧视性价格；2）对外地商品规定与本地同类商品不同的技术要求、检验标准，或者对外地商品采取重复检验、重复认证等歧视性技术措施，限制外地商品进入本地市场；3）采取专门针对外地商品的行政许可，限制外地商品进入本地市场；4）设置关卡或者采取其他手段，阻碍外地商品进入或者本地商品运出；5）妨碍商品在地区之间自由流通的其他行为。

（3）排斥或限制外地经营者参加本地招标投标。不得滥用行政权力，以设定歧视性资质要求、评审标准或者不依法发布信息等方式，排斥或者限制外地经营者参加本地的招标投标活动。

（4）排斥或者限制外地经营者在本地投资或者设立分支机构。不得滥用行政权力，采取与本地经营者不平等待遇等方式，排斥或者限制外地经营者在本地投资或者设立分支机构。

（5）强制经营者从事垄断行为。

（6）抽象行政性垄断行为。抽象行政性垄断行为是指行政机关滥用行政权力，制定含有排除、限制竞争内容的规定的行为，其具体形式包括决定、公告、通告、通知、意见、会议纪要等。与具体行政行为只针对特定主体和特定事项不同，抽象行政行为则是行政机关针对不特定对象发布的能反复适用的行政规范性文件，具有一定的“普适性”，因此，抽象行政性垄断行为比具体行政性垄断行为的危害更大。《反垄断法》第37条规定：行政机关不得滥用行政权力，制定含有排除、限制竞争内容的规定。

（三）反垄断法的执行和适用

1. 反垄断法的执行主体

（1）反垄断法执行主体。在我国，国务院反垄断委员会和国务院反垄断执法机构共同承担反垄断职责。

（2）反垄断法执行主体的职责。1）特定行为许可。依法受理、审查和核准依法需要审查、核准的经营者市场竞争行为，如经营者集中行为、市场联合行为等。2）违法行为查处。依法受理或自行启动对违法垄断行为的调查、审议和制裁。审议，或由主管机构径行作出决定，或组织听证，或运用类似诉讼程序作出裁决，然后由本机构或其他机构执行。对反垄断案件进行裁决，当事人不服的可诉至人民法院。3）竞争状况监控。4）制定行为规则。

（3）反垄断法执行主体的权力。1）调查权。包括检查权、询问权、资料调阅复制权、查封和扣押证据权、账户查询权。2）许可权。比如对经营者集中行为、联合行为等的申报行使许可权和许可废止权。3）制裁权。反垄断主管机关有权对违反反垄断法的经营者进行制裁，包括劝告权、告诫权、禁止权、经营者集中行为解散权、宣布联合行为无效权、拆分权、命令经济同业团体接纳特定企业的权力、罚款权、强制赔偿权、不当利益没收权等。4）调研权。5）规则制定权。6）起诉权。有的国家规定，反垄断主管机关有就特定经营者垄断行为向法院提起诉讼的权力。

2. 反垄断法执行的一般程序

反垄断法执行的一般程序包括：(1) 启动。反垄断案件分因垄断行为受害人的申请或控告、其他组织或个人报告（举报）启动和主管机关自行启动三种。(2) 调查。调查的启动，调查的方式，调查的程序，调查的中止、终止和恢复都应当遵循反垄断法的规定。(3) 审议。在调查取证的基础上，主管机关组织审议。(4) 决定。主管机关应当作出违法与否的认定、违法处罚和合法许可的决定。(5) 执行。经公布后，即进入执行环节。执行环节可以是自动执行。如果被制裁人不服该决定的，可以向上级机关提起复议或者向法院提起诉讼。被制裁人不服该决定，又不提起复议或者诉讼的，主管机关可以依法强制执行。

3. 反垄断法的域外效力

《反垄断法》第2条规定：中华人民共和国境内经济活动中的垄断行为，适用本法；中华人民共和国境外的垄断行为，对境内市场竞争产生排除、限制影响的，适用本法。

《反垄断法》在空间效力上不仅及于我国境内的垄断行为，而且及于发生在我国境外而对境内市场产生影响的垄断行为。反垄断法的域外效力就是指国内反垄断法效力范围超越国家领土，以效果原则为依据，将反垄断法规则运用到本国之外的交易行为。

第2节 消费者权益保护法律制度

在商品经济社会，消费者是弱者，各国普遍重视消费者权益保护方面的立法工作。消费者权益保护法不仅保护消费者个体的利益，而且保障社会经济秩序和社会整体利益。

一、消费者权益保护法概述

消费作为社会再生产的一个重要环节，是生产、交换、分配的目的与归宿。它包括生产消费和生活消费两大方面。其中，生活消费作为人类的基本需要，是当今社会法律规制的重要领域。

（一）消费者的概念与特征

消费者权益保护法是保障消费者合法权益的法律，要搞清什么是消费者权益保护法，首先必须正确理解消费者的概念。消费者就是为了满足个人生活消费需要而购买、使用商品或者接受服务的人。消费者与经营者相对称，经营者是向消费者出售商品或提供服务的市场主体。消费者具有以下特征：①消费者的消费性质属于生活消费；②消费者消费的客体是法律允许提供的商品和服务；③消费者的消费方式包括购买、使用商品和接受服务；④消费者作为消费主体，包括一切进行生活消费的个人及消费者群体。理解这些特征需注意以下几点。

（1）消费的性质是生活消费。消费者购买、使用商品或者接受服务的目的在于满足生活需要，不是此目的（如生产目的、经营目的），则一般不视为消费者。消费者不仅包括为自己生活需要购买物品的人，也包括为了收藏、保存、送人等需要而购买商品，以及替家人、朋友购买物品，代理他人购买生活用品的人。消费者权益保护法只限定在生活消费领域而不包括生产消费，生产消费只能适用产品质量法等法律来规范。

（2）消费的主体限于个体社会成员，即自然人。消费者权益保护法始终是与对消费者个人权益的保护联系在一起的。从事消费活动的社会组织、企事业单位不属于消费者保护法意义上的消费者。分散的、单个的自然人在市场中处于弱势地位，需要法律的特别保护。实践中，存在法人、其他组织或团体为了分配给内部成员个人使用而出面购买生活消费品或服务的情况，本书认为此种情形可以适用消费者权益保护法，因为最终的使用者还是自然人而并非单位，这与“单位购买、单位使用”并不相同。

（3）农民购买、使用直接用于农业生产的生产资料时，参照消费者权益保护法执行，这是立法对农民的特别保护。农民购买直接用于农业生产的生产资料，虽然不是为个人生活消费，但是作为经营者的相对方，其弱势地位是不言而喻的。如果是单位购买直接用于农业生产的生产资料，不能得到消费者权益保护法的保护。

（4）消费的方式包括购买商品、使用商品和接受服务。这对于认定消费者权益保护法的保护对象具有重要意义。消费者并不能完全等同于买受人。消费者不限于亲自购买商品的人，还包括他人购买商品后实际使用该商品的人。消费者既可能是亲自购买商品的个人，也可能是使用和消费他人购买的商品的人；既可能是有关服务合同中接受服务的一方当事人，也可能是接受服务的非合同当事人。只要因使用商品或接受服务而造成人身、财产损害，消费者就可以向销售者或生产者要求赔偿。

（二）消费者权益保护法的概念

消费者权益保护法是保障消费者合法权益，规范经营者经营活动，调整生活消费关系的法律规范的总称。

广义的消费者权益保护法是指调整生活消费关系的所有法律法规，包括《中华人民共和国消费者权益保护法》《中华人民共和国反不正当竞争法》《中华人民共和国产品质量法》《中华人民共和国商标法》《中华人民共和国食品卫生法》以及其他法律法规中有关消费者权益保护的规范。狭义的消费者权益保护法仅指《中华人民共和国消费者权益保护法》（1993 年 10 月 31 日第八届全国人民代表大会常务委员会第四次会议通过，自 1994 年 1 月 1 日起施行，并在 2009 年和 2013 年两次修订，以下简称《消费者权益保护法》）。随着经济社会不断发展，我国消费方式、消费结构和消费理念发生了很大变化，在消费者权益保护领域出现了不少新情况、新问题，特别是随着信息技术的广泛应用，通过网络、电视、电话等销售商品或者提供服务的方式逐渐兴起。2013 年 10 月 25 日，第十二届全国人民代表大会常务委员会第五次会议通过《关于修改〈中华人民共和国消费者权益保护法〉的决定》，自2014年3月15日起实施。此次修正幅度较大，重点从充实细化消费者权益、强化经营者义务两个方面加强对消费者权利的保护，对网络购物、个人信息保护、惩罚性赔偿等新领域、新问题作出了具体规范。

（三）消费者权益保护法的适用范围

根据《消费者权益保护法》的规定，消费者权益保护法的适用范围是：(1) 消费者为生活消费需要购买、使用商品或者接受服务，其权益受本法保护；(2) 经营者为消费者提供其生产、销售的商品或者提供服务，应当遵守本法；(3) 在消费者权益保护法对某些问题未作规定时，经营者应当遵守其他有关法律法规；(4) 农民购买、使用直接用于农业生产的生产资料，参照本法执行。

（四）消费者权益保护法的基本原则

消费者权益保护法的基本原则是指能够全面反映消费者权益保护法所调整的生活消费关系的客观要求，并贯穿于消费者权益保护法之中的，保障消费者合法权益、规制经营者活动过程中必须遵循的基本准则。

(1) 经营者依法提供商品或服务的原则。《消费者权益保护法》第3条规定："经营者为消费者提供其生产、销售的商品或者提供服务，应当遵守本法；本法未作规定的，应当遵守其他有关法律法规。"经营者在经营活动中严格履行法律的各项义务，是实现消费者有关权利的条件和前提。经营者向消费者提供商品或服务，应当符合有关法律法规所规定的标准，应当保证其提供的商品或者服务符合保障人身、财产安全的要求。

(2) 公平交易原则。《消费者权益保护法》第4条规定："经营者或消费者进行交易，应当遵循自愿、平等、公平、诚实信用的原则。"这些原则都是民商法的基本原则，《消费者权益保护法》加以强调并确认为本法的原则，对于强化保护消费者合法权益的功能，显得尤为重要。这一原则要求：1) 经营者与消费者进行交易时，双方当事人意思表示完全出于自愿，不允许一方将自己的意思强加给对方；2) 经营者与消费者在交易过程中的法律地位平等，不允许经济实力强大的经营者欺凌相对弱小的消费者；3) 经营者与消费者在进行交易过程中，经营者提供商品或服务应得到公平的补偿，消费者应得到公平的价格和选择，即兼顾双方的利益；4) 经营者和消费者应相互尊重，平等协商，不允许采取欺诈、胁迫等手段进行交易。

(3) 国家保障原则。《消费者权益保护法》第5条规定："国家保护消费者的合法权益不受侵害。国家采取措施，保障消费者依法行使权利，维护消费者的合法权益。"这一原则是由国家的职能和性质以及消费者的弱势地位决定的，体现了国家对生活消费关系的适度干预，是《消费者权益保护法》最为重要的原则。该原则具体体现在以下几个方面：1) 国家通过消费者权益保护立法保障消费者合法权益；2) 国家通过行政管理手段保障消费者合法权益；3) 国家通过加强司法工作保障消费者的合法权益。

(4) 行政监督与社会监督相结合的原则。《消费者权益保护法》第6条规定：

“保护消费者合法权益是全社会的共同责任。国家鼓励、支持一切组织和个人对损害消费者合法权益的行为进行社会监督。”一方面应充分发挥国家有关行政管理机关的监督管理职能；另一方面社会组织和公民应通过各种渠道、各种途径对经营者损害消费者合法权益的行为进行社会监督。

二、消费者的权利和经营者的义务

消费者的权利与经营者的义务是对应的，消费者所享有的权利一般就是经营者所承担的义务。消费者的权利是指消费者为了满足生活消费需要，依法为或不为一定行为，以及要求经营者和其他有关主体为或不为一定行为的法律权利。经营者的义务是指经营者依法必须为一定行为或不为一定行为，以满足和实现消费者的生活消费需要的责任。

（一）消费者的权利

根据《消费者权益保护法》第2章的内容，将消费者应当享有的权利归纳为以下九项。

（1）安全保障权。安全保障权是消费者最基本的权利，它是消费者在购买、使用商品和接受服务时所享有的保障其人身、财产安全不受损害的权利。由于消费者取得商品和服务是用于生活消费，因此，商品和服务必须绝对可靠，必须绝对保证商品和服务的质量不会损害消费者的生命与健康。消费者依法有权要求经营者提供的商品和服务必须符合保障人身、财产安全的条件。

（2）知悉真情权。知悉真情权，或称获取信息权、知情权、了解权，是消费者享有的知悉其购买、使用的商品或者接受的服务的真实情况的权利。依据法律规定，消费者有权根据商品或者服务的不同情况，要求经营者提供商品的价格、产地、生产者、用途、性能、规格、等级、主要成分、生产日期、有效期限、检验合格证明、使用方法说明书、售后服务或者服务的内容、规格、费用等有关情况。唯有如此，才能保障消费者在与经营者签约时做到知己知彼，并表达其真实的意思。

（3）自主选择权。自主选择权是指消费者享有的自主选择商品或者服务的权利。该权利包括以下几个方面：1）自主选择提供商品或者服务的经营者的权利；2）自主选择商品品种或者服务方式的权利；3）自主决定购买或者不购买任何一种商品、接受或者不接受任何一项服务的权利；4）在自主选择商品或服务时所享有的进行比较、鉴别的权利。

（4）公平交易权。消费者享有公平交易的权利，是指消费者在购买商品或者接受服务时所享有的获得质量保障和价格合理、计量正确等公平交易条件的权利。为了保障消费者公平交易的实现，必须依据反垄断法和反不正当竞争法等对劣质销售、价格不公、计量失度等不公平交易行为加以禁止。此外，消费者还有权拒绝经营者的强制交易行为，这与前述《消费者权益保护法》的基本原则的要求也是一致的。

（5）依法求偿权。依法求偿权是指消费者在因购买、使用商品或者接受服务而受到人身、财产损害时，依法享有的要求获得赔偿的权利。依法求偿权是弥补消费者所受损害的必不可少的救济性权利。

(6) 依法结社权。依法结社权是指消费者享有的依法成立维护自身合法权益的社会组织的权利。消费者的依法结社权是十分重要的，它使消费者能够从分散、弱小走向集中和强大，并通过集体的力量改变自己的弱势地位，以与实力雄厚的经营者相抗衡。因此，对消费者的依法结社权必须予以保障。

(7) 求知获教权。求知获教权也称获取知识权，是从知悉真情权中引申出来的一种消费者权利，它是消费者所享有的获得有关消费和消费者权益保护方面的知识的权利。只有保障消费者的求知获教权，才能使消费者更好地掌握所需商品或者服务的知识和使用技能，以便基本正确地使用商品，提高自我保护意识。在今天由于厂商与消费者在信息、实力等方面的差距越来越大，因此，强调消费者接受教育、获取相关知识以提高自我保护能力变得越来越重要。

(8) 维护尊严权。维护尊严权是指消费者在购买、使用商品和接受服务时所享有的其人格尊严、民族风俗习惯得到尊重的权利，享有的个人信息依法得到保护的权利。

(9) 监督批评权。依据《消费者权益保护法》的规定，消费者享有对商品和服务以及保护消费者权益工作进行监督的权利。此外，消费者有权检举、控告侵害消费者权益的行为和国家机关及其工作人员在保护消费者权益工作中的违法失职行为，有权对保护消费者权益工作提出批评、建议。

(二) 经营者的义务

根据《消费者权益保护法》第 3 章的内容，将经营者的义务归纳为以下十项。

(1) 依法定或约定履行义务。经营者向消费者提供商品或服务，应当依照本法和其他有关法律法规的规定履行义务。经营者和消费者有约定的，应当按照约定履行义务，但双方的约定不得违背法律法规的规定。经营者向消费者提供商品或者服务，应当恪守社会公德，诚信经营，保障消费者的合法权益；不得设定不公平、不合理的交易条件，不得强制交易。

经营者提供的商品或者服务不符合质量要求的，消费者可以依照国家规定、当事人约定退货，或者要求经营者履行更换、修理等义务。没有国家规定和当事人约定的，消费者可以自收到商品之日起 7 日内退货；7 日后符合法定解除合同条件的，消费者可以及时退货，不符合法定解除合同条件的，可以要求经营者履行更换、修理等义务。依照相关规定进行退货、更换、修理的，经营者应当承担运输等必要费用。

《消费者权益保护法》第 25 条为 2013 年修订中新增的条款，赋予了消费者七日反悔权。其具体内容为："经营者采用网络、电视、电话、邮购等方式销售商品，消费者有权自收到商品之日起七日内退货，且无需说明理由，但下列商品除外：(一) 消费者定作的；(二) 鲜活易腐的；(三) 在线下载或者消费者拆封的音像制品、计算机软件等数字化商品；(四) 交付的报纸、期刊。除前款所列商品外，其他根据商品性质并经消费者在购买时确认不宜退货的商品，不适用无理由退货。消费者退货的商品应当完好。经营者应当自收到退回商品之日起七日内返还消费者支付的商品价款。退回商品的运费由消费者承担；经营者和消费者另有约定的，按照约定。”

（2）听取意见和接受监督的义务。经营者应当听取消费者对其提供的商品或者服务的意见，接受消费者的监督。这是与消费者的监督批评权相对应的经营者义务。法律规定经营者的这一义务，有利于提高消费者的地位。

（3）保障人身和财产安全的义务。这是与消费者的安全保障权相对应的经营者的义务。经营者应当保证其提供的商品或者服务符合保障人身、财产安全的要求。对可能危及人身、财产安全的商品和服务，应当向消费者做出真实的说明和明确的警示，并说明和标明正确使用商品或者接受服务的方法以及防止危害发生的方法。

宾馆、商场、餐馆、银行、机场、车站、港口、影剧院等经营场所的经营者，应当对消费者尽到安全保障义务。

最新修正的《消费者权益保护法》已经明确了经营者召回缺陷商品的义务。法律规定，经营者发现其提供的商品或者服务存在缺陷，有危及人身、财产安全危险的，应当立即向有关行政部门报告和告知消费者，并采取停止销售、警示、召回、无害化处理、销毁、停止生产或者服务等措施。采取召回措施的，经营者应当承担消费者因商品被召回支出的必要费用。

（4）提供真实信息的义务。经营者向消费者提供的有关商品或者服务的质量、性能、用途、有效期限等信息，应当真实、全面，不得作虚假或者引人误解的宣传。经营者对消费者就其提供的商品或者服务的质量或使用方法等具体问题提出的询问，应当做出真实、明确的答复。经营者提供商品或者服务应当明码标价。

针对网络购物等非现场交易中经营者提供的信息不真实、不完整问题，《消费者权益保护法》第28条规定，采用网络、电视、电话、邮购等方式提供商品或者服务的经营者，以及提供证券、保险、银行等金融服务的经营者，应当向消费者提供经营地址、联系方式、商品或者服务的数量和质量、价款或者费用、履行期限和方式、安全注意事项和风险警示、售后服务、民事责任等信息。

（5）标明真实名称和标记的义务。经营者应当标明其真实名称和标记。租赁他人柜台或者场地的经营者，应当标明其真实名称和标记。即使租赁期满后，在法律规定的情况下，消费者也有权要求其承担责任。

（6）出具凭证或单据的义务。经营者提供商品或者服务，应当按照国家有关规定或者商业惯例向消费者出具发票等购货凭证或者服务单据；消费者索要发票等购货凭证或者服务单据的，经营者必须出具。由于购货凭证或者服务单据具有重要的证据价值，对于界定消费者和经营者的权利义务亦具有重要意义，因此，明确经营者出具相应的凭证和单据的义务，有利于保护消费者权益。

（7）保证质量的义务。经营者应当在保证正常使用商品或者提供服务的情况下，说明其提供的商品或者服务应当具有的质量、性能、用途和有效期限，但消费者在购买该商品或者接受服务前已经知道其存在瑕疵，且存在该瑕疵不违反法律强制性规定的除外。经营者以广告、产品说明、实物样品或者其他方式表明商品或者服务的质量状况的，应当保证其提供的商品或者服务的实际质量与表明的质量状况相符。

（8）公平交易义务。经营者在经营活动中使用格式条款的，应当以显著方式提请消费者注意商品或者服务的数量和质量、价款或者费用、履行期限和方式、安全注意事项和风险警示、售后服务、民事责任等与消费者有重大利害关系的内容，并按照消费者的要求予以说明。

经营者不得以格式条款、通知、声明、店堂告示等方式，作出排除或者限制消费者权利、减轻或者免除经营者责任、加重消费者责任等对消费者不公平、不合理的规定，不得利用格式条款并借助技术手段强制交易。格式条款、通知、声明、店堂告示等含有前述所列内容的，其内容无效。

（9）不得侵犯消费者的人身权的义务。消费者的人身权是最基本的人权，消费者的人身自由、人格尊严不受侵犯。经营者不得对消费者进行侮辱、诽谤，不得搜查消费者的身体及其携带的物品，不得侵犯消费者的人身自由。

（10）保护消费者个人信息的义务。实践中有的经营者非法收集、使用消费者的个人信息，擅自泄露或者非法向他人提供消费者个人信息，严重影响消费者正常生活，侵害消费者的合法权益。《消费者权益保护法》在 2013 年的修订中新增了第 29 条，明确了经营者对消费者个人信息的保护义务。首先，经营者收集、使用消费者个人信息，应当遵循合法、正当、必要的原则，明示收集、使用信息的目的、方式和范围，并经消费者同意。经营者收集、使用消费者个人信息，应当公开其收集、使用规则，不得违反法律法规的规定和双方的约定。其次，经营者及其工作人员对收集的消费者个人信息必须严格保密，不得泄露、出售或者非法向他人提供。经营者应当采取技术措施和其他必要措施，确保信息安全，防止消费者个人信息泄露、丢失。在发生或者可能发生信息泄露、丢失的情况时，应当立即采取补救措施。最后，经营者未经消费者同意或者请求，或者消费者明确表示拒绝的，不得向其发送商业性信息。

三、消费者合法权益的保护

在消费者权益的保护方面，不仅经营者负有直接的义务，国家、社会也都负有相应的义务。只有各类主体都有效地承担相应的保护消费者权益的义务，消费者的各项权利才能得到有效的保障。为此，《消费者权益保护法》对于国家和社会在保护消费者权益方面的义务也都做出了规定。

（一）消费者合法权益的国家保护

国家采取各种措施，保障消费者依法行使权利，维护消费者的合法权益。根据《消费者权益保护法》第 4 章的规定，国家对消费者合法权益的保护主要体现在以下几个方面。

（1）立法保护。保护消费者合法权益，立法是基础。《消费者权益保护法》是保护消费者合法权益的基本法律。此外，我国制定和颁布的《中华人民共和国产品质量法》《中华人民共和国反不正当竞争法》《中华人民共和国广告法》等也都体现了对消费者合法权益的保护。国家制定有关消费者权益的法律、法规、规章和强制性标准，应当听取消费者和消费者协会等组织的意见。

（2）行政保护。各级人民政府应当加强领导，组织、协调、督促有关行政部门做好保护消费者合法权益的工作，落实保护消费者合法权益的职责。各级人民政府应当加强监督，预防危害消费者人身、财产安全行为的发生，及时制止危害消费者人身、财产安全的行为。

各级人民政府、工商行政管理部门和其他有关行政部门应当依照法律法规的规定，在各自的职责范围内，采取措施，保护消费者的合法权益。有关行政部门应当听取消费者和消费者协会等组织对经营者交易行为、商品和服务质量问题的意见，及时调查处理。

有关行政部门在各自的职责范围内，应当定期或者不定期对经营者提供的商品和服务进行抽查检验，并及时向社会公布抽查检验结果。有关行政部门发现并认定经营者提供的商品或者服务存在缺陷，有危及人身、财产安全危险的，应当立即责令经营者采取停止销售、警示、召回、无害化处理、销毁、停止生产或者服务等措施。

（3）司法保护。对违法犯罪行为有惩处权力的有关国家机关，应当依照法律法规的规定，惩处经营者在提供商品和服务过程中侵害消费者合法权益的违法犯罪行为。人民法院应当采取措施，方便消费者提起诉讼。

（二）消费者合法权益的社会保护

在保护消费者合法权益方面，各种消费者组织起着至关重要的作用。

消费者协会和其他消费者组织是依法成立的对商品和服务进行社会监督的保护消费者合法权益的社会组织。消费者协会履行下列公益性职责：（1）向消费者提供消费信息和咨询服务，提高消费者维护自身合法权益的能力，引导文明、健康、节约资源和保护环境的消费方式；（2）参与制定有关消费者权益的法律、法规、规章和强制性标准；（3）参与有关行政部门对商品和服务的监督、检查；（4）就有关消费者合法权益的问题，向有关部门反映、查询，提出建议；（5）受理消费者的投诉，并对投诉事项进行调查、调解；（6）投诉事项涉及商品和服务质量问题的，可以委托具备资格的鉴定人鉴定，鉴定人应当告知鉴定意见；（7）就损害消费者合法权益的行为，支持受损害的消费者提起诉讼或者依照《消费者权益保护法》提起诉讼；（8）对损害消费者合法权益的行为，通过大众传播媒介予以揭露、批评。

各级人民政府对消费者协会履行职责应当给予必要的经费等支持。消费者协会应当认真履行保护消费者合法权益的职责，听取消费者的意见和建议，接受社会监督。

消费者组织不得从事商品经营和营利性服务，不得以收取费用或者其他牟取利益的方式向消费者推荐商品和服务。

四、消费者权益争议的解决

（一）争议的解决途径

《消费者权益保护法》第39条规定了解决争议的五种途径和方式。

（1）与经营者协商和解。协商和解是消费者与经营者在平等自愿的基础上，就有关争议进行协商，最终达成解决争议的方案。这是发生争议的初期常用的方式，具有方便、简捷、节约、及时等优点。

（2）请求消费者协会或者依法成立的其他调解组织调解。调解是指在消费者与经营者双方自愿的前提下，由消费者协会或者依法成立的其他调解组织作为第三方，就有关争议进行协调，双方达成协议，以解决争议的方式。

（3）向有关行政部门投诉。消费者权益争议涉及的领域很广，消费者可根据具体情况，向不同的行政职能部门，如物价部门、工商行政管理部门、技术质量监督部门等提出投诉。消费者向有关行政部门投诉的，该部门应当自收到投诉之日起7个工作日内，予以处理并告知消费者。

（4）根据与经营者达成的仲裁协议提请仲裁机构仲裁。采用此种方式的前提是存在符合法律规定的书面的仲裁协议。

（5）向人民法院提起诉讼。对侵害众多消费者合法权益的行为，中国消费者协会以及在省、自治区、直辖市设立的消费者协会，可以向人民法院提起诉讼。这一规定明确赋予消费者协会消费类公益诉讼的主体地位，进一步充实了消协的维权职责，实现了与民事诉讼法有关公益诉讼制度的衔接，有助于降低消费者的维权成本，扩大维权效果。

（二）赔偿主体的确定

1. 生产者、销售者、服务者的责任

第一，消费者在购买、使用商品时，其合法权益受到损害的，可以向销售者要求赔偿。这体现了对消费者的先行赔付义务。销售者赔偿后，属于生产者的责任或者属于向销售者提供商品的其他销售者的责任的，销售者有权向生产者或者其他销售者追偿。

第二，消费者或者其他受害人因产品缺陷造成人身、财产损害的，生产者与销售者负有连带赔偿责任，消费者可以向销售者要求赔偿，也可以向生产者要求赔偿。属于生产者责任的，销售者赔偿后，有权向生产者追偿；属于销售者责任的，生产者赔偿后，有权向销售者追偿。此处，保护范围不仅及于消费者，而且扩大到了第三人，即“其他受害人”。如果事后查明不可归责于生产者或销售者，而是可归责于仓储者或运输者，应由生产者或销售者向仓储者或运输者追偿，消费者不能径直请求仓储者或运输者赔偿。

第三，消费者在接受服务时，其合法权益受到损害的，可以向服务者要求赔偿。

第四，为防止经营者利用企业变更之机逃避对消费者理应承担的损害赔偿责任，《消费者权益保护法》规定变更后的企业仍应承担赔偿责任。消费者在购买、使用商品或者接受服务时，其合法权益受到损害，而原企业分立、合并的，可以由变更后承受其权利和义务的企业赔偿。

2. 营业执照持有人与租借人的责任

出租、出借营业执照或租用、借用他人营业执照是违反工商行政管理法规的行为。使用他人营业执照的违法经营者提供商品或者服务，损害消费者合法权益的，消费者可以向其要求赔偿，也可以向营业执照的持有人要求赔偿。

3. 广告经营者、发布者、推荐人的连带赔偿责任

消费者因经营者利用虚假广告或者其他虚假宣传方式提供商品或者服务，其合法权益受到损害的，可以向经营者要求赔偿。广告经营者、发布者发布虚假广告的，消费者可以请求行政主管部门予以惩处。广告经营者、发布者不能提供经营者的真实名称、地址和有效联系方式的，应当承担赔偿责任。

广告经营者、发布者设计、制作、发布关系消费者生命健康的商品或者服务的虚假广告，造成消费者损害的，应当与提供该商品或者服务的经营者承担连带责任。社会团体或者其他组织、个人在关系消费者生命健康的商品或者服务的虚假广告或者其他虚假宣传中向消费者推荐商品或者服务，造成消费者损害的，应当与提供该商品或者服务的经营者承担连带责任。注意，此种连带赔偿责任仅仅适用于关系消费者生命健康的商品或者服务。

4. 展销会举办者、柜台出租者承担的期后连带责任

消费者在展览会、租赁柜台购买商品或者接受服务而权益受损的，在展销或租赁期间，向销售者或服务者要求赔偿。展销会结束、柜台租赁期满后，也可以向展销会举办者、柜台出租者要求赔偿。展销会举办者、柜台出租者向销售者追偿。

5. 网络交易平台的责任

消费者通过网络交易平台购买商品或者接受服务，其合法权益受到损害的，可以向销售者或者服务者要求赔偿。网络交易平台提供者不能提供销售者或者服务者的真实名称、地址和有效联系方式的，消费者也可以向网络交易平台提供者要求赔偿；网络交易平台提供者作出更有利于消费者的承诺的，应当履行承诺。网络交易平台提供者赔偿后，有权向销售者或者服务者追偿。

网络交易平台提供者明知或者应知销售者或者服务者利用其平台侵害消费者合法权益，未采取必要措施的，依法与该销售者或者服务者承担连带责任。

五、法律责任

《消费者权益保护法》规定了以下三种责任形式。

（一）民事责任

1. 承担民事责任的概括性规定

经营者提供商品或者服务有下列情形之一的，除《消费者权益保护法》另有规定外，应当依照其他有关法律法规的规定承担民事责任：（1）商品或者服务存在缺陷的；（2）不具备商品应当具备的使用性能而出售时未作说明的；（3）不符合在商品或者其包装上注明采用的商品标准的；（4）不符合商品说明、实物样品等方式表明的质量状况的；（5）生产国家明令淘汰的商品或者销售失效、变质的商品的；（6）销售的商品数量不足的；（7）服务的内容和费用违反约定的；（8）对消费者提出的修理、重作、更换、退货、补足商品数量、退还货款和服务费用或者赔偿损失的要求，故意拖延或者无理拒绝的；（9）法律法规规定的其他损害消费者权益的情形。

经营者对消费者未尽到安全保障义务，造成消费者损害的，应当承担侵权

责任。

2. 关于侵犯人身权的民事责任

经营者提供商品或者服务，造成消费者或者其他受害人人身伤害的，应当赔偿医疗费、护理费、交通费等为治疗和康复支出的合理费用，以及因误工减少的收入。造成残疾的，还应当赔偿残疾生活辅助具费和残疾赔偿金。造成死亡的，还应当赔偿丧葬费和死亡赔偿金。

经营者侵害消费者的人格尊严、侵犯消费者人身自由或者侵害消费者个人信息依法得到保护的权利的，应当停止侵害、恢复名誉、消除影响、赔礼道歉，并赔偿损失。经营者有侮辱诽谤、搜查身体、侵犯人身自由等侵害消费者或者其他受害人人身权益的行为，造成严重精神损害的，受害人可以要求精神损害赔偿。

3. 关于侵犯财产权的民事责任

经营者提供商品或者服务，造成消费者财产损害的，应当依照法律规定或者当事人约定承担修理、重作、更换、退货、补足商品数量、退还货款和服务费用或者赔偿损失等民事责任。

4. 经营者欺诈行为的惩罚性赔偿

《消费者权益保护法》第 55 条规定，经营者提供商品或者服务有欺诈行为的，应当按照消费者的要求增加赔偿其受到的损失，增加赔偿的金额为消费者购买商品的价格或者接受服务的费用的 3 倍；增加赔偿的金额不足 500 元的，为 500 元。法律另有规定的，依照其规定。

5. 故意侵权的加重责任

经营者明知商品或者服务存在缺陷，仍然向消费者提供，造成消费者或者其他受害人死亡或者健康严重损害的，受害人有权要求经营者依法承担人身伤害赔偿和精神损害赔偿，并有权要求所受损失 2 倍以下的惩罚性赔偿。

6. 部分商品举证责任倒置

《消费者权益保护法》第 23 条第 3 款规定，经营者提供的机动车、计算机、电视机、电冰箱、空调机、洗衣机等耐用商品或者装饰装修等服务，消费者自接受商品或者服务之日起 6 个月内发现瑕疵、发生争议的，由经营者承担有关瑕疵的举证责任。

（二）行政责任

经营者有下列情形之一，除承担相应的民事责任外，其他有关法律法规对处罚机关和处罚方式有规定的，依照法律法规的规定执行；法律法规未作规定的，由工商行政管理部门或者其他有关行政部门责令改正，可以根据情节单处或者并处警告、没收违法所得、处以违法所得 1 倍以上 10 倍以下的罚款，没有违法所得的，处以 50 万元以下的罚款；情节严重的，责令停业整顿、吊销营业执照。

（1）提供的商品或者服务不符合保障人身、财产安全要求的；

（2）在商品中掺杂、掺假，以假充真，以次充好，或者以不合格商品冒充合格商品的；

（3）生产国家明令淘汰的商品或者销售失效、变质的商品的；

（4）伪造商品的产地，伪造或者冒用他人的厂名、厂址，篡改生产日期，伪造或者冒用认证标志等质量标志的；

（5）销售的商品应当检验、检疫而未检验、检疫或者伪造检验、检疫结果的；

（6）对商品或者服务作虚假或者引人误解的宣传的；

（7）拒绝或者拖延有关行政部门责令对缺陷商品或者服务采取停止销售、警示、召回、无害化处理、销毁、停止生产或者服务等措施的；

（8）对消费者提出的修理、重作、更换、退货、补足商品数量、退还货款和服务费用或者赔偿损失的要求，故意拖延或者无理拒绝的；

（9）侵害消费者人格尊严、侵犯消费者人身自由或者侵害消费者个人信息依法得到保护的权利的；

（10）法律法规规定的对损害消费者权益应当予以处罚的其他情形。

经营者有上述规定情形的，除依照法律法规规定予以处罚外，处罚机关应当记入信用档案，向社会公布。

在民事赔偿责任和罚款、罚金同时并存时，经营者财产不足以同时支付的，先承担民事赔偿责任。

（三）刑事责任

（1）经营者违反《消费者权益保护法》提供商品或者服务，侵害消费者合法权益，构成犯罪的，依法追究刑事责任。

（2）以暴力、威胁等方法阻碍有关行政部门工作人员依法执行职务的，依法追究刑事责任；拒绝、阻碍有关行政部门工作人员依法执行职务，未使用暴力、威胁方法的，由公安机关依照《中华人民共和国治安管理处罚法》的规定处罚。

（3）国家机关工作人员有玩忽职守或者包庇经营者侵害消费者合法权益的行为的，由其所在单位或者上级机关给予行政处分；情节严重，构成犯罪的，依法追究刑事责任。

第3节　产品质量法律制度

一、产品质量法概述

（一）产品质量的概念

产品质量是指产品满足规定或潜在需要的特征和特性的总和。也就是产品符合用户使用需求的特性。它因时、因地、因人而异，具有相对性。产品质量主要包括以下六方面内容。

（1）性能。产品为满足使用目的所具备的技术特性，即产品在不同目的、不同条件下使用时，其技术特性的适合程度。

（2）可靠性与维修性。产品在规定的条件和时间内，完成规定功能的能力与按规定的程序和方法进行维修时保持或恢复规定状态的能力。

（3）安全性。产品在操作或使用过程中保证安全的程度。如对人员、财产是否会造成损害以及产生公害、污染环境的可能性。

（4）适应性。产品适应外界环境变化的能力，包括适应自然环境的能力和社会环境的能力。

（5）经济性。产品的结构、用料、用工等生产费用以及其在使用中动力、燃料的消耗等运转维持费用。这是满足顾客和社会要求的关键，也是保证企业在竞争中得以生存的关键。

（6）时间性。产品在规定时间内满足顾客对产品性能要求的能力，以及满足随时间变化顾客的需求发生变化的能力，也就是更新换代，开发新产品。

（二）产品质量法的概念及适用范围

产品质量法是调整产品质量监督管理关系和产品质量责任关系的法律规范的总和。广义的产品质量法包括一切调整产品质量监督管理、瑕疵担保和产品责任的关系的法律规范的总称，如《中华人民共和国食品卫生法》《中华人民共和国药品管理法》《中华人民共和国计量法》《中华人民共和国产品质量法》等。狭义的产品质量法是指1993年2月22日第七届全国人民代表大会常务委员会第三十次会议通过的《中华人民共和国产品质量法》（以下简称《产品质量法》）。

根据《产品质量法》第2条的规定，《产品质量法》适用的范围包括以下两个方面。

（1）主体。适用于中华人民共和国境内从事产品生产、销售活动的法人、其他经济组织和个人。无论是全民所有制、集体所有制、私营企业还是三资企业和个体工商户、农村承包经营户，都必须严格遵守《产品质量法》的规定。

（2）产品。《产品质量法》所指的产品是经过加工、制作，用于销售的产品。不包括初级农产品和不动产。建设工程属于不动产，它本身具有特殊的质量要求，不能直接适用《产品质量法》，应另行制定法律进行调整。但是，建设工程使用的建筑材料、建筑构配件和设备，属于本法规定的产品范围的，适用本法规定。另外，军工产品质量监督管理办法由国务院中央军事委员会另行制定，不适用《产品质量法》。

（三）产品质量法的基本原则

（1）保护消费者合法权益原则。消费者在社会经济生活中占有十分重要的地位，保护他们的合法权益是维护正常的社会生产和社会生活秩序的重要内容。《产品质量法》对于这一原则体现为：首先，把它作为立法宗旨加以规定；其次，确认了消费者的质量权利；再次，建立和健全了一套保护消费者权益的组织系统和监督保障机制；最后，对侵犯消费者合法权益的行为规定了严厉的制裁形式。

（2）监督与引导相结合的原则。《产品质量法》对于不按国家质量标准进行生产，特别是对可能危及人体健康和人身、财产安全的产品，影响国民经济的重要工业品以及消费者、有关组织反映的有质量问题的产品实行监督检查。同时推行产品质量和质量体系认证制度等管理制度，对产品质量进行引导。

（3）不阻碍生产发展原则。生产和消费是相辅相成的一对矛盾，二者是辩证统一的关系。在产品侵权责任中，有些缺陷是当时的技术水平无法解决的，因此在保护消费者的同时，亦要保护生产的发展，需要在损害赔偿关系方面协调生产和消费的关系，平衡生产经营者和消费者之间的利益关系，以稳定社会秩序。

二、产品质量的监督管理

（一）产品质量监督管理机构

产品质量监督管理机构是国家法律授权负责对产品质量进行监督检查、科学管理的机构，市场监督管理总局是我国产品质量监督管理的主管机关。根据《产品质量法》第8条的规定，产品质量监督管理机构包括三类。

（1）市场监督管理总局。市场监督管理总局是产品质量监督的主管机关，对全国产品实行统一监督管理。其主要职责是对产品质量进行宏观管理与指导；制定统一的监督方针和政策；拟定或公布有关产品质量监督的法规或规章制度，负责国优产品、国家质量奖的评审和监督等。

（2）县级以上地方人民政府市场监督管理部门。《产品质量法》所指的县级以上地方人民政府市场监督管理部门，主要是省级人民政府所设置的市场监督管理局，它根据法律法规规定的职责和省级人民政府赋予的职权，对本辖区内的产品质量进行监督工作。

（3）有关部门的监督。国务院和县级以上地方人民政府所属的有关部门，根据国务院或同级人民政府赋予的职权，负责对本辖区、本行业的产品质量进行行政或行业监督。

（二）产品质量监督管理制度

（1）产品标准化制度。产品标准化制度是保证产品质量的前提条件，是产品质量监督管理的依据。根据《中华人民共和国标准化法》的规定，我国现行产品质量的标准形式分为国家标准、行业标准、地方标准和企业标准。对于需要在全国范围内统一的技术要求，应当制定国家标准；对于没有国家标准而又需要在全国某个行业范围内统一的技术要求，可以制定行业标准，并报国务院标准化行业主管部门备案，在公布国家标准后，该项行业标准即行废止。对没有国家标准和行业标准而又需要在省、自治区和直辖市范围内统一的工业产品的安全、卫生要求，可以制定地方标准，报国务院标准化行政主管部门和国务院有关行政主管部门备案，在公布国家标准或者行业标准后，该项地方标准即行废止。企业生产的产品，没有国家标准和行业标准的，应当制定企业标准，作为组织生产的依据，但要报当地政府标准化行政主管部门和有关行政主管部门备案，在企业内部适用。

国家标准、行业标准又可分为强制性标准和推荐性标准。凡是有关保障人体健康、人身、财产安全的标准和法律、行政法规规定强制执行的标准为强制性标准，其他标准为推荐性标准。强制性标准必须执行。不符合强制性标准的产品，禁止生产、销售和进口。对于推荐性标准，国家鼓励企业自愿采用。《产品质量法》第13

条规定："可能危及人体健康和人身、财产安全的工业产品，必须符合保障人体健康和人身、财产安全的国家标准、行业标准；未制定国家标准、行业标准的，必须符合保障人体健康和人身、财产安全的要求。"

（2）质量认证制度。质量认证制度是指企业在自愿的原则下，对其产品质量向市场监督管理总局申请产品质量证明的法律制度。根据《产品质量法》第14条的规定，质量认证制度包括企业质量体系认证制度和产品质量认证制度。

1）企业质量体系认证制度。企业质量体系认证制度是指国家有关部门根据企业申请，对企业质量体系的内容和技术标准，依据标准进行审查和鉴定，以确认其是否合格的一种制度。企业质量体系是企业为保证产品质量符合国家标准、行业标准或国际标准，有计划、有系统地把产品质量形成全过程中各环节的质量职能组织起来，形成一个有明确职责和权限、互相协调、互相促进的有机整体。

企业质量体系认证实行企业自愿申请原则。承担企业质量体系认证具体工作的认证机构，必须经过市场监督管理总局认可，或者经过市场监督管理总局授权的部门认可，才具有进行认证工作的资格。企业质量体系认证的对象是企业本身，对企业实行质量体系认证的依据是GB/T 19000（ISO 9000）质量管理和质量保证系列国家标准。企业经质量体系认证合格的，由认证机构颁发企业质量体系认证证书，有效期5年。在5年有效期内企业申请相应的产品质量认证、生产许可证等产品质量证件时，均免于对企业质量体系的检查。

2）产品质量认证制度。产品质量认证是指依据具有国际水平的产品标准和技术要求，经过认证机构确认并通过颁发认证书和产品质量认证标志的形式，证明产品符合相应标准和技术要求的活动。

企业根据自愿原则可以向市场监督管理总局认可的或者市场监督管理总局授权的部门认可的认证机构申请产品质量认证。经认证合格的，由认证机构颁发产品质量认证证书，准许企业在产品或者其包装上使用产品质量认证标志。

（3）产品质量检验制度。产品质量检验制度是指市场监督管理总局及地方各级市场监督管理局，依据国家有关法律、法规和规章以及同级人民政府赋予的行政职权，对生产、流通领域的产品质量，进行强制性检验的一种制度。根据《产品质量法》的规定，国家对可能危及人体健康和人身、财产安全的产品、影响国计民生的重要工业产品以及消费者、有关组织反映有质量问题的产品进行抽查。抽查检验主要有三种方式。

1）国家监督抽查。由市场监督管理总局按季度组织对产品质量实施抽查，按期发布抽查情况的公报。

2）统一监督检验。由市场监督管理总局针对某个时期质量问题较多的某种产品，布置在全国范围内进行统一监督检验。

3）不定期的日常监督检验。即由县级以上地方人民政府负责产品质量监督工作的部门，在本行政区域内组织监督抽查。

（4）生产许可证制度。生产许可证制度是指国家对于具备一定生产条件的企业，生产列入实施生产许可证的产品，经检验其产品合格的，发给许可生产该项产品的凭证的法律制度。为了规范许可证行为，2005年8月31日国家质量监督检验检疫总局通过、2005年11月1日起实施《中华人民共和国工业产品生产许可证管理条例实施办法》。同时，2002年3月27日国家质检总局颁布的《工业产品生产许可证管理条例》废止。

取得生产许可证，企业应当符合下列条件：1）有营业执照；2）有与所生产产品相适应的专业技术人员；3）有与所生产产品相适应的生产条件和检验检疫手段；4）有与所生产产品相适应的技术文件和工艺文件；5）有健全有效的质量管理制度和责任制度；6）产品符合有关国家标准、行业标准以及保障人体健康和人身、财产安全的要求；7）符合国家产业政策的规定，不存在国家明令淘汰和禁止投资建设的落后工艺、高耗能、污染环境、浪费资源的情况。市场监督管理总局负责全国工业产品生产许可证统一管理工作，对实行生产许可证制度管理的产品，统一产品目录，统一审查要求，统一证书标志，统一监督管理。

（5）产品质量的社会监督制度。产品质量的社会监督制度就是通过新闻、报纸、电台、电视以及各种传播媒介，通过消费者和消费者团体对产品质量存在的问题，提出建议、批评、评断、控诉，以确保产品质量的监督制度。社会监督制度包括：

1）舆论监督。指通过报刊、广播和电视等新闻媒介，依照国家的有关规定，对产品质量进行报道，表扬质量上乘产品的生产者或销售者，披露产品质量低下的假冒或伪劣产品的生产者或销售者，公布产品质量信得过单位，公告抽查、检验结果，充分发挥社会舆论的监督作用。

2）社会组织监督。又称社会团体监督，是指消费者协会或者行业协会或学会依法对产品质量进行的监督。《产品质量法》第23条规定，保护消费者权益的社会组织可以就消费者反映的产品质量问题建议有关部门负责处理，支持消费者对因产品质量造成的损害向人民法院起诉。

3）消费者的监督。《产品质量法》第22条规定，消费者有权就产品质量问题，向产品的生产者、销售者查询；向市场监督管理部门及有关部门申诉，接受申诉的部门应当负责处理。

三、生产者、销售者的产品质量义务

产品质量义务是指法律规定的生产者、销售者必须为保证产品质量作出一定行为或不得作出一定行为。生产者、销售者不履行产品质量义务，将产生不履行产品质量义务的法律后果，即承担产品质量责任。

（一）生产者的产品质量义务

（1）对产品内在质量承担明示和默示担保义务。明示担保是指生产者以文字或行为表示对产品质量承担保证义务，违反义务就承担责任的法律行为。它通常用载有产品功能、保质期、质量等内容的说明书来表示。生产者以实物样品或者广告、宣传等公众可以了解产品质量的方式表明产品质量状况时，亦是明示担保。明示担保是生产者履行合同义务的一种表示，当产品质量不符合明示担保时，产品的购买者可以根据合同的约定，追究生产者的违约责任。

生产者的产品质量默示担保义务是依法产生的，它并不取决于买卖双方的口头或者书面合同的约定。《产品质量法》中规定的默示担保义务有：具备产品应当具备的使用性能；生产的产品应当符合安全、卫生标准的要求；不存在危及人身、财产安全的不合理危险等。

（2）标注产品标识的义务。产品的标识是产品上或者其包装上用于识别产品或者其特征、特性所作的各种表述和指示的统称。根据《产品质量法》的规定，产品标识内容包括：产品质量检验合格证明、产品名称、规格、型号、生产厂厂名、厂址、标准编号、产品的成分名称、含量、生产日期、安全使用期、生效日期、警示标志、中文警示说明等。标注产品的标识是生产者的义务。裸装的食品和其他根据产品的特点难以附加标识的裸装产品，可以不附加产品标识。

（3）对产品包装承担义务。产品包装是指为在产品运输、储存、销售等流通过程中保护产品、方便储运、促进销售，按照一定技术方法采用的容器、材料及辅助物品的总称。生产者对产品包装的义务由两方面组成：一是合同约定的对产品的包装义务；二是由法律规定的生产者对包装所承担的义务。《产品质量法》第28条规定，易碎、易燃、易爆、有毒、有腐蚀性、有放射性等危险物品以及储运中不能倒置和其他有特殊要求的产品，其包装质量必须符合相应要求，依照国家有关规定作出警示标志或者中文警示说明，标明储运注意事项。

（4）不得违反产品生产的禁止性规定。根据规定，生产者不得生产国家明令淘汰的产品；不得伪造产地，伪造或者冒用他人的厂名和厂址；不得伪造或者冒用认证标志、名优标志等质量标志；不得掺杂、掺假、以假充真、以次充好；不得以不合格产品冒充合格产品。

（二）销售者的产品质量义务

（1）进货检查验收的义务。进货检查验收义务包括两个方面：1）依合同约定进行检查验收，对于不符合合同约定质量标准的，要在法律规定的期限内向合同的另一方当事人提出异议；2）按照法律规定的要求对产品质量进行检查验收。如果销售者对进货产品质量不负责任，会使消费者购买的产品质量无保障，购买了有质量问题的产品之后，也无法解决，使保护消费者的立法宗旨落空。

（2）保证所售产品质量的义务。销售者有义务使销售过程中的产品保证质量。这样既可以增强销售者的产品质量责任感，也有助于他们加强产品质量管理工作，加速商品流通，从而保护消费者的合法权益。

（3）不得销售失效、变质产品。任何一种产品都有其有限的使用期，超过了使用期，产品即可能失效或者变质。这样的产品流入消费者手中，必然或可能危及人体健康和人身、财产安全。因此，销售者不得销售失效、变质的产品。

除此之外，销售者应履行遵守产品标识义务，不得违反产品的禁止性规定的义务，不得伪造或者冒用认证标志、名优标志等质量标志，销售者销售产品，不得掺杂、掺假，不得以假充真、以次充好，不得以不合格产品冒充合格产品。

四、违法责任

（一）违反《产品质量法》的责任的概念

违反《产品质量法》的责任是指生产者、销售者故意生产或销售不符合质量标准产品，根据《产品质量法》的规定应当承担的法律后果。违反《产品质量法》责任的形式包括损害赔偿的民事责任、行政处罚责任和刑事法律责任。

（二）违反《产品质量法》的责任形式

1. 损害赔偿的民事责任

（1）生产者损害赔偿责任。《产品质量法》第41条规定，因产品存在缺陷造成人身、缺陷产品以外的其他财产损害的，生产者应当承担赔偿责任。

产品缺陷是指产品存在危及人身、他人财产安全的不合理的危险；产品有保障人体健康和人身、财产安全的国家标准、行业标准的而不符合标准。如果生产者能够证明有以下情形之一的，不承担赔偿责任：未将产品投入流通的；产品投入流通时，引起损害的缺陷尚不存在的；将产品投入流通时的科学技术水平尚不能发现缺陷的存在的。

（2）销售者损害赔偿责任。《产品质量法》第42条规定，由于销售者的过错使产品存在缺陷，造成人身、他人财产损害的，销售者应当承担赔偿责任。销售者不能指明缺陷产品的生产者也不能指明缺陷产品的供货者的，销售者应当承担赔偿责任。

销售者售出的产品有下列情形之一的，应当负责修理、更换、退货：给购买产品的消费者造成损失的，销售者应当赔偿损失；不具备产品应当具备的使用性能而事先未做说明的；不符合在产品或者其包装上注明采用的产品标准的；不符合产品说明、实物样品等方式表明的质量状况的。

（3）合同形式责任。生产者之间、销售者之间以及生产者与销售者之间依法订立的产品购销、加工承揽合同有不同约定的，有关损害赔偿责任，由当事人按照合同约定执行。

（4）损害赔偿的范围。《产品质量法》第44条规定，因产品存在缺陷造成受害人人身伤害的，侵害人应当赔偿医疗费、治疗期间的护理费、因误工减少的收入等费用；造成残疾的，还应当支付残疾者生活自助具费、生活补助费、残疾赔偿金以及由其扶养的人所必需的生活费等费用；造成受害人死亡的，并应当支付丧葬费、死亡赔偿金以及死者生前扶养的人所必需的生活费等费用。

因产品缺陷造成受害人财产损失的，侵害人应当恢复原状或者折价赔偿。受害人因此遭受其他重大损失的，侵害人应当赔偿损失。

（5）损害赔偿责任的追索。《产品质量法》第43条规定，因产品存在缺陷造成人身、他人财产损害的，受害人可以向产品的生产者要求赔偿，也可以向产品的销售者要求赔偿。属于产品生产者的责任，产品的销售者赔偿的，产品的销售者有权向产品的生产者追偿。属于产品的销售者的责任，产品的生产者赔偿的，产品的生产者有权向产品的销售者追偿。

(6) 损害赔偿的请求权和诉讼时效。损害赔偿的请求权是指受害者向产品生产者或销售者提出要求赔偿的权利。《产品质量法》第45条第2款规定，因产品存在缺陷造成损害要求赔偿的请求权，在造成损害的缺陷产品交付最初消费者满10年丧失；但是，尚未超过明示的安全使用期的除外。即超过10年或超过明示安全使用期的，丧失请求权。

诉讼时效即受害人要求生产者或销售者赔偿损失案件向人民法院提起诉讼的时间效力。《产品质量法》第45条第1款规定，因产品存在缺陷造成损害要求赔偿的诉讼时效期间为2年，自当事人知道或者应当知道其权益受到损害时起计算。逾期不向人民法院起诉的，一般不予受理。当事人超过时效的，只丧失请求处理的权利而不丧失实质权利。

(7) 产品质量纠纷的处理。因产品质量发生纠纷时，当事人双方可以通过协商或者调解解决。当事人不愿通过协商、调解解决或者协商、调解不成的，可以根据当事人各方的协议向仲裁机构申请仲裁；当事人各方没有达成仲裁协议的，可以向人民法院起诉。仲裁机构或者人民法院对产品质量无法确定时，可以委托省级以上人民政府市场监督管理部门或其授权的部门考核合格的产品质量检验机构，对有关产品质量进行检验。

2. 违反《产品质量法》的行政责任

(1) 生产、销售不符合保障人体健康和人身、财产安全的国家标准、行业标准的产品的，责令停止生产或销售，没收违法生产或销售的产品和违法生产、销售产品（包括已售和未售出的产品，下同）货值金额等值以上3倍以下的罚款，有违法所得的，并处没收违法所得；情节严重的，吊销营业执照；构成犯罪的，依法追究刑事责任。

(2) 生产者、销售者在产品中掺杂、掺假，以假充真，以次充好，或者以不合格产品冒充合格产品的，责令停止生产、销售，没收违法生产、销售的产品和违法所得，并处违法生产和销售产品货值金额50%以上3倍以下的罚款，情节严重的，吊销营业执照；构成犯罪的，依法追究刑事责任。

(3) 生产者、销售者生产、销售国家明令淘汰产品的，责令停止生产、销售，没收违法生产、销售的产品和违法所得，并处违法生产、销售产品货值金额等值以下的罚款，情节严重的，吊销营业执照。

(4) 销售者销售失效、变质产品的，责令停止销售，没收违法销售的产品和违法所得，并处违法销售产品货值金额2倍以下的罚款，情节严重的，吊销营业执照；构成犯罪的，依法追究刑事责任。

(5) 生产者、销售者伪造产品产地的；伪造或者冒用他人的厂名、厂址的；伪造或者冒用认证标志等质量标志的，责令改正，没收违法生产、销售的产品和违法所得，并处违法生产、销售产品货值金额等值以下的罚款。情节严重的，吊销营业执照。

(6) 产品标识不符合《产品质量法》规定的，责令改正；有包装的产品标识不符合法律规定，情节严重的，责令停止生产、销售，并处违法生产、销售产品货值金额30%以下罚款。有违法所得的，并处没收违法所得。

（7）产品质量检验机构、认证机构伪造检验结果或者出具虚假证明的，责令改正，对单位处5万元以上10万元以下的罚款，对直接负责的主管人员和直接责任人员处1万元以上5万元以下的罚款；有违法所得的，并处没收违法所得；情节严重的，取消其检验资格、认证资格；构成犯罪的，依法追究刑事责任。

产品质量检验机构、认证机构出具的检验结果或者证明不实，造成损失的，应当承担相应的赔偿责任；造成重大损失的，撤销其检验资格、认证资格。

产品质量认证机构对不符合认证标准而使用认证标志的产品，未依法要求其改正或者取消其使用认证标志资格的，对因产品不符合认证标准给消费者造成的损失，与产品的生产者、销售者承担连带责任；情节严重的，撤销其认证资格。

（8）对生产者专门用于生产违法的产品或者以假充真的产品的原辅材料、包装物、生产工具，应当予以没收。

（9）知道或者应当知道属于禁止生产、销售的产品而为其提供运输、保管、仓储等便利条件的，或者为以假充真的产品提供制假生产技术的，没收全部运输、保管、仓储或者提供制假生产技术的收入，并处违法收入50%以上3倍以下的罚款。

（10）服务业的经营者把禁止销售的产品用于经营性服务的，责令停止使用；对知道或应当知道所使用的产品属于禁止销售的产品的，按照违法使用的产品（包括已使用和尚未使用的产品）的货值金额，依照对销售者的处罚规定处罚。

（11）隐匿、转移、变卖、损毁被市场监督管理部门查封、扣押的物品的，处被隐匿、转移、变卖、损毁物品货值金额等值以上3倍以下的罚款；有违法所得的，并处没收违法所得。

（12）各级人民政府工作人员和其他国家机关工作人员有下列情形之一的，依法给予行政处分；构成犯罪的，依法追究刑事责任。

第一，包庇、放纵产品生产、销售中违反《产品质量法》规定行为的；

第二，向从事违反《产品质量法》规定的生产、销售活动的当事人通风报信，帮助其逃避查处的；

第三，阻挠、干预市场监督管理部门依法对产品生产、销售中违反《产品质量法》规定的行为进行查处，造成严重后果的。

（13）市场监督管理部门在产品质量监督抽查中超过规定的数量索取样品或者向被检查人收取检验费用的，由上级市场监督管理部门或监察机关责令退还；情节严重的，对直接负责的主管人员和其他直接责任人员依法给予行政处分。

（14）市场监督管理部门或者其他国家机关违反《产品质量法》的规定，向社会推荐生产者的产品或者以监制、监销等方式参与产品经营活动的，由其上级机关或监察机关责令改正，消除影响，有违法收入的予以没收；情节严重的，对直接负责的主管人员和其他责任人员依法给予行政处分。

产品质量检验机构有前款所列违法行为的，由市场监督管理部门责令改正，消除影响，有违法收入的予以没收，可以并处违法收入1倍以下的罚款；情节严重的，撤销其质量检验资格。

（15）市场监督管理部门的工作人员滥用职权、玩忽职守、徇私舞弊，不构成犯罪的，依法给予行政处分。构成犯罪的，依法追究刑事责任。

3. 生产、销售伪劣产品的刑事责任

（1）生产者、销售者在产品中掺杂、掺假，以假充真，以次充好或者以不合格产品冒充合格产品，销售金额 5 万元以上不满 20 万元的，处 2 年以下有期徒刑或者拘役，并处或者单处销售金额 50％以上 2 倍以下罚金；销售金额 20 万元以上不满 50 万元的，处 2 年以上 7 年以下有期徒刑，并处销售金额 50％以上 2 倍以下罚金；销售金额 50 万元以上不满 200 万元的，处 7 年以上有期徒刑，并处销售金额 50％以上 2 倍以下罚金；销售金额 200 万元以上的，处 15 年有期徒刑或者无期徒刑，并处销售金额 50％以上 2 倍以下罚金或者没收财产。

（2）生产、销售假药，足以严重危害人体健康的，处 3 年以下有期徒刑或者拘役，并处或者单处销售金额 50％以上 2 倍以下罚金；对人体健康造成严重危害的，处 3 年以上 10 年以下有期徒刑，并处销售金额 50％以上 2 倍以下罚金；致人死亡或者对人体健康造成特别严重危害的，处 10 年以上有期徒刑、无期徒刑或者死刑，并处销售金额 50％以上 2 倍以下罚金或者没收财产。

（3）生产、销售劣药，对人体健康造成严重危害的，处 3 年以上 10 年以下有期徒刑，并处销售金额 50％以上 2 倍以下罚金；后果特别严重的，处 10 年以上有期徒刑或者无期徒刑，并处销售金额 50％以上 2 倍以下罚金或者没收财产。

（4）生产、销售不符合卫生标准的食品，足以造成严重食物中毒事故或者其他严重食源性疾患的，处 3 年以下有期徒刑或者拘役，并处或者单处销售金额 50％以上 2 倍以下罚金；对人体健康造成严重危害的，处 3 年以上 7 年以下有期徒刑，并处销售金额 50％以上 2 倍以下罚金；后果特别严重的，处 7 年以上有期徒刑或者无期徒刑，并处销售金额 50％以上 2 倍以下罚金或者没收财产。

（5）在生产、销售的食品中掺入有毒、有害的非食品原料的，或者销售明知掺有有毒、有害的非食品原料的食品的，处 5 年以下有期徒刑或者拘役，并处或者单处销售金额 50％以上 2 倍以下罚金；造成严重食物中毒事故或者其他严重食源性疾患，对人体健康造成严重危害的，处 5 年以上 10 年以下有期徒刑，并处销售金额 50％以上 2 倍以下罚金；致人死亡或者对人体健康造成特别严重危害的，处 10 年以上有期徒刑、无期徒刑或者死刑，并处销售金额 50％以上 2 倍以下罚金或者没收财产。

（6）生产不符合保障人体健康的国家标准、行业标准的医疗器械、医用卫生材料，或者销售明知是不符合保障人体健康的国家标准、行业标准的医疗器械、医用卫生材料，对人体健康造成严重危害的，处 5 年以下有期徒刑，并处销售金额 50％以上 2 倍以下罚金；后果特别严重的，处 5 年以上 10 年以下有期徒刑，并处销售金额 50％以上 2 倍以下罚金，其中情节特别恶劣的，处 10 年以上有期徒刑或者无期徒刑，并处销售金额 50％以上 2 倍以下罚金或者没收财产。

（7）生产或销售明知是不符合保障人身、财产安全的国家标准、行业标准的电器、压力容器、易燃易爆产品造成严重后果的，处5年以下有期徒刑，并处销售金额50%以上2倍以下罚金；后果特别严重的，处5年以上有期徒刑，并处销售金额50%以上2倍以下罚金。

（8）生产假农药、假兽药、假化肥，销售明知是假的或者失去使用效能的农药、兽药、化肥、种子，或者生产者、销售者以不合格的农药、兽药、化肥、种子冒充合格的农药、兽药、化肥、种子，使生产遭受较大损失的，处3年以下有期徒刑或者拘役，并处或者单处销售金额50%以上2倍以下罚金；使生产遭受重大损失的，处3年以上7年以下有期徒刑，并处销售金额50%以上2倍以下罚金；使生产遭受特别重大损失的，处7年以上有期徒刑或者无期徒刑，并处销售金额50%以上2倍以下罚金或者没收财产。

（9）生产不符合卫生标准的化妆品，或者销售明知是不符合卫生标准的化妆品，造成严重后果的，处3年以下有期徒刑或者拘役，并处或者单处销售金额50%以上2倍以下罚金。

本章小结

市场监管法律制度是国家从社会经济的整体出发，为了维护市场机制的作用，对影响市场秩序、偏离市场经济基本原则的行为进行规制的法律规范的总称。缺乏约束的市场行为往往会在增进个体利益的同时减少整个社会的整体利益，垄断和不正当竞争行为即为其中的典型。维护经济民主、保障实质公平、社会整体效率优先是市场监管法律制度的基本原则。对市场竞争行为的规制和对消费者合法权益的保护是市场监管法律制度的主要调整对象。

思考训练题

选择题

1. 下列行为中，违反《反不正当竞争法》规定的有（　　）。

A. 对能够影响交易的第三方进行商业贿赂

B. 乙商店低价处理即将到期的商品

C. 丙企业为清偿债务降价销售商品

D. 丁企业设立抽奖式的有奖销售，最高奖品是价值10万元的汽车

2. 某县政府规定：施工现场不得搅拌混凝土，只能使用预拌的商品混凝土。2012年，县建材协会组织协调县内6家生产企业达成协议，各自按划分的区域销售商品混凝土。因货少价高，一些施工单位要求县工商局处理这些企业的垄断行为。根据《反垄断法》，下列选项中错误的是（　　）。

A. 县政府的规定属于行政垄断行为

B. 县建材协会的行为违反了《反垄断法》

C. 县工商局有权对6家企业涉嫌垄断的行为进行调查和处理

D. 被调查企业承诺在反垄断执法机构认可的期限内采取具体措施消除该行为后果的，

该机构可决定终止调查

3. 根据《反垄断法》的规定，下列选项中不构成垄断协议的是（　　）。

A. 某行业协会组织本行业的企业就防止进口原料时的恶性竞争达成保护性协议

B. 三家大型房地产公司的代表聚会，就商品房价格达成共识，随后一致采取涨价行动

C. 某品牌奶粉含有毒物质的事实被公布后，数家大型零售公司联合声明拒绝销售该产品

D. 数家大型煤炭企业就采用一种新型矿山安全生产技术达成一致意见

4. 经营者采用网络、电视、电话、邮购等方式销售商品，除特殊商品外，消费者有权自收到商品之日起(　　)日内退货，且无须说明理由。

A. 5　　B. 7　　C. 10　　D. 15

5. 下列各项中不属于《消费者权益保护法》调整对象的是（　　）。

A. 农民为自办的蛋糕店购买鸡蛋

B. 学生为自学需要购买书籍

C. 个体老板为家庭消费需要购买大米

D. 农民为种植购买蔬菜种子

6. 下列说法错误的是(　　)。

A. 消费者或者其他受害人因商品缺陷造成人身、财产损害的，可以向销售者要求赔偿，也可以向生产者要求赔偿。

B. 广告经营者、发布者设计、制作、发布关系到消费者生命健康的商品或者服务的虚假广告，造成消费者损害的，应当与提供该商品或者服务的经营者承担连带责任

C. 经营者提供的机动车、计算机、电视机、电冰箱、空调、洗衣机等耐用商品或者装饰装修等服务，消费者自接受商品或者服务之日起六个月内发现瑕疵，发生争议的，由经营者承担有关瑕疵的举证责任

D. 经营者提供商品或者服务有欺诈行为的，其赔偿金额为消费者购买商品的价款或者接受服务的费用的两倍

7.《产品质量法》调整的范围是(　　)。

A. 经过加工、制作并用于销售的农产品

B. 经过加工、制作并用于销售的食品

C. 经过炼制并用于销售的矿产品

D. 直接开采的原油

8. 产品或者其包装上的标识，应当具有以下内容(　　)。

A. 检验合格证明

B. 有中文标明的产品名称、生产厂厂名和厂址

C. 限期使用的产品，应当在显著位置标明生产日期或者失效日期

D. 裸装产品，不必附加产品标识

案例分析题

【案例1】

2010年11月3日下午腾讯向用户宣布：在奇虎360公司停止对QQ进行外挂侵犯和恶意诋毁之前，决定在装有360软件的电脑上停止运行QQ软件。与此同时，腾讯还宣布，QQ空间不支持360浏览器访问。这意味着用户要么卸载360，要么放弃QQ。

问题

从反垄断法角度分析“腾讯与360之战”。

【案例2】

某年7—8月，甲旅行社以离间手段诱使乙旅行社欧美部10余名员工未办理调动手续，相继携带工作中使用、保管的客户档案投奔甲旅行社。甲旅行社以这些人员为基础组建了本社欧美二部，并以这些员工掌握的原客户档案与国外客户联系，致使乙旅行社当年8—12月的旅游团队在一周时间内取消了151个，占原预订团队总数的2/3，减少计划收入2 186.4万元，利润损失353万元。乙旅行社诉至法院，请求法院制止甲旅行社的不正当竞争行为，要求甲旅行社归还其客户档案，赔偿经济损失300万元。

问题

甲旅行社的行为是否构成不正当竞争行为？为什么？

【案例3】

天津中国青年旅行社（以下简称天津青旅）于1986年11月1日成立，是从事国内及出入境旅游业务的国有企业，直属于共青团天津市委员会。共青团天津市委员会出具证明称，“天津青旅”是天津中国青年旅行社的企业简称。2007年，《今晚报》等媒体在报道天津中国青年旅行社承办的活动中已开始以“天津青旅”指代天津中国青年旅行社。天津青旅在报价单、旅游合同、与同行业经营者合作的文件、发票等资料上，经营场所各门店招牌上以及日常经营活动中，使用“天津青旅”作为企业的简称。

天津国青国际旅行社有限公司于2010年7月6日成立，是从事国内旅游及入境旅游接待等业务的有限责任公司。2010年底，天津青旅发现通过Google搜索引擎分别搜索“天津中国青年旅行社”或“天津青旅”，在搜索结果的第一名并标注赞助商链接的位置，分别显示“天津中国青年旅行社网上营业厅　www.lechuyou.com　天津国青网上在线营业厅，是您理想选择，出行提供优质、贴心、舒心的服务”或“天津青旅网上营业厅　www.lechuyou.com　天津国青网上在线营业厅，是您理想选择，出行提供优质、贴心、舒心的服务”，点击链接后进入网页是标称天津国青国际旅行社乐出游网的网站，网页顶端出现“天津国青国际旅行社—青年旅行社青旅/天津国旅”等字样，网页内容为天津国青旅游业务信息及报价，标称网站版权所有：乐出游网—天津国青，并标明了天津国青的联系电话和经营地址。同时，天津青旅通过百度搜索引擎搜索“天津青旅”，在搜索结果的第一名并标注推广链接的位置，显示“欢迎光临天津青旅重合同守信誉单位……”，点击链接后进入网页仍然是上述标称天津国青乐出游网的网站。

天津中国青年旅行社作为原告，诉称被告天津国青国际旅行社有限公司在其版权所有的网站页面、网站源代码以及搜索引擎中，非法使用原告企业名称全称及简称“天津青旅”，违反了《反不正当竞争法》的规定，请求判令被告立即停止不正当竞争行为、公开赔礼道歉、赔偿经济损失10万元，并承担诉讼费用。被告天津国青国际旅行社有限公司（以下简称天津国青旅）辩称“天津青旅”没有登记注册，并不由原告享有，原告主张的损失没有事实和法律依据，请求驳回原告诉讼请求。

（案件来源：最高人民法院发布的指导案例29号 天津中国青年旅行社诉天津国青国际旅行社擅自使用他人企业名称纠纷案）

问题

原告的诉讼请求能否得到支持，请谈谈你的认识。

【案例4】

刘某一日晚归，上楼梯时，因楼梯处的灯泡被人打破，刘某想起自己一年前在某商场购得的打火机，便将其拿出并调至最大火苗状态，借此照明上楼。走到家门口时，打火机突然在手中爆炸，刘某手被炸伤。经治疗，花去医疗费9 000余元。刘某伤愈，提起诉讼索赔。被告商场认为，商场进货时已经验收，该打火机有检验合格证。至于打火机存在的质量缺陷，是生产厂家的责任，商场并无责任。被告打火机厂辩称：该打火机是一年以前投放市场的，至今销路甚好，广受消费者喜爱。该打火机外包装上明示“产品出售3个月内，可因产品内在质量问题由厂家免费修理或更换，实行三包”，原告一年前购买的打火机远远超出“三包”期限，并且打火机是用来点烟的，原告调至最大火苗状态用来照明，此乃原告使用不当，因此，为维护企业合法权益，不负赔偿责任。法院经审理查明，该种打火机为增大储气容量，将储气室增大，储气室与火苗间仅有一层薄铁皮相隔，当火苗很大又长时间燃烧，并且储气室内液体燃气多、压力大时，足以导致燃气室的压力过大爆炸，因此该打火机在设计上存在缺陷。

问题

1. 被告某商场的观点是否成立？为什么？

2. 被告打火机厂的观点是否成立？为什么？应如何处理？

【案例5】

某年9月2日，某建筑公司从某建筑机械厂经销处购买某木工机械厂生产的木工钻机一台。次日上午赵某等人在调试该钻机过程中，因机械导线漏电，造成其中2人被电击倒，赵某当即死亡。

9月4日，赵某等人的亲属到消费者协会投诉，消费者协会会同标准计量局等部门赴现场进行实地勘验。标准计量局技术鉴定报告确认：“该产品质量不合格，导线绝缘不合标准，说明书与产品不符。”标准计量局与市工商行政管理部门对机械厂经销处的库存产品予以查封，同时电告生产企业某木工机械厂。在事发后一个月里，标准计量局和工商行政管理部门多次电告生产企业来人处理。后生产企业代表与被害者家属在有关部门的主持下进行调解，但调解多次均未能达成协议。

问题

谁应对赵某的死及被击伤的人负赔偿责任？

【案例6】

某商家在销售某型号电子产品时作出了“假一罚十”的承诺，但最终该电子产品被鉴定为假货。消费者据此要求商家承担十倍赔偿的法律责任，商家只愿意按照《消费者权益保护法》承担责任。

问题

商家“假一罚十”的承诺有无效力？讨论该案的法律适用。

思考题

在考虑一项技术是采用商业秘密还是专利方式进行保护时，有哪些考虑因素？

第5章 宏观调控法律制度

学习目的和要求

理解税法的基本要素，了解我国的税收管理体制和现行税种，熟悉各主要税种征税范围、应纳税额的计算以及税收优惠规定；掌握外商投资法的法律规定；了解统计监督、会计监督和审计监督的法律规定；了解价格法的基本制度。

第1节 税收法律制度

一、税法概述

（一）税收的概念、特征、作用和基本原则

1. 税收的概念

税收是国家凭借政权的力量，按照法定的标准和程序，无偿地强制取得财政收入而发生的一种分配关系。这种分配关系的主体是国家和纳税人，客体是劳动人民创造的国民收入和积累的社会财富，目的是实现国家的职能。社会剩余产品和国家的存在是税收产生的基本前提。

2. 税收的特征

（1）强制性。税收是以国家政权为依托而开征的，纳税人必须依照法律的规定无条件地履行纳税义务，否则依法制裁。

（2）无偿性。纳税人依法纳税，税款无偿归国家所有，国家对具体纳税人既不需要直接偿还，也不需为此付出任何代价。

（3）固定性。税收是国家按照法律预先规定的范围、标准、环节征收，具有相对稳定性。

3. 税收的作用

（1）税收是国家组织财政收入的主要形式和工具，为国家财政收入提供主要来源，为实现社会主义国家职能提供财力保证。

(2) 税收是国家调控经济的重要杠杆之一，可以调节社会经济活动，限制生产经营，引导社会资金流向，调整产业结构，调节生产发展，促进社会总需求和总供给的基本平衡。

(3) 税收是国家调节分配的重要手段，通过税收均衡分配，正确处理国家、集体、个人三者之间的经济利益关系，调节各种经济成分、各种行业、产品经营者的收入差距。

4. 税法基本原则

税收原则是税收法律制度制定和实施的基本准则。在现代税收理论中，关于税收体系设计的最重要原则，一是效率原则，二是公平原则。

(1) 税收法定原则。税收法定原则是税法基本原则的核心，又称为税收法定主义，是指税法主体的权利义务必须由法律加以规定，税法的各类构成要素都必须且只能由法律予以明确。

(2) 税收公平原则。税收公平原则是指征税应根据经济能力或纳税能力平等分配负担。负担能力相等，税负相同；负担能力不等，税负不同。

(3) 税收效率原则。税收效率原则包括两个方面：一是经济效率；二是行政效率。前者要求税收保持中立性，从而使市场经济机制发挥有效配置资源的作用，后者要求提高税收行政效率。

(4) 实质课税原则。实质课税原则是指应根据客观事实确定是否符合课税要件，并根据纳税人的真实负担能力决定纳税人的负税，而不能仅考虑相关外观和形式。

(二) 税法的概念和构成要素

1. 税法的概念

税法是调整税收关系的法律规范的总称，即调整国家与纳税人之间在征纳税过程中形成的各种社会关系的法律规范的总称。税收与税法关系密切，税收是一种取得财政收入的分配形式，税法则是这种分配形式的具体化和法律表现。税法依照税收政策和税收内在规律制定，税收活动又须在税法的要求下进行。

2. 税法的构成要素

(1) 纳税人。纳税人又称纳税主体，是指税法规定的直接负有纳税义务的社会组织和个人。

(2) 征税对象。征税对象又称征税客体，即对什么征税。每一种税法都规定了明确而具体的征税对象，征税对象关系着各种税法的基本界限，是征税的直接依据和税法的最基本要素。

(3) 税目。税目是征税对象的具体化，反映具体的征税对象，代表征税的广度。

(4) 税率。税率是纳税额与征税对象之间的比例，是计算税额的尺度，是税法结构中的核心部分。

我国现行税率有三种：比例税率、累进税率、定额税率。比例税率是不分征税对象的大小，只限定一个比例的税率。累进税率是按照征税对象数额的大小规定不同等级的税率，征税对象数额越大，税率越高。累进税率又分为全额累进税率和超额累进税率。全额累进税率是以征税对象的全额，适用相应等级的税率，计征税款；超额累进税率是按征税对象数额超过低一等级的部分，适用高一等级税率计征税款，然后分别相加，得出应纳税款的总额。定额税率是按单位征税对象直接规定固定的税额而不采取百分比的形式，这是税率的一种特殊形式。

（5）纳税环节。纳税环节是指在商品流转过程中应当缴纳税款的环节，即在对商品流转额的征税中应征几道税的问题。

（6）纳税期限。纳税期限指纳税单位和个人缴纳税款的期限。

（7）减免税。减免税是指税法对特定的纳税人或征税对象给予鼓励和照顾的一种优待性规定。减税是对应纳税额少征一部分税款。免税是对应纳税额全部免征。我国税法的减免税内容主要有起征点、免征额和减免规定三种形式。

（8）违规处理。它是指纳税人有违反税法行为时，税务机关可依法作出处理，对触犯刑律的，由司法机关依法处理。

（9）税务纠纷的处理原则。税务纠纷是指纳税人对税务机关征税时适用税法、核定税目、确定税率、计算税额等方面有不同意见而产生的争议。解决税务纠纷的原则，即纳税人先按税务机关的意见纳税、后申请复议的原则。对复议决定不服，可向人民法院起诉。

（三）我国的税法体系

1. 流转税法

流转税法是规范流转税关系的法律规范的总称。流转税是对商品生产、流通和提供劳务的销售额或营业额（亦即流转额）征税的各个税种的统称。流转税的特点是：（1）以产品销售额或营业额为征税依据；（2）是商品价格或收费标准的组成部分；（3）一般采取比例税率；（4）不论纳税人经营状况如何都要征收，是一种全天候税。流转税包括增值税、消费税、关税等。

2. 所得税法

所得税法是规范所得税关系的法律规范的总称。所得税是以纳税人的所得额或收益额为征税对象的各个税种的统称。所得税的特点有：（1）征税客体是纳税人全年实际所得额或收益额；（2）以纳税人实际负担能力为征税原则，所得多则多征，所得少则少征，无所得则不征；（3）除适用比例税率外，还适用超额累进税率；（4）根据纳税人全年所得额或收益额征收，采取按季预征、年终结算的方式。所得税包括企业所得税和个人所得税。

3. 财产税法

财产税法是规范财产税关系的法律规范的总称。财产税是以各种财产（包括动产和不动产）为征税对象的税收。财产税是以财产的价值额或租价额为征税对象的各个税种的统称。财产税的特点是：以纳税人所占有或转移的财产为征税对象，面向财产所有人或使用人征收。世界上的财产税一般包括：一般财产税、遗产税、赠与税等。我国目前开征的房产税、契税和正在讨论开征的遗产税等都属于财产税。

4. 行为税法

行为税法是规范行为税关系的法律规范的总称。行为税是以特定行为为征税对象的各个税种的统称。行为税主要包括印花税、屠宰税、船舶吨税。

5. 资源税法

资源税法是规范资源税关系的法律规范的总称。资源税是为了促进合理开发利用资源、调节资源级差收入而对资源产品征收的各个税种的统称，主要包括资源税、土地增值税、城镇土地使用税。

二、流转税法

（一）增值税

国务院于1993年12月13日公布了《中华人民共和国增值税暂行条例》，该条例于2008年11月5日、2016年2月6日、2017年11月19日进行了修订。财政部、国家税务总局于2008年12月18日公布了《中华人民共和国增值税暂行条例实施细则》，于2011年10月28日进行了修订。

1. 增值税的概念

增值税是以商品生产流通和劳务服务各个环节的增值因素为征税对象的一种流转税。增值是纳税人在生产经营活动中所创造的新增价值或商品的附加值，即纳税人在一定时期内销售产品或提供应税劳务所得收入超过其购进商品或得到劳务时所支出的差额部分。

增值税的特征有两个：一是能避免重复征税。增值税只是对商品流转额中的增值额征税，对流转额中已征过税的部分不再征税，这就克服了以流转总额征税而产生的重复征税的弊端。二是增值税具有中性税的属性。增值税按增值额征税，避免了因企业组织形态的不同和社会专业化分工的不同而导致税负的不平。同时，由于增值税的税率档次少，不同货物或劳务的税率基本一致，税负平均分配于商品价格，这就给商品生产者以平等的待遇，形成平等竞争的环境。根据税基和购进固定资产的进项税额是否扣除及如何扣除的不同，各国增值税可以分为生产型、收入型和消费型三种类型。我国原来开征的是生产型增值税，修订后的《中华人民共和国增值税暂行条例》删除了有关不得抵扣购进固定资产进项税额的规定，实现了向消费型增值税的转型。尽管增值税转型短期内会造成税收的减收效应，但是外购生产经营用固定资产的成本可以凭增值税专用发票一次性全部扣除，更有利于进行税收征管，也有利于鼓励投资，加速设备更新，因而，消费型增值税被认为最能体现增值税的优越性。

2. 增值税的纳税主体

增值税的纳税主体是在我国境内销售或者进口货物、销售劳务、销售服务、销售无形资产、销售不动产的单位和个人。

根据纳税人的经营规模及会计核算的健全程度不同，增值税的纳税人可以分为小规模纳税人和一般纳税人。一般纳税人是指有健全的会计核算制度，能够提供准确的税务资料，并且申请办理一般纳税人认定手续的纳税人。国家税务总局于2009年12月15日审议通过《增值税一般纳税人资格认定管理办法》，自2010年3月20日起施行。小规模纳税人是指年应纳增值税销售额（以下简称年应税销售额）在规定的标准以下，并且会计核算不健全，不能按规定报送有关税务资料的增值税纳税人。根据财政部、国家税务总局发布的《关于统一增值税小规模纳税人标准的通知》（财税〔2018〕33 号），自 2018 年 5 月 1 日起，增值税小规模纳税人标准为年应征增值税销售额 500 万元及以下。年应税销售额超过小规模纳税人标准的其他个人、非企业单位、不经常发生应税行为的企业，可选择按小规模纳税人纳税。

3. *计税方法*

（1）一般纳税人销售货物或提供应税劳务的计税方法。一般纳税人销售货物或提供应税劳务，其应纳税额运用扣税法计算。一般纳税人实行根据增值税专用发票上注明的税款抵扣制度，即以商品销售额为计税依据，同时允许从税额中扣除上一道环节已经缴纳的税款，实施按增值因素征税的原则。

其计算公式为：

应纳税额＝当期销项税额－当期进项税额

式中，销项税额＝销售额×税率。销售额为纳税人发生应税销售行为收取的全部价款和价外费用，但是不包括收取的销项税额。

纳税人购进货物、劳务、服务、无形资产、不动产所支付或者负担的增值税额为进项税额。下列进项税额准予从销项税额中抵扣：1）从销售方取得的增值税专用发票上注明的增值税额。2）从海关取得的海关进口增值税专用缴款书上注明的增值税额。3）购进农产品，除取得增值税专用发票或者海关进口增值税专用缴款书外，按照农产品收购发票或者销售发票上注明的农产品买价和 9%的扣除率计算进项税额；纳税人购进用于生产或者委托加工 13%税率货物的农产品，按照 10%的扣除率计算进项税额。此时，进项税额＝买价×扣除率。4）自境外单位或者个人购进劳务、服务、无形资产或者境内的不动产，从税务机关或者扣缴义务人取得的代扣代缴税款的完税凭证上注明的增值税额。

不得从销项税额中抵扣的进项税额包括：1）用于简易计税方法计税项目、免征增值税项目、集体福利或者个人消费的购进货物、劳务、服务、无形资产和不动产；2）非正常损失的购进货物，以及相关的劳务和交通运输服务；3）非正常损失的在产品、产成品所耗用的购进货物（不包括固定资产）、劳务和交通运输服务；4）国务院规定的其他项目。修订后的《中华人民共和国增值税暂行条例》规定，与企业技术更新无关且容易混为个人消费的自用消费品（如小汽车、游艇等）所含的进项税额，不得抵扣。

（2）小规模纳税人销售货物或提供应税劳务的计税方法。小规模纳税人销售货物或提供应税劳务，其应纳税额的计算不适用扣税法，而是实行按照销售额和征收率计算应纳税额的简易办法，不得抵扣进项税额。

其计算公式为：

应纳税额＝销售额×征收率

修订后的《中华人民共和国增值税暂行条例》降低了小规模纳税人的征收率，不再对小规模纳税人设置工业和商业两档征收率，将征收率统一降至 3%。

（3）进口货物应纳税额的计算。进口货物的纳税人，无论是一般纳税人还是小规模纳税人，均应按照组成计税价格和规定的税率计算应纳税额，不得抵扣进项税额。

其计算公式为：

应纳税额＝组成计税价格×税率

式中，组成计税价格＝关税完税价格＋关税＋消费税。

4. 增值税税率

（1）小规模纳税人以及允许适用简易计税方式计税的一般纳税人。

第一，征收率3％的情形是：小规模纳税人销售货物或者加工、修理修配劳务，销售应税服务、无形资产；一般纳税人发生按规定适用简易计税方法计税的特定应税行为，但适用5％征收率的除外。

第二，征收率5％的情形是：销售不动产；符合条件的经营租赁不动产（土地使用权）；转让营改增前取得的土地使用权；房地产开发企业销售、出租自行开发的房地产老项目；符合条件的不动产融资租赁；选择差额纳税的劳务派遣、安全保护服务；一般纳税人提供人力资源外包服务。

第三，个人出租住房，按照5％的征收率减按1.5％计算应纳税额。

第四，纳税人销售旧货：小规模纳税人（不含其他个人）以及符合规定情形的一般纳税人销售自己使用过的固定资产，可按3％征收率减按2％征收。

（2）一般纳税人。

财政部、国家税务总局、海关总署《关于深化增值税改革有关政策的公告》（财政部、国家税务总局、海关总署公告2019年第39号）的最新调整进一步降低了增值税的税负。

第一，增值税一般纳税人发生增值税应税销售行为或者进口货物，基本税率为13％。基本税率又称标准税率，适用于大多数征税对象，体现了增值税税负的轻重。

第二，低税率。纳税人销售或者进口下列货物适用9％的税率：1）粮食等农产品、食用植物油、食用盐；2）自来水、暖气、冷气、热水、煤气、石油液化气、天然气、沼气、二甲醚、居民用煤气用品；3）图书、报纸、杂志、音像制品、电子出版物；4）饲料、化肥、农药、农机、农膜；5）国务院规定的其他货物。结合《营业税改征增值税试点实施办法》，纳税人销售交通运输服务、邮政服务、基础电信服务、建筑服务、不动产租赁服务，销售不动产，转让土地使用权，适用9％的税率；销售增值电信服务、金融服务、现代服务、生活服务，销售无形资产（除土地使用权外），适用6％的税率。

第三，零税率。零税率即税率为零，仅适用于法律不限制或不禁止的报关出口的货物，以及输往海关管理的保税工厂、保税仓库和保税区的货物。国务院另有规定的某些货物，不适用零税率。境内单位和个人跨境销售国务院规定范围内的服务、无形资产也适用零税率。

5. 增值税的税收优惠

（1）法定免税项目。

根据《增值税暂行条例》的规定，下列项目免征增值税：1）农业生产者销售的自产农业产品；2）避孕药品和用具；3）古旧图书；4）直接用于科学研究、科学试验和教学的进口仪器、设备；5）外国政府、国际组织无偿援助的进口物资和设备；6）由残疾人组织直接进口供残疾人专用的物品；7）销售自己使用过的物品；8）前述规定外，增值税的免税、减税项目由国务院规定。任何地区、部门均不得规定免税、减税项目。

此外，财政部、国家税务总局发布的《关于全面推开营业税改征增值税试点的通知》（财税〔2016〕36 号）中附件三《营业税改征增值税试点过渡政策的规定》对“营改增”的免税项目作了规定。

（2）增值税的起征点。

增值税的起征点是指税法规定对征税对象开始征收增值税的起点数额。增值税起征点仅适用于个人，包括个体工商户和其他个人，但不适用于登记为一般纳税人的个体工商户。免税是对纳税人按税法规定应纳的税额不予征收，即使超过起征点的项目也不需要征收增值税。未达到起征点不需要纳税，即没纳税义务；免税是指应该纳税而国家减免，有纳税义务而不需要实际交纳。依照《中华人民共和国增值税暂行条例实施细则》的规定，增值税起征点的幅度规定如下：

1）销售货物的，为月销售额 5 000～20 000 元。

2）销售应税劳务的，为月销售额 5 000～20 000 元。

3）按次纳税的，为每次（日）销售额 300～500 元。

4）应税服务的起征点：①按期纳税的，为月销售额 5 000～20 000 元（含本数）。②按次纳税的，为每次（日）销售额 300～500 元（含本数）。

省、自治区、直辖市财政厅（局）和税务局应当在规定的幅度内根据实际情况确定本地区适用的起征点，并报财政部和国家税务总局备案。

（二）消费税

1. 消费税的概念

消费税是对特定的消费品和消费行为征收的一种流转税。消费税是 1994 年 1 月 1 日起实行的税制改革中新开征的税种，是从原税制的产品税、增值税中分离出来，属于新老税制收入的转换。国务院于 1993 年 12 月 13 日发布了《中华人民共和国消费税暂行条例》（以下简称《消费税暂行条例》），该条例于 2008 年 11 月 5 日修订并自 2009 年 1 月 1 日起施行。财政部、国家税务总局于 2008 年 12 月 15 日公布了《中华人民共和国消费税暂行条例实施细则》（以下简称《消费税暂行条例实施细则》）。

消费税的特征是：

（1）只对国家限制的少数消费品和消费行为征税。这种征收范围的选择能够更好地体现国家的产业政策、消费政策，对产业结构的调整和引导消费能起积极作用。

（2）只在消费品生产、流通或消费的某一环节征税。除金银首饰外，其他应税消费品都是在生产环节和进口环节征收消费税，这有利于加强税收源泉控制，及时组织税款入库。

（3）根据不同消费品的种类、档次、结构、功能等情况，制定不同的税率，既采用从价定率征收方法，又采用从量定额征收方法，同时简化了征收方法。

2. 消费税的纳税主体

在中国境内生产、委托加工和进口《消费税暂行条例》规定的消费品的单位和个人以及国务院确定的销售《消费税暂行条例》规定的消费品的其他单位和个人，为消费税的纳税人。

3. 消费税税目、税率

财政部、国家税务总局2006年3月21日联合下发通知，从2006年4月1日起，对我国现行消费税的税目、税率及相关政策进行调整。此次政策调整是1994年税制改革以来消费税最大规模的一次调整。此次消费税政策调整的主要内容是：新增高尔夫球及球具、高档手表、游艇、木制一次性筷子、实木地板等税目。增列成品油税目，原汽油、柴油税目作为此税目的两个子目，同时新增石脑油、溶剂油、润滑油、燃料油、航空煤油五个子目。取消“护肤护发品”税目。现有税目15个，很多税目还包括若干子目（见表5-1）。

表5-1　消费税税目税率表

税目	税率
一、烟	
1. 卷烟	
(1) 甲类卷烟	56%加0.003元/支（生产、委托加工或进口环节）
(2) 乙类卷烟	36%加0.003元/支（生产、委托加工或进口环节）
(3) 批发环节	11%加0.005元/支
2. 雪茄烟	36%
3. 烟丝	30%
二、酒及酒精	
1. 白酒	20%加0.5元/500克（或者500毫升）
2. 黄酒	240元/吨
3. 啤酒	
(1) 甲类啤酒	250元/吨
(2) 乙类啤酒	220元/吨
4. 其他酒	10%
三、高档化妆品	15%
四、贵重首饰及珠宝玉石	
1. 金银首饰、铂金首饰和钻石及钻石饰品	5%
2. 其他贵重首饰和珠宝玉石	10%
五、鞭炮、焰火	15%
六、成品油	
1. 汽油	1.52元/升
2. 柴油	1.20元/升
3. 航空煤油	1.20元/升
4. 石脑油	1.52元/升
5. 溶剂油	1.52元/升
6. 润滑油	1.52元/升
7. 燃料油	1.20元/升

续表

税目	税率
七、摩托车	
1. 气缸容量（排气量，下同）在 250 毫升（含 250 毫升）以下的	3%
2. 气缸容量在 250 毫升以上的	10%
八、小汽车	
1. 乘用车	
（1）气缸容量（排气量，下同）在 1.0 升（含 1.0 升）以下的	1%
（2）气缸容量在 1.0 升以上至 1.5 升（含 1.5 升）的	3%
（3）气缸容量在 1.5 升以上至 2.0 升（含 2.0 升）的	5%
（4）气缸容量在 2.0 升以上至 2.5 升（含 2.5 升）的	9%
（5）气缸容量在 2.5 升以上至 3.0 升（含 3.0 升）的	12%
（6）气缸容量在 3.0 升以上至 4.0 升（含 4.0 升）的	25%
（7）气缸容量在 4.0 升以上的	40%
2. 中轻型商用客车	5%
3. 超豪华小汽车	10%（零售环节）
九、高尔夫球及球具	10%
十、高档手表	20%
十一、游艇	10%
十二、木制一次性筷子	5%
十三、实木地板	5%
十四、电池	4%
十五、涂料	4%

4. *计税方法*

消费税的税率包括比例税率和定额税率两类。由于针对不同税目或子目适用不同的税率，消费税的税率档次较为复杂。多数适用比例税率，成品油税目和甲类、乙类啤酒、黄酒等子目适用定额税率，甲类、乙类卷烟和白酒等同时适用比例税率和定额税率，即复合税率。

消费税的应纳税额的计算有三种方法：从价定率计征法、从量定额计征法以及从价定率和从量定额复合计征法。适用比例税率的应税消费品，其应纳税额应从价定率计征，此时的计税依据是销售额。适用定额税率的消费品，其应纳税额应从量定额计征，此时的计税依据是销售数量。既规定了比例税率，又规定了定额税率的卷烟、白酒，其应纳税额实行从价定率和从量定额相结合的复合计征办法。目前只有卷烟、白酒实行复合计征的方法。

5. 减税、免税

消费税是对少数特定消费品选择征收的一种商品税，应税消费品的购买者一般具有较高的税收负担能力。因此，除了极少数特殊情况外，消费税一般不给予减免税优惠。消费税的税收减免主要有以下两种情形：

（1）纳税人出口应税消费品，除法律另有规定外，免征消费税。出口应税消费品的免税办法，由国务院财政、税务主管部门规定。

（2）纳税人自产自用的应税消费品，用于连续生产应税消费品的，不纳税。

三、所得税法

（一）企业所得税

2007 年 3 月 16 日第十届全国人民代表大会第五次会议通过了《中华人民共和国企业所得税法》（以下简称《企业所得税法》），自 2008 年 1 月 1 日起施行；《中华人民共和国外商投资企业和外国企业所得税法》和《中华人民共和国企业所得税暂行条例》同时废止。该法在 2017 年和 2018 年进行了两次修正。国务院于 2007 年 11 月 28 日通过的《中华人民共和国企业所得税法实施条例》进一步明确了《企业所得税法》的重要概念、税收政策以及征管问题。2019 年 4 月 23 日，国务院公布对《企业所得税法实施条例》部分条款的修正。

1. 企业所得税的概念

企业所得税是指国家对企业的生产经营所得和其他所得征收的一种税。由于各国对个人独资企业和合伙企业一般征收个人所得税，仅对公司征收企业所得税，因此，在许多国家，企业所得税又称为公司所得税或法人所得税。《企业所得税法》规定，企业和取得收入的其他组织为纳税人，改变了过去内资企业所得税以独立核算组织如分公司作为纳税人的做法。

2. 企业所得税的纳税主体

企业所得税纳税人按照国际惯例一般分为居民企业和非居民企业，这是确定纳税人是否负有全面纳税义务的基础。

居民企业是指依照中国法律法规在中国境内成立或者实际管理机构在中国境内的企业。例如，在我国注册成立的沃尔玛（中国）公司、通用汽车（中国）公司，就是我国的居民企业；在英国、百慕大群岛等国家和地区注册的公司，实际管理机构在我国境内的，也是我国的居民企业。上述企业应就其来源于我国境内外的所得缴纳企业所得税。

非居民企业是指依照外国（地区）法律法规成立且实际管理机构不在中国境内，但在中国境内设立机构、场所的，或者在中国境内未设立机构、场所，但有来源于中国境内所得的企业。例如，在我国设立的代表处及其他分支机构等外国企业。

3. 应纳税所得额

企业每一纳税年度的收入总额减除不征税收入、免税收入、各项扣除以及允许弥补的以前年度亏损后的余额，为应纳税所得额。

（1）收入总额。企业以货币形式和非货币形式从各种来源取得的收入为收入总额。包括：销售货物收入；提供劳务收入；转让财产收入；股息、红利等权益性投资收益；利息收入；租金收入；特许权使用费收入；接受捐赠收入；其他收入。

（2）不征税收入。包括：财政拨款；依法收取并纳入财政管理的行政事业性收费、政府性基金；国务院规定的其他不征税收入。

（3）各项扣除。企业实际发生的与取得收入有关的、合理的支出，包括成本、费用、税金、损失和其他支出；企业发生的公益性捐赠支出，在年度利润总额12%以内的部分；企业按照规定计算的固定资产折旧；企业按照规定计算的无形资产摊销费用；企业发生的合法支出作为长期待摊费用，按照规定摊销的；企业使用或者销售存货，按照规定计算的存货成本；企业转让资产，该项资产的净值，准予在计算应纳税所得额时扣除。

非居民企业应纳税所得额计算按照《企业所得税法》第3条第3款和第19条的规定核算。

4. 税率

企业所得税的税率为25%。

符合条件的小型微利企业，减按20%的税率征收企业所得税。

国家需要重点扶持的高新技术企业，减按15%的税率征收企业所得税。

在中国境内未设立机构、场所的，或者虽设立机构、场所但取得的所得与其所设机构、场所没有实际联系的非居民企业，适用税率为20%，减按10%征收企业所得税。

5. 税收优惠

《企业所得税法》规定了我国企业所得税实行“产业优惠为主，区域优惠为辅”的税收优惠政策。《企业所得税法》规定的企业所得税的税收优惠类别包括免税收入、可以减免税的所得、优惠税率、民族自治地方的减免税、加计扣除、抵扣应纳税所得额、加速折旧、减计收入、抵免应纳税额和其他专项优惠政策。

（1）免税收入是指属于企业的应税所得但按照税法规定免予征收企业所得税的收入。《企业所得税法》所称的免税收入包括国债利息收入，符合条件的居民企业之间的股息、红利收入，在中国境内设立机构、场所的非居民企业从居民企业取得与该机构、场所有实际联系的股息、红利收入，符合条件的非营利公益组织的收入等。

（2）其他税收优惠。企业购置用于环境保护、节能节水、安全生产等专用设备的投资额，可以按一定比例实行税额抵免。

创业投资企业从事国家需要重点扶持和鼓励的创业投资，可以按投资额的一定比例抵扣应纳税所得额。加计扣除指按照税法规定在实际发生数额的基础上，再加成一定比例，作为计算应纳税所得额时的扣除数额的一种税收优惠措施。例如，假定税法规定研发费用可实行150%加计扣除政策，如果企业当年开发新产品研发费用实际支出为100万元，就可按150万元（1 000 000×150%）数额在税前进行扣除，以体现鼓励研发政策。

加速折旧是指按照税法规定准予采取缩短折旧年限、提高折旧率的办法，加快折旧速度，减少应纳税所得额的一种税收优惠措施。

减计收入是指按照税法规定准予对经营活动取得的应税收入按一定比例减少计算，进而减少应纳税所得额的一种税收优惠措施。

（二）个人所得税

1. 个人所得税的概念

个人所得税是对个人所得额征收的一种税。1980年9月第五届全国人民代表大会第三次会议通过《中华人民共和国个人所得税法》（以下简称《个人所得税法》），到目前为止该法进行了七次修订。2018年对《个人所得税法》的最新修订除了提高基本减除费用标准、新设专项附加扣除项目，还开启了个人所得税由分类税制向综合税制的转变，把以前的工资薪金所得、劳务报酬所得、稿酬所得、特许权使用费所得作为综合所得，按照统一的超额累进税率进行征税，且对综合所得改为按年计算，有利于更好地发挥个税缩小收入分配差距的调节作用，更好地实现税负公平。

2. 个人所得税的纳税主体

居民个人从中国境内和境外取得的所得和非居民个人从中国境内取得的所得均应依法缴纳个人所得税。居民个人是在中国境内有住所，或者无住所而一个纳税年度内在中国境内居住累计满183天的个人；非居民个人是在中国境内无住所又不居住，或者无住所而一个纳税年度内在中国境内居住累计不满183天的个人。纳税年度是自公历1月1日起至12月31日止。

3. 个人所得税的征税对象

（1）工资、薪金所得；（2）劳务报酬所得；（3）稿酬所得；（4）特许权使用费所得；（5）经营所得；（6）利息、股息、红利所得；（7）财产租赁所得；（8）财产转让所得；（9）偶然所得。

上述第（1）项至第（4）项所得为综合所得，居民个人取得综合所得按纳税年度合并计算个人所得税；非居民个人取得综合所得，按月或者按次分项计算个人所得税。纳税人取得前款第（5）项至第（9）项所得，依法分别计算个人所得税。

4. 个人所得税的计算

（1）税率。个人所得税实行超额累进税率与比例税率相结合的税率体系，具体分为以下三种情况。

1）综合所得，适用3%～45%的超额累进税率。其税率表如表5-2所示。

表5-2 综合所得适用的税率

级数	全年应纳税所得额	税率（%）
1	不超过36 000元	3
2	超过36 000元至144 000元的部分	10
3	超过144 000元至300 000元的部分	20
4	超过300 000元至420 000元的部分	25
5	超过420 000元至660 000元的部分	30
6	超过660 000元至960 000元的部分	35
7	超过960 000元的部分	45

2）经营所得，适用5%～35%的超额累进税率。其税率表如表5-3所示。

表5-3　经营所得适用的税率

级数	全年应纳税所得额	税率（%）
1	不超过30 000元	5
2	超过30 000元至90 000元的部分	10
3	超过90 000元至300 000元的部分	20
4	超过300 000元至500 000元的部分	30
5	超过500 000元的部分	35

3）利息、股息、红利所得，财产租赁所得，财产转让所得和偶然所得，适用比例税率，税率为20%。

（2）应纳税所得额的界定。

第一，居民个人取得综合所得以每一纳税年度的收入额减除费用60 000元以及专项扣除、专项附加扣除和依法确定的其他扣除后的余额，为应纳税所得额。专项扣除，包括居民个人按照国家规定的范围和标准缴纳的基本养老保险、基本医疗保险、失业保险等社会保险费和住房公积金等；专项附加扣除，包括子女教育、继续教育、大病医疗、住房贷款利息或者住房租金、赡养老人等支出。非居民个人取得工资、薪金所得，以每月收入额减除费用5 000元后的余额为应纳税所得额；非居民个人取得劳务报酬所得、稿酬所得、特许权使用费所得，以每次收入额为应纳税所得额。

劳务报酬所得、稿酬所得、特许权使用费所得以收入减除20%的费用后的余额为收入额。稿酬所得的收入额减按70%计算。

第二，经营所得，以每一纳税年度的收入总额减除成本、费用以及损失后的余额为应纳税所得额。

第三，利息、股息、红利所得和偶然所得，以每次收入额为应纳税所得额。财产租赁所得，每次收入不超过4 000元的，减除费用800元；4 000元以上的，减除20%的费用，其余额为应纳税所得额。财产转让所得，以转让财产的收入额减除财产原值和合理费用后的余额，为应纳税所得额。

第四，应纳税所得额的扣除。个人将其所得对教育、扶贫、济困等公益慈善事业进行捐赠，捐赠额未超过纳税人申报的应纳税所得额30%的部分，可以从其应纳税所得额中扣除；国务院规定对公益慈善事业捐赠实行全额税前扣除的，从其规定。

第五，应纳税所得额的抵免。居民个人从中国境外取得的所得，可以从其应纳税额中抵免已在境外缴纳的个人所得税税额，但抵免额不得超过该纳税人境外所得依法规定计算的应纳税额。

5. *减税、免税*

（1）有下列情形之一的，可以减征个人所得税，具体幅度和期限，由省、自治区、直辖市人民政府规定，并报同级人民代表大会常务委员会备案：1）残疾、孤老人员和烈属的所得；2）因自然灾害遭受重大损失的；3）国务院规定的其他减税情形，并报全国人民代表大会常务委员会备案。

（2）下列各项个人所得，免征个人所得税：1）省级人民政府、国务院部委和中国人民解放军军以上单位，以及外国组织、国际组织颁发的科学、教育、技术、文化、卫生、体育、环境保护等方面的奖金；2）国债和国家发行的金融债券利息；3）按照国家统一规定发给的补贴、津贴；4）福利费、抚恤金、救济金；5）保险赔款；6）军人的转业费、复员费、退役金；7）按照国家统一规定发给干部、职工的安家费、退职费、基本养老金或者退休费、离休费、离休生活补助费；8）依照有关法律规定应予免税的各国驻华使馆、领事馆的外交代表、领事官员和其他人员的所得；9）中国政府参加的国际公约、签订的协议中规定免税的所得；10）国务院规定的其他免税所得，并由国务院报全国人民代表大会常务委员会备案。

6. 纳税申报

有下列情形之一的，纳税人应当依法办理纳税申报：1）取得综合所得需要办理汇算清缴；2）取得应税所得没有扣缴义务人；3）取得应税所得，扣缴义务人未扣缴税款；4）取得境外所得；5）因移居境外注销中国户籍；6）非居民个人在中国境内从两处以上取得工资、薪金所得；7）国务院规定的其他情形。

四、税收管理和法律责任

（一）税收管理体制

税收管理体制是指在中央和地方政府之间划分税收管理权限的制度。税收管理权限有税收的立法权、税法的解释权、税种的开征和停征权、税目的增减和税率的调整权、税收的减免权和调整权等。税收管理体制的总原则是“统一领导，分级管理”。

1. 税收管理权限的划分

（1）国家最高权力机关和国务院有权决定税收的开征、停征以及减税、免税、退税、补税等。具体实施依照法律规定执行。法律授权国务院决定的，依照国务院制定的行政法规执行。

（2）财政部有权对各种税法条例和税法实施细则在职权范围内进行解释，有权批准涉及外事、外商的税收问题等。

（3）省、自治区、直辖市政府，有权对个别纳税单位因生产、价格发生较大变化，纳税有困难的，决定定期减免税；有权对工业企业利用“三废”生产的产品纳税有困难的，决定定期减免税；可以在法律授予的权限范围内，对地方税进行减免、变更税率、调整税额及停征、开征等。

2. 税收征收管理的机关和权限

国家税务主管部门是财政部和国家税务总局。国家税务主管部门主管全国税收征收管理工作。税收征收工作除法律另有规定外，均由税务机关统一组织征收。税务机关是指各级税务局、税务分局。国家税务总局是国务院直辖机构，由财政部归口管理。其主要职责是：负责建议和草拟有关税收法规；负责拟定有关税收稽征法规；负责调整税务机关的设置；负责税收会计的管理；负责制定和印发税收票证；

负责检查税收执行的情况等。

税收征收机关除税务机关外，还包括以下机关：(1) 海关。负责征收关税、船舶吨位税，代征进口货物的消费税、增值税等。(2) 财政机关。会同县、乡政府征收农业特产税、农牧业税、耕地占用税、契税等。(3) 海洋石油税务机关。负责管理和征收海洋石油作业的各种税收。

(二) 税收征收管理

税收征收管理是税收机关对纳税人依法征收税款和进行税务监督管理的总称。1992年9月4日第七届全国人民代表大会常务委员会第二十七次会议通过了《中华人民共和国税收征收管理法》(以下简称《税收征收管理法》)，1995年2月28日，第八届全国人民代表大会常务委员会第十二次会议第一次修正，2001年4月28日第九届全国人民代表大会常务委员会第二十一次会议修订，2013年6月29日第十二届全国人民代表大会常务委员会第三次会议第二次修正，2015年4月24日第十二届全国人民代表大会常务委员会第十四次会议第三次修正。根据修正后的《税收征收管理法》，我国税收管理的主要内容如下。

1. 税务管理

企业，企业在外地设立的分支机构和从事生产、经营的场所，个体工商户和从事生产、经营的事业单位自领取营业执照之日起30日内，持有关证件，向税务机关申报办理税务登记。税务机关应当于收到申报的当日办理登记并发给税务登记证件。工商行政管理机关应当将办理登记注册、核发营业执照的情况定期向税务机关通报。从事生产、经营的纳税人，税务登记内容发生变化的，自工商行政管理机关办理变更登记之日起30日内或者在向工商行政管理机关申请办理注销登记之前，持有关证件向税务机关申报办理变更或者注销税务登记。从事生产、经营的纳税人应当按照国家有关规定，持税务登记证件，在银行或者其他金融机构开立基本存款账户和其他存款账户，并将其全部账号向税务机关报告。

纳税人必须在法律规定或税务机关依法确定的申报期限内办理纳税申报，报送纳税申报表、财务会计报表及税务机关要求纳税人报送的其他纳税资料。

2. 税款征收

税务机关依照法律、行政法规的规定征收税款，不得违反法律、行政法规的规定开征、停征、多征、少征、提前征收、延缓征收或者摊派税款。纳税人、扣缴义务人按照法律、行政法规规定或者税务机关依照法律、行政法规的规定确定的期限，缴纳或者解缴税款。纳税人因有特殊困难，不能按期缴纳税款的，经省、自治区、直辖市国家税务局、地方税务局批准，可以延期缴纳税款，但是最长不得超过3个月。纳税人未按照规定期限缴纳税款的，扣缴义务人未按照规定期限解缴税款的，税务机关除责令限期缴纳外，从滞纳税款之日起，按日加收滞纳税款万分之五的滞纳金。因税务机关的责任，致使纳税人、扣缴义务人未缴或者少缴税款的，税务机关在3年内可以要求纳税人、扣缴义务人补缴税款，但是不得加收滞纳金。因纳税人、扣缴义务人计算错误等失误，未缴或者少缴税款的，税务机关在3年内可以追征税款、滞纳金；有特殊情况的，追征期可以延长到5年。

3. 税务检查

根据《税收征收管理法》第54条规定，税务机关有权检查纳税人的账簿、记账凭证、报表和有关资料；有权到纳税人的生产、经营场所和货物存放地检查纳税人应纳税的商品、货物或其他财产；有权责成纳税人、扣缴义务人提供与纳税或者代扣代缴税款有关的文件、证明材料和资料；有权询问纳税人、扣缴义务人与纳税或者代扣代缴、代收代缴税款有关的问题和情况；等等。纳税人、扣缴义务人必须接受税务机关依法进行的税务检查，如实反映情况，提供有关资料，不得拒绝、隐瞒。

（三）法律责任

1. 违反税收征收管理程序的法律责任

（1）违反税收征收管理程序的行为有：1）未按照规定的期限申报办理税务登记、变更或者注销登记的；2）未按照规定设置、保管账簿或者保管记账凭证和有关资料的；3）未按照规定将财务、会计制度或者财务、会计处理办法和会计核算软件报送税务机关备查的；4）未按照规定将其全部银行账号向税务机关报告的；5）未按照规定安装、使用税控装置，或者损毁或者擅自改动税控装置的。

（2）有以上违反税收征收管理程序的行为的，由税务机关责令限期改正，并可处以2 000元以下罚款；情节严重的，可处以2 000元以上1万元以下罚款。

2. 偷税、抗税的法律责任

（1）偷税。偷税是指纳税人采用欺骗、隐瞒等手段逃避纳税的行为。包括：1）纳税人采取伪造、变造、隐匿、擅自销毁账簿、记账凭证，在账簿上多列支出或者不列、少列收入，或者进行虚假的纳税申报的手段，不缴或少缴应纳税款的；2）扣缴义务人采取上述偷税手段，不缴或少缴已扣、已收税款；3）纳税人欠缴应纳税款，采用转移或者隐匿手段，致使税务机关无法追缴所欠税款；4）纳税人向税务人员行贿，不缴或少缴应纳税款的；5）企事业单位采取对生产经营的产品假报出口等欺骗手段，骗取国家出口退税的。

纳税人偷税行为构成犯罪的，依法追究刑事责任；偷税未构成犯罪的，由税务机关追缴其不缴或者少缴的税款，并处以不缴或少缴的税款5倍以下的罚款。

（2）抗税。抗税是纳税人以暴力、威胁方法拒不缴纳税款的行为。有抗税行为的，除由税务机关追缴其拒缴的税款外，情节轻微未构成犯罪的，由税务机关处以拒缴税款5倍以下的罚款；情节严重构成犯罪的，依照税法和刑法有关规定，按照抗税罪追究刑事责任。以暴力方法抗税，致人重伤或死亡的，按照伤害罪、杀人罪从重处罚，并依照惩治偷税、抗税犯罪的有关补充规定处以罚金。

（3）税务人员的法律责任。税务人员违反法律规定，擅自决定税收的开征、停征或者减税、免税、退税、补税的，除依法撤销其擅自作出的决定外，还应补征应征税款，退回不应征税款，并由上级机关追究直接责任人员的行政责任。

税务人员有下列行为之一，未构成犯罪的，给予行政处分；构成犯罪的，依法追究刑事责任。1）与纳税人、扣缴义务人勾结，唆使或者协助纳税人、扣缴义务人违反税法规定的；2）利用职务上的便利，收受或者索取纳税人、扣缴义务人财物的；3）玩忽职守，不征或少征应征税款，致使国家税收遭受重大损失的。

第 2 节　外商投资法律制度

改革开放以来，我国形成了以《中华人民共和国中外合资经营企业法》《中华人民共和国中外合作经营企业法》《中华人民共和国外资企业法》为基础的外商投资法律体系，建立了准入审批加优惠措施的外商投资管理体制。近些年来，我国对外开放和利用外资面临新的形势，上述“外资企业三法”难以适应构建开放型经济新体制的需要。2008 年开始，传统外商投资管理体制开始转型，当年生效的《企业所得税法》开始了两税并轨（外商投资企业与内资企业所得税体制并轨）的进程，并在五年内过渡完成并轨；同样在当年生效的《反垄断法》使得我国公平竞争法体系初步建成。2013 年 9 月 29 日，上海自贸试验区挂牌运行，投资开放压力测试是上海自贸区试验的重要内容之一。从 2013 年 10 月 1 日起，相关外资管理法律的规定在自贸区范围内暂停实施三年，第一个自贸区外资准入负面清单同时公布实施。2016 年 9 月 3 日，全国人民代表大会常务委员会决定修改相关外资管理法律，删除原有“外资企业三法”以及《中华人民共和国台湾同胞投资保护法》中涉及投资审批的条款，将负面清单管理模式正式推广到全国。为此商务部颁布了《外商投资企业设立及变更备案管理暂行办法》，该暂行办法实施后，准入前国民待遇加负面清单管理模式初步在全国实施。为了进一步扩大对外开放，积极促进外商投资，保护外商投资合法权益，规范外商投资管理，推动形成全面开放新格局，促进社会主义市场经济健康发展，2019 年 3 月 15 日，第十三届全国人民代表大会第二次会议通过了《中华人民共和国外商投资法》（以下简称《外商投资法》），新法于 2020 年 1 月 1 日起实施，原“外资企业三法”相应废止。《外商投资法》是一部外商投资的促进法、保护法，突出了积极扩大对外开放、促进外商投资的主基调，是新形势下国家关于外商投资活动全面的、基本的法律规范，是外商投资领域起龙头作用、具有统领性质的法律。2019 年 12 月 12 日国务院第 74 次常务会议通过了《中华人民共和国外商投资法实施条例》（以下简称《实施条例》），自 2020 年 1 月 1 日起和《外商投资法》同步施行。《最高人民法院关于适用〈中华人民共和国外商投资法〉若干问题的解释》也于 2019 年 12 月 27 日发布，同样自 2020 年 1 月 1 日起施行。

一、外商投资的界定

外国投资者包括外国的自然人、企业或者其他组织。外商投资就是外国投资者直接或者间接在中国境内进行的投资活动。包括下列情形：（1）外国投资者单独或者与其他投资者共同在中国境内设立外商投资企业；（2）外国投资者取得中国境内企业的股份、股权、财产份额或者其他类似权益；（3）外国投资者单独或者与其他投资者共同在中国境内投资新建项目；（4）法律、行政法规或者国务院规定的其他方式的投资。上述“其他投资者”包括中国的自然人在内。外商投资企业是指全部或者部分由外国投资者投资，依照中国法律在中国境内经登记注册设立的企业。

二、投资促进

1. 国民待遇原则

第一，准入前国民待遇。准入前国民待遇是指在投资准入阶段给予外国投资者及其投资不低于本国投资者及其投资的待遇。中华人民共和国缔结或者参加的国际条约、协定对外国投资者准入待遇有更优惠规定的，可以按照相关规定执行。

第二，国家支持企业发展的各项政策同等适用于外商投资企业。政府及其有关部门在政府资金安排、土地供应、税费减免、资质许可、标准制定、项目申报、人力资源政策等方面，应当依法平等对待外商投资企业和内资企业。支持企业发展的政策应当依法公开；对政策实施中需要由企业申请办理的事项，应当公开申请办理的条件、流程、时限等，并在审核中依法平等对待外商投资企业和内资企业。

第三，保障外商投资企业依法平等参与标准制定工作，国家制定的强制性标准平等适用于外商投资企业，不得专门针对外商投资企业适用高于强制性标准的技术要求。外商投资企业可以向标准化行政主管部门和有关行政主管部门提出标准的立项建议，在标准立项、起草、技术审查以及标准实施信息反馈、评估等过程中提出意见和建议，并按照规定承担标准起草、技术审查的相关工作以及标准的外文翻译工作。

第四，保障外商投资企业依法通过公平竞争参与政府采购活动，政府采购依法对外商投资企业在中国境内生产的产品、提供的服务平等对待。政府及其有关部门不得阻挠和限制外商投资企业自由进入本地区和本行业的政府采购市场。政府采购的采购人、采购代理机构不得在政府采购信息发布、供应商条件确定和资格审查、评标标准等方面，对外商投资企业实行差别待遇或者歧视待遇，不得以所有制形式、组织形式、股权结构、投资者国别、产品或服务品牌以及其他不合理的条件对供应商予以限定，不得对外商投资企业在中国境内生产的产品、提供的服务和内资企业区别对待。外商投资企业可以依照《中华人民共和国政府采购法》及其实施条例的规定，就政府采购活动事项向采购人、采购代理机构提出询问、质疑，向政府采购监督管理部门投诉，采购人、采购代理机构、政府采购监督管理部门应当在规定的时限内作出答复或者处理决定。

第五，明确外商投资企业可以依法通过公开发行股票、公司债券等证券以及其他方式进行融资。

第六，鼓励和引导外商投资。国家根据国民经济和社会发展需要，制定鼓励外商投资产业目录，列明鼓励和引导外国投资者投资的特定行业、领域、地区。外国投资者、外商投资企业可以依照法律、行政法规或者国务院的规定，享受财政、税收、金融、用地等方面的优惠待遇。外国投资者以其在中国境内的投资收益在中国境内扩大投资的，依法享受相应的优惠待遇。

《外商投资法》还规定了歧视中国投资的报复措施：任何国家或者地区在投资方面对中华人民共和国采取歧视性的禁止、限制或者其他类似措施的，中华人民共和国可以根据实际情况对该国家或者该地区采取相应的措施。此外，国家根据国民经济和社会发展需要，鼓励和引导外国投资者在特定行业、领域、地区投资，外国投资者、外商投资企业可以依照法律、行政法规或者国务院的规定享受优惠待遇。

2. 透明度原则

与外商投资有关的规范性文件、裁判文书等，应当依法及时公布。与外商投资有关的规范性文件未经公布的不得作为行政管理依据。县级以上地方人民政府可以根据法律、行政法规、地方性法规的规定，在法定权限内制定外商投资促进和便利化政策措施。有关主管部门应当编制和公布外商投资指引，为外国投资者和外商投资企业提供服务和便利。制定与外商投资有关的行政法规、规章、规范性文件，或者政府及其有关部门起草与外商投资有关的法律、地方性法规，应当根据实际情况，采取书面征求意见以及召开座谈会、论证会、听证会等多种形式，听取外商投资企业和有关商会、协会等方面的意见和建议；对反映集中或者涉及外商投资企业重大权利义务问题的意见和建议，应当通过适当方式反馈采纳的情况。

3. 健全外商投资服务体系

《外商投资法》提出建立健全外商投资服务体系，为外国投资者和外商投资企业提供法律法规、政策措施、投资项目信息等方面的咨询和服务。政府及其有关部门应当通过政府网站、全国一体化在线政务服务平台集中列明有关外商投资的法律、法规、规章、规范性文件、政策措施和投资项目信息，并通过多种途径和方式加强宣传、解读，为外国投资者和外商投资企业提供咨询、指导等服务。

三、投资保护

1. 征收禁止

一般来说，国家对外国投资者的投资不实行征收。在特殊情况下，国家为了公共利益的需要，可以依照法律规定对外国投资者的投资实行征收或者征用。在特殊情况下，国家为了公共利益的需要依照法律规定对外国投资者的投资实行征收的，应当依照法定程序、以非歧视性的方式进行，并按照被征收投资的市场价值及时给予补偿。外国投资者对征收决定不服的，可以依法申请行政复议或者提起行政诉讼。

2. 自由转移

外国投资者在中国境内的出资、利润、资本收益、资产处置所得、知识产权许可使用费、依法获得的补偿或者赔偿、清算所得等，可以依法以人民币或者外汇自由汇入、汇出。任何单位和个人不得违法对币种、数额以及汇入、汇出的频次等进行限制。外商投资企业的外籍职工和香港、澳门、台湾职工的工资收入和其他合法收入，可以依法自由汇出。

3. 知识产权保护

国家保护外国投资者和外商投资企业的知识产权，保护知识产权权利人和相关权利人的合法权益；对知识产权侵权行为，严格依法追究法律责任。行政机关及其工作人员对于履行职责过程中知悉的外国投资者、外商投资企业的商业秘密，应当依法予以保密，不得泄露或者非法向他人提供。

4. 禁止强制转让技术

国家鼓励在外商投资过程中基于自愿原则和商业规则开展技术合作。技术合作的条件由投资各方遵循公平原则平等协商确定。行政机关（包括法律、法规授权的具有管理公共事务职能的组织）及其工作人员不得利用实施行政许可、行政检查、行政处罚、行政强制以及其他行政手段，强制或者变相强制外国投资者、外商投资企业转让技术。行政机关依法履行职责，确需外国投资者、外商投资企业提供涉及商业秘密的信息的，应当限定在履行职责所必需的范围内，严格控制知悉范围，并应当建立健全内部管理制度，采取有效措施保护履行职责过程中知悉的外国投资者、外商投资企业的商业秘密。

5. 约束涉及外商投资的规范性文件

各级人民政府及其有关部门制定涉及外商投资的规范性文件，应当符合法律法规的规定；没有法律、行政法规依据的，不得减损外商投资企业的合法权益或者增加其义务，不得设置市场准入和退出条件，不得干预外商投资企业的正常生产经营活动。政府及其有关部门制定涉及外商投资的规范性文件，应当按照国务院的规定进行合法性审核。

6. 地方政府守约践诺要求

地方各级人民政府及其有关部门应当履行向外国投资者、外商投资企业依法作出的政策承诺以及依法订立的各类合同，不得以行政区划调整、政府换届、机构或者职能调整以及相关责任人更替等为由违约毁约。政策承诺是指地方各级人民政府及其有关部门在法定权限内，就外国投资者、外商投资企业在本地区投资所适用的支持政策、享受的优惠待遇和便利条件等作出的书面承诺。政策承诺的内容应当符合法律、法规规定。因国家利益、社会公共利益需要改变政策承诺、合同约定的，应当依照法定权限和程序进行，并依法对外国投资者、外商投资企业因此受到的损失予以公平、合理的补偿。

7. 建立外商投资企业投诉工作机制

外商投资企业或者其投资者认为行政机关及其工作人员的行政行为侵犯其合法权益的，可以通过外商投资企业投诉工作机制申请协调解决。外商投资企业或者其投资者认为行政机关及其工作人员的行政行为侵犯其合法权益的，除通过外商投资企业投诉工作机制申请协调解决外，还可以依法申请行政复议、提起行政诉讼。

国务院商务主管部门会同国务院有关部门建立外商投资企业投诉工作部际联席会议制度，协调、推动中央层面的外商投资企业投诉工作，对地方的外商投资企业投诉工作进行指导和监督。县级以上地方人民政府应当指定部门或者机构负责受理本地区外商投资企业或者其投资者的投诉。

四、投资管理

1. 负面清单管理制度

负面清单是指国家规定在特定领域对外商投资实施的准入特别管理措施。国家对负面清单之外的外商投资，给予国民待遇。负面清单由国务院投资主管部门会同国务院商务主管部门等有关部门提出，报国务院发布或者报国务院批准后由国务院投资主管部门、商务主管部门发布。国家根据进一步扩大对外开放和经济社会发展需要，适时调整负面清单。外商投资准入负面清单规定禁止投资的领域，外国投资者不得投资。外商投资准入负面清单规定限制投资的领域，外国投资者进行投资应当符合负面清单规定的股权要求、高级管理人员要求等限制性准入特别管理措施。外商投资准入负面清单以外的领域，按照内外资一致的原则实施管理。

外国投资者在依法需要取得许可的行业、领域进行投资的，应当依法办理相关许可手续。有关主管部门应当按照与内资一致的条件和程序，审核外国投资者的许可申请，法律、行政法规另有规定的除外。

外国投资者投资外商投资准入负面清单规定禁止投资的领域的，由有关主管部门责令停止投资活动，限期处分股份、资产或者采取其他必要措施，恢复到实施投资前的状态；有违法所得的，没收违法所得。外国投资者的投资活动违反外商投资准入负面清单规定的限制性准入特别管理措施的，由有关主管部门责令限期改正，采取必要措施满足准入特别管理措施的要求。

外国投资者投资外商投资准入负面清单规定禁止投资的领域，或者投资外商投资准入负面清单规定限制投资的领域，投资合同无效；但在人民法院作出生效裁判前，当事人采取必要措施满足准入特别管理措施的要求，或者因负面清单调整不再属于禁止或者限制投资的领域，当事人主张投资合同有效的，应予支持。

2. 外商投资企业组织形式

由“外资企业三法”规定的特殊组织形式，即中外合资经营企业、中外合作经营企业同时取消（但有 5 年过渡期），外商投资企业的组织形式、组织机构及其活动准则统一适用《中华人民共和国公司法》《中华人民共和国合伙企业法》等法律的规定。现有外商投资企业的组织形式、组织机构等依法调整后，原合营、合作各方在合同中约定的股权或者权益转让办法、收益分配办法、剩余财产分配办法等，可以继续按照约定办理。

外商投资企业的登记注册，由国务院市场监督管理部门或者其授权的地方人民政府市场监督管理部门依法办理。国务院市场监督管理部门应当公布其授权的市场监督管理部门名单。外商投资企业的注册资本可以用人民币表示，也可以用可自由兑换货币表示。

3. 经营者集中申报制度

外国投资者并购中国境内企业或者以其他方式参与经营者集中的，应当依照《中华人民共和国反垄断法》的规定接受经营者集中审查。

4. 外商投资信息报告制度

外国投资者或者外商投资企业应当通过企业登记系统以及企业信用信息公示系统向商务主管部门报送投资信息。外商投资信息报告的内容和范围按照确有必要的原则确定；通过部门信息共享能够获得的投资信息，不得再行要求报送。

5. 外商投资安全审查制度

国家建立外商投资安全审查制度，对影响或者可能影响国家安全的外商投资进行安全审查。依法作出的安全审查决定为最终决定。

第3节　经济监督法律制度

一、经济监督法概述

（一）经济监督法的概念、内容和意义

经济监督是现代国家经济管理的一个重要内容，也是经济管理的一个重要职能。它对于加强宏观调控和微观经营，保证经济法律、法规和各种规章的贯彻实施，提高国民经济管理水平和企事业的经营素质，提高经济效益和社会效益都是很重要的。为此，国家赋予有关机关以专门的经济监督权，并制定专门的法律和法律条款，使它们能在进行经济管理和经济法实施中充分发挥作用。经济监督法是一门综合性的经济法律，是有关经济监督的主体的地位、职责权限、原则，经济监督的范围和内容，以及经济监督的方式、程序和罚则的法律规定。

经济监督的内容很多、范围很广。按经济监督的经济性质和主体、作用的不同，可以分为四大类。

1. 经济杠杆的监督及其立法

它是一种对经济工作起调节作用、体现奖惩政策的法定监督，既能反映情况、反馈信息，又能调节变化、检查监督。一般包括财政、税收、银行、货币、计划、市场、物价、广告、商标监督等。

2. 数量监督及其立法

它是一种以货币或数据为主要计量单位，对有关经济组织或个人的经济活动的真实性、合法性及效益进行核算和统计的监督。主要包括会计监督、统计监督。

3. 技术监督及其立法

它是一种以一定标准对产品质量是否合格，或以统一单位制、统一量值为尺度，对经济活动及其成果的质量、品种、效用所进行的检验、测量和计算的监督。它包括标准化监督、计量监督。

4. 审计监督及其立法

它是一种经济、预算、财务上的监督。

此外，还有经济司法监督。从广义上说，它包括合同公证、仲裁、经济检察和经济审判以及民事回访和司法建议等监督。破产制度从一定意义上讲也是一种经济监督制度。狭义的经济司法监督只限于经济检察和经济审判监督。

本节着重简述统计监督、会计监督和审计监督的法律规定。

（二）经济监督体系及其相应的规定

1. 经济监督体系的概念

从广义上讲，经济监督体系包括国家权力机关、国家管理机关、专门司法机关、社会舆论和社会力量对经济工作的检查、批评、建议；从狭义上说，经济监督

体系包括国家计划、财政、工商、市场、物价、统计、审计、会计、质量、标准化等有关经济内容的检查、批评、建议。不管是狭义的还是广义的经济监督体系，其共同点都是通过监督保证国家宪法、法律、法规以及其他重要规章制度的贯彻实施。

2. 经济监督体系的内容

（1）必须加强党和国家对经济决策的科学化、民主化，增加透明度，实行政务公开。对计划、投资等重大项目、重要事项的决策，要按议事规则、工作程序办事。（2）赋予国家权力机关、管理机关和专门机关对经济工作的监督权力，并通过立法来实施这种权力。切实改变国家权力机关、管理机关和专门机关对经济工作缺少事前监督和事后的严格检查，满足于听汇报和一般检查、提建议的状况；改变它们对经济工作中的失误行为不能充分行使撤销权、处置权的状况。（3）特别要加强经济杠杆的监督，充分运用财政、税收、银行、信贷、利息、利率、物价、工资等经济杠杆手段，发挥它们在发展社会主义市场经济中的职能作用和调节作用，提高它们的法律地位，改变其落后的监督手段。（4）加强司法监督。要明确司法机关的职责、权限，强化它们的法律地位和社会地位，要实行再监督。坚决克服工作中相互推诿、以调解代审判、以罚代刑的现象。（5）要加强人民群众和社会舆论的经济监督。包括人民群众的申诉、举报、控告、信访以及社会力量、群众团体对经济工作的监督。以上五方面是我国现阶段建立经济监督体系的重要内容。

3. 经济监督体系的立法保证

为了形成和健全我国的经济监督体系，需要制定一系列程序法，需要制定行政机关的职责条例、财政经济制度的奖罚条例，修订和健全司法机关的组织条例、社团组织和人民群众的管理监督条例以及新闻法等，从而使我国的经济监督机构、经济监督制度成为一个完整、系统、科学的体系。

二、统计监督的法律规定

（一）统计、统计监督和统计法的概念

统计是按一定要求和专门方法对客观事物的数量进行总结、汇总、综合计算和分析的总称。统计的基本任务是对国民经济和社会发展情况进行统计调查、统计分析，提供统计资料和统计咨询意见，实行统计监督。统计一般包括统计工作、统计资料、统计科学三种含义。

统计监督在一定意义上就是通过统计工作，运用统计方法、统计资料所实施的一种社会的经济监督。

统计法是调整统计关系的法律规范的总称。统计关系既包括统计机构和统计人员在实现统计任务、执行统计职能活动过程中与国家机关、企事业单位、社会团体、公民个人以及在我国境内的其他各类企业之间发生的社会经济关系，还包括统计机构内部上级和下级之间以及各级统计人员与所在单位之间的社会关系。对这些关系的法律规定便是统计法。

统计法是一项重要的经济立法，与其他经济立法相比，它有两个明显的特点：

（1）统计法是一种服务和监督性的经济法律规范。

（2）统计法是一种效益性、技术性比较强的经济法规。统计机构的统计活动是一种具有相对独立性的经济法律行为。

（二）我国统计法对统计监督的主要规定

1983年12月8日第六届全国人民代表大会常务委员会第三次会议通过了《中华人民共和国统计法》（以下简称《统计法》），该法自1984年1月1日起施行，1996年5月15日第八届全国人民代表大会常务委员会第十九次会议进行修正，2009年6月27日第十一届全国人民代表大会常务委员会第九次会议再次修订，修正后的《统计法》共7章50条，包括总则、统计调查管理、统计资料管理和公布、统计机构和统计人员、监督检查、法律责任和附则，全面规定了统计工作的多项要求和制度，明确了统计活动中的多项权限和责任。1987年2月15日国家统计局发布了《中华人民共和国统计法实施细则》，2000年6月2日和2005年12月16日经国务院批准进行了两次修订。

为了加强统计监督，《统计法》及其实施细则规定了以下主要内容及措施。

（1）关于统计工作的基本任务、管理体制和主管机关的规定。统计的基本任务是对经济社会发展情况进行统计调查、统计分析，提供统计资料和统计咨询意见，实行统计监督。国家建立集中统一的统计系统，实行统一领导、分级负责的统计管理体制。国务院和地方各级人民政府、各有关部门应当加强对统计工作的组织领导，为统计工作提供必要的保障；国家有计划地加强统计信息化建设，推进统计信息搜集、处理、传输、共享、存储技术和统计数据库体系的现代化。

（2）关于统计调查项目、标准的拟定及审批的规定。《统计法》第11条规定，统计调查项目包括国家统计调查项目、部门统计调查项目和地方统计调查项目。国家统计调查项目是指全国性基本情况的统计调查项目。部门统计调查项目是指国务院有关部门的专业性统计调查项目。地方统计调查项目是指县级以上地方人民政府及其部门的地方性统计调查项目。第12条规定，国家统计调查项目由国家统计局制定，或者由国家统计局和国务院有关部门共同制定，报国务院备案；重大的国家统计调查项目报国务院审批。部门统计调查项目由国务院有关部门制定。地方统计调查项目由县级以上地方人民政府统计机构和有关部门分别制定或者共同制定。第17条规定，国家制定统一的统计标准，保障统计调查采用的指标涵义、计算方法、分类目录、调查表式和统计编码等的标准化。国家统计标准由国家统计局制定，或者由国家统计局和国务院标准化主管部门共同制定。国务院有关部门可以制定补充性的部门统计标准，报国家统计局审批。部门统计标准不得与国家统计标准相抵触。

（3）关于统计资料的统一管理和定期公布的规定。国家统计局和省、自治区、直辖市的人民政府统计机构要依照国家规定，定期公布统计资料，切实尽到法定职责，发挥统计的服务和监督作用，要认真行使法定的权力，坚持如实反映情况。各地方、各部门、各单位公布统计资料，必须经《统计法》第27条和第28条规定的统计机构或者统计负责人核定，并依照国家规定的程序报请审批。

（4）关于对统计机构和统计人员职权的规定。《统计法》第 27 条规定，国务院设立国家统计局，依法组织领导和协调全国的统计工作。国家统计局根据工作需要设立的派出调查机构，承担国家统计局布置的统计调查等任务。县级以上地方人民政府设立独立的统计机构，乡、镇人民政府设置统计工作岗位，配备专职或者兼职统计人员，依法管理、开展统计工作，实施统计调查。第 29 条规定，统计机构、统计人员应当依法履行职责，如实搜集、报送统计资料，不得伪造、篡改统计资料，不得以任何方式要求任何单位和个人提供不真实的统计资料，不得有其他违反本法规定的行为。统计人员应当坚持实事求是，恪守职业道德，对其负责搜集、审核、录入的统计资料与统计调查对象报送的统计资料的一致性负责。

（5）关于监督检查以及违反《统计法》的相关法律责任的规定。国家统计局组织管理全国统计工作的监督检查，查处重大统计违法行为。县级以上人民政府及其监察机关对下级人民政府、本级人民政府统计机构和有关部门执行《统计法》的情况实施监督。《统计法》第 6 章对违反《统计法》的相关法律责任做了详细的说明。例如，第 37 条规定，地方人民政府、政府统计机构或者有关部门、单位的负责人有下列行为之一的，由任免机关或者监察机关依法给予处分，并由县级以上人民政府统计机构予以通报：1）自行修改统计资料、编造虚假统计数据的；2）要求统计机构、统计人员或者其他机构、人员伪造、篡改统计资料的；3）对依法履行职责或者拒绝、抵制统计违法行为的统计人员打击报复的；4）对本地方、本部门、本单位发生的严重统计违法行为失察的。对违反《统计法》规定构成犯罪的人员，由司法机关依法追究刑事责任。

三、会计监督的法律规定

（一）会计、会计监督和会计法的概念

会计是管理经济的重要工具之一，它是以货币为主要计量单位，从数量上反映和监督再生产过程及其成果的一种方法。会计就其内容来说，包括会计核算、会计分析和会计监督三个组成部分，它们之间关系密切、相互联系、不可分割。会计法是调整会计关系的法律规范的总称。会计关系就是对企业、事业、机关等单位的经济活动和财务收支进行核算的一种经济管理关系。这种关系是以货币量度作为统一尺度，根据会计凭证，按照规定程序全面、系统、连续地记录和反映经济活动过程及财务收支情况，并有一整套专门的核算方法。

会计监督是会计机构、会计人员在会计工作中对本单位和所属单位经济活动进行的检查、监督，它是会计工作的一项重要职能。会计监督主要依据国家财经规章制度、计划（预算）或定额进行。会计监督的内容一般包括各单位的资金取得、占用及其增减变动情况，各项费用支出和产品成本形成情况，各项收入的取得以及利润实现、分配和解缴情况，各项专用基金的形成和使用情况等。通过会计监督，可以维护财经纪律，保护国家财产，保证合理使用资金和物资，促进生产经营管理、财务管理，完成和超额完成国家生产经营计划和国家预算任务。

（二）我国会计法对会计监督的规定

1985年1月21日第六届全国人民代表大会常务委员会第九次会议通过，并于1985年5月1日起施行《中华人民共和国会计法》（以下简称《会计法》），1993年12月29日第八届全国人民代表大会常务委员会第五次会议对其进行了第一次修正，1999年10月31日第九届全国人民代表大会常务委员会第十二次会议修订，2017年11月4日第十二届全国人民代表大会常务委员会第三十次会议进行了第二次修正。

《会计法》对我国会计监督的主体、会计监督的内容和方法以及外部监督等都有明确规定。按照《会计法》的规定，各单位的会计机构、会计人员对本单位实行会计监督。会计机构、会计人员对不真实、不合法的原始凭证不得受理；对于记载不准确、不完整的原始凭证，应当退回，要求更正、补充。会计机构或会计人员发现账簿记录与实物、款项不符时，应当按照有关规定进行处理；无权自行处理的，应当立即向本单位领导人报告，请求查明原因，作出处理。会计机构、会计人员对违法收支不予办理；会计机构、会计人员认为是违法的收支，应当制止和纠正，制止和纠正无效的，应当向单位领导人提出书面意见，要求处理。会计机构、会计人员对违法收支不予制止和纠正，又不向单位领导人提出书面意见的，也应承担责任。对严重违法损害国家和社会公共利益的收支，会计机构、会计人员应当向主管单位或财政、审计、税务机关报告，接到报告的机关应当负责处理。

会计监督包括三个方面：对原始凭证的监督；对财产清理中账簿记录与实物款项的关系的监督；对违法财政收支、财务收支的监督。

会计监督的方法包括：不予受理、不予办理或予以退回；要求更正、补充或按有关规定处理；向领导报告、反映，请求处理；向领导提出书面意见，要求处理。在实践中，常发生会计机构、会计人员认为是违法收支不予办理而单位领导人却坚持要求办理的情况。对这种情况，一些地区采取的办法是一边执行一边向上级报告。上级主管单位领导人在接到报告后，要抓紧作出处理决定。应报告而不向上级报告的，会计人员也要负责任。

《会计法》对会计的外部监督规定，各单位必须依照法律和国家有关规定接受财政、审计、税务机关的监督，如实提供会计凭证、会计账簿、会计报表和其他会计资料以及有关情况，不得拒绝、隐匿、谎报。

为了实现和发挥会计的监督职能作用，《会计法》对会计机构和会计人员的权责也作了明确规定，对什么人和什么行为负什么性质的法律责任也作了相应的规定。例如，单位行政领导人、会计人员和其他人员伪造、变造、故意毁灭会计凭证、会计账簿、会计报表和其他会计资料的，或者利用虚假的会计凭证、会计账簿、会计报表和其他会计资料偷税或损害国家利益、社会公共利益的，由财政、审计、税务机关或其他有关主管部门依据法律、行政法规规定的职责处理，追究责任；构成犯罪的，还要依法追究刑事责任。会计人员对明知不真实、不合法的原始凭证予以受理，或者对违法的收支不向单位领导人提出书面意见，或者对严重违法损害国家和社会公共利益的收支不向主管单位或财政、审计、税务机关报告；单位领导人接到会计人员提出的书面意见，对违法收支决定予以办理或无正当理由逾期不作出处理决定，情节严重或造成严重后果的，给予行政处分。给公私财产造成重大损失，构成犯罪的，依法追究刑事责任。

四、审计监督的法律规定

（一）审计监督和审计法的概念

审计是一种专门监督。通常讲的审计就是指审计监督。审计监督，通俗地说，就是查账；科学地说，就是对经济活动过程中发生的经济业务和资金收支实际情况以及反映这些实际情况的账目进行监督、审查，以判断其真实性、效益性、正确性及合法性。

审计法是调整审计关系的法律规范的总称。审计关系是指专门的审计机构和专门人员在对他人的预算和财务收支状况及记录进行审查、考核、评价等活动过程中所发生的一种经济监督关系，包括国家预算审计、税利审计、金融审计、企业审计等方面的关系。对这类审计关系的法律调整便是审计法。简单地说，审计法就是关于审计机构和审计人员进行审计活动的权限、责任以及审计的程序和方法的法律。

（二）我国审计监督的主要规定

1982 年通过的《中华人民共和国宪法》明确规定国务院设立审计机关，并对其职权作了原则性规定。1988 年 10 月，国务院第二十二次常务会议通过了《中华人民共和国审计条例》，并于 1989 年 1 月 1 日起施行。1994 年 8 月，第八届全国人民代表大会常务委员会第九次会议通过了《中华人民共和国审计法》（以下简称《审计法》），该法于 1995 年 1 月 1 日起正式实施，于 2006 年 2 月 28 日第十届全国人民代表大会常务委员会第二十次会议进行修正。

《审计法》的主要内容如下。

1. 审计机关的法律地位、审计原则和任务

（1）审计机关的法律地位。审计机关是代表国家执行审计监督的机关。《审计法》第 2 条规定："国家实行审计监督制度。国务院和县级以上地方人民政府设立审计机关。"

（2）审计机关进行审计活动的原则。1）依法审计的原则。《审计法》第 3 条规定："审计机关依照法律规定的职权和程序，进行审计监督。"2）独立进行审计活动的原则。《审计法》第 5 条规定："审计机关依照法律规定独立行使审计监督权，不受其他行政机关、社会团体和个人的干涉。"3）公正客观、实事求是的原则。《审计法》第 6 条规定："审计机关和审计人员办理审计事项，应当客观公正，实事求是，廉洁奉公，保守秘密。"

（3）审计机关的任务。按《审计法》的规定，审计机关有权对国务院各部门和地方各级人民政府及其各部门的财政收支、国有的金融机构和企事业单位的财务收支以及其他依照《审计法》规定应当接受审计的财政收支、财务收支的真实、合法和效益，依法进行审计监督。

2. 审计机关的职责和权限

（1）审计机关的职责。明确审计机关的职责，也就是明确审计机关的管辖范围。审计机关根据被审计单位的财政、财务隶属关系或者国有资产监督管理关系，来确定审计管辖范围。

国务院设立审计署，审计署在国务院总理的领导下，对中央预算执行情况和其他财政收支情况进行审计监督，向国务院总理提出审计结果报告。

地方各级审计机关分别在各地区负责人和上一级审计机关领导下，对本级预算执行情况和其他财政收支情况进行审计监督，向本级人民政府和上一级审计机关提出审计结果报告。

审计机关的审计范围还包括：1）审计署对中央银行的财务收支，进行审计监督；2）审计机关对国有金融机构的资产、负债、损益，进行审计监督；3）审计机关对国家的事业组织和使用财政资金的其他事业组织的财务收支，进行审计监督；4）审计机关对国有企业的资产、负债、损益，进行审计监督；5）审计机关对政府投资和以政府投资为主的建设项目的预算执行情况和决算，进行审计监督；6）审计机关对政府部门管理的和其他单位受政府委托管理的社会保障基金、社会捐赠资金以及其他有关基金、资金的财务收支，进行审计监督；7）审计机关对国际组织和外国政府援助、贷款项目的财务收支，进行审计监督；8）审计机关按照国家有关规定，对国家机关和依法属于审计机关审计监督对象的其他单位的主要负责人，在任职期间对本地区、本部门或者本单位的财政收支、财务收支以及有关经济活动应负经济责任的履行情况，进行审计监督；9）除以上审计事项外，对其他法律、行政法规规定应当由审计机关进行审计的事项，依照《审计法》和有关法律、行政法规的规定进行审计监督。

此外，审计机关有权对与国家财政收支有关的特定事项，对有关地方、部门、单位进行专项审计调查，并向本级人民政府和上一级审计机关报告审计结果。

（2）审计机关的权限。《审计法》对审计机关的权限作了明确的规定。依照《审计法》的规定，审计机关有以下几项权力。

1）审计机关有权要求被审计单位按照审计机关的规定提供以下文件资料：预算或者财务收支计划、预算执行情况、决算、财务会计报告；运用电子计算机存储、处理的财政收支、财务收支电子数据和必要的电子计算机技术文档；在金融机构开立账户的情况，社会审计机构出具的审计报告；其他与财政收支或者财务收支有关的资料，被审计单位不得拒绝、拖延、谎报。

2）审计机关进行审计时，有权检查被审计单位的会计凭证、会计账簿、财务会计报告和运用电子计算机管理财政收支、财务收支电子数据的系统以及其他与财政收支、财务收支有关的资料和资产，被审计单位不得拒绝。

3）审计机关进行审计时，有权就审计事项的有关问题向有关单位和个人进行调查，并取得有关证明材料。有关单位和个人应当支持、协助审计机关工作，如实向审计机关反映情况，提供有关证明材料。

4）审计机关对被审计单位正在进行的违反国家规定的财政收支、财务收支行为，有权予以制止；制止无效的，经县级以上审计机关负责人批准，通知财政部门和有关主管部门暂停拨付与违反国家规定的财政收支、财务收支行为直接有关的款项，已拨付的，暂停使用。

5）审计机关认为被审计单位所执行的上级主管部门有关财政收支、财务收支的规定与法律、行政法规相抵触的，应当建议有关主管部门纠正；有关主管部门不予纠正的，审计机关应当提请有权处理的机关依法处理。

3. 审计机关和审计人员

为了更好地进行审计监督，《审计法》对审计机关的设置和对审计人员的要求、保护做了规定。

（1）关于审计机关。在国务院设立审计署，在国务院总理的领导下，主管全国的审计工作。审计长是审计署的行政首长。

在各级地方人民政府分别设立审计机关，分别在各级地方政府负责人和上一级审计机关领导下，负责本辖区内的审计工作。因而地方各级审计机关要对本级人民政府和上一级审计机关负责并报告工作，但审计业务是以上级审计机关的领导为主。

根据工作的需要，审计机关可以在其审计管辖范围内派出审计特派员。审计特派员根据审计机关的授权，依法进行审计工作。

审计机关履行职责所必需的经费，应当列入财政预算，由本级人民政府予以保证。

（2）关于审计人员。《审计法》明确规定审计人员应当具备与其从事的审计工作相适应的专业知识和业务能力。《审计法》还规定了审计人员的回避制度和保密制度，即审计人员办理审计事项时，与被审计单位或者审计事项有利害关系的，应当回避；审计人员对其在执行职务中知悉的国家的秘密和被审计单位的商业秘密有保密的义务。

同时，《审计法》第15条规定："审计人员依法执行职务，受法律保护。任何组织和个人不得拒绝、阻碍审计人员依法执行职务，不得打击报复审计人员。审计机关负责人依照法定程序任免。审计机关负责人没有违法失职或者其他不符合任职条件的情况的，不得随意撤换。"这是对审计机关负责人的特殊保护。

4. 审计活动的程序和方法

（1）组成审计组。审计机关根据审计项目计划确定的审计事项组成审计组，并在实施审计3日前，向被审计单位送达审计通知书；遇有特殊情况，经本级人民政府批准，审计机关可以直接持审计通知书实施审计。

（2）获取证明材料。审计人员通过审查会计凭证、会计账簿、财务会计报告，查阅与审计事项有关的文件、资料，检查现金、实物、有价证券，向有关单位和个人调查等方式进行审计，并取得证明材料。

审计人员在向有关单位和个人进行调查时，应当出示审计人员的工作证件和审计通知书副本。

（3）提交审计报告。审计组对审计事项实施审计后，应当向审计机关提出审计组的审计报告。审计组的审计报告报送审计机关前，应当征求被审计对象的意见。被审计对象应当自接到审计组的审计报告之日起10日内，将其书面意见送交审计组。审计组应当将被审计对象的书面意见一并报送审计机关。

（4）审计机关作出评价，出具意见书。审计机关按照审计署规定的程序对审计组的审计报告进行审议，并对被审计对象对审计组的审计报告提出的意见一并研究后，提出审计机关的审计报告；对违反国家规定的财政收支、财务收支行为，依法给予处理、处罚的，在法定职权范围内作出审计决定或者向有关主管机关提出处理、处罚的意见。

（5）审计机关应当将审计机关的审计报告和审计决定送达被审计单位和有关主管机关、单位。审计决定自送达之日起生效。

上级审计机关认为下级审计机关作出的审计决定违反国家有关规定的，可以责成下级审计机关予以变更或撤销，必要时也可直接作出变更或撤销的决定。

第4节　价格法律制度

一、价格与价格法概述

价格是国民经济的综合反映，是市场经济主体利益关系调节机制的核心因素。价格直接关系到经济发展、群众生活和社会稳定，在整个社会经济运行中有着不可替代的作用。

（一）价格概述

1. 价格的概念

价格是商品价值的货币表现，是商品生产和商品交换的产物，它反映的是人们进行商品交换的经济关系。

2. 价格的范围和形式

（1）价格的范围。价格有广义和狭义之分。狭义的价格是指商品价格和服务价格；广义的价格还包括生产要素的价格，如劳动力价格——工资，资金的价格——利率，外汇的价格——汇率，以及保险费率，证券、期货价格。《中华人民共和国价格法》（以下简称《价格法》）第2条明确规定，本法所称的价格包括商品价格和服务价格。因此，《价格法》所指的价格是狭义的商品价格和服务价格。服务价格是指各类有偿服务的收费。

（2）价格的形式。《价格法》根据不同的定价主体和价格形成的途径，将价格划分为市场调节价、政府指导价和政府定价三种形式。

市场调节价是指由经营者自主制定，通过市场竞争形成的价格。

政府指导价是指由政府价格主管部门或者其他和政府定价有关的部门，按照定价权限和范围规定基础价及其浮动幅度，指导经营者制定的价格。政府指导价有三种形式：一是浮动价格；二是最高限价；三是最低保护价。

政府定价是指由政府价格主管部门或其他有关部门，依照定价的权限和范围制定的价格。这种价格形式从法律上确定了政府直接干预价格的权力，《价格法》规定只有极少数商品和服务采用这种价格形式。

（二）价格法概述

1. 价格法的概念

价格法是调整价格关系的法律规范的总称。价格法的调整对象概括地讲就是指与价格的制定、执行和监督有关的各种价格关系。

1997年12月29日第八届全国人民代表大会常务委员会第二十九次会议审议通过，并于1998年5月1日正式实施的《中华人民共和国价格法》标志着我国新的价格制度的确立。

2. 价格法的任务

（1）规范市场主体的价格行为，维护价格秩序；（2）创造公平竞争环境，优化价格形成机制；（3）保护经营者和消费者的正当权益，协调生产和消费的关系；（4）规范、加强和改善宏观经济调控，稳定市场价格总水平。

二、价格法律制度

（一）我国的价格管理体制

价格管理体制是指价格管理机构的设置、权限的划分和职能的规定。总的来说，我国的价格管理机构是政府各级物价主管部门和其他有关部门。

（二）经营者的价格行为

1. 经营者定价的范围

《价格法》第6条明确规定了实行市场调节价的范围。按照这一规定，市场调节价的范围是指未列入政府指导价和政府定价范围内并适应在市场竞争中形成的商品和服务价格。具体包括：商品和服务比较丰富，不属于资源稀缺的范围；商品和服务不具有自然垄断性，是可以由多个经营者同时经营的商品和服务品种；商品和服务不属于关系国计民生的特别重要的品种。

2. 经营者定价的基本依据

经营者定价的基本依据，就是经营者确定商品或服务收费所凭借的基本依据，包括生产经营成本和市场供求状况。

生产经营成本是指与生产经营有关的各项费用，也就是在生产经营过程中所耗费的生产资料价值和必要的劳动价值的货币表现。因此，从生产经营成本的内容来说，包括生产过程中所发生的物质消耗与劳动消耗；销售费用或流通费用；损失性支出，指商品在运输、保管、销售过程中的损失和消耗；保险费和银行利息等方面的支出。

市场供求状况是影响价格形成的又一重要因素，尤其是对市场起调节作用的价格，往往是供求关系的变动影响着价格的变动，价格的变动也影响着供求关系。《价格法》将市场供求状况作为经营者定价的基本依据，是在法律规范中反映了市场经济的客观要求。因此，依据供求变化而使价格升降，是为法律所允许的价格行为。

3. 经营者的权利和义务

经营者进行价格活动，享有下列权利：(1) 自主制定属于市场调节的价格；(2) 在政府指导价规定的幅度内制定价格；(3) 制定属于政府指导价、政府定价产品范围内的新产品的试销价格，特定产品除外；(4) 检举、控告侵犯其依法自主定价权利的行为。

经营者的价格义务有：(1) 经营者应当努力改进生产经营管理，降低生产经营成本，为消费者提供合格的商品和服务，并在市场竞争中获取合法利润；(2) 经营者应当根据其经营条件建立、健全内部价格管理制度，准确记录与核定商品和服务的生产经营成本，不得弄虚作假；(3) 经营者进行价格活动，应当遵守法律法规，执行依法制定的政府指导价、政府定价和法定的价格干预措施、紧急措施；(4) 经营者销售、收购商品和提供服务，应当按照政府价格主管部门的规定明码标价，注明商品的品名、产地、规格、等级、计价单位、价格或者服务的项目、收费标准等有关情况，经营者不得在标价之外加价出售商品，不得收取任何未予标明的费用；(5) 经营者在进行经营活动的过程中，不得利用价格手段进行不正当竞争，损害国家利益或者其他经营者、消费者的合法权益。

《价格法》第14条规定了经营者不得有下列不正当价格行为：(1) 相互串通、操纵市场价格，损害其他经营者或者消费者的合法权益；(2) 在依法降价处理鲜活商品、季节性商品、积压商品等商品外，为了排挤竞争对手或者独占市场，以低于成本的价格倾销，扰乱正常的生产经营秩序，损害国家利益或者其他经营者的合法权益；(3) 捏造、散布涨价信息，哄抬价格，推动商品价格过高上涨；(4) 利用虚假的或者使人误解的价格手段，诱骗消费者或者其他经营者与其进行交易；(5) 提供相同商品或者服务，对具有同等交易条件的其他经营者实行价格歧视；(6) 采取抬高等级或者压低等级等手段收购、销售商品或者提供服务，变相提高或者压低价格；(7) 违反法律、法规的规定牟取暴利；(8) 法律、行政法规禁止的其他不正当价格行为。

（三）政府的定价行为

政府的价格行为包括政府定价行为和政府指导价行为两种。

1. 政府指导价和政府定价的范围

下列商品和服务价格，政府在必要时可以实行政府指导价或者政府定价：(1) 与国民经济发展和人民生活关系重大的极少数商品价格；(2) 资源稀缺的少数商品价格；(3) 自然垄断经营的商品价格；(4) 重要的公用事业价格；(5) 重要的公益性服务价格。

2. 政府指导价、政府定价的制定

(1) 政府指导价、政府定价的依据。政府指导价、政府定价的依据包括有关商品或者服务的社会平均成本和市场供求状况、国民经济与社会发展要求和社会承受能力。社会承受能力是指社会各方对出现在市场上的价格的承受和接受能力，即市场上的购买者实际的购买能力。

(2) 实行合理的差价体系。差价指同一商品由于流通环节、购销地区、季节之间的不同而形成的不同价格之间的差额。差价体系是价格体系的一部分。价格法规范的四种差价是：购销差价，指同一商品在同一市场、同一时间内，购进价格和销售价格之间的差额；批零差价，指同一商品在同一市场、同一时间内，批发价格和零售价格之间的差额；地区差价，指同一种商品、同一时间内，在不同地区的价格差额；季节差价，指同一商品在同一市场的不同时间的价格差额。

3. 制定政府指导价、政府定价的程序

政府价格主管部门或其他有关部门制定政府指导价、政府定价，应当开展价格、成本调查，听取消费者、经营者和有关方面的意见。政府价格主管部门开展对政府指导价、政府定价的价格、成本调查时，有关单位应如实反映情况，提供必需的账簿、文件及其他资料。制定关系群众切身利益的公用事业价格、公益性服务价格、自然垄断经营的商品价格等政府指导价、政府定价，应当建立听证会制度，由政府价格主管部门主持，征求消费者、经营者和有关方面的意见，论证其必要性、可行性。政府指导价、政府定价制定后，由制定价格的部门向消费者、经营者公布。

（四）价格总水平的调控

《价格法》第26条规定，稳定市场价格总水平是国家重要的宏观经济政策目标。

1. 价格宏观调控的目标和手段

《价格法》第26条指出："稳定市场价格总水平是国家重要的宏观经济政策目标。国家根据国民经济发展的需要和社会承受能力，确定市场价格总水平调控目标，列入国民经济和社会发展计划，并综合运用货币、财政、投资、进出口等方面的政策与措施，予以实现。"

价格水平又称物价水平，它是价格的动态反映，按其范围不同，可分为单个商品价格水平、分类商品价格水平和价格总水平。价格总水平又称为物价总水平，指一个国家在一定时期内全部商品价格变动的平均和综合，或者说是一个国家一定时期内各种商品价格的综合平均水平。对价格总水平实施调节和控制，防止其剧烈波动，是国家进行宏观经济调控的重要目标，也是价格管理的核心内容。

为实现对价格总水平的有效调控，调控价格总水平应尽量采用经济手段，依法通过货币政策手段合理调节投资需求，通过进出口政策和手段调剂余缺，通过财政政策和措施控制收支。通过各种手段保持国内总供给和总需求的平衡以及重要的结构平衡，就可以达到预期的价格总水平调控目标。考虑到某些重要商品对国民经济和人民生活影响极大，这些商品的生产和供给又可能出现不稳定状况，《价格法》第27条规定："政府可以建立重要商品储备制度，设立价格调节基金，调控价格，稳定市场。"储备制度的功能在于当市场出现重大的供求不平衡时，通过吞吐储备商品，平衡供求。价格调节基金的功能在于，当价格出现较大波动时通过调动基金平衡价格。通过两项制度的建立，政府就可避免一些重要商品因意外事件、自然灾害、季节变化等特殊因素变化造成的价格短期波动，从而有效地调控价格，稳定市场。

为适应价格调控和管理的需要，政府价格主管部门建立了价格监测制度，对重要商品、服务价格的变动进行监测，从而为正确采取调控措施提供了有利的基础。

2. 政府对价格的干预及紧急措施

调控价格主要用经济手段，但在特殊情况下，也不排斥采用必要的行政手段调节。《价格法》第 29～31 条规定：政府在粮食等重要农产品的市场购买价格过低时，可以在收购中实行保护价格，并采取相应的经济措施保证其实现。当重要商品和服务价格显著上涨或者有可能显著上涨时，国务院和省、自治区、直辖市人民政府可以对部分价格采取限定差价率或者利润率、规定限价、实行提价申报制度和调价备案制度等干预措施。省、自治区、直辖市人民政府采取上述规定的干预措施，应当报国务院备案。当市场价格总水平出现异常状态时，国务院可以在全国范围内或者部分区域内采取临时集中定价权限、部分或全面冻结价格的紧急措施。

以上干预和紧急措施不是永久性的，当引起上述措施的情形消除之后，应及时解除干预措施和紧急措施。

（五）价格的监督检查

1. 价格监督检查的形式

我国的价格监督主要有以下三种形式。

（1）政府监督。指政府价格主管部门依据《价格法》赋予的职权进行的价格监督行为。

（2）社会监督。指消费者组织、职工价格监督组织、居民委员会、村民委员会等组织以及消费者对价格行为所进行的监督。

（3）舆论监督。指新闻单位对价格活动所进行的监督。

2. 价格监督检查的机构及其职责

价格监督的执法主体是县级以上各级人民政府的价格主管部门。根据《价格法》第 34 条的规定，政府价格主管部门进行价格监督检查时，可以行使下列职权：

（1）询问当事人或者有关人员，并要求其提供证明材料和与价格违法行为有关的其他资料；

（2）查询、复制与价格违法行为有关的账簿、单据、凭证、文件及其他资料，核对与价格违法行为有关的银行资料；

（3）检查与价格违法行为有关的财物，必要时可责令当事人暂停相关营业；

（4）在证据可能灭失或者以后难以取得的情况下，可以依法先行登记保存，当事人或者有关人员不得转移、隐匿或者销毁。

此外，在价格监督检查中监督检查者和经营者负有以下职责：（1）经营者接受政府价格主管部门的监督检查时，应当如实提供价格监督检查所必需的账簿、单据、凭证、文件以及其他资料；（2）政府部门价格工作人员不得将依法取得的资料或者了解的情况用于依法进行价格管理以外的任何其他目的，不得泄露当事人的商业秘密。

3. 社会监督与舆论监督

价格违法活动是一种非常隐蔽的、无孔不入的活动。为使监督检查工作充分有效，单靠价格主管部门的工作并不够，还应有其他社会组织进行社会监督和舆论监督。

4. 价格违法行为的举报制度

为使价格监督检查工作具有更大的群众基础，《价格法》第38条对建立价格违法举报制度作了如下规定：

（1）政府价格主管部门应建立对价格违法行为的举报制度。

（2）任何单位和个人均有权对价格违法行为进行举报。政府价格主管部门应当对举报者给予鼓励，并负责为举报者保密。

三、违反价格法的法律责任

1. 经营者的法律责任

经营者违法，可能承担的法律责任主要有罚款、责令改正、没收违法所得、吊销营业执照等。

2. 政府及其他部门的法律责任

政府及其他部门违法，可能承担的法律责任包括责令改正、通报批评、行政处分等。

3. 价格工作人员的法律责任

价格工作人员泄露国家秘密、商业秘密以及滥用职权、徇私舞弊、玩忽职守、索贿受贿，构成犯罪的，依法追究刑事责任；尚不构成犯罪的，依法给予行政处分。

本章小结

宏观调控与市场监管分别发生在经济运行的宏观层次和微观层次。宏观调控法律制度是指宏观调控体系、宏观调控程序、宏观调控手段的法制化。从宏观调控法律制度的结构体系来看，包括财政税收法、规划（计划）法、金融调控法、产业政策法等。本章根据经管类专业的特点，选讲了税法、外商投资法、会计和审计法律制度、价格法。

思考训练题

选择题

1.（　　）是税法结构中最基本的因素，是区别不同税种的主要标志。

A. 纳税环节　　B. 课税对象　　C. 税率　　D. 税目

2. 下列关于实质课税原则的说法中，正确的有（　　）。

A. 税收负担必须根据纳税人的负担能力进行分配

B. 应根据纳税人的真实负担能力决定纳税人的税负

C. 判断某个具体的人或事件是否满足课税要件或者是否应承担纳税义务时，不能受其外在形式的蒙蔽，应按实质条件的指向确认其纳税义务

D. 实质课税原则的意义在于防止纳税人的避税与偷税，增强税法适用的公正性

3. 关于增值税起征点的规定，下列说法正确的是（　　）。

A. 仅对销售额中超过起征点的部分征税

B. 起征点的调整由各省、自治区、直辖市税务局规定

C. 起征点的适用范围包括自然人和认定为一般纳税人的个体工商户

D. 对自然人销售额未达到规定起征点的，免征增值税

4. 下列收入中，不征收增值税的是（　　）。

A. 被保险人获得的保险赔付

B. 电力公司向发电企业收取的过网费

C. 销售机器设备同时提供安装服务取得的安装费

D. 销售代销货物取得的收入

5. 下列关于负面清单的说法错误的是（　　）。

A. 国家对负面清单之外的外商投资给予国民待遇

B. 负面清单规定限制投资的领域，外国投资者可以在一定条件下投资

C. 负面清单规定禁止投资的领域，外国投资者不得投资

D. 负面清单由各省、自治区、直辖市政府发布或者批准发布

6. 关于外商投资保护，下列说法正确的是（　　）。

A. 国家对外国投资者的投资一般不实行征收

B. 行政机关可以利用行政手段强制要求外商转让技术

C. 外商投资企业只能通过行政复议和行政诉讼的方式维权

D. 政府及部门不得增加外商投资企业的义务

7. 下列各项中不属于外商投资的是（　　）。

A. 美国人甲为广州一个正在进行的项目注资

B. 日本人乙独资在北京设立了一个企业

C. 意大利人丙购买了一个上海企业50%的股份

D. 俄罗斯人丁与中国人老王共同在哈尔滨投资了一个新项目

8. 经营者不执行政府指导价、政府定价以及法定的价格干预措施、紧急措施的，责令改正，没收违法所得，可以并处违法所得（　　）以下的罚款；没有违法所得的，可以处以罚款；情节严重的，责令停业整顿。

A. 5倍　　B. 4倍　　C. 3倍　　D. 2倍

9. 制定关系群众切身利益的公用事业价格、公益性服务价格、自然垄断经营的商品的价格等政府指导价、政府定价，应当建立（　　）制度，由政府价格主管部门主持，征求消费者、经营者和有关方面的意见，论证其必要性、可行性。

A. 听证　　B. 征求意见　　C. 听证会　　D. 论证

10. 政府指导价是指由政府价格主管部门或者其他有关部门，按照定价权限和范围规定（　　）及其浮动幅度，指导经营者制定的价格。

A. 基本价　　B. 指导价　　C. 参考价　　D. 基准价

案例分析题

【案例1】

某电池销售公司会计账簿设置混乱，总账账页与明细账附在一起，库存商品明细账只有数量，没有金额；会计凭证填制手续不全，原始凭证复印件较多；资金管理混乱，账外

资金16.5万元；总账与明细账余额相差257.25万元；库存商品卡片比总账溢出431.28万元，长期不核对。该公司指定其所属单位将应当列入本单位营业收入的53万多元现金上交公司，收到资金后，不计入法定会计账册，而是私自存放。先后以半年奖、年终奖、突出贡献奖等多种名目发给单位职工，合计达49万余元。

问题

1. 该公司违反了《会计法》的哪些规定？应当如何处理？

2. 《会计法》对会计凭证、会计账簿主要有哪些规定？

【案例2】

某县审计局组成以张小光为组长的三人审计小组，到本县某国有企业进行审计，并在实施审计前2日，向被审计单位送达审计通知书。该企业的法定代表人张大光是张小光的哥哥，接到通知书后将有关会计资料准备好，迎接审计组的到来。以张小光为首的审计小组进驻企业后，通过审查有关会计资料和资产以及向有关人员进行调查，发现被审计单位有隐瞒收入、正在转移违法所得、偷漏税收等问题。另外，被审计单位所执行的上级主管部门有关财务收支的某项规定与国务院的规定相抵触。审计组对审计事项实施审计后，仅就隐瞒收入问题向审计局提出了审计报告，撤离企业。审计机关同意了审计组的意见，一个月后，将审计意见书和审计决定送达该企业。

问题

1. 请根据《审计法》的有关规定分析此案例存在哪些不符合法律规定的地方。

2. 《审计法》对审计程序做了哪些规定？

3. 审计机关依法有哪些权限？

【案例3】

2001年，某公路建设工程公司承接了某县境内高速公路路段建设施工工程。施工期间，该公司从当地收购了10万余立方米的河沙、鹅卵石作为路基建设材料。据此，县地税局依照该省地方税务局有关文件规定，核定其应缴资源税25 586 496元，并责令其限期缴纳。该公司接到县地税局下达的税务处理决定书后，以“河沙、鹅卵石不属于《中华人民共和国资源税暂行条例》及《中华人民共和国资源税暂行条例实施细则》所列举的应税矿产品，因此其不是资源税纳税人，不应缴纳资源税”为由，向该县地税局上级主管局提出了税务行政复议申请。该县地税局上级主管局仍维持县地税局作出的原税务处理决定。该公司遂以“县地税局仅凭省级行政主管部门文件认定其为资源税纳税人不当”为由，向该县人民法院提起行政诉讼，要求人民法院撤销地税局作出的原税务处理决定，退还其已缴纳的资源税税款。该县人民法院经审理后认为，县地税局适用税收法律、法规错误，依法作出了撤销县地税局原税务处理决定的判决。

问题

本案中某县地税局仅仅依据省地税局有关文件的规定征收资源税，违背了税法的哪项基本原则？

【案例4】

2012年8月，京东商城挑起、苏宁等电商跟进而引发一场声势浩大的价格战。京东、苏宁、国美等国内知名家电商家纷纷在微博上表示，自己的价格一定是最低的，竞争对手低到什么程度，自己就可以在此基础上再低一个层次。然而，消费者发现此次价格战中存在以下情况：电商先提价再降价，甚至有商品促销价还高于平时原价，或是企业拿独有商品参加比价。消费者质疑这些商家并未完全履行其价格承诺。

问题

从《价格法》的角度评析电商价格战中的违法之处。

思考题

1. 2011年以来的营业税改增值税的改革有何积极意义？
2. 试述2018年我国《个人所得税法》修订的主要内容及调整趋势。

第 6 章

经济纠纷的解决

学习目的和要求

通过本章的学习，了解商事仲裁的原则和基本制度；了解我国仲裁机构的设置；掌握商事仲裁的程序；理解经济诉讼的含义和第一普通审判程序；了解受案范围；掌握经济诉讼管辖和实效；了解经济检查的办案程序。

第 1 节　商事仲裁

商事仲裁制度作为解决经济争议的一种有效方式，在我国经济法制建设中起着日益重要的作用。随着全球经济一体化、我国加入 WTO 以及对外贸易经济合作的发展，提交仲裁的经济争议的范围越来越广。作为国际上解决经济争议的一种重要方式，商事仲裁对于及时有效地解决争议，保护当事人的合法权益，促进生产经营活动的健康发展，推动我国对外经济贸易和技术交流合作，将发挥重要作用。

一、商事仲裁概述

（一）商事仲裁的概念

仲裁，亦称公断，是指双方当事人在对某一事件或问题发生争执时，自愿选择或同意由一定的机构以第三者的身份，对争议做出判断和裁决的活动。

商事仲裁是仲裁的一种，是指双方当事人在经济活动中对某一事件或问题发生争执时，自愿选择或同意由仲裁机关对争议做出判断和裁决活动。

通过仲裁方式解决经济纠纷的范围相当广泛，如合同纠纷、商标纠纷、专利纠纷、税务纠纷、涉外经济纠纷等。对上述经济纠纷和其他财产权益纠纷的仲裁，统称为商事仲裁。

（二）我国商事仲裁的发展

在我国，仲裁制度有几十年的历史，大致可分为两个阶段。

第一阶段：从新中国成立至 1994 年，这一阶段我国商事仲裁制度方面没有统一的仲裁法，只有单行仲裁条例，如 1989 年 1 月 1 日起施行的《中国国际经济贸易仲裁委员会仲裁规则》。1983 年国务院颁布了《中华人民共和国经济合同仲裁条例》，完善了经济合同仲裁制度。

第二阶段：1994 年 8 月 31 日，第八届全国人民代表大会常务委员会第九次会议通过了《中华人民共和国仲裁法》（以下简称《仲裁法》），自 1995 年 9 月 1 日起施行，该法在 2009 年 8 月 27 日和 2017 年 9 月 1 日进行了第一次修正和第二次修正。1997 年 3 月 26 日《最高人民法院关于实施〈中华人民共和国仲裁法〉几个问题的通知》发布；2004 年 7 月 22 日《最高人民法院关于适用〈中华人民共和国仲裁法〉若干问题的解释（征求意见稿）》发布，2005 年 12 月 26 日最高人民法院审判委员会第 1375 次会议通过和公布《最高人民法院关于适用〈中华人民共和国仲裁法〉若干问题的解释》，自 2006 年 9 月 8 日起施行，标志着我国进入统一仲裁法的颁布实施阶段。

（三）《仲裁法》的适用范围

《仲裁法》的仲裁适用范围是根据下列原则规定的：第一，发生纠纷的双方应当是属于平等主体的当事人；第二，仲裁的事项应当是当事人有权处分的。因此，仲裁委员会受理平等主体的公民、法人和其他组织之间发生的合同纠纷和其他财产权益纠纷。但下列纠纷不能仲裁：

（1）婚姻、收养、监护、扶养、继承纠纷；

（2）依法应当由行政机关处理的行政争议。

另外，由于劳动争议和农业集体经济组织内部的农业承包合同纠纷不同于一般的经济纠纷，有自己的特点，因此，劳动争议和农业集体经济组织内部的农业承包合同纠纷的仲裁另行规定，也不属于《仲裁法》的受理范围。

（四）商事仲裁的基本原则

商事仲裁的基本原则是指运用仲裁方式解决经济纠纷过程中和在仲裁的主要阶段起指导作用的准则。它体现了仲裁法律制度的精神实质，是整个仲裁活动的指导原则。根据《仲裁法》的规定，商事仲裁的基本原则有：

（1）自愿原则。自愿原则是仲裁制度的一个重要原则。它体现在：1）当事人采用仲裁方式解决纠纷，应当双方自愿，达成仲裁协议；2）向哪个仲裁委员会申请仲裁，由当事人双方协商，自愿选定；3）仲裁事项可以由当事人双方约定；4）仲裁员由当事人自主选定，或者委托仲裁委员会主任指定，仲裁庭的组成形式也可由当事人约定；5）当事人可以约定开庭的形式、审理方式等有关程序。

（2）以事实为根据、以法律为准绳的原则。以事实为根据，要求仲裁机构实事求是，在仲裁审理的过程中忠于事实真相，全面、客观、细致、深入地查清与案件有关的事实情况。以法律为准绳，要求仲裁机构在查明仲裁案件事实的基础上，按照法律的规定，分清是非曲直，确认当事人各方的权利与义务。

（3）当事人双方在适用法律上一律平等的原则。这一原则要求仲裁机构在解决争议时，不论争议双方的所有制性质、隶属关系、规模大小有何不同，都应平等地适用法律，不能偏袒任何一方，特别是不搞地方保护主义。同时争议双方在仲裁活动中的地位也是平等的，都有权提供证据，进行陈述，为自己辩护，要求仲裁庭成员回避及聘请律师提供法律帮助或委托律师及其他人担任代理人等。

（4）仲裁依法独立进行的原则。仲裁机构的设置、仲裁庭对仲裁纠纷的处理具有不依赖于任何行政机关、团体和个人，依法不受任何行政机关、团体和个人干涉的独立性。没有独立的仲裁，就没有我国真正的仲裁制度。

（五）商事仲裁的基本制度

（1）协议仲裁制度。协议仲裁是指经济纠纷的当事人按照合同约定的仲裁条款或者事后达成的书面仲裁协议向仲裁机构申请仲裁，没有仲裁协议的，仲裁机关不予受理。《仲裁法》第 4 条规定："当事人采用仲裁方式解决纠纷，应当双方自愿，达成仲裁协议。没有仲裁协议，一方申请仲裁的，仲裁委员会不予受理。"

（2）一裁终局制度。《仲裁法》第 9 条规定："仲裁实行一裁终局的制度。裁决作出后，当事人就同一纠纷再申请仲裁或者向人民法院起诉的，仲裁委员会或者人民法院不予受理。"《仲裁法》规定经济纠纷实行一次裁决是在总结过去"二裁二审"的弊病后确定的。仲裁裁决是终局的，双方当事人均不得向人民法院起诉，也不得向其他任何机构提出变更仲裁裁决的请求。当事人一方在法定期限内不履行仲裁裁决书的，另一方可以申请人民法院强制执行。

（3）回避制度。依照法律规定的条件，经仲裁机关批准，仲裁员及有关工作人员退出或避开对案件的审理，称为回避。回避制度是保障当事人平等行使权利，保证仲裁人员公正处理案件的一项重要制度。

（4）财产保全制度。《仲裁法》第 28 条规定："一方当事人因另一方当事人的行为或者其他原因，可能使裁决不能执行或者难以执行的，可以申请财产保全。"

（5）仲裁时效制度。《仲裁法》第 74 条规定："法律对仲裁时效有规定的，适用该规定。法律对仲裁时效没有规定的，适用诉讼时效的规定。"

仲裁除应遵守上述制度外，还必须遵守以事实为根据、以法律为准绳的原则，当事人适用法律上一律平等的原则等，要严格执法，公平裁决。

二、仲裁组织

《仲裁法》第 10 条规定："仲裁委员会可以在直辖市和省、自治区人民政府所在地的市设立，也可以根据需要在其他设区的市设立，不按行政区划层层设立。"

设立仲裁委员会，应当经省、自治区、直辖市的司法行政部门登记，并具备下列条件：（1）有自己的名称、住所和章程；（2）有必要的财产；（3）有该委员会的组成人员；（4）有聘任的仲裁员。

仲裁委员会是常设性仲裁机构，独立于行政机关，与行政机关没有隶属关系，仲裁委员会之间也没有隶属关系。

仲裁委员会由主任1人、副主任2～4人和委员7～11人组成。仲裁委员会的主任、副主任和委员由法律、经济贸易专家和有实际工作经验的人担任。仲裁委员会的组成人员中，法律、经济贸易专家不得少于2/3。《仲裁法》第13条规定，仲裁员应当符合下列条件之一：(1) 通过国家统一法律职业资格考试取得法律职业资格，从事仲裁工作满8年的；(2) 从事律师工作满8年的；(3) 曾任法官满8年的；(4) 从事法律研究、教学工作并具有高级职称的；(5) 具有法律知识、从事经济贸易等专业工作并具有高级职称或具有同等专业水平的。

仲裁委员会按照不同专业设仲裁员名单。

三、仲裁协议

（一）仲裁协议的概念和内容

仲裁协议是双方当事人决定将纠纷事项提请仲裁的共同意思表示，包括双方当事人在合同中订立的仲裁条款和以其他书面方式在纠纷发生前或者纠纷发生后达成的请求仲裁的协议。仲裁协议是仲裁委员会受理案件的前提条件。具有仲裁协议，仲裁委员会应当受理，否则双方当事人应当向人民法院起诉。

仲裁协议应当具有下列内容：(1) 请求仲裁的意思表示；(2) 仲裁事项；(3) 选定的仲裁委员会。

以上三项内容，缺少任何一项，都会导致仲裁协议的不完整，直接影响到仲裁协议本身的效力。

（二）仲裁协议的效力

仲裁协议独立存在，合同的变更、解除、终止或者无效，不影响仲裁协议效力。仲裁庭有权确认合同的效力。当事人对仲裁协议的效力有异议的，可以请求仲裁委员会或者人民法院做出裁定。一方请求仲裁委员会做出决定，另一方请求人民法院做出裁定的，由人民法院裁定。当事人对仲裁协议的效力有异议，应当在仲裁庭首次开庭前提出。

（三）仲裁协议无效的法定情形

根据《仲裁法》第17条的规定，有下列情形之一的，仲裁协议无效：(1) 约定的仲裁事项超出法律规定的仲裁范围的；(2) 无民事行为能力人或者限制民事行为能力人订立的仲裁协议；(3) 一方采取胁迫手段，迫使对方订立仲裁协议的。

另外，仲裁协议对仲裁事项或者仲裁委员会没有约定或者约定不明确的，当事人可以补充协议；达不成补充协议的，仲裁协议无效。

四、仲裁程序

仲裁程序是根据《仲裁法》规定进行仲裁活动的操作规程。仲裁机关和仲裁当事人只有严格按照仲裁程序进行仲裁活动，才能使案件得到正确解决。根据《仲裁法》的规定，仲裁程序一般分为以下几个阶段（见图6-1）。

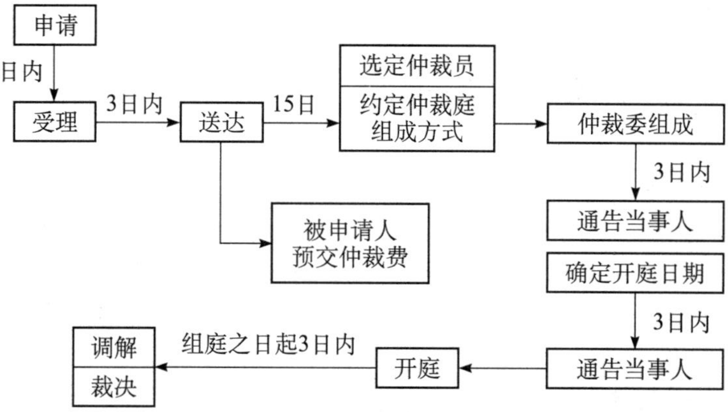

图6-1　仲裁普通程序流程图

（一）申请与受理

（1）申请。申请指一方当事人根据合同仲裁条款或者事后达成的仲裁协议，依法向仲裁委员会请求对所发生的纠纷进行仲裁的行为。申请人应向仲裁机关递交仲裁申请书（格式参见实例），并按被诉人的人数提交副本。仲裁申请书应当载明下列事项：1）当事人的姓名、性别、年龄、职业、工作单位和住所；2）仲裁请求和所根据的事实、理由；3）证据和证据来源、证人姓名和住所。证据包括原合同副本及来往文件等。

仲裁申请书（实例）

申请人：××省物资贸易公司

地址：××市淮河路350号

法定代理人：夏××，职务：总经理

委托代理人：杨××，××律师事务所律师

被申请人：××市××贸易公司

地址：××市××路××号

法定代表人：李××，职务：经理

案由：购销合同货款纠纷

仲裁请求：1. 付清所欠货款×万元

2. 赔偿申请人经济损失×万元

事实和理由：

××年×月×日申请人和被申请人签订了一份钢材购销合同，合同中对钢材的规格、数量、品名、价款、交货地点、付款方式和期限等都有明确的约定（详见合同）。合同签订后，申请人按照合同的约定向被申请人交付×吨钢材，总货款×万元，被申请人收货后仅付货款×万元，尚欠×万元。申请人多次催要，被申请人以经济效益不好为借口，至今未付清所欠货款。被申请人的违约行为严重影响了申请人正常的经营活动，给申请人造成了巨大的经济损失。

为维护申请人的合法权益，根据双方的仲裁协议特向贵仲裁委员会申请仲裁。

证据和证据来源：

××年×月×日申请人与被申请人签订的钢材购销合同；××年×月×日被申请人向申请人支付的银行汇票一张。

此致

××仲裁委员会

申请人：××省物资贸易公司
法定代表人：（签名、盖章）
委托代理人：（签名、盖章）
××年×月×日

附：1. 钢材购销合同一份；

2. 银行汇票一张；

3. 本申请书副本×份。

（2）受理。受理指仲裁委员会审查仲裁申请书后，认为符合受理条件，应当受理并通知当事人；认为不符合受理条件的，书面通知当事人不予受理，并说明理由。仲裁委员会决定是否受理的时限是5日；仲裁委员会受理仲裁申请后，应当在仲裁规则规定的期限内将仲裁规则和仲裁员名册送达被申请人。被申请人收到仲裁申请书副本后，应当在仲裁委员会规定的期限内向仲裁委员会提交答辩书（格式参见实例），可以承认或者反驳仲裁请求，也有权提出反请求。仲裁委员会收到答辩书后，应当在仲裁规则规定的期限内，将答辩书副本送达申请人。被申请人未交答辩书的，不影响仲裁程序的进行。

仲裁答辩状（实例）

答辩人：××市××贸易公司

地址：××市××路××号

法定代表人：雷××，职务：总经理

委托代理人：杨××，××市××律师事务所律师

答辩人就申请人因与答辩人之间发生的购销合同货款争议向你会提出的仲裁请求提出答辩如下：

答辩人与申请人××年×月×日签订钢材购销合同，合同对钢材的规格、数量、质量、品名、付款方式及期限作了明确约定。合同签订后，申请人虽然按照合同约定的期限向答辩人交付×吨钢材，答辩人验收时发现该批钢材有×吨规格和品名与合同的约定不符，且有质量问题。答辩人按照合同约定的期限向申请人支付了合格部分的钢材货款×万元，同时，要求申请人严格履行双方订立的钢材购销合同，向答辩人提供符合合同约定的钢材，但申请人至今未能向答辩人提供符合约定的钢材。

综上所述，申请人所提的要求和事实不符合双方实际履行合同的状况。答辩人对不符合合同规定的钢材拒绝支付货款合法有据，履行合同过程中无违约行为，依法不承担申请人的经济损失。故提请仲裁委员会驳回申请人的仲裁请求。

此致

××仲裁委员会

答辩人：××市××贸易公司（盖章）

法定代表人：（签名、盖章）

委托代理人：（签名、盖章）

× ×年×月×日

附：1. 钢材购销合同一份；

2. 质检报告书；

3. 本答辩书副本×份。

（二）仲裁庭组成

仲裁委员会仲裁案件是通过一定形式实现的，开庭和裁决仲裁案件的组织形式即仲裁庭。我国《仲裁法》赋予仲裁庭的组成形式有两种：

（1）由一名仲裁员组成的仲裁庭，习惯称为独任仲裁庭。

（2）由三名仲裁员组成的仲裁庭，又叫合议庭。

仲裁庭组成的特点是组织方式由当事人约定，仲裁员由当事人选定或委托仲裁委员会主任指定，有仲裁员回避制度，自主进行仲裁程序。仲裁庭组成后，仲裁委员会应将仲裁庭的组成情况书面通知当事人。仲裁员应在认真审阅申请书、答辩书和有关证据的基础上，对案件的事实进行调查。

仲裁员有下列情形之一的，必须回避，当事人也有权提出回避申请：①是本案当事人或者当事人、代理人的近亲属；②与本案有利害关系；③与本案当事人、代理人有其他关系，可能影响公正仲裁的；④私自会见当事人、代理人，或者接受当事人、代理人请客送礼的。

仲裁员是否回避，由仲裁委员会主任决定；仲裁委员会主任担任仲裁员时，由仲裁委员会集体决定。

（三）开庭和裁决

开庭是仲裁庭在双方当事人的法定代表人或委托代理人、律师等参加下，对仲裁请求进行审理和裁决的活动。开庭前，按照法律规定，仲裁庭应将开庭的时间、地点用书面形式通知当事人。申请人经两次通知拒不到庭，视作撤销申请；被申请人经两次通知拒不到庭，可以按缺席仲裁。

案件办理过程中，为避免造成更大的财产损失或保障案件终结后仲裁决定书的执行，仲裁机关可根据当事人的申请，做出保全措施裁定。保全措施包括：中止合同履行、查封或扣押货物、变卖不易保存的货物保存价款、责令被申请人提供担保以及法律允许采取的其他方法。

仲裁庭开庭时，由首席仲裁员宣布仲裁员、书记员名单，并询问当事人是否申请仲裁庭组成人员回避。在仲裁庭主持下，由当事人按申诉人、被申诉人的顺序，各自陈述自己的事实和理由，并对有争议的事实进行当庭辩论，辩论结束后，由首席仲裁员询问双方当事人的最后意见，并再次对双方进行当庭调解。调解若能达成协议的，应制作调解书。达不成协议的，经仲裁庭评议后作出裁决。

裁决是指仲裁庭依法满足或驳回申请人的仲裁请求，对解决纠纷的实体事项做出的决定。对达不成调解协议的由仲裁庭评议后作出裁决，裁决书应当写明仲裁请求、争议事实、裁决理由、裁决结果、仲裁费用的负担和裁决日期。当事人协议不愿写明争议事实和裁决理由的，可以不写。裁决书由仲裁员签名，加盖仲裁委员会印章。仲裁一般不公开进行，当事人协议同意公开的，可以公开进行，但涉及国家秘密的除外。裁决书自作出之日起发生法律效力，双方当事人必须自觉执行，否则，可以向人民法院申请执行。

（四）关于申请撤销裁决的规定

1. 申请撤销裁决的条件和期限

根据《仲裁法》第58条的规定，当事人提出证据证明裁决有下列情形之一的，可以向仲裁委员会所在地的中级人民法院申请撤销裁决：（1）没有仲裁协议的；（2）裁决的事项不属于仲裁协议的范围或者仲裁委员会无权仲裁的；（3）仲裁庭的组成或者仲裁的程序违反法定程序的；（4）裁决所根据的证据是伪造的；（5）对方当事人隐瞒了足以影响公正裁决的证据的；（6）仲裁员在仲裁该案时有索贿受贿、徇私舞弊、枉法裁决行为的。

当事人申请撤销裁决的，应自收到裁决书之日起6个月内提出。

2. 人民法院对撤销裁决申请的处理

人民法院组成合议庭审查核实裁决有《仲裁法》规定的撤销裁决的情形之一的，应当裁定撤销。人民法院认定裁决违背社会公共利益的，应当裁定撤销。人民法院应当在受理撤销裁决申请之日起两个月内作出撤销裁决或者驳回申请的裁定。人民法院在受理撤销裁决的申请后，认为可以由仲裁庭重新仲裁的，通知仲裁庭在一定期限内重新仲裁，并裁定中止撤销程序。仲裁庭拒绝重新仲裁的，人民法院应当裁定恢复撤销程序。

第2节 经济诉讼

一、诉讼和经济诉讼概述

诉讼是指国家司法机关在当事人及其他诉讼参与人的参加下，为解决案件并进行判决的活动。不同的法律关系应采取不同的诉讼形式，目前我国诉讼的形式包括刑事诉讼、行政诉讼、民事诉讼，对应的有《刑事诉讼法》、《行政诉讼法》以及《民事诉讼法》。

在程序上，经济诉讼适用《民事诉讼法》，2000年经济审判庭被撤销后，经济诉讼被纳入大民事审判格局。尽管经济诉讼在程序上和法院组织上都属于大民事审判格局，但是其与传统的民事诉讼在价值取向和裁判思维上仍存在区别。例如，商事审判更注重维护交易安全和交易效率，传统的民事审判更趋向于保护个体的实际权利，在垄断纠纷与各种不正当竞争纠纷中司法应更加注重对社会整体公益的追求。又如，反垄断诉讼包括反垄断民事诉讼和反垄断行政诉讼，因此常常出现“行民交叉”的问题；税务纠纷、金融纠纷因十分复杂更强调专业化。在目前的大民事审判格局下，这些都是需要特殊对待的问题，但是司法实践中对此并没有很好地区分，往往以民事审判思维来处理相关案件。因此，作为大民事审判格局的补丁，金融法院、知识产权法院、互联网法院等专项法院纷纷设立。

经济诉讼是不告不理的，一起具体的经济争议案件是否通过诉讼方式解决，首先取决于当事人是否有权提起诉讼和是否提起诉讼，只有当事人提起诉讼的经济争议，人民法院才能根据管辖权的规定予以受理。

二、经济诉讼的主体

（一）审判机构

根据《中华人民共和国人民法院组织法》（以下简称《人民法院组织法》）的规定，我国人民法院分为：最高人民法院、地方各级人民法院和专门人民法院。专门人民法院包括军事法院、海事法院、知识产权法院、金融法院等。各专门人民法院均有各自特定的主管范围。

我国实行两审终审制，即一个案件经过两级人民法院的审判而告终结，但基层人民法院和其派出的法庭审理符合《民事诉讼法》第157条第1款规定的简单的民事案件，标的额为各省、自治区、直辖市上年度就业人员年平均工资30%以下的，实行一审终审。

（二）诉讼参加人

诉讼参加人与诉讼的最后结果有着直接或间接的利害关系，并以此与证人、鉴定人、翻译人员等一般诉讼参与人构成明显差异。诉讼参加人包括当事人和诉讼代理人。

1. 当事人

公民、法人和其他组织可以作为民事诉讼的当事人。当事人是指由民事上的权利义务关系发生纠纷，以自己的名义进行诉讼，并受人民法院裁判约束的利害关系人。它包括原告、被告、共同诉讼人和第三人。

（1）原告和被告。原告是指为了保护自己的民事权益，以自己的名义向人民法院提起诉讼，从而引起民事诉讼程序发生的人。2012年修改的《民事诉讼法》首次引入了公益诉讼制度，2017年修正的《民事诉讼法》第55条规定：“对污染环境、侵害众多消费者合法权益等损害社会公共利益的行为，法律规定的机关和有关组织可以向人民法院提起诉讼。人民检察院在履行职责中发现破坏生态环境和资源保护、食品药品安全领域侵害众多消费者合法权益等损害社会公共利益的行为，在没有前款规定的机关和组织或者前款规定的机关和组织不提起诉讼的情况下，可以向人民法院提起诉讼。前款规定的机关或者组织提起诉讼的，人民检察院可以支持起诉。”

被告是指经原告诉称侵犯其合法权益，或者与其发生民事权益争议，而由法院通知应诉的人。

原告和被告在诉讼中具有诉讼权利能力和诉讼行为能力。诉讼权利能力，又称当事人能力，是指进行民事诉讼，享受诉讼权利，承担诉讼义务的资格。诉讼行为能力，是指以自己的行为实现诉讼权利、履行诉讼义务的能力。

原告和被告享有的诉讼权利如下：第一，请求司法保护、谋求公正审判的权利。包括起诉权、反诉权、申请参加诉讼权、委托代理权、申请回避权、上诉权、申诉权等。第二，维护自己的诉讼请求和主张的权利。包括收集、提供证据权，辩论权，查阅、复制本案有关材料和法律文书的权利等。第三，处分实体权益的权利。包括请求调解权、自行和解权、放弃或变更诉讼请求的权利，承认对方诉讼请求的权利等。第四，实现裁判利益的权利。包括申请预先执行权、申请财产保全权、申请强制执行权等。

原告和被告在民事诉讼中应当履行的义务有：必须依法而不能任意行使诉讼权利；在整个诉讼过程中遵守诉讼秩序和法庭纪律；必须履行生效的判决书、裁定书和调解书所规定的义务。

（2）共同诉讼人。当事人一方或双方二人以上，其诉讼标的是共同的或者诉讼标的是同一种类，人民法院认为应当或者可以合并审理的诉讼为共同诉讼。共同诉讼中的主体为二人以上时，称为共同诉讼人。

共同诉讼的意义在于：通过这个制度，人民法院可以一并彻底解决与本案有关的主体所发生的纠纷，从而简化诉讼程序，节省诉讼时间和费用，避免人民法院对同一事件作出相互矛盾的判决或裁定。

共同诉讼分为必要的共同诉讼和一般的共同诉讼两类。当事人一方或双方为二人以上，其诉讼标的是共同的诉讼，就叫作必要的共同诉讼；当事人一方或双方为二人以上，其诉讼标的为同一种类，人民法院认为可以合并审理并经当事人同意合并审理的诉讼，叫作一般的共同诉讼。

（3）第三人。第三人是指在民事诉讼中，对他人之间的诉讼标的主张独立的权利，或虽不主张独立的权利，但案件的处理结果与其有法律上的利害关系而参加到诉讼中的人。

第三人以其能否主张独立的权利为标准分为有独立请求权的第三人和无独立请求权的第三人。前者是指对当事人双方的诉讼标的全部或一部分有权独立地主张实体权利而参加到已经开始的诉讼中的人；后者是指对当事人双方争议的诉讼标的虽然没有独立的请求权，但案件的处理结果与其有法律上的利害关系，会涉及其合法权益。

《民事诉讼法》经2012年修订，新增了第三人撤销之诉，赋予无过错的第三人不经审判监督程序直接起诉的权利，加大了对无过错第三人的保护。有独立请求权的第三人以及与案件处理结果有法律上利害关系的第三人，因不能归责于本人的事由未参加诉讼，但有证据证明发生法律效力的判决、裁定、调解书的部分或者全部内容错误，损害其民事权益的，可以自知道或者应当知道其民事权益受到损害之日起6个月内，向作出该判决、裁定、调解书的人民法院提起诉讼。

2. 诉讼代理人

诉讼代理人是指以一方当事人的名义，在法律规定、法院指定或者当事人授予的权限范围内，代理当事人进行诉讼活动的人。

（1）诉讼代理人的特征。第一，诉讼代理人必须以被代理人的名义并为被代理人的利益而进行诉讼活动；第二，诉讼代理人必须在代理权限的范围内实施诉讼代理行为，超越代理权限的诉讼代理行为对被代理的当事人不产生法律约束力；第三，诉讼代理人在代理权限内所诉讼行为，其法律后果均由被代理人承担；第四，诉讼代理人只能代理当事人一方进行诉讼活动而不能在同一诉讼中代理双方当事人。

（2）诉讼代理人的意义。一方面，诉讼代理人是社会主义民主原则在诉讼中的重要体现，诉讼主体各方都可以依法委托代理人；另一方面，诉讼代理人可以帮助公民和法人实现司法保护，使他们能够更有效、更便捷地维护自己的合法权益。同时，诉讼代理人还可以使人民法院全面了解案情，准确适用法律，正确、及时、合法地审理经济纠纷案件。

（3）诉讼代理人的种类。在一般的民事诉讼中，诉讼代理人可以分为法定代理人、委托代理人等。在经济纠纷诉讼中，则基本为委托代理人。

法定代理是指由于法律的直接规定而产生代理权的代理行为。行使法定代理权的人，则为法定代理人。法定代理人是为无诉讼行为能力人而设立的，无诉讼行为能力人的监护人就是其法定代理人。

委托代理是指按照被代理人的委托授权而产生代理权的代理行为。在委托授权范围内行使代理权的人称为委托代理人。当事人、法定代理人可以委托律师、当事人的近亲属、有关的社会团体或者所在单位推荐的人以及经人民法院许可的其他公民作为委托诉讼代理人。委托诉讼代理人数可以是1～2人。委托诉讼代理人的代理权限范围由委托人的授权决定。委托授权根据授权范围的大小和性质不同，可以分为一般授权和特别授权。特别授权是指委托人将一特殊权利授予委托代理人，比如接受或部分接受对方诉讼请求的权利，接受一审判决放弃上诉的权利等。除此之外的委托授权则为一般授权。

三、管辖

（一）地域管辖

（1）一般地域管辖。根据《中华人民共和国民事诉讼法》（以下简称《民事诉讼法》）的规定，民事案件地域管辖的一般原则是“原告就被告”，即由被告住所地人民法院管辖。被告为公民的，其住所地为户籍所在地；住所地与经常居住地不一致的，由经常居住地人民法院管辖。被告为法人或其他组织的，由被告住所地人民法院管辖。

（2）特殊地域管辖。对被采取强制性教育措施的人以及对被监禁的人提起的诉讼，由原告住所地人民法院管辖；原告住所地与经常居住地不一致的，由原告经常居住地人民法院管辖。因合同纠纷提起的诉讼，由被告住所地或者合同履行地人民法院管辖。因保险合同纠纷提起的诉讼，由被告住所地或者保险标的物所在地人民法院管辖。因票据纠纷提起的诉讼，由票据支付地或者被告住所地人民法院管辖。因公司设立、确认股东资格、分配利润、解散等纠纷提起的诉讼，由公司住所地人民法院管辖。因铁路、公路、水上、航空运输和联合运输合同纠纷提起的诉讼，由运输始发地、目的地或者被告住所地人民法院管辖。因侵权行为提起的诉讼，由侵权行为地或者被告住所地人民法院管辖。因铁路、公路、水上和航空事故请求损害赔偿提起的诉讼，由事故发生地或者车辆、船舶最先到达地、航空器最先降落地或者被告住所地人民法院管辖。因船舶碰撞或者其他海事损害事故请求损害赔偿提起的诉讼，由碰撞发生地、碰撞船舶最先到达地、加害船舶被扣留地或者被告住所地人民法院管辖。因海难救助费用提起的诉讼，由救助地或者被救助船舶最先到达地人民法院管辖。因共同海损提起的诉讼，由船舶最先到达地、共同海损理算地或者航程终止地的人民法院管辖。

（3）协议管辖。《民事诉讼法》第34条规定，合同或者其他财产权益纠纷的当事人可以书面协议选择被告住所地、合同履行地、合同签订地、原告住所地、标的物所在地等与争议有实际联系的地点的人民法院管辖，但不得违反《民事诉讼法》对级别管辖和专属管辖的规定。

（4）专属管辖。专属管辖是指按照诉讼标的特殊性与管辖的排他性而确定的案件管辖。根据《民事诉讼法》第33条的规定，下列案件，由本条规定的人民法院专属管辖：①因不动产纠纷提起的诉讼，由不动产所在地人民法院管辖；②因港口作业中发生纠纷提起的诉讼，由港口所在地人民法院管辖；③因继承遗产纠纷提起的诉讼，由被继承人死亡时住所地或者主要遗产所在地人民法院管辖。

（5）共同管辖。同一诉讼的几个被告的住所地、经常居住地在两个以上人民法院辖区的，各人民法院都有管辖权。两个以上人民法院都有管辖权的诉讼，原告可以向其中一个人民法院起诉；原告向两个以上有管辖权的人民法院起诉的，由最先立案的人民法院管辖。

（二）级别管辖

在我国，划分各级经济审判机构受理第一审经济纠纷案件的分工和权限，有以下四个主要依据：一是案件的性质；二是案件争议标的额的大小；三是案情的复杂程度；四是案件影响的大小。

中级人民法院管辖下列第一审民事案件：（1）重大涉外案件；（2）在本辖区有重大影响的案件；（3）最高人民法院确定由中级人民法院管辖的案件。高级人民法院管辖在本辖区有重大影响的第一审民事案件。最高人民法院管辖下列第一审民事案件：（1）在全国有重大影响的案件；（2）认为应当由本院审理的案件。此外的第一审民事案件都由基层人民法院管辖。

（三）移送管辖和指定管辖

人民法院发现已经受理的经济纠纷案件不属于本院管辖的，应当移送有管辖权的人民法院，受移送的人民法院应当受理。受移送的人民法院认为受移送的案件依照规定不属于本院管辖的，应当报请上级人民法院指定管辖，不得再自行移送。

有管辖权的人民法院由于特殊原因，不能行使管辖权的，由上级人民法院指定管辖。人民法院之间因管辖权发生争议，由争议双方协商解决；协商解决不了的，报请它们的共同上级人民法院指定管辖。

人民法院受理经济纠纷案件后，当事人对管辖权有异议的，应当在提交答辩状期间提出，人民法院对当事人提出的异议，应当审查。异议成立的，裁定将案件移送有管辖权的人民法院；异议不成立的，裁定驳回。

上级人民法院有权审理下级人民法院管辖的第一审民事案件；确有必要将本院管辖的第一审民事案件交下级人民法院审理的，应当报请其上级人民法院批准。下级人民法院对它所管辖的第一审民事案件，认为需要由上级人民法院审理的，可以报请上级人民法院审理。

四、审判程序

（一）第一审程序

第一审程序是第一审人民法院审理经济纠纷案件的诉讼程序，分为普通程序和简易程序。

1. 普通程序

普通程序是经济审判的基础程序，可以分为以下几个阶段。

（1）起诉和受理。起诉是法人、其他组织和公民认为自己的权益受到侵害或者与他人发生争议时，以自己的名义，依法请求人民法院保护其合法权益的诉讼行为。

经济纠纷的起诉，必须符合下列法定条件：第一，原告必须是与本案有直接利害关系的公民、法人和其他组织；第二，有明确的被告；第三，有具体的诉讼请求和事实、理由；第四，属于人民法院受理民事诉讼的受案范围和受诉人民法院管辖。

原告向人民法院起诉应首先向人民法院递交起诉状，并按照被告人数提出副本。起诉状应写明的事项和形式见表 6－1。

表 6－1　起诉状

原告	被告
姓名、性别、年龄、民族、职业、工作单位、住所、联系方式，法人或者其他组织的名称、住所和法定代表人或者主要负责人的姓名、职务、联系方式	姓名、性别、年龄、民族、职业、工作单位、住所、联系方式，法人或者其他组织的名称、住所和法定代表人或者主要负责人的姓名、职务、联系方式
诉讼请求和所根据的事实与事由	
证据和证据来源，证人姓名和住所	
此致 ××人民法院	
附：1. 本状副本：×份 2. 证物：×件××年×月×日 3. 书证：×件	具状人：×××（签名或盖章） ××年×月×日

受理是指人民法院接受审理原告提出诉讼请求的案件。人民法院收到起诉状后，经过审查，认为符合起诉条件的，应当在7日内立案并通知当事人；认为不符合起诉条件的，应当在7日内作出裁定书，不予受理；原告对裁定不服的，可以提起上诉。

（2）审理前的准备。人民法院在审理前的准备阶段，应做好以下工作：在立案之日起5日内向被告送达起诉状副本，并限其在15日内提出答辩状（见表6-2）；告知当事人诉讼权利义务与合议庭组成人员名单；在审核诉讼材料的基础上收集所需证据，通知和传唤其他诉讼参加人；试行调解；等等。

表6-2 答辩状

答辩人：姓名：________性别：________年龄：________民族：________职业：________
工作单位：____________________住所：____________________
接________人民法院________一案的诉讼副本一份，现提出答辩，事实及理由如下：

此致
××人民法院

答辩人：×××（签名或盖章）
××年×月×日

被告提出答辩状的，人民法院应当在收到之日起5日内将答辩状副本发送原告；被告不提出答辩状的，不影响人民法院对案件的审理，诉讼程序照常进行。案件受理后，审判人员要认真审核诉讼材料，调查此案必要的证据，人民法院可以派出人员进行调查，在必要时也可以委托外地人民法院协助调查。审核诉讼材料是对案件调查研究的重要步骤，也是发现问题、线索并进一步调查的重要手段。原告或被告对自己的诉讼请求或主张都负有举证责任。在证明案件的主要情节和主要事实时，应尽可能地搜索、使用原始证据和直接证据，以保证案件合理、正确、及时解决。

（3）财产保全和先予执行。财产保全是法律为了保护利害关系人或者当事人的合法权益免受损失而设立的一种诉讼制度，分为诉前保全和诉中保全两种。诉前保全是指利害关系人因情况紧急，不立即申请财产保全将会使其合法权益受到难以弥补的损害的，可以在起诉前向人民法院申请采取财产保全措施。申请人应当提供担保，不提供担保的驳回申请。人民法院采取诉前保全措施后，申请人应在15日内提起诉讼，逾期不起诉的，人民法院应当解除保全。

诉中财产保全是指在经济纠纷诉讼中，人民法院对于可能因当事人一方的行为或者其他原因，使判决不能执行或者难以执行的案件，可以根据对方当事人的申请，作出财产保全的裁定；当事人没有提出申请的，人民法院在必要时也可以裁定采取财产保全措施。人民法院采取财产保全措施时，可以责令申请人提供担保，申请人不提供的，驳回申请。

不论诉前或诉中财产保全，其范围限于申请人诉讼请求的范围，或者与本案有关的财物。诉讼保全的措施包括查封、扣押、冻结或者法律规定的其他方法。

先予执行是为了及时有效地维护当事人的合法权益而设立的一种诉讼制度。它是指人民法院在作出判决之前，根据当事人的申请，对一定范围内的给付之诉，裁定一方当事人暂时先付给另一方当事人一定数额的金钱或其他财物，以解决该方当事人生活、生产经营急需的一种诉讼制度。先予执行应当符合如下条件：一是案件本身必须是给付之诉；二是当事人之间的权利义务关系明确；三是申请人确是急需；四是被申请人有履行能力；五是申请必须在判决作出之前提出。人民法院可以责令申请人提供担保，不提供的，驳回申请。

（4）开庭审理。开庭审理阶段是人民法院审判经济纠纷案件的中心环节，对解决经济纠纷案件具有决定性的意义。我国法律规定，除涉及国家机密和当事人申请不公开审理的涉及商业秘密的案件外，人民法院均应公开审理案件。开庭审理可以分为庭审准备、法庭调查、法庭辩论、合议庭评议、宣告判决五个阶段。法庭辩论结束后，还可以进行调解，调解无效的，则依法作出判决。判决可以当庭宣布，也可以定期宣布。当庭宣判的，应当在 10 日内发送判决书；定期宣判的，宣判后立即发给判决书。人民法院宣告判决时，必须告知当事人上诉权利、上诉期限和上诉审法院。上诉期限届满，双方当事人都没有上诉的，第一审人民法院的裁判即发生法律效力。第一审程序至此便宣告完成。

2. 简易程序

基层人民法院和它派出的法庭审理事实清楚、权利义务关系明确、争议不大的简单的民事案件，适用简易程序。基层人民法院和它派出的法庭审理前面规定以外的民事案件，当事人双方也可以约定适用简易程序。

对简单的经济纠纷案件，原告可以口头起诉。

当事人双方可以同时到基层人民法院或者它派出的法庭，请求解决纠纷。基层人民法院或者它派出的法庭可以当即审理，也可另定日期审理。

适用简易程序审理经济纠纷案件，人民法院可以将起诉内容，用口头或者书面方式告知被告，用口头或者其他简便方式传唤当事人、证人。

（二）第二审程序

当事人不服地方人民法院第一审判决的，有权在判决书送达之日起 15 日内向上一级人民法院提起上诉。当事人不服地方人民法院第一审裁定的，有权在裁定书送达之日起 10 日内向上一级人民法院提起上诉。

上诉应当递交上诉状（见表 6 - 3）。上诉状应当通过原审人民法院提出，并按照对方当事人或者代表人的人数提出副本。

表 6 - 3　上诉状

上诉人	被上诉人
姓名，法人的名称及其法定代表人的姓名或者其他组织的名称及其主要负责人的姓名	姓名，法人的名称及其法定代表人的姓名或者其他组织的名称及其主要负责人的姓名

上诉人因__________一案，不服__________人民法院于____年____月____日____字第____号民事判决（或裁定），现提出上诉，上诉的请求和理由如下：

此致
××人民法院

上诉人：×××（签名或盖章）
××年×月×日

附：1. 本状副本：×份
2. 证物：×件
3. 书证：×件

原审人民法院收到上诉状，应当在5日内将上诉状副本送达对方当事人，对方当事人在收到之日起15日内提出答辩状。人民法院应当在收到答辩状之日起5日内将副本送达上诉人。对方当事人不提出答辩状的，不影响人民法院审理。

原审人民法院收到上诉状、答辩状，应当在5日内连同全部案卷和证据，报送第二审人民法院。

第二审人民法院应当对上诉请求的有关事实和适用法律进行审查。如果发现在上诉请求以外原判确有错误的，也应予以纠正。

第二审人民法院对上诉案件，应当组成合议庭，开庭审理。经过阅读、调查和询问当事人，对没有提出新的事实、证据或者理由，合议庭认为不需要开庭审理的，可以不开庭审理。

第二审人民法院审理上诉案件，可以进行调解。调解达成协议，应当制作调解书，由审判人员、书记员署名，加盖人民法院印章。调解书送达后，原审人民法院的判决即视为撤销。

第二审人民法院对上诉案件调解不成的，经过审理，按照不同情形，分别处理。

第二审人民法院对不服第一审人民法院裁定的上诉案件的处理，一律使用裁定。

第二审人民法院的判决、裁定，是终审的判决、裁定。

（三）特别程序

1. 确认调解协议案件

申请司法确认调解协议，由双方当事人依照《人民调解法》等法律，自调解协议生效之日起30日内，共同向调解组织所在地基层人民法院提出。人民法院受理申请后，经审查，符合法律规定的，裁定调解协议有效，一方当事人拒绝履行或者未全部履行的，对方当事人可以向人民法院申请执行；不符合法律规定的，裁定驳回申请，当事人可以通过调解方式变更原调解协议或者达成新的调解协议，也可以向人民法院提起诉讼。

2. 实现担保物权案件

申请实现担保物权，由担保物权人以及其他有权请求实现担保物权的人依照《物权法》等法律，向担保财产所在地或者担保物权登记地基层人民法院提出。人民法院受理申请后，经审查，符合法律规定的，裁定拍卖、变卖担保财产，当事人依据该裁定可以向人民法院申请执行；不符合法律规定的，裁定驳回申请，当事人可以向人民法院提起诉讼。

（四）审判监督程序

各级人民法院院长对本院已经发生法律效力的判决、裁定，发现确有错误，认为需要再审的，应当提交审判委员会讨论决定。

最高人民法院对地方各级人民法院已经发生法律效力的判决、裁定，上级人民法院对下级人民法院已经发生法律效力的判决、裁定，发现确有错误的，有权提审或者指令下级人民法院再审。

（五）督促程序

督促程序是指人民法院根据债权人的申请，不经审判，直接向债务人发出给付金钱、有价证券的支付令，要求债务人按期向债权人给付金钱或者有价证券的诉讼程序。

债权人请求债务人给付金钱、有价证券，符合下列条件的，可以向有管辖权的基层人民法院申请支付令：（1）债权人与债务人没有其他债务纠纷的；（2）支付令能够送达债务人的。

申请书应当写明请求给付金钱或者有价证券的数量和所根据的事实、证据。

督促程序与其他经济纠纷诉讼的程序相比，具有如下特点：第一，它不必经过审判；第二，仅适用于要求给付金钱或者有价证券的案件；第三，支付令同判决书具有同等的法律效力。督促程序可以节约人民法院和当事人的时间、人力、物力和财力，有利于保护当事人的合法权益。

人民法院在接到债权人的督促申请后，应当在5日内决定是否受理，并通知债权人。人民法院受理申请后，经审查债权人提供的事实、证据，对债权债务关系明确、合法的，应当在受理之日起15日内向债务人发出支付令。经审查申请不能成立的，裁定予以驳回。债务人在收到支付令15日内应按支付令清偿债务，或者向人民法院提出书面异议。债务人在前述规定的期间不提出异议又不履行支付令的，债权人可以向人民法院申请执行。

人民法院收到债务人提出的书面异议后，经审查，异议成立的，应当裁定终结督促程序，支付令自行失效。支付令失效的，转入诉讼程序，但申请支付令的一方当事人不同意提起诉讼的除外。

（六）公示催告程序

公示催告程序是指可以背书转让的票据持有人，因票据被盗、遗失或者灭失，而向票据支付地的基层人民法院申请公示催告，由人民法院发布公告，催促票据的利害关系人在人民法院指定的期间内向人民法院申报权利，若逾期无人申报，即作出判决，宣告票据无效和承认权利人权利的程序。

公示催告程序的作用在于：可以排除非法票据持有人主张票据权利，恢复票据合法的拥有人的票据权利，及时明确、稳定票据法律关系，加速票据的使用和流转。

公示催告程序的特点包括：第一，有特定的适用范围，只限于可以背书转让的票据和法律规定可以申请公示催告的其他事项；第二，无明确的相对人；第三，实行一审终审制。

人民法院受理公示催告申请后，应当同时通知支付人停止支付，支付人必须执行；公示催告期间，转让票据权利的行为无效。

（七）执行程序

执行是指人民法院的执行组织和执行人员，依照法定程序，运用国家的强制力，实现具有给付内容的生效的法律文书所确定的内容的诉讼行为。

执行的特点包括：第一，只有人民法院才有权实施这种诉讼行为；第二，进行执行活动时，必须严格依照法定程序；第三，作为执行根据的法律文书必须已经发生法律效力；第四，作为执行根据的法律文书必须具有给付内容；第五，必须是义务人拒绝履行义务的。

执行程序的意义在于：可以确保人民法院的判决、裁定、调解协议、支付令和其他法律文书的实现；有效保护国家利益和当事人的合法权益；维护国家法律的尊严和人民法院的威信；制止违法行为；宣传社会主义法制。

我国法律规定，执行分为申请执行和移送执行两种。申请执行是指对有给付内容的生效的法律文书，义务人拒绝履行义务的，权利人有权向有执行管辖权的人民法院申请，请求实现其合法权益，从而引起执行程序开始的行为。移送执行是指具有给付内容的法律文书生效后，义务人拒不履行义务，人民法院审判员依职权主动移送给执行庭请求执行，而引起执行程序发生的行为。

在我国，执行案件的执行组织由人民法院负责执行工作的专门机构即执行庭来担任。

在经济纠纷案件诉讼中，人民法院有权采取的执行方法和手段即执行措施有以下几种：第一，查询、冻结、划拨被执行人的存款；第二，扣留、提取被执行人的收入；第三，查封、扣押、冻结、拍卖、变卖被执行人的财产；第四，对被执行人隐匿的财产进行搜查；第五，强制交付生效的法律文书指定的财物或者票证；第六，强制被执行人迁出房屋或者强制退出土地；第七，强制转移有关财产证照；第八，强制被执行人完成法律文书指定的行为；第九，强制被执行人加倍支付迟延期间的债务利息和迟延履行金；第十，随时请求人民法院责令被执行人履行义务。

本章小结

本章为程序法。商事仲裁是指双方当事人在经济活动中对某一事件或问题发生争执时，自愿选择或同意由仲裁机关对争议作出判断和裁决活动。仲裁方式解决经济纠纷的范围相当广泛，比如合同纠纷、商标纠纷、专利纠纷、税务纠纷、涉外经济纠纷等。商事仲裁的基本原则是运用仲裁方式解决经济纠纷过程中和在仲裁的主要阶段起指导作用的准则，包括自愿原则，以事实为根据、以法律为准绳的原则，当事人双方在适用法律上一律平等的原则和仲裁依法独立进行的原则。仲裁程序是根据《仲裁法》的规定进行仲裁活动的操作规程，包括申请与受理、仲裁庭组成、开庭和裁决以及申请撤销裁决。经济诉讼是经济司法这一法律制度的重要组成部分。经济诉讼的审判程序包括第一审程序、第二审程序、审判监督程序、督促程序、公示催告程序和执行程序等。

思考训练题

选择题

1. 下列哪一情形下仲裁协议有效？（　　）

A. 甲、乙两公司签订合同，并约定了仲裁条款。之后合同双方又签订补充协议，约定“如原合同或补充协议履行发生争议，双方协商解决或向法院起诉解决”

B. 甲、乙两公司在双方合同纠纷的诉讼中对法官均不满意，双方商量先撤诉后仲裁。甲公司向法院提出了撤诉申请，法院裁定准许撤诉。此后甲、乙两公司签订了仲裁协议，约定将该合同纠纷提交某仲裁委员会仲裁

C. 双方当事人在合同中约定：“因本合同履行发生的争议，双方当事人既可向南京仲裁委员会申请仲裁，也可向南京市鼓楼区人民法院起诉”

D. 约定的仲裁事项属于平等主体之间有关人身关系的纠纷

2. 中国甲公司与某国乙公司发生买卖合同纠纷，在中国仲裁过程中，乙公司申请财产保全，即要求扣押甲公司在某港口的一批机器设备。仲裁委员会对此申请应如何处理？（　　）

A. 不予受理，告知当事人直接向有关法院提出申请

B. 审查后直接作出财产保全裁定，由有关法院执行

C. 将乙公司的申请提交甲公司所在地的中级法院裁定

D. 将乙公司的申请提交机器设备所在地的基层法院裁定

3. 北京银立公司与河北盛鸣公司签订一份专利转让合同，合同约定：“因本合同发生的争议提交华北地区的仲裁委员会进行仲裁。”合同履行过程中发生争议，银立公司向天津市仲裁委员会申请仲裁，盛鸣公司则向银立公司所在地的北京市海淀区人民法院提起诉讼。该法院立案受理后，银立公司对该法院管辖权提出异议。这种情况下，该法院如何处理？（　　）

A. 裁定驳回起诉

B. 裁定不予受理

C. 裁定本法院有管辖权

D. 裁定管辖权异议成立，移送有管辖权的仲裁机关受理

4. 下列哪项不构成仲裁裁决撤销程序和承认与执行程序的区别？（　　）

A. 无仲裁协议是撤销仲裁裁决的理由，不是拒绝承认与执行的理由

B. 二者的法律后果不同

C. 管辖的法院不同

D. 无论胜诉方还是败诉方，都可以向有管辖权的法院提起撤销之诉；只有胜诉方可就承认与执行仲裁裁决向有管辖权的法院提出申请

5. 中国A公司根据与某国B公司之间购销合同中的仲裁条款向中国国际经济贸易仲裁委员会申请仲裁，请求解决质量纠纷，仲裁委员会对该争议作出裁决后(　　)。

A. 如果当事人不服，可以向人民法院起诉

B. 如果当事人不服，可以向人民法院上诉

C. 如果当事人不服，可以重新申请仲裁

D. 该仲裁裁决立即产生法律效力

6. 甲公司与乙公司就某一合同纠纷进行仲裁，达成和解协议，向仲裁委员会申请撤回仲裁申请。后乙公司未按和解协议履行其义务，甲公司应如何解决此纠纷？（　　）

A. 甲公司可以依据原仲裁协议重新申请仲裁

B. 甲公司只能向法院提起诉讼

C. 甲公司既可以向法院提起诉讼，也可以与乙公司重新达成仲裁协议申请仲裁

D. 甲公司可以向仲裁委员会申请恢复仲裁程序

7. 在民事诉讼中，下列选项中属于当事人可以协商确定的事项的是(　　)。

A. 审判组织形式

B. 合同案件的管辖法院

C. 案件是否开庭审理

D. 举证责任的分配

8. 下列说法错误的是(　　)。

A. 人民法院适用简易程序审理案件，应当在立案之日起3个月内审结

B. 当事人不服地方人民法院第一审判决的，有权在判决书送达次日起15日内向上级人民法院提起上诉

C. 因不动产纠纷提起的诉讼，由不动产所在地人民法院管辖

D. 适用简易程序审理的民事案件，由审判员一人独任审判

9. 人民法院可以依法作出缺席判决的情形包括(　　)。

A. 原告不到庭或中途退庭，被告反诉的

B. 被告经人民法院传票传唤，无正当理由拒不到庭或中途退庭的

C. 需要通知新的证人到庭，调取新的证据的

D. 必须到庭的当事人和其他诉讼参与人有正当理由没有到庭的

10. 王某是某电网公司员工，在从事高空作业时受伤，为赔偿问题与电网公司发生争议。王某可以采用的争议处理方式为(　　)。

A. 可以向本公司劳动争议调解委员会申请调解，调解不成的，可以申请劳动仲裁
B. 可以直接向劳动争议仲裁委员会申请仲裁，对仲裁裁决不服的，可以向法院提起诉讼
C. 可以不申请劳动仲裁而直接向法院起诉
D. 如果进行诉讼并按简易程序处理，法院开庭审理时，可以申请先行调解

11. 根据我国有关法律的规定，仲裁协议无效的情形是(　　)。
A. 约定的仲裁事项属于平等主体之间有关人身关系的纠纷
B. 约定的仲裁事项是不动产纠纷，在民事诉讼法上属于法院专属管辖的案件
C. 载有仲裁条款的合同因违反法律的禁止性规定而无效
D. 仲裁条款约定“因本合同履行发生的一切争议，由地处北京市的仲裁委员会进行仲裁”

12. 根据我国《仲裁法》的规定，下列关于仲裁程序的表述正确的是(　　)。
A. 仲裁应当开庭进行，但当事人可以约定不开庭
B. 仲裁不公开进行，但如不涉及国家秘密，当事人也可以约定公开进行
C. 当事人可以约定由3名仲裁员组成仲裁庭
D. 当事人对仲裁的调解书不得申请撤销，对裁决书可以申请撤销

案例分析题

2003年7月，上海市奥杰健身房与广州市某健身器械公司签订了一份买卖合同。合同中的仲裁条款规定：“因履行合同发生的争议，由双方协商解决；无法协商解决的，由仲裁机构仲裁。”2003年9月，双方发生争议，奥杰健身房向其所在地的上海市仲裁委员会递交了仲裁申请书，但某健身器械公司拒绝答辩。11月，双方经过协商，重新签订了一份仲裁协议，并商定将此合同争议提交该健身器械公司所在地的广州市仲裁委员会仲裁，事后奥杰健身房担心广州市仲裁委员会实行地方保护主义，偏袒该健身器械公司，故未申请仲裁，遂向合同履行地人民法院提起诉讼，且起诉时说明此前两次约定仲裁的情况，法院受理此案，并向该健身器械公司送达了起诉状副本，该健身器械公司向法院提交了答辩状。法院经审理判决被告某健身器械公司败诉，被告不服，理由是双方事先有仲裁协议，法院判决无效。

问题

1. 买卖合同中的仲裁条款是否有效？请说明理由。
2. 争议发生后，双方签订的协议是否有效，为什么？
3. 原告奥杰健身房向法院提起诉讼是否正确，为什么？
4. 人民法院审理本案是否正确，为什么？
5. 被告某健身器械公司的上诉理由是否正确，为什么？

思考题

诉讼与仲裁两种纠纷解决方式的区别是什么？

图书在版编目（CIP）数据

经济法概论/姚瑶，陈建编著．-- 5 版．-- 北京：中国人民大学出版社，2020.2
“十三五”普通高等教育应用型规划教材
ISBN 978-7-300-27710-3

Ⅰ.①经…　Ⅱ.①姚…②陈…　Ⅲ.①经济法－中国－高等学校－教材　Ⅳ.①D922.29

中国版本图书馆 CIP 数据核字（2019）第 268123 号

教育部经济类、管理类专业主干课程推荐教材
“十三五”普通高等教育应用型规划教材
经济法概论（第 5 版）
姚　瑶　陈　建　编著
Jingjifa Gailun

出版发行	中国人民大学出版社		
社　　址	北京中关村大街 31 号	**邮政编码**	100080
电　　话	010－62511242（总编室）		010－62511770（质管部）
	010－82501766（邮购部）		010－62514148（门市部）
	010－62515195（发行公司）		010－62515275（盗版举报）
网　　址	http://www.crup.com.cn		
经　　销	新华书店		
印　　刷	北京密兴印刷有限公司	**版　　次**	2005 年 1 月第 1 版
规　　格	185 mm×260 mm　16 开本		2020 年 2 月第 5 版
印　　张	17.75 插页 1	**印　　次**	2020 年 2 月第 1 次印刷
字　　数	411 000	**定　　价**	42.00 元

教师教学服务说明

中国人民大学出版社管理分社以出版经典、高品质的工商管理、统计、市场营销、人力资源管理、运营管理、物流管理、旅游管理等领域的各层次教材为宗旨。

为了更好地为一线教师服务，近年来管理分社着力建设了一批数字化、立体化的网络教学资源。教师可以通过以下方式获得免费下载教学资源的权限：

在中国人民大学出版社网站 www. crup. com. cn 进行注册，注册后进入“会员中心”，在左侧点击“我的教师认证”，填写相关信息，提交后等待审核。我们将在一个工作日内为您开通相关资源的下载权限。

如您急需教学资源或需要其他帮助，请在工作时间与我们联络：

中国人民大学出版社　管理分社

联系电话：010－82501048，62515782，62515735

电子邮箱：glcbfs@crup. com. cn

通讯地址：北京市海淀区中关村大街甲 59 号文化大厦 1501 室（100872）